I Joan
gyda dymuniadau gorau

Gwyn

CYMRU'R GYFRAITH

*Sylwadau ar
Hunaniaeth Gyfreithiol*

R. Gwynedd Parry

GWASG PRIFYSGOL CYMRU
mewn cydweithrediad â'r
COLEG CYMRAEG CENEDLAETHOL
2012

www.gwasg-prifysgol-cymru.org

Mae cofnod catalogio'r gyfrol hon ar gael
gan y Llyfrgell Brydeinig.

ISBN 978-0-7083-2514-8
e-ISBN 978-0-7083-2519-3

Gwasg Prifysgol Cymru
University of Wales Press

Coleg
Cymraeg
Cenedlaethol

Ariennir y cyhoeddiad hwn gan y Coleg Cymraeg Cenedlaethol

Cysodwyd gan Wasg Dinefwr, Llandybïe

Argraffwyd gan
CPI Antony Rowe, Chippenham

Er cof am fy nain a nhaid,
yn Nhalysarn ac yn y Bala

Cynnwys

Bywgraffiad   ix
Rhagymadrodd   xi

1   Y Ddeddfwrfa Gymreig   1
2   Iaith Cyfiawnder   37
3   Rheithgorau Dwyieithog – Penbleth Geltaidd?   69
4   Ysgolheictod Cyfreithiol   97
5   Yr Awdurdodaeth Gymreig   139

Nodiadau   169
Llyfryddiaeth   203
Mynegai   217

Bywgraffiad

Mae'r Athro Gwynedd Parry yn Athro Cyfraith a Hanes Cyfreithiol ac yn gyfarwyddwr Sefydliad Ymchwil Hywel Dda ym Mhrifysgol Abertawe. Cafodd ei addysg yng Ngholeg Prifysgol Cymru, Aberystwyth, Prifysgol Caerhirfryn, a chwblhaodd ei astudiaethau cyfreithiol proffesiynol yn yr Inns of Court School of Law, Llundain, gan gael ei dderbyn yn fargyfreithiwr o Ysbyty Gray's yn 1993.

Bu yn ymarfer fel bargyfreithiwr yn Abertawe am rai blynyddoedd cyn ei benodi yn diwtor ym Mhrifysgol Caerdydd yn 1999. Fe'i penodwyd yn ddarlithydd yn y gyfraith ym Mhrifysgol Abertawe yn 2001, ei ddyrchafu yn uwch-ddarlithydd yn 2007, a'i benodi i gadair bersonol yn 2011.

Ymysg ei brif gyhoeddiadau y mae *David Hughes Parry: A Jurist in Society* (Cardiff: University of Wales Press, 2010) a *The European Charter for Regional or Minority Languages: Legal Challenges and Opportunities* (Strasbourg: Council of Europe Publishing, 2008).

Yn 2010, cafodd ei ethol yn gymrawd o'r Gymdeithas Hanesyddol Frenhinol.

Rhagymadrodd

'Byddwn yn hoffi astudio'r gyfraith trwy gyfrwng y Gymraeg, ond gan nad oes yna lyfrau yn Gymraeg ar y pwnc, dydw i ddim yn meddwl y byddwn yn teimlo'n gyfforddus yn gwneud hynny.'

Dyma'r ymateb a gefais yn aml wrth i mi geisio dwyn perswâd ar fyfyrwyr Ysgol Cyfraith Prifysgol Abertawe i ymgymryd ag astudiaethau yn y gyfraith trwy gyfrwng y Gymraeg. Dichon mai profiad tebyg a gafodd darlithwyr y prifysgolion eraill wrth iddynt geisio hybu ysgolheictod cyfreithiol trwy gyfrwng y Gymraeg.

Ac eto, nid ymateb afresymol oedd yr ymateb hwn chwaith. Wedi'r cwbl, mae'r llyfrgell cyfraith yn llawn adnoddau a llyfrau ar gyfer y myfyrwyr hynny sy'n astudio pynciau cyfreithiol trwy gyfrwng y Saesneg. Prin iawn yw'r cyfrolau Cymraeg eu hiaith mewn unrhyw bwnc y tu hwnt i'r meysydd traddodiadol Cymreig, megis hanes neu ddiwynyddiaeth. Roedd yn rhaid gwneud rhywbeth.

Roeddwn ers blynyddoedd wedi bod yn ymdrechu i lunio cwrs a oedd â'i fryd ar egluro arwyddocâd cyfreithiol datganoli a thwf y ffenomena cyfreithiol hwnnw, 'Cymru'r Gyfraith'. Deuthum i'r casgliad mai dim ond trwy fynd ati i ysgrifennu llyfr fy hun y byddai gwerslyfr ar gael, sef testun a fyddai'n rhoi cyflwyniad i'r pwnc ac, felly, yn creu ychydig mwy o awydd ymysg myfyrwyr i roi tro ar astudio trwy gyfrwng y Gymraeg.

Bûm yn gadeirydd panel rhwydwaith y gyfraith o dan adain Canolfan Addysg Uwch Cyfrwng Cymraeg, sef y Coleg Cymraeg Cenedlaethol bellach, am rai blynyddoedd. Yn sgil y trafodaethau a'r sgwrsio a fu rhwng aelodau'r panel, deuthum i sylweddoli bod nifer o academyddion cyfraith eraill trwy Gymru yn cynnig cyrsiau trwy gyfrwng y Gymraeg a oedd yn dadansoddi datblygiad Cymru'r Gyfraith. Felly, roedd hi'n amlwg y byddai llyfr ar y pwnc o ddefnydd cyffredinol.

Efallai mai'r angen am lyfr at ddefnydd addysgiadol, yn anad dim, a fu'r ysgogiad gwreiddiol i ysgrifennu'r llyfr hwn. Ei fwriad, felly, yw bod o ddefnydd i'r myfyrwyr prifysgol hynny, israddedigion yn bennaf, sy'n myfyrio ar ddatblygiad Cymru'r Gyfraith. Ond, yn ogystal â'i swyddogaeth addysgiadol, mae'r gyfrol hefyd yn ymgais i gyfrannu at drafodaeth gyhoeddus ar Gymru'r Gyfraith a'i dyfodol.

Y thema ganolog yma yw twf y cysyniad o hunaniaeth gyfreithiol Gymreig. Bu esblygiad y cysyniad yn destun trafod o fewn y gymuned gyfreithiol ers sefydlu Cynulliad Cenedlaethol Cymru yn 1999. Bathwyd ymadrodd i grisialu'r broses, sef Cymru'r Gyfraith. Mae'r gyfrol hon yn ystyried ac yn dadansoddi rhai o'r prif elfennau sydd wedi ysgogi datblygiad hunaniaeth gyfreithiol Gymreig. Rhoddir y datblygiadau diweddar mewn cyd-destun hanesyddol, a cheir ymgais i ddehongli arwyddocâd y drafodaeth trwy ystyried datblygiadau cyffelyb mewn gwledydd eraill, neu trwy gyfeirio at drafodaethau rhyngwladol sy'n berthnasol. Rhennir y testun i bum pennod sy'n canolbwyntio ar bum pwnc penodol sydd, mewn gwahanol ffyrdd, wedi gyrru'r drafodaeth ar ddatblygiad Cymru'r Gyfraith. Yr hyn a geir yma yw ymgais i gostrelu'r dadleuon a'r syniadau a fu'n corddi o fewn y gymuned gyfreithiol ers degawd a rhagor, a'u cyflwyno o fewn cloriau'r gyfrol hon.

Fi yn unig yw'r awdur, wrth gwrs. Mae hyn yn golygu mai fy nadansoddiad i a geir yma, fy marn i ar bethau rwyf i'n credu sy'n arwyddocaol ac, efallai yn bwysicach, sy'n ddiddorol. Efallai y bydd darlithwyr eraill am gynnwys agweddau eraill o Gymru'r Gyfraith ar eu cyrsiau, materion nad wyf i wedi sôn llawer amdanynt yn y llyfr hwn. Mae ganddynt bob rhyddid i wneud hynny. Onid dyna beth yw rhyddid academaidd? Er hynny, rwyf yn gobeithio y bydd y llyfr a pheth o'i gynnwys o ryw ddefnydd i ddarlithwyr a myfyrwyr ar hyd a lled Cymru.

Wrth gwrs, rwyf hefyd yn ymwybodol y bydd y llyfr hwn ar gael i'r byd a'r betws, yn eich siop lyfrau lleol, chwedl hwythau. Mae hyn hefyd wedi dylanwadu ychydig ar arddull y llyfr hwn. Daniel Owen, y nofelydd, a ddywedodd mai 'nid i'r doeth a'r dysgedig yr ysgrifennais, ond i'r dyn cyffredin'. Mae hwnnw'n arwyddair doeth i unrhyw un sy'n ysgrifennu yn Gymraeg, ond yn enwedig llyfr ar y gyfraith. Nid, cofiwch, nad wyf yn ceisio gwneud synnwyr o bethau cymhleth o bryd i'w gilydd o fewn cloriau'r llyfr hwn. Mae yma rai pynciau go ddyrys yr wyf yn ceisio mynd i'r afael â hwy. Ond mae yma hefyd ymdrech i egluro a mynegi'r dadleuon mewn modd diddorol a darllenadwy. Pa ddiben creu testun nad yw'n cyfathrebu yn effeithiol gyda'i ddarllenwyr? Na, does yna ddim rhaid i chi fod yn fargyfreithiwr i fedru darllen y llyfr hwn a dilyn trywydd ei neges.

Gan fod datganoli wedi creu strwythurau democrataidd sy'n galluogi Cymru i sicrhau ei dyfodol cenedlaethol, mae gan y gyfraith a'i sefydliadau swyddogaeth allweddol wrth gynnal bywyd cenedlaethol a democratiaeth yng Nghymru heddiw.

*

Wrth gloi hyn o ragymadrodd, mae'n ddyletswydd arnaf hefyd nodi gair neu ddau o ddiolch. Yn gyntaf, rhaid i mi ddatgan fy nyled i'r Coleg Cymraeg Cenedlaethol am ariannu cyfnod sabothol a'm galluogodd i fynd ati i ysgrifennu'r llyfr, ac am noddi'r cyhoeddiad printiedig. Mae llwyddiant y Coleg Cymraeg Cenedlaethol yn hollbwysig i ddyfodol ysgolheictod yn yr iaith Gymraeg. Fel y gwelwch wrth ddarllen y gyfrol hon, rwy'n argyhoeddedig fod gan y Coleg swyddogaeth bwysig yng nghyswllt ysgolheictod cyfreithiol cyfrwng Cymraeg. Fel cyfraniad i'w chenhadaeth y cyflwynir y llyfr hwn i'r darllenydd.

Hoffwn hefyd ddiolch i Wasg Prifysgol Cymru, ein gwasg academaidd genedlaethol, am ei hymroddiad a'i gofal arferol wrth ddwyn y maen i'r wal. Mae fy nyled yn drwm i'r darllenydd, a roddodd sawl awgrym gwerthfawr ar y cynnwys, ac i'r golygyddion, yn enwedig Angharad Watkins, Siân Chapman, Elin Nesta Lewis a Leah Jenkins, am ymdrechu'n wrol i gywiro'r gwallau a'm cynorthwyo i warantu ansawdd y gwaith.

Yn olaf, carwn ddiolch i'm gwraig, Meinir, a'n plant, Ifan a Tomos, fy nheulu a'm cyfeillion am eu cefnogaeth a'u cyngor wrth i mi lunio'r gyfrol. Peth ffôl fyddai i mi geisio rhestru'r holl fân gynghorion ac awgrymiadau a fu'n sail i'r hyn a geir yma. Beth bynnag, mae'r cyfeiriadau a'r nodiadau yn adlewyrchu'r prif ddylanwadau a fu'n ysbrydoli ac yn ysgogi'r gwaith.

Nid ar gyfer ei hun yr ysgrifenna awdur, wrth gwrs. Er mwyn eraill, yn aml y rhai sy'n annwyl iddo, ac er mwyn mynegi ei ddyheadau a'i obeithion ar eu cyfer y mae'n cyflawni ei orchwyl. Ac y mae'n gwneud hynny yn y gobaith y bydd y testun gorffenedig yn deilwng ohonynt.

R. Gwynedd Parry
Prifysgol Abertawe
Tachwedd 2011

Y Ddeddfwrfa Gymreig

Datganoli, yn anad dim arall, sydd wedi ysbrydoli a gyrru datblygiad a thwf hunaniaeth gyfreithiol y Gymru gyfoes. Y ffaith bod gan Gymru bellach ddeddfwrfa sy'n gwneud cyfreithiau sylfaenol ar gyfer pobl Cymru yw man cychwyn ein dadansoddiad o'r hunaniaeth gyfreithiol Gymreig.

Bydd y bennod agoriadol hon yn ystyried arwyddocâd cyfreithiol datganoli yng Nghymru ac yn egluro pwerau deddfu Cynulliad Cenedlaethol Cymru. Gan ddechrau trwy ystyried y cefndir hanesyddol a chymdeithasol, ceir eglurhad o'r hyn a gyflawnodd Deddf Llywodraeth Cymru 1998 trwy sefydlu'r cynulliad cenedlaethol. Yna, dadansoddir prif ddarpariaethau Deddf Llywodraeth Cymru 2006, gan ystyried oblygiadau'r pwerau deddfu a ddaeth yn ei sgil i gyfreithwyr, i'r system gyfreithiol ac i'r gymuned gyfreithiol yn gyffredinol yng Nghymru.

Y llwybr i ddatganoli

Ni ellir dirnad natur a phersonoliaeth y cyfansoddiad Cymreig a'r dadeni cyfreithiol a ddaeth yn sgil datganoli, na gwneud synnwyr o bwerau deddfu'r cynulliad cenedlaethol, heb amgyffred peth o'r cefndir hanesyddol. Er nad oes yma ymgais i adrodd yr hanes yn fanwl, rhaid wrth drosolwg bras o'r daith wleidyddol a chymdeithasol a arweiniodd at sefydlu'r cynulliad cenedlaethol. Dim ond trwy werthfawrogi'r hanes y mae modd deall hanfod a rhesymeg, neu ddiffyg rhesymeg efallai, datganoli yng Nghymru, a natur pwerau deddfu'r cynulliad (a'r llywodraeth) yng Nghaerdydd.

Efallai mai'r thesis canolog yma yw mai cyfaddawd politicaidd yw'r setliad cyfansoddiadol ar gyfer Cymru. Cyfaddawd rhwng cenedlaetholdeb, sydd, yn ei ffurf eithaf, am weld Cymru yn wlad sofran gyda lefel uchel o hunanlywodraeth, neu annibyniaeth hyd yn oed, a'r traddodiad unoliaethol, sydd am weld Cymru, a'r Cymry fel pobl, yn parhau i lynu wrth y wlad-wriaeth Brydeinig (ac ymdoddi mewn hunaniaeth Seisnig, hyd yn oed). Cyfaddawd sydd hefyd yn gynnyrch traddodiadau sosialaidd, rhyddfrydol a democrataidd-gymdeithasol, traddodiadau gwleidyddol sy'n gyfforddus gyda'r syniad o ddirprwyo llywodraeth i'r rhanbarthau yn enw cyfiawnder cymdeithasol a democratiaeth, ond yn wyliadwrus o unrhyw or-bwyslais ar hawliau 'cenedlaethol'.

Wrth gwrs, ymgyrch hir ac iddi sawl carreg filltir, camau bychain ac ambell i gam gwag a fu stori'r siwrnai i sefydlu cynulliad cenedlaethol i Gymru. I lawer o haneswyr, y deffroad cenedlaethol yn ail hanner y bedwaredd ganrif ar bymtheg yw dechreuad y daith tuag at sefydlu'r ddemocratiaeth genedlaethol Gymreig yn yr unfed ganrif ar hugain. Fel y mae haneswyr y cyfnod wedi egluro, roedd y deffroad hwnnw yn gynnyrch nifer o ffactorau, gan gynnwys ffactorau cymdeithasegol, diwylliannol, crefyddol a gwleidyddol.[1]

Prif gynhyrchion y deffroad hwnnw ar y dechrau oedd y sefydliadau cenedlaethol diwylliannol, megis Prifysgol Cymru, a sefydlwyd ar ddiwedd y bedwaredd ganrif ar bymtheg, a'r Llyfrgell Genedlaethol a ddaeth i fodolaeth ar ddechrau'r ugeinfed ganrif.[2] Roedd cenedl nad oedd hyd yma ond 'gwehilion o boblach',[3] rhyw atgof hanesyddol heb iddi'r sefydliadau cenedlaethol na thraddodiad byw o wladweinyddiaeth, yn raddol ail-ddarganfod ei hunaniaeth genedlaethol. Roedd y syniad o Gymru fel endid cenedlaethol, rhywle gwahanol i Loegr, yn dechrau gafael yn y meddylfryd politicaidd.[4]

Roedd gan y deffroad hwn ei arwyr, wrth gwrs. Ar ddiwedd yr ail ganrif ar bymtheg, efallai mai Tom Ellis, mab y Cynlas, Cefnddwysarn, yr Aelod Seneddol Rhyddfrydol dros sir Feirionnydd ac arweinydd y mudiad Undeb Cymru Fydd a'i ymgyrch dros 'ymreolaeth i Gymru', oedd eilun y deffroad cenedlaethol. Gyda'i farwolaeth annisgwyl o afiechyd tra yn yr Aifft yn 1899, collodd y mudiad ei ffordd, ac aeth y deffroad cenedlaethol i gysgu am ychydig.[5] Dyna fyddai'r patrwm trwy gydol yr ugeinfed ganrif: cyfnodau o frwdfrydedd ac ymgyrchu dros fuddiannau Cymru, gan arwain at beth llwyddiant o bryd i'w gilydd, yn cael eu dilyn gan gyfnodau o drwmgwsg.

Yn wahanol i'r mudiad cenedlaethol yn Iwerddon, bu'r Rhyfel Mawr rhwng 1914 ac 1918 yn fodd i dynnu'r gwynt o hwyliau'r mudiad cenedlaethol yng Nghymru. Erbyn diwedd 1916, roedd David Lloyd George, y radical o Gymro a fu'n daer dros achos Cymru ar ddechrau ei yrfa wleidyddol,[6] bellach yn brif weinidog Prydain Fawr, ac yn arwain 'y rhyfel dros wareiddiad', neu'r 'rhyfel i roi terfyn ar holl ryfeloedd'.[7] Dyletswydd pob Cymro, o dan bwysau efengylu'r Parchedig John Williams, Brynsiencyn, un o hoelion wyth yr Hen Gorff ac un a fu'n deyrngar dros ymgyrch recriwtio Lloyd George, ymysg eraill, oedd cefnogi'r crwsâd.[8] Gwelwyd manteision chwarae gyda gwladgarwch Cymreig mewn ymdrech i ddeffro ysbryd arwrol y Cymro a thanio ei frwdfrydedd tuag at yr ymgyrch, a Lloyd George oedd yn bennaf y tu ôl i sefydlu catrawd y Gwarchodlu Cymreig yn 1915.[9]

Ar ôl y Rhyfel Byd Cyntaf, gwelwyd trawsnewidiad yn y tirwedd politicaidd. Llwyddodd Lloyd George i ddal awenau llywodraeth, trwy gefnogaeth y Ceidwadwyr, hyd at 1922. Ar ôl hynny, gwelwyd chwalfa rhyddfrydiaeth, a daeth y Blaid Lafur i gymryd ei lle fel y mudiad radicalaidd a chanddi gefnogaeth trwch y werin bobl. Roedd ganddi bolisi ysbeidiol o gefnogi hunanreolaeth, ar ryw ffurf, i'r Alban a Chymru. O fewn ei rhengoedd, roedd Cymry a chanddynt ymdeimlad dwfn o'u cenedligrwydd Cymreig ac awydd i bledio achos Cymru.[10]

I ychwanegu at gynhwysion y crochan gwleidyddol Gymreig, os nad ei gymhlethu, sefydlwyd Plaid Genedlaethol Cymru yn 1925, plaid a fyddai'n ymgyrchu'n daer am ffurf o hunanreolaeth i Gymru trwy gydol y ganrif.[11] Ond digon aflwyddiannus (fel mudiad gwleidyddol) fu am flynyddoedd, ac nid oedd i brofi llwyddiant etholiadol o bwys hyd nes i'w harweinydd, Gwynfor Evans, ennill yr isetholiad rhyfeddol hwnnw yng Nghaerfyrddin yn 1966.[12]

Hyd nes dyfodiad datganoli, bu Plaid Cymru a'i harweinwyr yn ymdebygu'n aml i broffwydi'r Hen Destament, yn procio cydwybod y Cymry Cymraeg o fewn y pleidiau Prydeinig, gan fynnu na fyddai anghenion cenedlaethol Cymru yn cael eu hesgeuluso a'u hanwybyddu.[13] Mae'r defnydd o ddelwedd Feiblaidd yn ddigon priodol, o bosibl, gan fod rhyw flas efengylaidd yn perthyn i feddylfryd a rhethreg y cenedlaetholwyr yn ystod y blynyddoedd cynnar. I'r *cadwedig* a oedd yn aelodau'r blaid, sef y rhai a oedd yn *gorlan*, roeddent yn cyfrif eu hunain fel y rhai *etholedig*, sef y rhai a oedd wedi eu *hachub*, tra yr oedd y gweddill, a drigai ym mhebyll y pleidiau Prydeinig, yn *golledig*. Efallai fod gormod o foesoli gwleidyddol wedi llyffetheirio datblygiad Plaid Cymru fel peiriant gwleidyddol aeddfed yn y blynyddoedd a fu – rhoddodd ddatganoli, fodd bynnag, gyfle i'w harweinwyr brofi eu gallu i gyfrannu at raglen lywodraethol, i fargeinio yn y farchnad wleidyddol a throi gair yn weithred.

Trwy gydol yr ugeinfed ganrif, er mai anwastad fu'r awch gwleidyddol yn gyffredinol dros unrhyw batrwm o hunanreolaeth i Gymru, roedd y gydnabyddiaeth o fodolaeth y Cymry fel cenedl yn ysbrydoli datblygu sefydliadau a fyddai'n darparu ar gyfer anghenion neilltuol Cymru. Sefydlwyd Adran Gymreig y Bwrdd Addysg yn 1907, sef yr adran y bu Syr Owen M. Edwards yn gwasanaethu ynddi fel prif arolygydd ysgolion Cymru.[14] Yr ymgyrch fawr ar ddechrau'r ganrif oedd yr ymgyrch dros ddatgysylltu'r Eglwys Wladol, ymgyrch a fu'n llwyddiannus gyda deddf gwlad yn 1920.[15] Cafwyd cydnabyddiaeth fechan arall o arwahanrwydd Cymru pan sefydlwyd Bwrdd Iechyd Cymru yn 1921.

Roedd datblygiadau eraill o fewn y Deyrnas Unedig weithiau yn fodd o roddi hwb i'r agenda dros hunaniaeth Gymreig. Roedd yr Alban wedi cadw ei sefydliadau cyfreithiol ac eglwysig ei hunan ers y Ddeddf Uno â Lloegr yn 1707. Yn 1885, crëwyd swydd ysgrifennydd yr Alban i fod yn gyfrifol am Swyddfa'r Alban, ac yn 1926 fe'i dyrchafwyd yn Ysgrifennydd Gwladol gyda sedd yng nghabinet y Deyrnas Unedig.[16] Roedd y datblygiadau hyn wedi hyrwyddo buddiannau'r Alban o fewn y wladwriaeth Brydeinig; felly, daeth yr alwad dros drin yr Alban a Chymru yn gydradd yn un a glywid yn gynyddol.

Cam bychan ond hynod o arwyddocaol tuag at sicrhau gwell llais i Gymru o fewn llywodraeth Prydain oedd creu Gweinyddiaeth Materion Cymreig yn 1951. Bellach byddai gweinidog o fewn y llywodraeth a chanddo bortffolio a fyddai'n cynnwys materion Cymreig yn benodol. Yn fuan ar ôl hyn, cafwyd datganiad hanesyddol yn 1955 a oedd yn cydnabod statws Caerdydd fel prifddinas Cymru. Nid gweithred wag, symbolaidd a heb iddi ystyr ymarferol oedd hon. Wedi'r cwbl, dim ond cenedl a oedd yn deilwng o gael prifddinas – roedd yr arfer o ddisgrifio Cymru fel rhanbarth yn dechrau colli tir. Ond, rhwng 1951 ac 1964 bu'r Ceid-wadwyr yn llywodraethu ac, yn ôl y patrwm, nid oedd ganddynt fawr o ddiddordeb mewn datganoli, hunanlywodraeth nag unrhyw bolisi a fyddai'n creu senedd neu gynulliad ar gyfer Cymru na'r Alban.[17]

Yna, daeth etholiad arall, newid llywodraeth a newid polisi yn ei sgil. Yn 1964, yn dilyn buddugoliaeth Llafur o dan arweiniad Harold Wilson yn etholiad cyffredinol y flwyddyn honno, cafwyd datblygiad a fyddai'n garreg filltir hynod arwyddocaol yn hanes taith y ddemocratiaeth Gymreig. Dyma'r flwyddyn y crëwyd swydd Ysgrifennydd Gwladol i Gymru ac y sefydlwyd y Swyddfa Gymreig fel adran o'r llywodraeth. Y gŵr a gafodd y dasg o lanw swydd yr Ysgrifennydd Gwladol oedd James Griffiths, yr aelod dros Lanelli, seneddwr profiadol a Chymro pybyr o Ddyffryn Aman.[18] Penodwyd gweision sifil i wasanaethu'r weinyddiaeth newydd o dan arweiniad craff a medrus Cymro o Gwm Tawe, Goronwy Daniel.

Ar y dechrau, cyfrifoldeb dros dai, llywodraeth leol, cludiant a chynllunio a roddwyd yn nwylo'r weinyddiaeth newydd. Ond, yn raddol, daeth y Swyddfa Gymreig yn rhan annatod o'r fframwaith lywodraethu, gan dderbyn rhagor o ddyletswyddau fel yr oedd y ddegawd yn mynd rhagddi. Roedd yr egwyddor y dylai fod gan Gymru ei sefydliadau llywodraethol cynhenid bellach yn realiti gwleidyddol. Roedd y broses o ddatganoli grym o Lundain i Gaerdydd wedi dechrau o ddifrif.

Roedd cymhelliad Llafur dros ddatganoli yn tarddu o sawl ffynhonnell. Roedd ganddi ymlyniad hanesyddol i'r syniad hunanreolaeth i genhedloedd yr hen Ymerodraeth Brydeinig, ymlyniad a oedd yn fynegiant o'i meddylfryd gwrth-imperialaidd a'i syniadaeth sosialaidd draddodiadol gyda'i bwyslais ar ddemocratiaeth a rhyddid. Bu 'home rule' i'r cenhedloedd Celtaidd yn elfen flaenllaw ym mholisïau Keir Hardie yn nyddiau cynnar yr Independent Labour Party (ILP).[19] Erbyn diwedd y 1960au, roedd cenhedlaeth newydd o wleidyddion Cymreig o fewn y mudiad Llafur yn cefnogi datganoli pellach.

Datganoli gweinyddol neu weithredol a gafwyd yn 1964 gyda chreu'r Swyddfa Gymreig. Roedd yr ymgyrch am senedd neu gynulliad etholedig, ymgyrch a fu'n segur ers canol y 1950au, ar fin atgyfodi.[20] Gyda Chymry pybyr megis Cledwyn Hughes, John Morris[21] ac Elystan Morgan[22] yn aelodau o'r llywodraeth Lafur, yn 1969 cafwyd cam arwyddocaol pan sefydlwyd y Comisiwn Brenhinol ar y cyfansoddiad, comisiwn wedi'i gadeirio gan yr Arglwydd Crowther ac, wedi ei farwolaeth (a chyn i'r comisiwn ddod a'i waith i ben), yr Arglwydd Kilbrandon.[23] Ffrwyth gwaith y comisiwn hwn oedd Adroddiad Kilbrandon, a gyhoeddwyd yn 1973 ac a argymhellodd y dylid cael cynulliad etholedig i Gymru.[24]

Er nas cafwyd llawer o gynnydd ar y pwnc yn ystod cyfnod y llywodraeth geidwadol yn 1970–4, parhaodd y broses o ddatblygu ac ehangu pwerau'r Swyddfa Gymreig. Er enghraifft, yn ystod y cyfnod hwn y cafwyd datganoli cyfrifoldeb dros addysg yng Nghymru i'r Swyddfa Gymreig, cam pwysig a oedd yn gydnabyddiaeth o anghenion neilltuol Cymru ym myd addysg. Yn 1974, wedi dau etholiad cyffredinol y flwyddyn honno, cafodd Llafur gyfnod arall o lywodraethu, a daeth datganoli yn flaenoriaeth wleidyddol unwaith eto. Dichon mai'r ffaith nad oedd gan Lafur fwyafrif clir a'i bod yn llywodraethu trwy gefnogaeth y pleidiau llai, gan gynnwys cenedlaethol-wyr yr Alban a Chymru, a fu'n ysgogiad i fwrw ymlaen â datganoli i Gymru a'r Alban.

Yna, yn 1977, cyflwynodd John Morris, yr Ysgrifennydd Gwladol dros Gymru, fesur datganoli a fyddai'n sefydlu cynulliad cenedlaethol i Gymru. Cafwyd mesurau ar wahân i Gymru a'r Alban, a llwyddwyd i lywio'r ddwy yn llwyddiannus trwy'r senedd. Ond, roedd cadarnhau'r mesurau a sefydlu cynulliad i Gymru a senedd i'r Alban yn amodol ar bleidlais gadarnhaol mewn refferendwm.

Bu'r cyfnod a arweiniodd at y refferendwm a gynhaliwyd ar Ddydd Gŵyl Dewi 1979 yn un o'r mwyaf diflas a chwerw ym mywyd gwleidyddol Cymru erioed. Methiant ysgubol fu'r ymgyrch, fel y dangosodd canlyn-iadau'r bleidlais mor glir, a Chymry penbaladr yn gwrthod y cynllun trwy bleidleisio yn erbyn y mesur.[25] Roedd rhaniadau dwfn o fewn y Blaid Lafur i amlygu'i hunain trwy gydol yr ymgyrch, gyda'r traddodiad gwrth-Gymreig o fewn y blaid yn tanseilio'r polisi datganoli ar bob cyfle.[26] Hwn fyddai'r maes brwydro mwyaf allweddol yn stori'r ymgyrch ddatganoli yng Nghymru, sef y frwydr o fewn y Blaid Lafur rhwng yr adain genedlaetholgar (a gynrychiolid yn ei dro gan Gymry Cymraeg megis James Griffiths, Cledwyn Hughes a John Morris) a'r adain unoliaethol (sef adain a gysylltir â gwleidyddion megis George Thomas, Leo Abse a Neil Kinnock). Ni fyddai'r ddwy adain wedi arddel y disgrifiadau 'cenedlaetholgar' nac 'unoliaethol', wrth gwrs ('rhyngwladol' oedd hoff air y gwrth-ddatganolwyr), ond y maent yn crisialu'n dwt yr hyn oedd agweddau sylfaenol y ddwy ochr tuag at hyrwyddo hunaniaeth Gymreig o fewn bywyd cyhoeddus a gwleidyddol. Yn 1979, yr adain unoliaethol a gafodd ei ffordd.[27]

Yn ogystal ag effaith y rhyfel cartref o fewn Llafur ar y canlyniad, efallai fod pobl Cymru wedi blino ar y llywodraeth Lafur erbyn 1979. Dichon fod y diffyg hyder dybryd yn arweinyddiaeth James Callaghan wedi cyfrannu'n sylweddol at yr wrthodedigaeth fawr. Wedi cyflafan 1979, cafwyd cyfnod hir ceidwadaeth, gyda'r Torïaid yn llywodraethu o 1979 hyd 1997. Cyfnod Margaret Thatcher oedd yr 1980au, gyda'i dyndra cymdeithasol, diwygiadau economaidd a chynnen ddiwydiannol.[28]

Er nad oedd unrhyw awydd ymysg y Ceidwadwyr i greu cynulliad i Gymru, parhaodd y broses o ddatganoli llywodraeth o Lundain i Gaerdydd ac o greu cyrff ar wahân i lywodraethu neu wasanaethu Cymru. Dyma oes aur y cwangos, megis Asiantaeth Datblygu Cymru a sefydlwyd i gynghori ar bolisi economaidd y llywodraeth yng Nghymru. Os diffoddodd y tân o'r ymgyrch dros gynulliad i Gymru, parhaodd anghenion cymdeithasol, diwylliannol ac economaidd neilltuol Cymru i fod yn rhan bwysig o'r agenda wleidyddol. Ac efallai mai'r uchafbwynt mewn degawd a oedd, fel arall, yn ddigon diflas o ran Cymreictod y llywodraeth, oedd sefydlu S4C yn 1982.[29]

Cyrraedd y nod

Ar ôl bron i ddeunaw mlynedd o lywodraethu gan y Ceidwadwyr, daeth y newid mawr hir-ddisgwyliedig. Yng ngwanwyn 1997, cafwyd etholiad cyffredinol yn y Deyrnas Unedig. Roedd pum mlynedd wedi mynd heibio ers etholiad cyffredinol 1992, pan orchfygwyd y gwrth-ddatganolwr Neil Kinnock gan olynydd Margaret Thatcher, John Major. Canlyniad etholiad 1997 oedd i'r Blaid Lafur Newydd, o dan arweiniad Tony Blair, ennill buddugoliaeth ysgubol. Dyma agor pennod newydd yng ngwleidyddiaeth Prydain a Chymru.

Bu'r newid *regime* yn fodd i roi datganoli ar agenda llywodraeth y Deyrnas Unedig am y tro cyntaf ers ymron i ddau ddegawd. Roedd datganoli i'r Alban, Gogledd Iwerddon a Chymru wedi bod yn rhan bwysig o'r maniffesto Llafur ers cyfnod John Smith wrth y llyw. Yn dilyn marwolaeth ddisymwth Smith yn 1994, llwyddodd cefnogwyr datganoli o fewn y Blaid Lafur i sicrhau bod Tony Blair yn cadw at y polisi, ac, yn wir, yn cymryd camau pendant yn gynnar ym mywyd y llywodraeth newydd i weithredu'r polisi.

Erbyn diwedd yr ugeinfed ganrif, roedd polisi datganoli'r Blaid Lafur yn ymgorffori cyfuniad o ddyheadau. Roedd datganoli yn cael ei hyrwyddo yn enw atebolrwydd gwleidyddol, syniadaeth Ewropeaidd ar sybsidiaredd, democrateiddio llywodraeth, atal twf cenedlaetholdeb, sicrhau undod y wladwriaeth a datrys problem Gogledd Iwerddon.[30] Plaid wleidyddol fawr, gymhleth yw'r Blaid Lafur, a dichon fod cymhellion y datganolwyr yn amrywiol a chymhleth. Roedd y modelau o ddatganoli a gynigid i'r rhanbarthau yn amrywiol a chymhleth hefyd, heb weledigaeth gyfansoddiadol gyflawn a chynhwysfawr yn sail iddynt. Gellir dweud mai'r angen i ymateb yn bragmataidd i sefyllfaoedd gwleidyddol penodol oedd y sail i bolisi datganoli yn 1997.

Ym mis Gorffennaf 1997, cyhoeddodd y llywodraeth yn Llundain ei phapur gwyn, *Llais dros Gymru*[31] yn amlinellu'r cynlluniau ar gyfer datganoli yng Nghymru a chreu cynulliad cenedlaethol i Gymru. Cyn y byddai mesur yn cael ei gyflwyno i'r Senedd, fodd bynnag, byddai'n rhaid ymgynghori'n uniongyrchol gyda phobl Cymru trwy fecanwaith refferendwm. Roedd refferenda cyffelyb i'w cynnal yn yr Alban ac yng Ngogledd Iwerddon (yn wir, yn Iwerddon gyfan o dan delerau Cytundeb Gwener y Groglith; dychwelwn at sefyllfa Gogledd Iwerddon yn ddiweddarach yn y llyfr hwn). Yn achos Cymru, roedd canlyniad cyflafan 1979 yn rhwystr seicolegol genedlaethol yr oedd yn rhaid ei ddileu – ni fyddai dilysrwydd i'r cynulliad newydd oni bai bod pleidlais arall yn gwyrdroi penderfyniad 1979. Yr Ysgrifennydd Gwladol dros Gymru a oedd â'r dasg o gyflwyno'r polisi i bobl Cymru ac, yn sgil hynny, i'w hargymell mewn refferendwm, oedd Ron Davies.

Roedd Ron Davies yn ddatganolwr o argyhoeddiad. Yn wir, megis yr Apostol Paul gynt ar ei ffordd i Ddamascus, yr oedd y cyn-amheuwr hwn a fu'n wrthwynebus i'r polisi datganoli yn y 1970au wedi cael tröedigaeth lwyr ac yntau bellach o blaid creu cynulliad i Gymru. Dysgodd yr iaith Gymraeg a bu'n gefnogol i ddatganoli fel un a oedd ag ymdeimlad cryf o'i hunaniaeth Gymreig. Roedd hefyd yn wleidydd craff. Llwyddodd i adeiladu consensws gwleidyddol gyda Phlaid Cymru a'r Democratiaid Rhyddfrydol o blaid y polisi. Wrth gwrs, roedd yn ffodus iawn mai gwleidyddion abl, poblogaidd ac ymarferol ym mhersonau Dafydd Wigley a Richard Livesey oedd ei bartneriaid traws-bleidiol. Ond efallai mai'r craffter pennaf ar ran Ron Davies a'i gyd-ddatganolwyr yn y llywodraeth

Lafur oedd sicrhau y byddai refferenda'r Alban a Chymru yn digwydd o fewn pum mis i'r etholiad cyffredinol, pan oedd ton o ewyllys da a chefnogaeth i lywodraeth newydd Tony Blair.

Yn sicr, craffter gwleidyddol a lywiodd y penderfyniad i gynnal refferendwm yn yr Alban ychydig ddyddiau cyn y refferendwm yng Nghymru. Gyda phob arolwg barn yn rhagweld y byddai'r Albanwyr yn pleidleisio yn gadarn o blaid senedd yng Nghaeredin, arolygon a brofwyd yn ddibynadwy wrth i'r Albanwyr fwrw eu pleidlais yn y refferendwm a gynhaliwyd yn gynnar ym mis Medi 1997, tybed beth fyddai ymateb y Cymry? A oedd y Cymry i wrthod polisi'r llywodraeth newydd a thanseilio ei hawdurdod mor gynnar? A oedd profiadau'r gaeaf hir ceidwadol wedi eu hanghofio mor sydyn? A oedd Cymru yn genedl lai cyflawn, llai aeddfed a llai cymwys na'r Alban i gael mesur o hunanlywodraeth?

Penderfynodd hanner y boblogaeth na fedrent wynebu'r cwestiynau poenus hyn, na'u hoblygiadau, gan aros adref. Penderfynodd yr hanner arall fod ganddynt o leiaf ddyletswydd i fynegi barn ar y mater. Ar 18 Medi 1997, cynhaliwyd y refferendwm a chafwyd, trwy drwch blewyn (51 y cant o blaid, a 49 y cant yn erbyn), mwyafrif yn pleidleisio o blaid datganoli. Cyflwynwyd Mesur Llywodraeth Cymru gerbron Tŷ'r Cyffredin ym mis Rhagfyr 1997 a chafwyd Cydsyniad Brenhinol i'r mesur ym mis Gorffennaf 1998. Ym mis Mai 1999, cynhaliwyd yr etholiadau cyntaf ar gyfer Cynulliad Cenedlaethol Cymru.[32]

Roedd y freuddwyd o sefydlu Cynulliad Cenedlaethol Cymru fel corff etholedig cenedlaethol o'r diwedd yn cael ei gwireddu.

Deddf Llywodraeth Cymru 1998

Beth yn union a gafwyd ar ôl ymdrech fawr y refferendwm yn 1997? Yn y cyd-destun Cymreig, yn ôl un arbenigwr cyfansoddiadol, 'The Government of Wales Act provides not legislative devolution but executive devolution, the devolution of secondary legislation and other executive powers.'[33] Beth yw ystyr datganoli gweithredol, a beth a olygai hyn i'r cynulliad cenedlaethol newydd-anedig?

Roedd Deddf Llywodraeth Cymru 1998 yn sefydlu Cynulliad Cenedlaethol Cymru fel un endid corfforaethol. Byddai gan y cynulliad y pŵer i greu deddfwriaeth eilaidd mewn cyswllt â materion wedi'u datganoli. O ganlyniad, byddai'r cynulliad yn ysgogi polisïau ac yn creu cyfreithiau, er yn eilaidd, a oedd y benodol ar gyfer Cymru. Cyflawnid hyn trwy greu offerynnau statudol ar wahân i Gymru mewn meysydd wedi'u datganoli. Roedd y pwerau hyn ym meddiant Ysgrifennydd Gwladol Cymru cyn dyfodiad datganoli, wrth gwrs, a chafwyd gorchymyn trosglwyddo swydd-ogaethau yn 1999 i drosglwyddo cyfrifoldebau o'r Swyddfa Gymreig i'r cynulliad newydd. Roedd yr ymadrodd datganoli gweithredol, felly, yn crisialu'r ffurf ar ddatganoli a roddwyd i Gymru gan mai democrateiddio grymoedd gweinidogion y Swyddfa Gymreig a ddigwyddodd yn hytrach na chreu senedd ddeddfwriaethol fel y cafwyd yn yr Alban.

Byddai'r cynulliad cenedlaethol yn cynnwys trigain o aelodau etholedig. Roedd deugain o aelodau i gael eu hethol ar sail y system etholiadol draddodiadol, 'y cyntaf i'r felin', ac yn cynrychioli etholaethau a oedd yn cyfateb yn union i etholaethau seneddol San Steffan. Roedd yr ugain aelod arall, fodd bynnag, i'w hethol o bum rhanbarth etholiadol ar sail system cynrychiolaeth gyfrannol – 'PR'. Byddai pedwar aelod o bob rhanbarth. Roedd yr aelodau rhanbarthol wedi eu dewis o restrau rhanbarthol y pleidiau gwleidyddol, gyda phob plaid â rhestr o bedwar ymgeisydd ar gyfer pob rhanbarth. Roedd y seddau rhanbarthol i'w dyrannu ar sail y pleidleisiau a gafodd pob plaid mewn rhanbarth o'i gymharu â nifer y seddau etholaethol roedd y blaid wedi'u diogelu yn y rhanbarth hwnnw.

Pwrpas y system hon o ddyrannu seddau rhanbarthol oedd cydnabod y gefnogaeth i'r pleidiau hynny a oedd wedi cael nifer sylweddol o bleid-leisiau mewn rhanbarth etholiadol ond, oherwydd natur yr hen gyfundrefn 'y cyntaf i'r felin', heb ennill seddau etholaethol yn y rhanbarth hwnnw. Felly, er enghraifft, gallai plaid a oedd yn ail mewn nifer o etholaethau, ac felly heb sicrhau aelod cynulliad trwy'r drefn arferol, fod yn ffyddiog o aelod cynulliad trwy'r mecanwaith rhanbarthol. Dichon hefyd fod y system yn fodd o liniaru tipyn ar y gofid mai gwlad un blaid fyddai'r Gymru ddatganoledig, gyda'r Blaid Lafur yn dominyddu grym yng Nghaerdydd. Profodd etholiadau'r cynulliad dros y blynyddoedd bod y system yn atal ychydig ar fonopoli'r Blaid Lafur, gan ei gorfodi, fel arfer, i gydweithio gyda phleidiau eraill er mwyn medru llywodraethu'n effeithiol.

Ar y dechrau, roedd grymoedd y cynulliad yn tarddu o ddarpariaethau Deddf 1998 fel y cafodd ei phasio yn y senedd yn Llundain. Trwy gyfrwng mecanwaith astrus a dirgel y gorchmynion yn y Cyfrin Gyngor, yn raddol fe drosglwyddwyd rhagor o gyfrifoldebau o Lundain i'r cynulliad. Yn ogystal, cafwyd deddfau seneddol yn Llundain a roddai bwerau ychwanegol i'r cynulliad. Roedd pwerau'r cynulliad, boed wedi'u trosglwyddo gan orchmynion yn y Cyfrin Gyngor neu wedi'u rhoi'n uniongyrchol gan Ddeddf Seneddol, ar ffurf pwerau eilaidd i wneud gorchmynion neu offerynnau statudol (roedd rhai pwerau cyfyngedig yn galluogi'r cynulliad i ddiwygio deddfwriaeth sylfaenol).

Mewn ffordd, pŵer wedi ei ddirprwyo gan weinidogion yn Llundain oedd pwerau'r cynulliad o hyd. Yn gynnar ym mywyd y cynulliad, galwyd am bob dull cyfansoddiadol posibl i geisio datblygu grymoedd y cynulliad, gan gynnwys y defnydd o 'Gymalau Harri'r Wythfed' a oedd yn galluogi'r cynulliad i addasu deddfau'r Senedd yn Llundain mewn rhai amgylchiadau.[34] Dechreuwyd trafod datganoli yng Nghymru fel trefniadaeth oedd yn lled-ddeddfwriaethol.[35] Pa fodd bynnag, y realiti sylfaenol oedd nad oedd gan y cynulliad y pŵer i greu deddfwriaeth brimaidd ar gyfer Cymru.

Roedd y model o lywodraethu a gafwyd yn Neddf 1998 hefyd yn golygu nad oedd gwahaniad cyfansoddiadol rhwng y ddeddfwrfa a'r gweithredwr (neu'r llywodraeth), fel y cafwyd yn yr Alban ac yng Ngogledd Iwerddon. Roedd y cynulliad yn gweithredu fel un endid corfforaethol a oedd yn arfer ei swyddogaethau ar ran y Goron.[36] Nid oedd y cynulliad yng Nghymru yn cydymffurfio â'r model seneddol fel y ceid yn yr Alban a Gogledd Iwerddon, ond yn ymdebygu yn fwy i'r system gabinet a geid o fewn awdurdodau lleol.

Serch hynny, er nad oedd gan Gymru fodel seneddol gonfensiynol o dan ddarpariaethau Deddf 1998, fe gafwyd darpariaeth yn nes ymlaen i alluogi dirprwyo rhai o swyddogaethau'r cynulliad i brif weinidog Cymru ac i weinidogion y llywodraeth a'u staff. Esblygodd y cynulliad mewn ffordd a oedd yn cydnabod bod gan y llywodraeth o dan y prif weinidog (enw, gyda llaw, a fabwysiadwyd ar ôl cyfnod y 'Prif Ysgrifennydd' cyntaf, Alun Michael) swyddogaeth wahanol i'r cynulliad ei hun. Datblygodd system lle'r oedd y 'llywodraeth' yn gweithredu ar ran y cynulliad, tra bod y cynulliad yn ei gyfarfodydd llawn neu mewn pwyllgorau yn dwyn gweinidogion y llywodraeth i gyfrif. Byddai'r cynulliad yn cymeradwyo'r gyllideb a ddyfarnwyd iddo gan yr Ysgrifennydd Gwladol ar ran y llywodraeth yn Llundain.

Yn fuan yn hanes y cynulliad, sylweddolwyd nad oedd y datganoli gweithredol yn Neddf 1998 yn cynnig model a oedd yn dderbyniol mewn egwyddor nac ychwaith yn ymarferol.[37] Roedd y cynulliad fel petai yn ymdrechu i newid neu addasu o fewn cyfyngiadau'r cyfansoddiad er mwyn medru gweithredu yn debycach i'r model seneddol. Gwelwyd nad oedd cyfansoddiad Deddf 1998 yn galluogi'r cynulliad i gyflawni ei botensial ar gyfer llywodraethu Cymru.[38] Roedd y strwythur yn aneglur ac yn llyffetheirio atebolrwydd. Roedd y ffiniau rhwng y 'llywodraeth' a'r 'cynulliad' yn amhendant, ac nid oedd y cyhoedd yn deall y berthynas rhwng y ddau.

Yn ogystal, roedd rhwystredigaeth ymysg yr aelodau, ac yn wir ymysg cefnogwyr datganoli yn gyffredinol, oherwydd mai pwerau tameidiog a gafwyd o'r dechrau.[39] Tyfodd ymdeimlad bod angen fframwaith gyfansoddiadol mwy uchelgeisiol a rhagor o rymoedd i'r cynulliad. Hefyd, roedd cryn rwystredigaeth o fewn y sefydliad ei hun wrth iddo orfod trafod gyda pheirianwaith cymhleth ac araf San Steffan wrth geisio newid neu ddiwygio deddfau seneddol ar gyfer Cymru.

Ym marn cwnsler cyffredinol cyntaf Cymru,

> the 1998 Act created a cumbersome and complex model of government by failing to separate the legislative side of the Assembly from the Government side of it and by creating a system of empowering the Government and its Ministers and their civil servants through a system of delegations. That system meant it was for the Assembly Members to decide whether governmental powers would be delegated to ministers and civil servants and upon what conditions, if any, the delegation should be made.[40]

Yr anfodlonrwydd hwn arweiniodd at yr adolygiad cynhwysfawr o'r cynulliad a'i waith yn 2002. Ym mis Chwefror 2002, yn dilyn adolygiad o'i drefniadaeth, galwodd y cynulliad am wahanu clir rhwng swyddogaeth y llywodraeth ar yr un llaw a'r cynulliad ar y llaw arall. Dechreuwyd defnyddio'r teitl Llywodraeth Cynulliad Cymru er mwyn gwahaniaethu rhwng y gweinidogion a oedd yn arfer pwerau gweithredol ar ran y cynulliad, a'r cynulliad a'i aelodau fel cynrychiolwyr y genedl. Datblygodd gwasanaeth sifil y cynulliad yn weinyddiaeth annibynnol (sydd ar wahân i'r gwasanaeth sifil sy'n gwasanaethu'r llywodraeth) gan gymryd yr enw, Gwasanaeth Seneddol y Cynulliad. Yna, ym mis Gorffennaf 2002, penderfynodd llywodraeth y cynulliad sefydlu comisiwn, o dan gadeiryddiaeth yr Arglwydd Richard o Rydaman, i adolygu pwerau deddfwriaethol y cynulliad, ei gyfansoddiad a'i drefniadau etholiadol. Cafwyd ymgynghoriad llawn a manwl a derbyniwyd tystiolaeth gan lu o sefydliadau ac unigolion cyn i'r comisiwn gyflwyno ei adroddiad i'r cynulliad ar 31 Mawrth 2004.[41]

Prif argymhellion Adroddiad Richard oedd y dylid diwygio cyfansoddiad y cynulliad cenedlaethol fel bod gwahaniad cyfreithiol rhwng yr adran ddeddfwriaethol a'r adran weithredol. Byddai hyn yn golygu creu endid cyfansoddiadol a chyfreithiol annibynnol newydd, sef Llywodraeth Cynulliad Cymru, a byddai'r cynulliad yn cyflawni'r swyddogaeth o graffu ar bolisïau'r adran weithredol a dwyn y llywodraeth i gyfrif. Argymhellwyd y dylid rhoddi pwerau deddfu primaidd i'r cynulliad ac y dylid cynyddu nifer yr aelodau i 80.[42] Ni fyddai rhoddi pwerau deddfu primaidd yn amharu ar hawl Senedd y Deyrnas Unedig i ddeddfu ar gyfer Cymru. Y casgliad sylfaenol oedd bod y drefn a osodwyd yn Neddf 1998 yn anghynaladwy. Roedd y cyfansoddiad yn esgor ar ddryswch, rhwystredigaeth ac aneffeithiolrwydd. Roedd angen normaleiddio'r model o weithredu fel ei fod yn gyson â'r model seneddol a geid mewn gwledydd a rhanbarthau democrataidd ar draws y byd.[43]

Cafwyd ymateb cadarnhaol yn y cynulliad i Adroddiad Richard, ac ar 6 Hydref 2004, galwodd y cynulliad am ddiwygiadau i Ddeddf 1998.

Deddf Llywodraeth Cymru 2006

Ym mis Mehefin 2005, cyhoeddodd Ysgrifennydd Gwladol Cymru'r papur gwyn, *Trefn Lywodraethu Well i Gymru*.[44] Hwn oedd ymateb Llywodraeth Prydain i Adroddiad Richard ac ynddo ceid argymhellion y llywodraeth yn Llundain ar gyfer diwygio'r cyfansoddiad.

Roedd y papur gwyn yn argymell gwahanu'n ffurfiol a chyfreithiol yr adrannau deddfwriaethol a gweithredol, a sefydlu Llywodraeth Cynulliad Cymru fel endid ar wahân i'r cynulliad cenedlaethol ond yn atebol iddo. Trwy greu Llywodraeth Cynulliad Cymru, byddai swyddogaeth gweinidogion y llywodraeth yn cael ei ffurfioli hefyd. Byddai prif weinidog Cymru yn cael ei benodi gan y frenhines ar enwebiad y cynulliad a byddai'r prif weinidog yn penodi gweinidogion eraill a dirprwy weinidogion gyda sêl bendith y frenhines. Byddai holl weinidogion Llywodraeth Cynulliad Cymru yn gweithredu ar ran y Goron yn hytrach nac fel cynrychiolwyr y cynulliad, er eu bod hefyd yn atebol i'r cynulliad. Fel gyda'r drefn yn San Steffan, y llywodraeth fyddai'n bennaf gyfrifol am sefydlu rhaglen ddeddfwriaethol y cynulliad, er byddai'n rhaid i'r holl orchmynion a baratoid gan y llywodraeth gael eu cymeradwyo gan y cynulliad. Byddai gan y llywodraeth bŵer i wneud penderfyniadau ar wariant cyllideb y cynulliad, ond byddai'n atebol i'r cynulliad ar y gwariant hwnnw.

Yn sgil yr ad-drefnu cyfansoddiadol hwn, argymhellwyd hefyd y dylid rhoddi statws statudol i'r cwnsler cyffredinol ac ailddiffinio ei rôl. Ers creu'r cynulliad cenedlaethol yn 1998, roedd teitl cwnsler cyffredinol wedi ei arddel gan brif gynghorwr cyfreithiol y cynulliad cenedlaethol. Aelod o'r gwasanaeth sifil oedd y cwnsler cyffredinol yn ei ymgorfforiad cyntaf. O hyn ymlaen, byddai'r cwnsler cyffredinol yn aelod mygedol o'r Cabinet ac yn gyfrifol am ddarparu cyngor cyfreithiol i Lywodraeth Cynulliad Cymru yn unig ac nid i'r cynulliad. Ni fyddai yn aelod o'r gwasanaeth sifil, ac ni fyddai, o reidrwydd, yn aelod o'r cynulliad. Byddai gan y cynulliad, wrth gwrs, ei weinyddiaeth ei hun, gan gynnwys adran ar gyfer darparu cyngor cyfreithiol i'w lywydd.

Roedd y papur gwyn hefyd yn argymell diwygio'r drefn etholiadol. Y prif argymhelliad yn y cyswllt hwn oedd na chaniateid i unigolion fod yn ymgeiswyr mewn etholiadau etholaethol yn ogystal â bod yn gymwys i gael eu hethol fel aelodau rhanbarthol o restrau'r pleidiau. Argymhellwyd y dylid parhau gyda'r drefn o etholiadau bob pedair blynedd, er cafwyd darpariaeth ar gyfer galw etholiad mewn sefyllfaoedd eithriadol (megis mewn sefyllfa lle ceid pleidlais o ddiffyg hyder yn y llywodraeth a bod angen galw etholiad i alluogi'r cynulliad i weithredu yn bwrpasol). Pa fodd bynnag, nis mabwysiadwyd yr argymhelliad yn Adroddiad Richard y dylid cynyddu aelodaeth y cynulliad i 80 aelod.

Y mater pwysig, fodd bynnag, oedd hyd a lled pwerau'r cynulliad. Roedd y papur gwyn yn argymell y dylid cryfhau pwerau deddfu'r cynulliad trwy wneud defnydd llawn o bwerau 'fframwaith' mewn deddfau seneddol. Byddai hyn yn cynyddu gallu'r cynulliad i wneud is-ddeddfwriaeth ar ffurf offerynnau statudol.[45] Roedd y papur gwyn hefyd yn argymell y dylid rhoi'r gallu i'r cynulliad addasu deddfau seneddol ac ychwanegu at y ddarpariaeth o fewn deddfau seneddol mewn achosion penodol. Yn fwy arwyddocaol, argymhellwyd y dylid manteisio ar fecanwaith gorchmynion yn y Cyfrin Gyngor a fyddai'n caniatáu i'r Senedd roi mwy o bwerau deddfu i'r cynulliad mewn perthynas â phynciau penodol o fewn meysydd datganoledig. Byddai gorchmynion o'r fath yn galluogi'r cynulliad i basio ei ddeddfwriaeth ei hun o fewn cwmpas y pwerau a ddirprwywyd gan y Senedd.

Mewn ymateb i'r argymhelliad mwyaf arwyddocaol yn Adroddiad Richard, sef y dylid rhoddi pwerau deddfu primaidd i'r cynulliad, argymhellodd y papur gwyn y dylai fod darpariaeth benodol o fewn y ddeddf newydd i roi pwerau deddfu primaidd, ond byddai gweithredu darpariaeth o'r fath yn amodol ar ganlyniad cadarnhaol mewn refferendwm. Argymhellwyd y gellid galw am refferendwm gyda chefnogaeth dwy ran o dair o aelodau'r cynulliad a chymeradwyaeth mwyafrif yn Nhŷ'r Cyffredin a Thŷ'r Arglwyddi. O gael pleidlais bositif mewn refferendwm, byddai gan y cynulliad yr hawl i ddeddfu ar yr holl faterion o fewn ei feysydd cymhwysedd datganoledig heb orfod cyfeirio ymhellach at y Senedd.

Wedi trafod ac ystyried argymhellion y papur gwyn yng Nghaerdydd ac yn Llundain, cyflwynwyd Mesur Llywodraeth Cymru gerbron Tŷ'r Cyffredin ar 8 Rhagfyr 2005, a derbyniodd Gydsyniad Brenhinol ar 25 Gorffennaf 2006. Roedd dyfodiad Deddf Llywodraeth Cymru 2006 ar y llyfr statud yn agor pennod arall yn hanes datganoli yng Nghymru.

Deddf sy'n adeiladu ar y sylfeini a osodwyd gan ei rhagflaenydd yn 1998 ac yn gwireddu'r gwelliannau a argymhellwyd yn y papur gwyn yw Deddf Llywodraeth Cymru 2006. Y ddeddf sylweddol hon, sy'n cynnwys chwe rhan, 166 o adrannau a deuddeg atodlen, yw ffynhonnell cyfansoddiad Cynulliad Cenedlaethol Cymru a Llywodraeth Cymru.

Comisiwn Cynulliad Cenedlaethol Cymru

Mae rhan gyntaf y ddeddf yn ymdrin â swyddogaeth a swyddogion y cynulliad, gan sefydlu endid cyfreithiol newydd, sef Comisiwn Cynulliad Cenedlaethol Cymru. Nid corfforaeth mo'r cynulliad bellach – y comisiwn fydd yn gweithredu fel yr endid cyfreithiol i bwrpas perthnasau cyfreithiol.[46]

Mae adrannau rhan gyntaf y ddeddf yn manylu ar y broses o ethol a chyflogi aelodau'r cynulliad, swydd y llywydd, ei ddirprwy a'r clerc.[47] Ceir adrannau yn ymwneud â gallu'r comisiwn i greu perthynas gyfreithiol, i gyflogi staff ac i feddu eiddo. Mae adrannau hefyd yn darparu ar gyfer sefydlu pwyllgorau'r cynulliad ac aelodaeth y pwyllgorau hynny.[48]

Mae trafodion y cynulliad i'w cynnal mewn modd sy'n adlewyrchu egwyddorion cyfle cyfartal a thriniaeth gyfartal o'r Gymraeg a'r Saesneg.[49] Caiff aelodau'r cynulliad fwynhau'r fraint seneddol o fynegiant rhydd heb fod yn agored i weithrediadau cyfreithiol am enllib.[50] Mae'r ddeddf yn cadarnhau mai trigain o aelodau sydd gan y cynulliad ar ei newydd wedd (yn hytrach na phedwar ugain fel yr argymhellwyd yn Adroddiad Richard), i'w hethol bob pedair blynedd (ac eithrio mewn amgylchiadau arbennig, lle y gall deuparth o'r aelodau bleidleisio o blaid galw etholiad). Yr Ysgrifennydd Gwladol fydd yn cyhoeddi'r gorchymyn angenrheidiol i gynnal etholiad.[51]

Nid oedd newidiadau sylfaenol i'r drefn aelodaeth a gafwyd o dan Ddeddf 1998, sef deugain aelod dros etholaeth ac ugain aelod rhanbarthol, gyda phleidleiswyr yn bwrw dwy bleidlais, un dros ymgeisydd etholaeth a'r llall dros ymgeisydd rhanbarthol.[52] Yr unig newid arwyddocaol oedd y newid a gyflwynwyd yn dilyn yr argymhelliad yn y papur gwyn, sef rheol sy'n gwahardd ymgeisydd rhag bod yn ymgeisydd etholaeth ac ar y rhestr ranbarthol ar yr un pryd.[53]

Mae'r cyfansoddiad newydd hwn yn sicrhau mai prif swyddogaethau'r cynulliad fydd: rhoi gwiriad democrataidd ar yr adran weithredu, sef gweinidogion y Goron; craffu ar y ddeddfwriaeth a wneir gan weinidogion Cymru; pleidleisio ar y gyllideb; mynnu atebolrwydd gweinidogion; pasio pleidlais, lle bo hynny'n briodol, o ddiffyg hyder yn Llywodraeth Cynulliad Cymru.[54] Y cynulliad yw'r ddeddfwrfa sydd â'r gallu i greu deddfwriaeth o fewn terfynau'r cymhwysedd a ddatganolwyd.

Llywodraeth Cymru

Mae ail ran y ddeddf yn creu 'Gweinidogion Cymru' fel endid cyfreithiol a chyfansoddiadol ar wahân i Gynulliad Cenedlaethol Cymru, ond yn atebol iddo. Mae'r ymadrodd Gweinidogion Cymru yn cynnwys prif weinidog Cymru a gweinidogion eraill Cymru a benodwyd ganddo ef neu hi.[55] Mae'r ddeddf hefyd yn rhoi statws statudol i'r enw 'Llywodraeth Cynulliad Cymru' (bellach, yr ymadrodd cryno, Llywodraeth Cymru, a ddefnyddir), sy'n golygu prif weinidog Cymru, gweinidogion eraill Cymru, dirprwy weinidogion Cymru a'r cwnsler cyffredinol. Ni cheir mwy na deuddeg gweinidog yn y llywodraeth.

Mae gan weinidogion Cymru gyfrifoldebau statudol i'w cyflawni ar ran y Goron, a gyda'i gilydd maent yn ffurfio Llywodraeth Cymru. O ddiddordeb cyfreithiol yn benodol yw swydd y cwnsler cyffredinol.[56] Penodir y cwnsler cyffredinol gan y frenhines ar argymhelliad y prif weinidog a gyda chymeradwyaeth y cynulliad.[57] Gall prif weinidog Cymru, gyda chymeradwyaeth y cynulliad, argymell y dylid cael gwared â'r cwnsler cyffredinol ar unrhyw adeg. Yn ogystal, gall y cwnsler cyffredinol gyflwyno'i ymddiswyddiad i'w Mawrhydi ar unrhyw adeg.

Nid oes gan y cwnsler cyffredinol gyfrifoldebau 'portffolio', statudol fel y gweinidogion eraill. Mae'r cwnsler cyffredinol yn aelod o Lywodraeth Cymru ac yn dal swyddogaethau o fewn y llywodraeth. Er nad yw yn un o'r gweinidogion, mae ganddo statws gweinidogaethol. Nid oes raid i'r cwnsler cyffredinol fod yn aelod o'r cynulliad, ond mae'n mynychu ac yn cymryd rhan mewn cyfarfodydd y Cabinet ar wahoddiad y prif weinidog, ac mae'n atebol i'r cynulliad am y swyddogaethau a gyflawnir ganddo.

Y cwnsler cyffredinol yw'r prif gynghorwr cyfreithiol i'r llywodraeth, ac mae ei gyngor yn awdurdodol ac yn derfynol. Bydd y llywodraeth yn ymgynghori ag ef ar gwestiynau cyfreithiol cymhleth neu sensitif sydd â goblygiadau pellgyrhaeddol neu sy'n codi cwestiynau ynglŷn â'r cyfansoddiad.[58] Ef sydd hefyd yn goruchwylio'r modd y cynrychiolir y llywodraeth mewn gweithrediadau cyfreithiol. Gall ddwyn gweithrediadau cyfreithiol neu amddiffyn gweithrediadau ar ran y llywodraeth, lle bo hynny'n briodol er lles y cyhoedd. Gall hefyd ymgyfreitha ar ran y llywodraeth a'i gweinidogion lle mae materion yn ymwneud â datganoli yn codi, gan gynnwys swyddogaethau'r gweinidogion neu'r prif weinidog.[59] Er enghraifft, mae ganddo ddyletswydd i ofalu bod gweinidogion Cymru yn cydymffurfio â chyfraith Ewropeaidd[60] yn unol â darpariaethau Deddf 2006.[61]

Y newid cyfansoddiadol sylfaenol yn sgil Deddf 2006 yw'r ffaith bod gweinidogion yn cyflawni eu swyddogaethau yn rhinwedd eu statws fel gweinidogion Cymru yn hytrach na fel dirprwyon y cynulliad, fel o dan Ddeddf 1998. Mae ganddynt swyddogaethau a roddir iddynt yn uniongyrchol gan y Goron yn dilyn Deddf Seneddol, trwy ddarpariaeth yn neddfwriaeth y cynulliad neu o dan orchmynion trosglwyddo swyddogaethau (lle y caiff pwerau a arferwyd yn flaenorol gan ysgrifenyddion gwladol ar sail Cymru a Lloegr neu Brydain Fawr eu trosglwyddo i weinidogion Cymru i'w harfer yng Nghymru), ac felly maent yn gweithredu yn annibynnol o'r cynulliad ond yn atebol iddo. Mae gan Gymru bellach system o lywodraeth gabinet o dan arweiniad prif weinidog.

Mae gan weinidogion Cymru ddyletswyddau statudol i sefydlu cyngor partneriaeth ar gyfer Cymru gyda llywodraeth leol Cymru,[62] ac i ddarparu cynllun ar gyfer cynnal a hyrwyddo llywodraeth leol gan gymryd ystyriaeth o anghenion y sector hon wrth gyflawni dyletswyddau.[63] Mae dyletswyddau tebyg mewn perthynas â'r sector wirfoddol,[64] a'r gymuned fusnes.[65] Mae darpariaethau eraill yn Neddf 2006 sy'n egluro dyletswyddau gweinidogion yng nghyswllt cyfle cyfartal, datblygu cynaliadwy a'r iaith Gymraeg.[66] Ym mhob amgylchiad, rhaid i'r gweinidogion weithredu yn gyfreithlon a chan dalu sylw i gyfraith Ewropeaidd, deddfwriaeth hawliau dynol ac unrhyw offerynnau rhyngwladol eraill sy'n berthnasol.[67]

Yn gryno, swyddogaeth sylfaenol y gweinidogion yw llywodraethu Cymru a llunio deddfwriaeth yn unol â'r cyfansoddiad a geir yn y ddeddf. Oherwydd y gwahaniad clir rhwng y llywodraeth a'r cynulliad, mae'r broses ddemocrataidd yn fwy tryloyw, atebol ac effeithiol, gyda sicrwydd ynglŷn â chyfrifoldebau a dyletswyddau. Ymysg manteision eraill diwygiadau cyfansoddiadol Deddf 2006, ceir rheolaeth ac atebolrwydd ariannol gwell trwy gronfa gyfunol Cymru. Fel y dywedodd un a fu'n flaenllaw wrth ddrafftio'r mesur a ddaeth yn Ddeddf Llywodraeth Cymru 2006, 'an important consequence of the separation of the Ministerial and Parliamentary roles is that it has enabled, and indeed required, the creation of a more sophisticated and transparent means for ensuring Assembly control over public expenditure'.[68]

Deddfwriaeth: y cyfnod 2006–11

Efallai mai arwyddocâd pennaf Deddf Llywodraeth Cymru 2006 ar y dechrau oedd iddi greu mecanwaith i greu deddfau Cymreig a elwid yn Fesurau Cynulliad Cenedlaethol Cymru. Meddai Thomas Glyn Watkin, wrth werthfawrogi mawredd y datblygiad cyfansoddiadol hwn: 'Gyda mesurau'r Cynulliad Cenedlaethol y mae Cymru, am y tro cyntaf yn ei hanes efallai, yn defnyddio ei phwerau deddfwriaethol ei hun. Y mae oes newydd wedi gwawrio.'[69]

Mesurau'r cynulliad

Roedd mesurau'r cynulliad yn medru gwneud unrhyw beth y gallai Deddf Seneddol ei wneud, gan gynnwys diwygio, dirymu neu estyn statudau oedd yn ymwneud â Chymru, a gwneud darpariaeth cwbl newydd.[70] Roedd mesurau cynulliad yn cael eu gweithredu trwy gael eu pasio gan y cynulliad a'u cymeradwyo gan Ei Mawrhydi yn y Cyngor.[71]

O dan y drefn hon a gyflwynwyd gan Ddeddf Llywodraeth Cymru 2006, roedd adran 94 (ac Atodlen 5) y ddeddf yn egluro hyd a lled pwerau deddfu'r cynulliad, neu, o'i roi yn fwy technegol, ei 'gymhwysedd deddfwriaethol'. Roedd mesur a grëwyd gan y cynulliad o fewn ei gymhwysedd deddfwriaethol, ac felly yn gyfreithlon, os oedd yn cwrdd â'r amodau a osodid yn y ddeddf. Y prif amod oedd ei bod yn ofynnol i fesur arfaethedig ymwneud ag un neu ragor o 'faterion' penodol mewn meysydd datganoledig a restrid yn Atodlen 5, Rhan 1.[72] Roedd pob mater yn ddisgrifiad cyfreithiol cryno o'r pwnc y medrid deddfu arno. Rhaid oedd i'r materion ymwneud ag un neu fwy o'r meysydd a restrid yn Rhan 1, a oedd yn cynrychioli'r meysydd polisi y mae gan weinidogion Cymru swyddogaeth drostynt. Y rhain oedd y meysydd y gallai'r cynulliad ddeddfu neu gael y cymhwysedd deddfwriaethol i ddeddfu ar eu cyfer.

Roedd Atodlen 5 yn rhestru'r ugain maes polisi datganoledig yng Nghymru, sef:

- amaethyddiaeth, pysgodfeydd, coedwigaeth a datblygu gwledig;
- henebion ac adeiladau hanesyddol;
- diwylliant;
- datblygu economaidd;
- addysg a hyfforddiant;
- yr amgylchedd;
- y gwasanaethau tân ac achub a hyrwyddo diogelwch tân;
- bwyd;
- iechyd a gwasanaethau iechyd;
- priffyrdd a thrafnidiaeth;
- tai;
- llywodraeth leol;
- Cynulliad Cenedlaethol Cymru;
- gweinyddiaeth gyhoeddus;
- lles gymdeithasol;
- chwaraeon a hamdden;
- twristiaeth;
- cynllunio gwlad a thref;
- dŵr ac amddiffyn rhag llifogydd;
- yr iaith Gymraeg.

Roedd yn rhaid i unrhyw fesur arfaethedig hefyd beidio â dod o dan unrhyw gyfyngiadau ar y gallu i ddeddfu a osodid yn y ddeddf.[73] Un cyfyngiad amlwg yw'r cyfyngiad tiriogaethol sy'n golygu mai dim ond ar gyfer Cymru y gall y cynulliad ddeddfu. Wrth ystyried a oedd mesur a'i ddarpariaeth yn cydymffurfio â'r cyfyngiadau cymhwysedd a osodid, roedd angen hefyd i ddadansoddi natur y mater penodol gan sicrhau ei fod yn bodloni'r hyn a ddisgrifid fel prawf diben ac effaith.[74] O ran penderfynu a oedd darpariaeth y mesur arfaethedig yn ymwneud yn briodol â mater o fewn maes a restrid yn Rhan 1 o Atodlen 5 neu beidio, byddai hynny 'i'w benderfynu drwy gyfeirio at ei ddiben, gan ystyried (ymhlith pethau eraill) ei effaith ym mhob achos'.[75] Mewn ffordd, mater o ddehongli'r ddarpariaeth mewn modd sy'n gyson ag ysbryd a phwrpas datganoli oedd hyn.

Oherwydd yr egwyddor diriogaethol, roedd yn rhaid i unrhyw fesur arfaethedig ymwneud â Chymru yn unig ac roedd yn rhaid i unrhyw swyddogaeth a roddir ar weinidogion Cymru neu unrhyw gorff cyhoeddus ymwneud â Chymru yn unig.[76] Yr unig amrywiadau ar y rheol hon oedd bod modd i fesur cynulliad gynnwys darpariaeth a oedd yn gymwys i Loegr er mwyn gweithredu'r mesur neu lle bo'n briodol er effeithiolrwydd y mesur,[77] a gellid gwneud gwelliannau canlyniadol neu ategol i gyfraith a oedd yn berthnasol i Loegr fel y bo'r gyfraith yng Nghymru a Lloegr yn adlewyrchu'n gywir effeithiau'r newidiadau cyfreithiol a wnaed gan y mesur.[78] Ym mhob achos, roedd gan yr Ysgrifennydd Gwladol y pŵer i ymyrryd i sicrhau nad oedd y cynulliad yn gweithredu mewn ffordd a oedd yn cael effaith andwyol ar weithrediad y gyfraith yn Lloegr.[79]

Roedd adrannau 97 a 98 yn ymdrin â dull gweithredu'r cynulliad mewn cysylltiad â mesurau a gynigid. Yn ôl rheolau sefydlog y cynulliad, roedd yn rhaid cynnal dadl cyn pleidleisio ar yr egwyddorion cyffredinol, craffu ar fanylion y mesur a'i ddiwygio ac yna byddai pleidlais ar y drafft terfynol. Yna, a chymryd bod y cynulliad wedi pasio'r mesur, byddai'r clerc yn cyflwyno'r mesur ar gyfer cymeradwyaeth Ei Mawrhydi yn y Cyngor, er mwyn creu gorchymyn yn y Cyngor (yn cyfateb i Ddeddf Seneddol). Roedd yn rhaid i bedair wythnos fynd heibio ar ôl i'r cynulliad orffen ystyried mesur cyn y byddai'n cael ei gyflwyno i dderbyn cymeradwyaeth y frenhines. Yn yr amser hwnnw, roedd modd i'r cwnsler cyffredinol, y Twrnai Cyffredinol neu'r Ysgrifennydd Gwladol gymryd camau, os yn briodol, i herio cyfreithlondeb y mesur a'i atal neu ei anfon yn ôl ar gyfer ailystyriaeth gan y cynulliad.[80]

Er bod Deddf 2006 wedi galluogi'r cynulliad cenedlaethol i greu mesurau, nid oedd unrhyw beth yn atal y Senedd yn Llundain i ddeddfu ar yr un materion, ac y mae goruchafiaeth y Senedd yn cael ei sicrhau gan adran benodol yn y ddeddf.[81]

Felly, yn gryno, o dan y drefn o greu mesurau a ddaeth gyda Deddf 2006, gallai unrhyw aelod o'r llywodraeth neu'r cynulliad gyflwyno mesur cynulliad:

- o fewn cymhwysedd deddfwriaethol;
- yn ymwneud ag un neu ragor o faterion penodol (Atodlen 5, Rhan 1);

- nad oedd yn dod o dan unrhyw gyfyngiadau ar y gallu i ddeddfu a osodid yn y ddeddf (Atodlen 5, Rhannau 2 a 3);
- yn bodloni prawf diben ac effaith (a. 94(7));
- yn gyson ag adran 93(5) – goruchafiaeth seneddol yn cael ei chynnal.

Ychwanegu at gymhwysedd deddfwriaethol y cynulliad

Er mwyn canfod p'un a oedd yn fater o fewn cymhwysedd deddfwriaethol y cynulliad, rhaid oedd cyfeirio at Atodlen 5. Yn naturiol, efallai, nid oedd y rhestr o faterion cymwys yn Atodlen 5 yn hirfaith ar y cychwyn. Pa fodd bynnag, roedd modd ychwanegu materion dros amser a thrwy hynny estyn cymhwysedd deddfwriaethol. Roedd Atodlen 5, felly, yn adran o'r ddeddf a oedd â'r potensial i esblygu fel y byddai rhagor o faterion neu feysydd yn cael eu dirprwyo i Gaerdydd. Gyda phob ychwanegiad i gymhwysedd deddfu'r cynulliad, roedd Atodlen 5 yn cael ei diweddaru.

Un ffordd gweddol amlwg o estyn cymhwysedd deddfwriaethol yw trwy ddarpariaeth mewn deddfau seneddol. Gallai ddeddfau Llundain ychwanegu at y rhestr o faterion yn Atodlen 5, a hyd yn oed ychwanegu meysydd newydd nad oeddent wedi eu cynnwys. Mae hyn, o bosibl, yn atgyfnerthu'r cysyniad cyfansoddiadol a fu'n sylfaen i'r fframwaith ddatganoledig, sef bod pwerau Caerdydd i ddeddfu yn bod trwy gydsyniad Llundain, ac mai dirprwyo pwerau yn hytrach na'u trosglwyddo a wna'r Senedd. Ar y llaw arall, mae modd i ddarpariaethau o'r fath gael eu cynnwys ym mesurau'r senedd yn Llundain ar gais Llywodraeth Cymru. Felly, mae gan y llywodraeth yng Nghaerdydd gyfle i ehangu cymhwyster deddfu'r cynulliad trwy ofyn am ddarpariaeth o fewn mesur seneddol a gyflwynir yn Llundain.

Yn ychwanegol, cafwyd modd i ychwanegu at gymhwysedd deddfwriaethol trwy fecanwaith gorchmynion cymhwysedd deddfwriaethol o fewn adran 95 o Ddeddf 2006.[82] Ffurf ar orchymyn yn y Cyfrin Gyngor oedd y gorchymyn cymhwysedd deddfwriaethol, ac roedd yn medru diwygio Atodlen 5 trwy ychwanegu at y materion y medrid deddfu arnynt. Roedd hi'n bosibl hefyd i gyflwyno gorchymyn a oedd yn ychwanegu maes newydd at Atodlen 5 (a diwygio Rhannau 2 a 3 fel y bo'n angenrheidiol), cyn belled ag y bod gan weinidogion Cymru, prif weinidog Cymru neu'r cwnsler cyffredinol swyddogaethau o fewn y maes penodol hwnnw. Gallai gorchymyn o'r fath gael ei gyflwyno gan lywodraeth Cymru, un o bwyllgorau'r cynulliad neu un neu ragor o aelodau'r cynulliad. Cyn y medrid ychwanegu at bwerau deddfu'r cynulliad trwy'r mecanwaith hwn, roedd yn rhaid i'r gorchymyn cymhwysedd deddfwriaethol gael ei gymeradwyo gan y cynulliad a'r ddau Dŷ Seneddol yn Llundain.

Bu'r broses ar gyfer creu gorchmynion cymhwysedd deddfwriaethol yn destun beirniadaeth gyson. Yn ôl y ddeddf, roedd yn rhaid i'r cynulliad a'r ddau Dŷ Seneddol ystyried a chymeradwyo gorchmynion drafft cyn iddynt gael eu cymeradwyo gan y frenhines, a chyn y byddai'r cynulliad yn medru deddfu ar y materion penodol hynny o fewn cwmpawd y gorchymyn. Byddai dau bwyllgor, un yng Nghaerdydd a'r llall yn Llundain (sef y Pwyllgor Materion Cymreig), yn cyflwyno adroddiadau ar y gorchymyn cymhwysedd deddfwriaethol arfaethedig, a byddai cyfle i ddiwygio'r gorchymyn arfaethedig yn sgil yr adroddiadau hynny. Yna, byddai drafft terfynol y gorchymyn yn cael ei gyflwyno'n ffurfiol i'r cynulliad i'w gymeradwyo neu ei wrthod.

Os byddai'n cael ei gymeradwyo gan y cynulliad, byddai prif weinidog Cymru yn anfon drafft terfynol y gorchymyn at Ysgrifennydd Gwladol Cymru i'w gyflwyno gerbron y ddau Dŷ Seneddol. Roedd gan yr Ysgrifennydd Gwladol hyd at drigain diwrnod naill ai i gyflwyno'r gorchymyn neu wrthod gwneud hynny. Os oedd yn gwrthod, rhaid oedd iddo esbonio'r rhesymau dros beidio â'i gyflwyno. Gallai'r Senedd wedyn naill ai gymeradwyo'r gorchymyn neu ei wrthod – yn yr un modd â'r cynulliad – ond nid oedd cyfle iddi ddiwygio'r gorchymyn erbyn hynny. Unwaith y byddai'r Senedd wedi cytuno ar ddrafft terfynol y gorchymyn cymhwysedd deddfwriaethol, fe'i hanfonid i'w gymeradwyo gan y frenhines.

Roedd y ffaith bod dwy ddeddfwrfa (a'u pwyllgorau a'u gweinidogion) yn craffu ac yn trafod y gorchmynion drafft yn golygu bod arafwch a rhwystredigaeth yn anochel. Er mwyn trosglwyddo'r hawl i ddeddfu ar fater newydd, roedd yn rhaid cael cydsyniad yr Ysgrifennydd Gwladol (a fyddai'n gosod y gorchymyn gerbron Senedd Llundain), Senedd Llundain (sef y ddau Dŷ Seneddol) a'r cynulliad. Yn ychwanegol, roedd gwyntyllu manwl o gynnwys y gorchymyn gan bwyllgor yn y cynulliad a chan y Pwyllgor Materion Cymreig yn Llundain a, petai cwestiwn cyfansoddiadol yn codi oherwydd natur y gorchymyn, gan bwyllgor cyfansoddiadol Tŷ'r Arglwyddi.

Profwyd bod y broses hir o ddrafftio a gwyntyllu gorchymyn drafft cyn y byddai modd i'r cynulliad hyd yn oed ystyried deddfu ar y mater dan sylw yn creu anniddigrwydd. Gwelwyd yng nghyd-destun gorchymyn yr iaith Gymraeg fel y bu i'r pwyllgor Materion Cymreig wyntyllu a newid tipyn arno cyn iddo gael ei basio gan Senedd San Steffan a'r cynulliad. Felly hefyd yng nghyd-destun gorchmynion eraill. Roedd awydd y Pwyllgor Materion Cymreig yn Llundain i wyntyllu'n fanwl y gorchmynion cymhwysedd deddfwriaethol yn arwydd o'r gwrthdaro rhwng y ddwy ddeddfwrfa ac o agwedd geidwadol, os nad adweithiol, a ddangosai'r aelodau seneddol Cymreig o bryd i'w gilydd tuag at ddatganoli.[83]

Diddorol yw nodi testunau y gorchmynion cynnar hyn. Roedd y pwyslais ar faterion yn ymwneud â chyfiawnder cymdeithasol ac anghenion aelodau difreintiedig a bregus cymdeithas. Ar y dechrau, cafwyd ceisiadau gan y cynulliad am bwerau i ddeddfu ar gyfer plant gydag anawsterau dysgu neu anabledd, yr henoed yn eu cartrefi a thai fforddiadwy.[84] Roedd y pwyslais yn amlwg ar les a gofal, pwyslais a oedd, mae'n siŵr, yn adlewyrchu'r traddodiad gwleidyddol Cymreig.

Drafftio deddfwriaeth

Ers sefydlu'r cynulliad cenedlaethol, bu drafftio is-ddeddfwriaeth yn un o gyfrifoldebau swyddogion y gwasanaeth sifil. Cyflogwyd cyfreithwyr cymwys i lunio'r offerynau statudol o dan Ddeddf 1998. O ganlyniad i'r cynnydd yn y pwerau deddfu o dan Ddeddf Llywodraeth Cymru 2006, creodd Llywodraeth Cynulliad Cymru swydd ac adran newydd o fewn y gwasanaeth sifil ym Mharc Cathays, sef prif gwnsler deddfwriaethol Cymru, a fyddai'n gyfrifol am redeg Swyddfa Cwnsleriaid Deddfwriaethol Cymru. Roedd Swyddfa Cwnsleriaid Deddfwriaethol Cymru yn gyfrifol am ddrafftio'r holl orchmynion cymhwysedd deddfwriaethol a noddwyd gan Lywodraeth Cynulliad Cymru, a mesurau'r cynulliad. Dyma'r hyn sy'n cyfateb yng Nghymru i Swyddfa Cwnsleriaid Seneddol Whitehall, sy'n gyfrifol am ddrafftio mesurau llywodraeth i'w cyflwyno i ddau Dŷ'r Senedd yn San Steffan.

O ran y mecanwaith o lunio deddfwriaeth, mabwysiedir y patrwm a geir yn Whitehall i raddau helaeth.[85] Y cam cyntaf yw cyfathrebu rhwng y gweinidog, neu aelodau'r pwyllgor gweinidogaethol, a'r gweision sifil perthnasol ynglŷn â'r amcanion polisi. Bydd yr adran bolisi berthnasol yn llunio cyfarwyddiadau yn seiliedig ar yr amcanion polisi a geisir, sef yr hyn y bydd y llywodraeth am ei gyflawni, er mwyn troi'r amcanion yn ddeddfwriaeth. Yn sgil y trafodaethau hyn, bydd cyfreithwyr yr adran bolisi yn anfon y cyfarwyddiadau i Swyddfa Cwnsleriaid Deddfwriaethol Cymru. Gwaith y cwnsleriaid deddfwriaethol fydd saernïo darpar ddeddfwriaeth a fydd yn rhoi mynegiant clir a diamwys i'r hyn a geisir ei gyflawni (gan sicrhau bod y mesur yn gyfreithlon ac yn gyfansoddiadol bosibl). Weithiau, yn ogystal â drafftio'r ddeddfwriaeth, bydd y cwnsleriaid deddfwriaethol yn paratoi neu'n cynnig cyngor ar sut i baratoi nodiadau esboniadol ar y cynnwys (er mai dyletswydd yr adran bolisi sy'n noddi'r darpar ddeddfwriaeth yw gwneud hyn o dan y canllawiau swyddogol).[86] Wedi ymgynghori pellach gyda'r gweinidog, bydd y darpar ddeddfwriaeth yn cael ei chyflwyno i'r cynulliad er mwyn dechrau'r broses o'i throi yn ddeddfwriaeth yn unol â rheolau sefydlog y cynulliad.

Er mai patrwm Whitehall yw patrwm Caerdydd i bob pwrpas, mae un gwahaniaeth sylfaenol yn y modd y gweithredir yng Nghaerdydd, ac mae'r gwahaniaeth hwnnw yn tarddu o sefyllfa ieithyddol neilltuol Cymru. O'r dechrau, gorseddwyd yr egwyddor o gydraddoldeb ieithyddol yng ngweithrediadau'r cynulliad cenedlaethol, gydag adran 66(4) o Ddeddf 1998 yn darparu ar gyfer offerynau statudol yn y Gymraeg a'r Saesneg, ac adran 122 o'r ddeddf yn sicrhau bod y fersiynau Cymraeg a Saesneg yn gyfartal o ran statws. Brwydr hir a chaled oedd ennill cydraddoldeb ieithyddol,[87] ac er bod yr egwyddor gyffredinol o gydraddoldeb wedi ei chydnabod, mae gweithredu'r egwyddor yn parhau yn her ym mywyd Cymru. Cawn drafod perthynas y Gymraeg â'r gyfraith yn fanylach yn y bennod nesaf.

Yn Neddf 1998, y ddeddf a sefydlodd y cynulliad, cafwyd darpariaeth yn cadarnhau egwyddorion sylfaenol Deddf yr Iaith Gymraeg 1993, sef y byddai'r cynulliad yn gweithredu ar y sail bod y Gymraeg a'r Saesneg yn gyfartal.[88] Yn fwy penodol, roedd adran 122(1) o'r ddeddf yn sicrhau cywerthedd swyddogol fersiynau Cymraeg a Saesneg is-ddeddfwriaeth y cynulliad.[89] Cafwyd cadarnhad o'r egwyddorion ieithyddol hyn yn Neddf 2006.[90] Golyga'r darpariaethau cyfreithiol hyn fod yn rhaid i'r cwnsleriaid deddfwriaethol sicrhau bod y cynnyrch deddfwriaethol yn parchu'r egwyddor o gydraddoldeb ieithyddol.

Roedd drafftio deddfwriaeth yn y Gymraeg yn cynnig cryn sialens.[91] Wedi'r cwbl, onid alltudiwyd yr iaith o fusnes llywodraeth am ganrifoedd, gan amddifadu'r iaith o'r cyfle i ddatblygu'n llawn fel iaith deddfwriaeth, gweinyddiaeth a llywodraeth? Roedd y rheidrwydd, mewn egwyddor, i ddarparu fersiynau Cymraeg a Saesneg o'r is-ddeddfwriaeth yn torri tir newydd ac yn 'adfer, dros nos, hanfod y statws cyfreithiol a gollodd y Gymraeg ym 1536'.[92]

Her sylweddol i'r cyfreithwyr a chyfrifoldeb dros ddrafftio deddfwriaeth ddwyieithog oedd ystyried pa fodd y medrid sicrhau ansawdd y drafftio yn y ddwy iaith, a sicrhau cywerthedd y ddwy fersiwn a gynhyrchid. Fel y nododd y cwnsler â chyfrifoldeb dros ddeddfwriaeth yn ystod y cyfnod 1998–2006, roedd drafftio deddfwriaeth yn Gymraeg yn cynnig her o ran terminoleg a chystrawen.[93] Er mwyn sicrhau cywirdeb ac eglurder, rhaid oedd wrth ddrafftio a oedd yn seiliedig ar ddealltwriaeth o'r cyd-destun cyfreithiol ond, hefyd, feistrolaeth lwyr o deithi'r iaith Gymraeg.

Gwelwyd bod y dulliau a fabwysiedir yng Nghanada yn cynnig modelau posibl. Yn benodol, ystyriwyd y model a geir yng Nghanada o gyd-ddrafftio yn ofalus.[94] Yng Nghanada, bydd y cyfarwyddiadau ar gyfer y rhai sy'n drafftio deddfwriaeth yn cael eu paratoi yn Saesneg a Ffrangeg. Yn y cyfarwyddiadau hyn y ceir manylion ynglŷn â'r polisi a fydd yn sail i'r ddeddfwriaeth, a rhestr o'r elfennau hynny a ddisgwylir i'w cynnwys yn y ddeddfwriaeth (neu'r mesur, fel y bydd ar y dechrau). Bydd y broses o ddrafftio'r mesur yn digwydd ar y cyd rhwng dau gyfreithiwr, un yn drafftio yn Ffrangeg a'r llall yn Saesneg. Efallai y byddent yn eistedd gyda'i gilydd mewn ystafell gyda chyfrifiaduron wedi eu cysylltu â'i gilydd. Trwy gydweithio, cynhyrchir fersiynau Saesneg a Ffrangeg o'r mesur i'w cyflwyno i'r senedd. Nid proses o ddrafftio mewn un iaith ac yna ei gyfieithu i iaith arall a geir yma, ond cynhyrchu fersiynau gwreiddiol yn y ddwy iaith ar yr un pryd. Bydd y fersiynau Saesneg a Ffrangeg yn cael eu gwirio o ran safon ac ansawdd iaith gan arbenigwyr iaith gyda pheth arbenigedd cyfreithiol, sef y *jurilinguists*.

Gwelwyd mai prif fanteision y dull hwn o ddrafftio dwyieithog yw, yn gyntaf, ei fod yn parchu'r cyfansoddiad, sy'n datgan bod y ddwy iaith yn gydradd, y gyfraith, o ran cywirdeb ac ansawdd, a dinasyddion y wlad a'u hieithoedd. Yn ail, nid yw'n israddio un o'r ieithoedd swyddogol. Yn drydydd, mae'n ddull effeithiol gan fod unrhyw anawsterau gyda'r cyfarwyddiadau neu'r amcanion polisi, o ran eu troi yn ddeddfwriaeth weithredol, yn debygol o gael eu nodi yn gynnar gan un o'r drafftwyr. Yn bedwerydd, mae'n gwarantu ansawdd yn y ddwy iaith, ac ansawdd y gyfraith o'r herwydd. Fel y dywedodd un a fu'n drafftio deddfwriaeth yn Gymraeg ar ran y cynulliad cenedlaethol:

> Prif fantais drafftio ar y cyd yw gwneud hi'n bosibl i barchu'r ail iaith ond mae'n deg dweud bod yna hefyd y posibilrwydd o sicrhau manteision yn nhermau'r iaith gyntaf. Yn aml mae'r angen i hwyluso mynegiant mewn ail iaith yn arwain at symleiddio mynegiant yn yr iaith gyntaf.[95]

Yn olaf, mae drafftio ar y cyd yn ddull cynhwysol o weithredu, gan dynnu ar arbenigedd cyfreithiol y ddwy gymuned ieithyddol.

Mae'n amlwg bod system Canada o ddrafftio deddfwriaeth yn ddwyieithog wedi cael peth dylanwad ar y drafftwyr yng Nghaerdydd, a bod yna gydnabyddiaeth o fanteision cyd-ddrafftio er gwella'r broses o ddrafftio yn gyffredinol.[96] Fel y dywedodd pennaeth Gwasanaeth Cyfreithiol y Llywodraeth, 'you can make bilingualism a benefit for the clarity of legislation rather than a potential flaw. Looking at two versions side by side may give a clearer meaning than simply having a single-language instrument.'[97] Serch hynny, ymddengys nad yw'r model o gyd-ddrafftio wedi ennill ei blwyf eto yng Nghaerdydd, a bod yna o hyd gryn ddibyniaeth ar gyfieithu, hyd yn oed cyfieithu a golygu o ansawdd uchel, er mwyn sicrhau fersiynau Cymraeg a Saesneg o ddeddfwriaeth. Fel y dywedodd pennaeth Gwasanaeth Cyfreithiol y Llywodraeth,

As for the two-lawyer principle and a reduced reliance on translators, I am not sure that that is the direction of travel at present. Where co-drafting is happening in relation to proposed Measures, it takes the approach of having a lawyer and a jurilinguist rather than two drafting lawyers . . . while it will involve more than a single lawyer working on drafting something in English and then passing it to translation, I think that we are moving more towards a model of lawyers working with someone similar to a jurilinguist who has expertise in the bilingual field.[98]

Meddai eto:

Most of the legal translation team who work with us have legal qualifications of one kind or another, and so they make up a specialist translation team. However, we would like to see that being taken a step further to be comparable with the situation in Canadian and European institutions, so that we have mixed legal and linguistic capability, which I label a jurilinguist.

Mae'r datblygiad hwn o ran swyddogaeth y *jurilinguist* yn un sydd yn siŵr o gyfrannu tuag at wella ansawdd y cyfieithiad Cymraeg o'r fersiwn Saesneg. Ond, nid drafftiwr deddfwriaeth gyda chymwysterau llawn fel cyfreithiwr neu fargyfreithiwr yw'r *jurilinguist*, cofier. Er y bydd ganddo gymhwyster yn y gyfraith, o bosibl, rôl olygyddol sydd ganddo a'i waith yw gwirio cyfieithiad yn yr ail iaith o destun a grëwyd yn wreiddiol yn yr iaith gyntaf. Nid yw hyn yn cynnig y manteision llawn a geir o fabwysiadu model cyd-ddrafftio.

Er, yn raddol, ceir yr argraff bod pethau'n symud i'r cyfeiriad iawn. Comisiynwyd ymchwil i ddatblygu cymhwyster ôl-raddedig mewn cyfieithu deddfwriaethol. Gwelwyd angen i ddarparu hyfforddiant ar gyfer y rhai a fyddai'n ymgymryd â chyfieithu testunau cyfreithiol i'r Gymraeg, a hefyd ar gyfer y cyfreithwyr a fyddai'n paratoi testunau o'r fath i'w cyfieithu. Byddai cymhwyster mewn cyfieithu deddfwriaethol yn gweithredu fel safon mynediad ar gyfer cyflogaeth yn y maes, neu safon y gallai rhai sydd eisoes yn gweithio yn y maes ymgyrraedd ati, neu gymhwyster a ddisgwylid gan gyfieithwyr annibynnol sy'n ymgeisio am waith deddfwriaethol gan y llywodraeth.[99]

Fel y dangosodd y barnwr Paul Godin, wrth iddo ddisgrifio'r prosesau a arweiniodd at greu system gyfreithiol ddwyieithog ym Mrunswick Newydd yng Nghanada, gyda buddsoddiad ac ewyllys y llywodraeth yno yn arwain at sefydlu Prifysgol Monckton yn 1963, gyda'i harbenigedd ar lunio terminoleg, deddfwriaeth a thestunau ar y gyfraith gyffredin yn Ffrangeg (Coleg Cyfraith Ffrengig), rhaid wrth weledigaeth, ewyllys a buddsoddiad ariannol sylweddol cyn y gwelir gwir ddwyieithrwydd o fewn y broses o ddrafftio deddfwriaeth yng Nghaerdydd.[100]

Teg hefyd yw pwysleisio cyfrifoldeb y defnyddiwr i gymryd mantais o'r adnoddau a grëir. Fel y dywedwyd yn ddigon priodol:

> Ofer bydd ardderchowgrwydd ein deddfwriaeth newydd os na chaiff ei defnyddio gan y boblogaeth yn gyffredinol, gan y proffesiwn cyfreithiol ac wrth gwrs gan y barnwyr. Ni fydd y dyrchafiad syfrdanol diweddar yn statws yr iaith Gymraeg mewn cyfraith a llywodraeth yn cyfrif am ddim byd oni bai y bydd hi'n cyd-gerddẹd â datblygiad cyfatebol yn nefnydd ymarferol o'r Gymraeg yn y llysoedd.[101]

Deddfwriaeth: o 2011 ymlaen

Roedd Rhan 4 ac Atodlenni 6 a 7 Deddf Llywodraeth Cymru 2006 yn creu darpariaeth ar gyfer rhoi pwerau deddfu sylfaenol o fewn cylch gorchwyl y meysydd sydd wedi eu datganoli (sef yr ugain maes hynny yr oedd gan weinidogion Cymru gymhwysedd gweithredol drostynt eisoes). Byddai hyn yn amodol ar gynnal refferendwm ar y pwnc.[102] Petai'r refferendwm o blaid rhoi'r pwerau ychwanegol, byddai'r cynulliad yn gallu deddfu heb orfod cynnal ymgynghoriad â'r Senedd trwy broses y gorchmynion cymhwysedd deddfwriaethol. Byddai'r derminoleg yn newid hefyd fel y bo meysydd a materion Atodlen 5 yn troi'n benawdau a phynciau yn Atodlen 7 (sef y pynciau o fewn yr ugain maes datganoledig y medrir deddfu arnynt), mesurau arfaethedig yn troi yn filiau a mesurau yn troi yn ddeddfau o dan y drefn newydd.

O'i roi mewn geiriau eraill, byddai'r broses o osod materion o bryd i'w gilydd, a fesul tipyn, o dan y meysydd yn Atodlen 5 yn peidio â bod. Byddai Atodlen 7 yn golygu bod y meysydd yn cael eu disgrifio fel penawdau, ac ni fyddai angen gosod materion oddi tanynt oherwydd byddai'r pynciau i gyd eisoes wedi cael eu gosod o dan y ddeddf. Y pynciau, nid y penawdau, fyddai'n diffinio cymhwysedd cyfreithiol y cynulliad.[103] Camgymeriad fyddai tybio mai'r penawdau eu hunain fyddai'n rhoi'r cymhwysedd. Felly, byddai gan y cynulliad y cymhwysedd i ddeddfu parthed tua 100 o bynciau o dan yr ugain pennawd yn Atodlen 7.

Er mwyn cynnal refferendwm, roedd trefn benodol wedi ei gosod yn Neddf 2006: roedd yn rhaid i o leiaf ddeugain o aelodau'r cynulliad bleidleisio o blaid ei chynnal; byddai'n rhaid i Ysgrifennydd Gwladol Cymru gytuno i roi'r mater gerbron y Senedd; byddai'r rhaid i ddau Dŷ'r Senedd bleidleisio o fwyafrif syml i ganiatáu refferendwm.

O gael pleidlais mewn refferendwm o blaid pwerau ychwanegol, byddai adran 105 Deddf 2006 yn cael ei gweithredu. Golyga hyn bod y darpar- iaethau sy'n ymwneud â gorchmynion cymhwysedd deddfwriaethol a mesurau'r cynulliad yn Rhan 3 o'r ddeddf yn dod i ben. O hynny ymlaen, byddai'r cynulliad yn cael pasio deddfwriaeth, neu ddeddfau'r cynulliad, mewn perthynas â'r pynciau a restrwyd yn Atodlen 7 pan gynhaliwyd y refferendwm.

Confensiwn Cymru Gyfan

Yn 2007, yn dilyn etholiadau'r cynulliad ym mis Mai y flwyddyn honno, ffurfiwyd llywodraeth glymblaid rhwng y Blaid Lafur a Phlaid Cymru. Yna, cafwyd addewid ym maniffesto'r llywodraeth newydd, *Cymru'n Un*, i gynnal refferendwm ar estyn pwerau deddfu'r cynulliad. Er mwyn mesur a phwyso'r farn gyhoeddus ar y pwnc, sefydlwyd confensiwn, sef Confensiwn Cymru Gyfan, i ymgynghori â'r cyhoedd ar y cwestiwn hwn: a ddylid rhoi pwerau deddfu ychwanegol i Gynulliad Cenedlaethol Cymru?

Roedd y confensiwn, a oedd yn gweithredu fel corff annibynnol a diduedd o dan arweiniad y cadeirydd, Syr Emyr Jones Parry, ac yn cynnwys un ar bymtheg o aelodau, i gynnal ymgynghoriad cyhoeddus ledled Cymru. Roedd y confensiwn hefyd yn cyflawni swyddogaeth fuddiol wrth ddatblygu dealltwriaeth o natur datganoli yng Nghymru. Bu'r confensiwn yn gyfrwng i ysgogi trafodaeth a chodi ymwybyddiaeth o swyddogaeth y cynulliad fel gwneuthurwr cyfraith yng Nghymru. Cyflwynwyd adroddiad y confensiwn i brif weinidog Cymru a dirprwy brif weinidog Cymru yn adeilad y Senedd ar 18 Tachwedd 2009.

Roedd yr adroddiad yn adlewyrchu barn gyhoeddus ar y cyfansoddiad. Sylweddolwyd yn ystod y broses ymgynghori pa mor aneglur i drwch y boblogaeth yr oedd y cyfansoddiad. Gwelwyd bod dryswch ynglŷn â phwerau deddfu'r cynulliad a'r hyn a fyddai refferendwm yn ei olygu o ran pwerau ychwanegol. Roedd dryswch hyd yn oed ymysg cyfreithwyr wrth geisio canfod pwerau deddfu o dan ddarpariaeth Atodiad 5 a'r holl eithriadau, ac eithriadau i'r eithriadau, i'r materion penodedig a geid. Fel y dywedodd cwnsler deddfwriaethol cyntaf y cynulliad, 'the process by which the Assembly makes secondary legislation remains as complex as ever and the process for making Assembly Measures (primary legislation), a power given to the Assembly by the 2006 Act, is unprecedented and very complex'.[104]

Roedd gorfod pori trwy Atodiad 5 i ganfod a oedd gan y cynulliad y grym i ddeddfu yn fater cymhleth. Roedd y cymhlethdod yn dwysáu gan fod y grymoedd yn cael eu datblygu tamaid wrth damaid, weithiau yn dilyn cais o dan orchymyn cymhwysedd deddfwriaethol, dro arall yn sgil Deddf Seneddol yn Llundain. Barn un cyfreithiwr gyda phrofiad o wasanaethu yn yr hen Swyddfa Gymreig oedd:

a trained lawyer would find it extraordinarily difficult to understand exactly the legislative powers of the Assembly, particularly given that you now have three parts to Schedule 5. Part 1 covers the matters, which themselves have exceptions, and then there are exceptions to the exceptions. Part 2, which covers general restrictions, also has general exceptions and then exceptions to the general exceptions. Part 3 covers exceptions from Part 2.[105]

Roedd y materion pytiog, gyda'u heithriadau a'r hepgoriadau lu, yn rhan o natur y drefn o ddatganoli o dan Ddeddf 1998. Roedd hyn yn rhannol oherwydd yr etifeddiaeth o dan yr hen drefn cyn dyfod datganoli, pan nad oedd swyddogaethau gweinidogol Ysgrifennydd Gwladol Cymru yn cael eu harfer gan gyfeirio at feysydd pwnc cyflawn. Gan mai'r swyddogaethau hynny a drosglwyddwyd i'r cynulliad cenedlaethol, nid etifeddodd y cynulliad gymhwysedd mewn meysydd pwnc cyflawn.[106]

Teg hefyd yw nodi y byddai angen gwyntyllu eithriadau a hepgoriadau i'r pynciau a restrir yn Rhan 4 ac a geir yn Atodiad 7 hyd yn oed ar ôl pleidlais gadarnhaol mewn refferendwm. Mae hyn, wrth gwrs, yn anochel mewn unrhyw gyfansoddiad datganoledig, gyda dwy ddeddfwrfa yn deddfu ar gyfer yr un diriogaeth. Fel y nodwyd gan gwnsleriaid deddfwriaethol y llywodraeth mewn tystiolaeth ysgrifenedig:

> Mae eithriadau i eithriadau yn nodwedd ym mhob un o setliadau datganoli'r DU. Mae Atodlen 5 i Ddeddf yr Alban 1998 yn rhestru materion a gedwir yn ôl, ac yn cynnwys nifer o eithriadau o'r materion hynny sydd wedi eu heithrio o gymhwysedd deddfwriaethol Senedd yr Alban. Mae Atodlen 2 i Ddeddf Gogledd Iwerddon 1998, sy'n nodi eithriadau i gymhwysedd deddfwriaethol, hefyd yn cynnwys eithriadau i'r eithriadau.[107]

Pa fodd bynnag, yr opsiwn a gynigid mewn refferendwm fyddai un ai rhoi pwerau deddfu sylfaenol o dan Ran 4 o Ddeddf Llywodraeth Cymru 2006, fel bod Cynulliad Cenedlaethol Cymru yn cael pwerau deddfu sylfaenol ym mhob un o'r ugain maes diffiniedig, neu barhau â threfniadau Rhan 3 Deddf 2006, fel bo'r cynulliad yn cael pwerau deddfu fesul cam ar y tro. Byddai'r ail opsiwn yn golygu bod y cynulliad yn cael pwerau deddfu fesul achos, gam wrth gam, i gael deddfu mewn rhannau o'r ugain maes diffiniedig.

Cafwyd sylwadau cadarnhaol a diddorol yn yr adroddiad. Roedd pobl Cymru bellach yn derbyn datganoli fel rhan o fywyd bob dydd. Roedd llawer o'r farn bod y trefniadau presennol ar gyfer rhoi pwerau deddfu i Gynulliad Cenedlaethol Cymru drwy orchmynion cymhwysedd deddfwriaethol yn feichus ac yn araf. Roedd y mecanwaith o roi pwerau i weinidogion

Cymru drwy ddarpariaethau fframwaith ym mesurau Senedd y DU hefyd yn achosi dryswch. Nodwyd bod yna deimlad bod llai o graffu nag yn achos gorchmynion cymhwysedd deddfwriaethol, ac nad oedd craffu o gwbl gan y cynulliad cenedlaethol.

Daeth y confensiwn i'r casgliad mai'r farn gyhoeddus oedd bod trosglwyddo pwerau o San Steffan i Gynulliad Cenedlaethol Cymru i gyd ar unwaith (o dan Ran 4 y ddeddf) yn cynnig manteision sylweddol o'i gymharu â'r trefniadau a fodolai o dan Ran 3 y ddeddf. Ym marn y confensiwn, 'byddai'n golygu gwell effeithlonrwydd, yn caniatáu i'r ddeddfwriaeth gael ei drafftio mewn ffordd strategol, yn rhoi mwy o eglurder, yn fwy cyson â rheol y gyfraith a thraddodiad democrataidd, ac yn adlewyrchu aeddfedrwydd datblygol Cynulliad Cenedlaethol Cymru'.[108]

Y cwestiwn allweddol wedyn, wrth gwrs, oedd a fyddai pobl Cymru yn debygol o bleidleisio o blaid pwerau ychwanegol mewn refferendwm? Ym marn y confensiwn, 'rydym o'r farn y gellid cael pleidlais *ie* mewn refferendwm, ond mae'r dystiolaeth a gasglwyd gennym yn ategu'r ffaith nad oes unrhyw sicrwydd ynghylch hyn'.[109]

Refferendwm 3 Mawrth 2011

Yn gyson â'r addewid yn y maniffesto *Cymru'n Un*, aeth y llywodraeth glymblaid yng Nghaerdydd ati i gychwyn y broses o gynnal refferendwm i benderfynu a fyddai'n briodol symud i Ran 4, Deddf 2006 neu beidio. Ar ôl derbyn cysyniad y cynulliad a'r Senedd i gynnal refferendwm, cynhaliwyd y refferendwm ar 3 Mawrth 2011. Llwyddwyd i osgoi boddi'r etholwyr gyda manylion technegol dyrys a llwyddwyd i ddrafftio fformiwla a oedd yn crynhoi'r mater mewn ffordd hygyrch a dealladwy. Y cwestiwn a ofynnwyd i'r etholwyr, yn syml, oedd:

> A ydych yn dymuno i'r Cynulliad allu llunio deddfau ar bob mater yn yr 20 maes pwnc y mae ganddo bwerau ynddynt?[110]

Cafwyd ymgyrchu o blaid ac yn erbyn y gosodiad, gyda'r ymgyrch o blaid yn gonsensws rhyfeddol ar draws y pleidiau gwleidyddol yng Nghymru (yn wahanol i refferendwm 1997, roedd arweinyddiaeth y Ceidwadwyr yng Nghymru hefyd yn ymgyrchu o blaid y pwerau newydd). Rhyw griw bychan digon di-drefn, yn dwyn yr enw eironig True Wales, oedd yn gyfrifol am arwain yr ymgyrch yn erbyn y newid. Cafwyd peth beirniadaeth o natur ac ansawdd y drafodaeth (a lesteiriwyd gan benderfyniad True Wales i wrthod nawdd cyhoeddus i ariannu eu hymgyrch, penderfyniad a olygodd nad oedd gan yr ymgyrch 'ie' gymorth cyffelyb chwaith), er i'r *Western Mail*, chwarae teg, roi sylw manwl a chynhwysfawr i'r refferendwm, gan brofi unwaith eto mai dyma wir bapur newydd cenedlaethol Cymru (er gwell, er gwaeth).

Roedd canlyniad y refferendwm a gyhoeddwyd ar 4 Mawrth 2011 yn bur syfrdanol hyd yn oed i'r datganolwr mwyaf optimistaidd. Er mai dim ond 35 y cant o etholwyr Cymru a bleidleisiodd, roedd y mwyafrif llethol a bleidleisiodd o blaid, gyda 63 y cant o'r bleidlais o blaid y pwerau deddfu a gynigid. Yr un mor drawiadol oedd y ffaith i bob etholaeth yng Nghymru ac eithrio un (Mynwy) gofnodi pleidlais o fwyafrif o blaid.

Roedd y tirwedd wedi newid yn sylweddol ers refferendwm 1997, gyda'r hyn a broffwydwyd yn adroddiad Syr Emyr Jones Parry, sef gan fod mwy o bobl bellach wedi cynhesu tuag at y cynulliad fel sefydliad (ac yn ei dderbyn fel elfen anochel ym mywyd Cymru) byddant yn cefnogi'r newid, yn cael ei wireddu. Afraid dweud bod chwyldro wedi digwydd ym mywyd Cymru ers digwyddiadau trychinebus 1979. Ond hen, hen hanes yw hynny bellach.

Trwy symud i Ran 4 o Ddeddf 2006, mae gan y cynulliad cenedlaethol (gan gynnwys Llywodraeth Cymru, y gweinidogion a'r aelodau) y pŵer i greu deddfau cynulliad yn y meysydd datganoledig. Mae adran 108 y ddeddf yn pennu'r profion y bydd yn rhaid i ddarpariaethau'r deddfau hyn eu bodloni er mwyn cadw o fewn terfynau cymhwysedd deddfwriaethol y cynulliad. Mae adrannau 110 a 111 yn ymdrin â thrafodion y cynulliad mewn perthynas â deddfau drafft, y cyfeirir atynt bellach fel biliau.

Darperir rheolau sefydlog sy'n amlinellu'r drefn ar gyfer cynnal dadl gyffredinol a phleidlais ar egwyddorion unrhyw fil a gyflwynir, ar y broses o graffu'n fanwl ar ei ddarpariaethau, ac ar gyfer cymeradwyo'r bil terfynol (gan gynnwys cymeradwyo bil sydd wedi'i ailystyried a'i ddiwygio gan y cynulliad). Yn ôl y canllawiau swyddogol:[111]

Cyfnod 1:   ystyried a chytuno ar egwyddorion cyffredinol y Bil

Cyfnod 2:   rhoi ystyriaeth fanwl i welliannau a gyflwynwyd gan Aelodau'r Cynulliad mewn pwyllgor

Cyfnod 3:   rhoi ystyriaeth fanwl i welliannau yn Siambr y Cynulliad

Cyfnod Adrodd: cyfnod pellach ar gyfer diwygio (os oes angen)

Cyfnod 4:   pasio'r Bil Cynulliad yn Siambr y Cynulliad ac yna cyflwyno'r Bil i'w Mawrhydi er mwyn cael Cydsyniad Brenhinol.

Unwaith bydd y cynulliad wedi ystyried bil a'i gymeradwyo yn unol â'r rheolau sefydlog, bydd y clerc yn ei gyflwyno i'w Mawrhydi ar gyfer ei Chydsyniad Brenhinol, a daw'r bil yn ddeddf. Rhaid i bedair wythnos fynd heibio ar ôl i'r cynulliad orffen ystyried bil cyn y ceir ei gyflwyno ar gyfer cymeradwyaeth Ei Mawrhydi.[112]

Wrth gwrs, dim ond o fewn terfynau yr ugain maes datganoledig y gall y cynulliad deddfu o dan Ddeddf 2006. Eto i gyd, gellir cynyddu neu ychwanegu at y meysydd hynny trwy ddeddf seneddol yn Llundain, petai hynny yn ennyn cefnogaeth wleidyddol yno yn y dyfodol. Go brin fod stori esblygiad datganoli yng Nghymru yn darfod gyda refferendwm 2011. Yn wir, yn fuan ac o fewn dyddiau i'r bleidlais cafwyd rhai yn galw am ystyried rhoi pwerau i'r cynulliad i godi trethi. Bu fformiwla cyllido Cymru yn destun dadlau dros y blynyddoedd, gydag argymhellion Comisiwn Holtham yn dadlau fod Cymru yn cael ei thanariannu o dan fformiwla Barnett. Bydd y fframwaith cyllidol yn destun trafod ac ystyriaeth gan gomisiwn o dan arweiniad Paul Silk yn oes y cynulliad newydd a ffurfiwyd yn dilyn etholiadau Mai 2011.

Ond wrth bwyso a mesur arwyddocâd y refferendwm hwn ym Mawrth 2011, a drodd Cynulliad Cenedlaethol Cymru yn ddeddfwrfa a chanddi fandad poblogaidd i greu deddfwriaeth sylfaenol, mae'r goblyg-iadau cyfreithiol yn wir yn bellgyrhaeddol. Roedd Carwyn Jones wedi rhagweld y byddai goblygiadau cyfreithiol sylweddol flynyddoedd cyn y refferendwm:

> Mae'r pwerau deddfu newydd a gafwyd eisoes o dan Ddeddf Llywodraeth Cymru 2006 yn golygu bod potensial i'r gyfraith mewn perthynas â Chymru a'r gyfraith mewn perthynas â Lloegr wahaniaethu fwyfwy. Pe bai etholwyr Cymru, mewn refferendwm arall, yn caniatáu i'r Cynulliad arfer pwerau Deddfu sylfaenol, byddai gwahaniaethau o'r fath, mi gredaf i, hyd yn oed yn cynyddu fwyfwy.[113]

Nid ar chwarae bach y mae creu deddfwriaeth sylfaenol a fydd yn dal tir yn y llysoedd barn, a rhaid cofio nas mabwysiadwyd argymhelliad Richard ar gynyddu'r aelodaeth i bedwar ugain er mwyn sicrhau nifer digonol o aelodau i wyntyllu'r broses deddfwriaethu. Ond dyma'r her a osodwyd i'r cynulliad a'i haelodau. Her a chyfrifoldeb, yn sicr, ond braint hefyd, mae'n siŵr.

Y ddeddfwrfa Gymreig – cynulliad neu senedd?

Camgymeriad dybryd fyddai meddwl bod Cynulliad Cenedlaethol Cymru, yn dilyn y refferendwm, yn arfer yr un pwerau ag a geir yn senedd yr Alban. Nid yw darpariaethau Rhan 4 ac Atodlen 7 yn rhoi'r un pwerau i'r cynulliad yng Nghymru ag sydd gan senedd yr Alban o bell ffordd.

Yng Nghymru, dim ond mewn perthynas â'r ugain maes a restrir yn Neddf 2006 y mae'r cynulliad yn gallu deddfu (a chofier am yr eithriadau a'r hepgoriadau bondigrybwyll). Yn ychwanegol, mae tybiaeth gyfreithiol na all y cynulliad ddeddfu oni bai fod y ddeddf yn datgan bod ganddi gymhwysedd deddfwriaethol. Yn yr Alban, gall y senedd ddeddfu ar bopeth ac eithrio'r meysydd sydd wedi'u neilltuo i Senedd y DU. Felly, yn yr Alban, ceir tybiaeth gyfreithiol o blaid hawl i ddeddfu oni nodir bod rhywbeth y tu hwnt i gymhwysedd y senedd yno.

Yn y canllawiau swyddogol i Ddeddf 2006, dyfynnwyd o femorandwm gyda'r sylwadau hyn, sylwadau sy'n crisialu'r prif wahaniaethau ym mhwerau deddfu'r Alban a Chymru:

> Yn wahanol i Ddeddf yr Alban 1998, mae Deddf Llywodraeth Cymru 2006 yn diffinio cwmpas pwerau deddfwriaethol sylfaenol y Cynulliad (ar ôl refferendwm) trwy restru'r pynciau y câi'r Cynulliad ddeddfu arnynt, yn hytrach na rhestru'r meysydd hynny sydd y tu allan i'w gymhwysedd deddfwriaethol. Esboniwyd pam mewn Memorandwm ar y cyd gan Ysgrifennydd Gwladol Cymru a Phrif Weinidog Cymru i'r Pwyllgor Materion Cymreig:

>> O dan Ddeddf yr Alban 1998, nid yw'r newidiadau i'r gyfraith y caiff Senedd yr Alban eu gwneud wedi'u cyfyngu i bynciau penodol. Caniateir iddi newid egwyddorion sylfaenol y gyfraith. Er enghraifft, mae Senedd yr Alban wedi newid y gyfraith tir yn yr Alban, gan ddechrau gyda'r Abolition of Feudal Tenure etc. (Scotland) Act 2000). Mae gan yr Alban ei hawdurdodaeth gyfreithiol wahanol ei hun, gyda'i system llysoedd, barnwyr, proffesiwn cyfreithiol ac addysg gyfreithiol ei hun. Mae gallu ei deddfwrfa felly i newid egwyddorion sylfaenol y gyfraith a'r rheolau penodol ar bynciau fel cyfraith tir sy'n cael effaith gyffredinol ar bron pob gweithgaredd pob dydd, yn gwbl gyson â'r sefyllfa honno.

>> Mae Cymru'n wahanol. Mae'n rhan o awdurdodaeth unedig sy'n cwmpasu Cymru a Lloegr. Mae ganddi system llysoedd cyffredin, barnwyr sy'n cael gweithredu yn y ddwy wlad a chyfreithwyr sydd wedi'u haddysgu ac sy'n ymarfer mewn ffordd nad yw'n gwahan-iaethu rhwng y naill wlad a'r llall. Nid oes bwriad i newid hynny. Bydd y Cynulliad yn cael gwneud cyfreithiau fydd yn gymwys i weithgareddau yng Nghymru ond byddant yn rhan o gyfraith gyffredinol awdurdodaeth Cymru a Lloegr.

>> Bydd cyfreithwyr sy'n ymarfer yng Nghymru a barnwyr sydd fel arfer yn eistedd yng Nghymru o raid yn fwy cyfarwydd â chyfreithiau sy'n gymwys i Gymru'n unig na'u cydweithwyr yn Lloegr ond fe fyddant yn dal i weithio o fewn un awdurdodaeth unedig a phe bai gofyn mewn achos sy'n cael ei glywed yn Lloegr ystyried rhywbeth a wnaed yng Nghymru y mae Deddf y Cynulliad yn berthnasol iddo,

yna byddai'r llys yn cymhwyso'r Ddeddf honno'n union yr un ffordd
â phe bai'n cymhwyso Deddf Seneddol.

Pe bai gan y Cynulliad yr un pwerau cyffredinol i ddeddfu â
Senedd yr Alban, yna byddai goblygiadau sylweddol i undod awdur-
dodaeth gyfreithiol Cymru a Lloegr. Byddai mwy a mwy o ddisgwyl
i'r llysoedd, gydag amser, i weithredu egwyddorion cyfraith sylfaenol
a rheolau cymhwyso cyfraith a fyddai'n wahanol iawn i Gymru o'u
cymharu â Lloegr. Canlyniad ymarferol hynny fyddai'r angen am
systemau addysg gyfreithiol wahanol, barnwyr a chyfreithwyr
gwahanol a llysoedd gwahanol. Byddai awdurdodaethau cyfreithiol
Cymru a Lloegr yn ymwahanu.

Er mwyn osgoi hynny, yr ateb symlaf fyddai dilyn model Deddf yr
Alban 1978 a chyfyngu cymhwysedd cyfreithiol y Cynulliad i
bynciau penodol.

Trywydd arall, a fyddai'n cael yr un effaith yn y pen draw, fyddai
trosglwyddo pwerau deddfu cyffredinol i'r Cynulliad ond gan gyfyngu
egwyddorion cyfreithiol hanfodol a rheolau cyfreithiol sylfaenol
i Senedd y DU. Barn y Cwnsler Seneddol yw y byddai hynny'n
gymhleth ac y byddai ei effaith yn ansicr iawn ac y byddai'n ddewis
gwell felly cyfyngu'r cymhwysedd deddfwriaethol datganoledig i
bynciau penodol.

Mae yna resymau ategol eraill o blaid mabwysiadu model Deddf
yr Alban 1978 ar gyfer Cymru. Yn gyntaf, byddai'r rhestr o bynciau
cadw a fyddai'n gymwys i Gymru dipyn yn hwy a mwy cymhleth
na'r rhestr a geir yn Neddf yr Alban 1998, yn yr ystyr y byddai gofyn
iddi gynnwys pynciau fel cyfiawnder troseddol a'r llysoedd oedd
eisoes wedi'u datganoli yn yr Alban ond ddim yng Nghymru. Yn ail,
mae'r dasg o lunio rhestr o bynciau datganoledig Cymru, sy'n
adeiladu ar y swyddogaethau gweithredol sydd eisoes wedi'u
datganoli i'r Cynulliad, yn un y gellid ei datblygu ar sail y patrwm
presennol o ddatganoli yng Nghymru ac y byddai o'r herwydd, yn
haws o lawer ei wneud yn gywir ac yn effeithlon na cheisio llunio
rhestr gynhwysfawr o bynciau nad oes gan y Cynulliad swyddog-
aethau gweithredol ynddynt.[114]

Roedd yr arbenigwr cyfansoddiadol, Vernon Bogdanor, yntau yn cydnabod
nad oedd y fframwaith cyfansoddiadol Cymreig yn cymharu'n ffafriol â'r
Alban. Yn wir, yn ei farn ef, roedd elfen sarhaus yn yr ymdriniaeth o
Gymru: 'the model of devolution proposed for Wales is indeed more
suitable for a region than a nation'.[115] Roedd sefyllfa gyfansoddiadol yr
Alban, a'i hawdurdodaeth gyfreithiol wahanol, yn egluro'r gwahaniaethu
i raddau helaeth: 'Labour governments in the 1970s and 1990s . . . were
impressed, and perhaps over impressed . . . by the case for special treat-
ment for Scotland on the grounds of her separate legal system.'[116]

Roedd yr ymdriniaeth wahanol a gawsai cenhedloedd y Deyrnas Unedig yn sicr yn adlewyrchu eu hamgylchiadau a'u hanes gwahanol – dyma oedd yn egluro, os nad yn cyfiawnhau, datganoli anghymesur neu anghyson.[117] Ac eto, yn enwedig cyn refferendwm 2011, roedd teimlad cyffredinol bod setliad Cymru yn annigonol: 'The Government of Wales Acts of 1998 and 2006 created settlements which are far too complex and they discriminate unacceptably and unnecessarily against Wales.'[118] Roedd adroddiad Syr Emyr Jones Parry yn cydnabod nad oedd symud o Ran 3 i Ran 4 Deddf 2006 yn newid radical ac ni fyddai'n creu cysondeb rhwng Cymru a Gogledd Iwerddon neu'r Alban. Efallai fod manteision mewn esblygu cyfansoddiadol a newidiadau graddol dros amser yn hytrach na chael newid radical dros nos. Ond, ar y llaw arall, gall yr ymlwybro graddol hwn tuag at fframwaith cynhwysfawr arwain at rwystredigaeth ac ansefydlogrwydd. Y perygl yw y gwelwn y sefyllfa anfoddhaol honno a ddisgrifiwyd gan Rawlings, sef: '[an] interim constitution may well be piled on interim constitution'.[119]

Casgliadau

Gam wrth gam, felly, y datblygodd cefnogaeth i'r syniad o ddeddfwrfa etholedig Gymreig. Efallai mai ymarferoldeb gwleidyddol yn hytrach nag unrhyw weledigaeth fawr gyfansoddiadol a fu'n gyrru'r broses hyd yma. I rai, bu pragmatiaeth gyfansoddiadol yn wendid yn hytrach nag yn fendith. Meddai barnwr llywyddol Cymru, wrth iddo ystyried y siwrnai hyd yma: 'Rydym wedi dod ymhell iawn mewn ychydig dros ddegawd ers pasio Deddf Llywodraeth Cymru 1998. Fy marn bersonol i yw ei fod yn ddiffyg mawr na fu confensiwn cyfansoddiadol cyn hynny i ystyried y pwerau a'r strwythurau sy'n briodol i Gymru ddatganoledig.'[120]

Ar y llaw arall, mae'r math yma o esblygiad cyfansoddiadol yn rhan o'r traddodiad gwleidyddol ym Mhrydain ar hyd yr oesau, traddodiad sydd, ym marn rhai, yn arwydd o hyblygrwydd, ymarferoldeb a'r gallu i ymateb yn greadigol i ddyheadau poblogaidd mewn ffordd synhwyrol:

> Mae'r ymagwedd raddol hon tuag at ddatganoli'n gydnaws â hanes Prydain o 'raddoliaeth gyfansoddiadol', ac mae'n gwneud y broses yn fwy hyblyg ac yn haws i'w haddasu. Mae hyn wedi hybu datblygu proses gweinyddu cyfiawnder yng Nghymru, drwy hwyluso newidiadau sy'n adlewyrchu dymuniadau a dyheadau pobl Cymru.[121]

Bu arafwch a datblygiadau tameidiog yn nodwedd amlwg o'r broses ddatganoli yng Nghymru, nodwedd a fu'n aml yn rhwystr i eglurder ac effeithiolrwydd. Am gyfnod rhwng 2006 a 2011, cafwyd ymryson rhwng dwy ddeddfwrfa ynglŷn â chreu deddfwriaeth sylfaenol briodol i Gymru yng Nghaerdydd. Hyd yn oed ar ôl refferendwm 2011, erys y sefyllfa lle mae deddfwrfeydd Caerdydd a Llundain yn deddfu ar gyfer Cymru, a hynny'n golygu bod yn rhaid edrych i ddau gyfeiriad i ganfod y gyfraith ddomestig ar gyfer Cymru.[122] Yn wahanol i senedd yr Alban, nid oes gan y cynulliad cenedlaethol awdurdod llwyr dros unrhyw faes neu bwnc. Bydd hyn yn siŵr o feithrin perthynas rhwng y deddfwrfeydd a fydd, o bryd i'w gilydd, yn dangos tensiwn. Wedi dweud hynny, mae deddfu aml-leoliad ac aml-haenog fel hyn yn arferol drwy'r byd bellach, gyda chyfraith ryngwladol ac Ewropeaidd yn byw ochr yn ochr â chyfraith ddomestig.

I gyfreithwyr cyfansoddiadol, erys rhai cwestiynau mawr sydd eto heb eu hateb yn iawn. Beth fydd ymateb Lloegr wrth i'r cenhedloedd Celtaidd ennill mwy a mwy o hunanreolaeth? Er mai digon llugoer fu'r ymateb hyd yma i'r awgrym o ddatganoli ar gyfer y rhanbarthau Seisnig neu o sefydlu senedd i Loegr,[123] roedd y ddadl mai sefyllfa annerbyniol yw honno lle y mae aelodau seneddol yr Alban, Cymru a Gogledd Iwerddon yn pleidleisio ar faterion yn ymwneud â Lloegr yn unig (sef y cwestiwn Gorllewin Lothian a ofynnodd Tam Dalyell yn y 1970au) i'w chlywed yn amlach.[124]

Gweledigaeth y Blaid Lafur oedd creu sefyllfa a oedd yn 'caniatáu i hunaniaethau cenedlaethol unigryw ffynnu o fewn hunaniaeth Brydeinig'.[125] Ond mae hi'n anodd rhagweld sgil-effeithiau newidiadau cyfansoddiadol fel hyn. Bydd y broses o drosglwyddo grym o Lundain yn parhau. Gan fod y deddfwrfeydd cenedlaethol yn gyrff etholedig, mae ganddynt fandad democrataidd ac mae hynny yn rhoi dilysrwydd ac awdurdod neilltuol iddynt. Nid ar chwarae bach y mae ceisio sathru ar eu polisïau a'u penderfyniadau. Er mai gan Lundain mae'r gair olaf cyfansoddiadol, anodd iawn yw tanseilio neu wyrdroi penderfyniad y sefydliadau etholedig cenedlaethol hyn. Mae sylwebyddion bellach yn cydnabod nad yw'r cysyniad o sofraniaeth seneddol yn San Steffan yn adlewyrchu realiti'r cyfansoddiad.[126] Mae sofraniaeth y cynulliad cenedlaethol, os yw defnyddio'r fath air yn gymwys mewn democratiaeth gyfansoddiadol, yn tarddu o'r mandad poblogaidd a gafwyd mewn dau refferendwm yn gymaint ag o unrhyw benderfyniad neu ganiatâd gan senedd San Steffan. Anodd yw anghytuno â Bogdanor pan ddywed, 'Westminster is in practice no longer sovereign over the domestic affairs of Scotland and Wales.'[127]

Gall esblygiad pellach yn y broses ddatganoli yn y pen draw arwain at ffederaliaeth, lle mae gan y cenhedloedd deyrngarwch deublyg i'w seneddau ac i Senedd y DU, neu hyd yn oed annibyniaeth y cenhedloedd datganoledig.[128] Gwelodd Bogdanor fod datganoli, er y diffygion ar ddechrau'r daith, yn cynnig potensial gwleidyddol sylweddol i Gymru a'r Alban, ac mai anodd ydyw rhagweld sut y bydd pethau'n datblygu yn y dyfodol:

> devolution places a powerful weapon in the hands of the Scots and the Welsh; and, just as one cannot be sure that a weapon will always be used only for the specified purposes for which it may have been intended, so also one cannot predict the use which the Scots and the Welsh will make of devolution.[129]

Yn ddi-os, bydd siwrnai Cymru fel democratiaeth ifanc yn siŵr o barhau, a chydag amser fe ddaw aeddfedrwyd a phrofiad i gyfoethogi'r gwaith. Wrth gloi'r bennod hon, efallai mai'r casgliad sylfaenol a syml yw bod sefydlu'r cynulliad cenedlaethol yn golygu bod 'pobl Cymru'n awr yn datblygu eu hatebion lleol eu hunain i'r problemau arbennig sy'n eu hwynebu'.[130] I'r cyfreithiwr yng Nghymru, mae datblygiad y ddeddfwra Gymreig wedi newid y deinamig cyfreithiol yn llwyr. Mae gan Gymru'r beirianwaith i greu cyfreithiau cynhenid am y tro cyntaf ers yr Oesoedd Canol. Petai dim ond am hyn yn unig, ni fydd bywyd y cyfreithiwr yng Nghymru byth yr un fath.

Iaith Cyfiawnder

Y Gymraeg oedd iaith gweinyddu cyfraith yng Nghymru yn oes y tywysogion.[1] Wedi tranc cyfreithiau Hywel Dda, sef y traddodiad cyfreithiol cynhenid Cymreig, yn dilyn Statud Rhuddlan yn 1284 i ddechrau, a diwygiadau deddfau'r Tuduriaid yn ddiweddarach, efallai mai'r nodwedd bwysicaf o arwahanrwydd cenedlaethol Cymru oedd yr iaith Gymraeg.[2] Y cyfnod modern diweddar (o ganol y bedwaredd ganrif ar bymtheg ymlaen) yw prif ddiddordeb y bennod hon. Ei hamcan yw bwrw golwg ar y berthynas allweddol rhwng yr iaith Gymraeg a gweinyddu cyfiawnder yng Nghymru. Ac wrth i ni edrych ar hanes y berthynas rhwng yr iaith a'r gyfraith cawn weld fel y bu i ymgyrchoedd o blaid adfer yr iaith fel iaith cyfiawnder sbarduno datblygiadau a oedd yn cynnal hunaniaeth Gymreig o fewn y gyfundrefn gyfreithiol yng Nghymru.

Sarhad y Deddfau Uno

Mae'r stori, wrth gwrs, yn dechrau gyda'r Deddfau Uno, y creadigaethau hynny a esgymunodd y Gymraeg o lysoedd barn a llywodraeth Cymru. Efallai mai ymgyrch fawr yr ugeinfed ganrif oedd dadwneud y sarhad hwnnw. Effaith ieithyddol y deddfau Tuduraidd hyn oedd datgan mai Saesneg oedd iaith swyddogol cyfraith a llywodraeth ac, i'r uchelgeisiol ym myd y gyfraith, dyma oedd yr iaith i'w mabwysiadu ar lwybr llwyddiant.[3] Roedd y rhagarweiniad i Ddeddf 1535 yn ddiamwys ynglŷn â dyfodol yr iaith Gymraeg. Y nod oedd, 'utterly to extirpate and singular the sinister usages and customs differing from those in use in England'.[4]

Fel y gwnaeth adran 17 o Ddeddf Uno 1535 hi'n glir, ni fyddai'r Gymraeg yn dderbyniol wrth weinyddu cyfiawnder ac ni allai Cymro ennill swydd na statws o fewn y gyfundrefn heb iddo feistroli'r Saesneg. Yn ôl geiriad y ddeddf:

> Also be it enacted of the Authority aforesaid, that all Justices, Commissioners, Sheriffs, Coroners, Escheators, Stewards and their Lieutenants, and all other

Officers and Ministers of the Law, shall proclaim and keep the sessions Courts, Hundreds, Leets, Sheriffs Courts, and all other Courts in the English Tongue; and all Oaths of Officers, Juries and Inquests, and all other Affidavits, Verdicts and Wagers of Law, to be given and done in the English Tongue: and also that from henceforth no Person or Persons that use the Welsh Speech or Language shall have or enjoy any manner, office or Fees within this Realm of England, Wales or other the King's Dominion, upon Pain of forfeiting the same offices or Fees, unless he or they use and exercise the English Speech or Language.[5]

Byddai'r iaith yn alltud, o leiaf yn swyddogol, o'r gyfundrefn gweinyddu cyfiawnder yng Nghymru hyd nes y daeth diwygiadau cyfreithiol yr ugeinfed ganrif, diwygiadau a fyddai'n diddymu darpariaethau ieithyddol Deddf 1535.

Wrth gwrs, erbyn yr ugeinfed ganrif, roedd y galwadau am gyfiawnder i siaradwyr Cymraeg yn y llysoedd yn un agwedd o broses ehangach o ddemocrateiddio cymdeithas ac o gywiro anghyfiawnderau cymdeithasol y gorffennol.[6] Fel rhagarweiniad i hyn, yn ystod y bedwaredd ganrif ar bymtheg cafwyd deffroad cenedlaethol yng Nghymru, sef proses o ail-ddarganfod hunaniaeth genedlaethol, a rhoddodd y deffroad hwn fod i sefydliadau cenedlaethol pwysig.[7] Yn sgil hyn, i raddau, y deffrodd yr awydd i adfer parch ac urddas yr iaith genedlaethol.

Efallai mai'r fatsien a daniodd yr adwaith yn erbyn agweddau sarhaus tuag at yr iaith Gymraeg oedd y bennod honno a adnabyddid ymhen blynyddoedd wedyn fel 'Brad y Llyfrau Gleision'. Cyhoeddwyd adroddiad ymfflamychol o feirniadol yn 1847 gan gomisiynwyr a fu'n ymchwilio i gyflwr addysg yng Nghymru. Roedd yr adroddiad (mewn cyfrolau a rwymwyd mewn cloriau glas – ac felly yn cael eu hadnabod fel y 'llyfrau gleision') yn ddirmygus o'r iaith ac yn ei beio am anwybodaeth ac anwareidd-dra honedig y Cymry. Hwn, ym marn llawer yn ddiweddarach, oedd y digwyddiad a fyddai'n ysbrydoli ymgyrch genedlaethol i adfer hunanbarch y Cymry a rhoddi urddas i'w hiaith a'u diwylliant.[8]

Serch hynny, trwy gydol y bedwaredd ganrif ar bymtheg fe welwyd rhagfarn y sefydliad Prydeinig tuag at yr iaith Gymraeg yn gyson, agwedd a welai'r iaith fel *patois* cyntefig yr oedd yn rhaid ei ddileu. Ym mhapur newydd *The Times*, rai blynyddoedd ar ôl cyhoeddi adroddiad y llyfrau gleision, roedd dylanwad andwyol honedig y Gymraeg ar gymdeithas yng Nghymru yn destun ymosodiad golygyddol cas:

The Welsh language is the curse of Wales. Its prevalence and the ignorance of English have excluded and even now exclude the Welsh people from the civilisation, the improvement, and the material prosperity of their English neighbours. Their antiquated and semi-barbarous language, in short, shrouds them in darkness. If Wales and the Welsh are ever thoroughly to share in the material prosperity, and in spite of Mr Arnold, we will add, the culture and morality of England, they must forget their isolated language, and learn to speak English and nothing else . . . For all purposes, Welsh is a dead language.[9]

Efallai, i rai, mai plygu i'r drefn ac ildio i'r farn elyniaethus gan ddilyn y llanw oedd orau. Ond, i eraill, roedd hyn yn ysgogiad dros sefyll yn gadarn dros y Gymraeg. Go brin y gwelodd Cymru erioed gymeriadau mor danbaid a digyfaddawd o blaid yr iaith na'r ddau wron hynny, Michael D. Jones ac Emrys ap Iwan.[10] Bu'r ddau, yn eu tro, yn feirniadol o'r rhai hynny a gredai mai trwy Seisnigo a bradychu eu treftadaeth y deuai'r Cymry yn gyfranogwyr o'r byd modern, ffyniannus.

Diolch i ymgyrchu dewr o bryd i'w gilydd gan Gymry pybyr y cafwyd rhai diwygiadau o fewn y gyfundrefn gyfreithiol a oedd yn ymateb yn gadarnhaol a chydymdeimladol i'r sefyllfa ieithyddol Gymreig. Yn 1872, er enghraifft, cafwyd cydnabyddiaeth yn y Senedd yn Llundain o'r manteision o gael barnwyr yn y llysoedd sirol (a sefydlwyd i weinyddu'r gyfraith sifil yn 1846) a fedrai'r Gymraeg.[11] Yn y 1920au a'r 1930au, bu cyfreithwyr blaenllaw megis Lleufer Thomas, Clement Davies a Thomas Artemus Jones yn ymgyrchu o blaid yr iaith Gymraeg yn y llysoedd.

Mae hanes datblygiad statws cyfreithiol yr iaith Gymraeg yn ystod yr ugeinfed ganrif wedi ei groniclo'n fanwl a threiddgar gan yr Arglwydd Gwilym Prys-Davies ac, felly, trosolwg cyffredinol yn unig a geir yma.[12] Ond, wrth i ni fwrw golwg dros hanes adferiad yr iaith Gymraeg fel iaith swyddogol (neu iaith gydnabyddedig, o leiaf, i ddechrau) yn y llysoedd, gwelwn fod tair deddf yn sefyll fel tair carreg filltir bwysig yn hanes adfer yr iaith fel iaith cyfraith yng Nghymru yn ystod yr ugeinfed ganrif. Buont hefyd yn fodd, er yn anuniongyrchol efallai, i hyrwyddo 'Cymreictod' y gyfundrefn gyfreithiol.

Deddf Llysoedd Cymru 1942

Y garreg filltir gyntaf oedd Deddf Llysoedd Cymru yn 1942. Penllanw ymgyrchu dros statws yr iaith yn y llysoedd yn ystod diwedd y 1930au a dechrau'r 1940au oedd y ddeddf hon. Ar yr un llaw, yn y dirgel ac yng nghoridorau grym, bu'r barnwr Syr Thomas Artemus Jones yn lobïo'n daer i weld newid agwedd tuag at yr iaith o fewn y gyfundrefn gyfreithiol. Ar y llaw arall, ac yn fwy cyhoeddus, cafwyd achos enwog 'Tân yn Llŷn' ym mis Hydref 1936, pan gafodd Saunders Lewis, D. J. Williams a Lewis Valentine eu profi gerbron brawdlys Caernarfon am losgi canolfan y llu awyr ar Benrhyn Llŷn.[13]

Mae'r hanes yn rhan o'n mytholeg genedlaethol, bellach, wrth gwrs. Gwelwyd agwedd gwrth-Gymreig y gyfundrefn gyfreithiol ar ei waethaf yn ystod y gwrandawiadau llys ac, ar derfyn y treial, cafwyd anghytundeb ymhlith aelodau'r rheithgor, a fethodd a chyrraedd dyfarniad. Roedd llawer ohonynt, mae'n siŵr, yn Gymry Cymraeg a deimlai'n ddig tuag at y barnwr a ddangosodd gryn ddirmyg tuag at y diffynyddion. O ganlyniad, cafwyd gwrandawiad o'r newydd, ond y tro hwn yn llys yr Old Bailey yn Llundain, pan gafwyd y tri yn euog ac y'i carcharwyd. Nid oes unrhyw amheuaeth bod profiadau'r achos hwn wedi sbarduno rhagor o bobl yng Nghymru i fynnu newid o blaid yr iaith yn y llysoedd.

Fel rhyw fath o ragflas o Ddeddf 1942, cafwyd Deddf Gweinyddu Cyfiawnder 1938, deddf a oedd yn creu darpariaeth newydd ynglŷn â chymwysterau cyfreithiol cadeiryddion a dirprwy gadeiryddion y llysoedd chwarter. Roedd y ddeddf hon hefyd yn argymell y dylai'r Arglwydd Ganghellor ystyried, lle bo hynny'n ymarferol, penodi cadeirydd neu ddirprwy a fedrai'r iaith Gymraeg yn llysoedd Cymru. Camau bach fel hyn oedd yn braenaru'r tir ar gyfer datblygiadau mwy swmpus yn nes ymlaen.

Yr hyn a roddodd yr ymgyrch dros ddeddfu ar gyfer y Gymraeg ar yr agenda wleidyddol oedd Deiseb Iaith 1938–42. Dyma'r ddeiseb a lansiwyd yn Eisteddfod Genedlaethol Caerdydd yn 1938, deiseb a oedd wedi ei hysgogi gan fudiadau gwladgarol megis Undeb Cymru Fydd. Prif fwriad yr ymgyrchwyr oedd cael gwared ag adran 17 Deddf 1535, gan sicrhau adferiad y Gymraeg fel iaith y llysoedd.[14]

Dadl sylfaenol yr ymgyrchwyr oedd bod Deddf 1535 yn gwahardd siaradwyr Cymraeg rhag defnyddio'r iaith yn llysoedd Cymru, a bod hyn yn achosi anghyfiawnder a sarhad i siaradwyr yr iaith. Yn ogystal, hawliwyd bod atal y defnydd o'r iaith yn ymyrryd â gweinyddiaeth effeithiol y llysoedd. Roedd y deisebwyr yn galw ar y Senedd i basio deddfwriaeth a fyddai'n diddymu adran 17 o Ddeddf 1535 a datgan y byddai'r iaith Gymraeg yn cael ei rhoi ar dir cyfartal â'r iaith Saesneg wrth weinyddu cyfiawnder a darparu gwasanaethau cyhoeddus yng Nghymru.

Yn ogystal â'r ddeiseb ei hun, cafwyd pamffled yn egluro yn fanylach yr hyn yr oedd yr ymgyrchwyr am ei gyflawni.[15] Soniodd y pamffled am y teimladau cryf ymhlith caredigion y Gymraeg yn erbyn agwedd sarhaus y gyfundrefn gyfreithiol tuag at yr iaith, gan ddadlau bod angen cydnabod dilysrwydd cwynion siaradwyr yr iaith Gymraeg er mwyn sicrhau ffydd a hyder yn y gyfundrefn gyfreithiol. Pwysleisiodd y pamffled bod consensws cymdeithasol yng Nghymru, a hynny ar draws ffiniau gwleidyddol ac enwadol, o blaid diwygio'r gyfraith. Roedd y ddadl yn seiliedig ar ddwy ystyriaeth sylfaenol: parch ac urddas siaradwyr y Gymraeg, a gweinyddu cyfiawnder yn effeithiol.

Yn gryno, yr hyn yr oedd awduron y pamffled yn galw amdano oedd:

- cydnabyddiaeth swyddogol i'r iaith Gymraeg;
- darpariaeth yn datgan y medrid defnyddio un a'i y Gymraeg neu'r Saesneg mewn gweithrediadau cyfreithiol o flaen llys barn yng Nghymru;
- darpariaeth yn rhoi'r hawl i dyst benderfynu pa iaith y byddai'n ei defnyddio wrth roi tystiolaeth, beth bynnag fo iaith y gwrandawiad;
- statws cyfartal dogfennau yn y Gymraeg a'r Saesneg;
- penodi barnwyr a swyddogion llysoedd a fedrai'r Gymraeg;
- hyfforddi a thalu cyfieithwyr gan gyllid cyhoeddus;
- rheithgorau a fedrai'r Gymraeg mewn achosion lle byddai tystiolaeth yn cael ei rhoi yn Gymraeg.

Mae'r pwynt olaf yn hynod o ddiddorol o safbwynt y cyd-destun cyfoes, a byddwn yn dychwelyd at y pwnc penodol yma yn y bennod nesaf.

Bu arweinwyr yr ymgyrch dros hawliau ieithyddol yn brysur yn hyrwyddo'r ddeiseb a'i hamcanion ymysg y gwleidyddion yn ystod y blynyddoedd rhwng 1938 ac 1942. Gwaetha'r modd, fodd bynnag, daeth y rhyfel i dynnu'r gwynt o hwyliau'r ymgyrch. Pan gyflwynwyd Deddf Llysoedd Cymru yn 1942, a hynny, wrth gwrs, ar ganol argyfwng y rhyfel, digon siomedig oedd y ddarpariaeth o gofio uchelgais yr ymgyrchwyr.

Y peth mwyaf cadarnhaol ynglŷn â'r ddeddf oedd adran 1, a oedd yn dileu adran 17 Deddf Uno 1535 a thrwy hynny'n dileu'r gwarth a deimlid ymhlith siaradwyr y Gymraeg. Roedd yr adran hon yn datgan y medrir defnyddio'r Gymraeg mewn llys yng Nghymru gan unrhyw barti neu dyst sy'n ystyried y byddai o dan anfantais oherwydd mai'r iaith y defnyddia yn naturiol wrth gyfathrebu yw'r Gymraeg.[16] Roedd adran 2 yn cadarnhau y medrid cymryd llw yn Gymraeg ac adran 3 yn cadarnhau y byddai'r gost o gyfieithu yn cael ei ysgwyddo gan y wladwriaeth.

Yn groes i ddymuniad arweinwyr y ddeiseb, nid oedd y ddeddf yn rhoi'r hawl i berson ddefnyddio'r Gymraeg o fewn fframwaith o gyd-raddoldeb ieithyddol. Roedd yn rhaid i'r siaradwr brofi ei fod 'o dan anfantais' pe na fyddai'n defnyddio'r Gymraeg. Egwyddor o oddefgarwch neu angenrheidrwydd a gyflwynwyd gan y ddeddf hon, nid egwyddor o gydraddoldeb.

Nid rhyfedd i garedigion yr iaith weld gwendidau'r ddeddf yn go fuan. Nis cafwyd y newid sylfaenol y gofynnwyd amdano, a bu'n rhaid aros chwarter canrif arall nes y gwelwyd y cam nesaf yn stori adfywio'r Gymraeg yn y llysoedd. Wrth edrych yn ôl ar y digwyddiadau a arweiniodd at y ddeddf, y gwir yw mai'r ddeiseb honno, a'r weledigaeth flaengar a gyflwynwyd ynddi, sydd fwyaf arwyddocaol. Ond, parthed y ddeddf ei hunan, efallai mai'r Arglwydd Prys-Davies sy'n rhoi'r dyfarniad hanesyddol mwyaf cywir a chytbwys ar Ddeddf 1942:

> Ni chyflawnodd Deddf 1942 amcanion y Ddeiseb Genedlaethol o bell ffordd . . . er gwaethaf yr holl feirniadaeth ddigon haeddiannol, y mae'r Ddeddf hon yn garreg filltir. Gellir ei hystyried y cam deddfwriaethol cyntaf er y Ddeddf Uno tuag at adfer cyfreithlonrwydd y Gymraeg yn llysoedd Cymru.[17]

Ymgyrchoedd y 1960au

Mae stori dyfodiad deddf iaith 1967 yn dechrau yn 1963, gyda phenderfyniad y llywodraeth geidwadol i wahodd Syr David Hughes Parry i fod yn gadeirydd pwyllgor a oedd i ystyried statws cyfreithiol yr iaith Gymraeg.[18] Roedd cylch gorchwyl pwyllgor Hughes Parry yn cynnwys ystyriaeth o statws yr iaith o fewn y system gyfreithiol, llywodraeth leol a chyrff cyhoeddus eraill yng Nghymru.

Ysgogwyd y penderfyniad i gomisiynu'r ymchwiliad hwn gan gyfuniad o ffactorau. Roedd annigonolrwydd Deddf 1942 wedi bod yn destun siom a beirniadaeth ers blynyddoedd. Yn bwysicach na hynny, roedd dyfodol yr iaith yn fater o gonsyrn, gydag ystadegau cyfrifiad 1961 yn dangos dirywiad pellach yn nifer y siaradwyr Cymraeg, dirywiad a oedd yn argoeli tranc yr iaith.[19] I rai, megis y dramodydd a'r llenor Saunders Lewis, dim ond gweithredu politicaidd chwyldroadol a allai atal marwolaeth y Gymraeg, ac yn y ddarlith enwog a ddarlledwyd ar y radio yn 1962, cyhoeddodd Lewis yr alwad am achub yr iaith.[20] Gyda sefydlu Cymdeithas yr Iaith Gymraeg yn ddiweddarach yn 1962, roedd hi'n ymddangos bod ieuenctid Cymru am ymateb i'r her o'i hachub.[21]

Roedd trychineb Tryweryn hefyd yn bwrw ei chysgod dros gymdeithas yng Nghymru'r cyfnod hwn. Bellach, roedd yr ymgyrch i geisio achub Cwm Tryweryn ger y Bala rhag cael ei foddi er mwyn creu cronfa ddŵr er budd trigolion Lerpwl wedi methu, er gwaetha'r gwrthwynebiad a'r protestio taer a fu. Roedd y gornel hon o'r Gymru Gymraeg wledig, ddiwylliedig, o fro'r 'pethe', chwedl Bob Lloyd, i ddiflannu am byth.[22] Mae'n hawdd ystrydebu, ond roedd Tryweryn yn llawn symbolaeth i ymgyrchwyr y Gymraeg, ac yn arwydd iddynt o ba mor fregus a diymadferth oedd Cymreictod yn wyneb llanw Seisnigrwydd.[23]

Yn ogystal â'r digwyddiadau hyn, roedd yna ffactorau mwy pen-odol gyfreithiol y tu ôl i benderfyniad y llywodraeth i sefydlu Pwyllgor Hughes Parry yn 1963. Yn 1962, cafwyd dyfarniad arwyddocaol mewn achos llys a ddaeth yn sgil ffrwgwd yn ystod is-etholiad a gynhaliwyd yn Rhydaman ar gyfer anfon aelod i Gyngor Sir Caerfyrddin. Cododd y dyfarniad gwestiynau pellach ynglŷn â gwir statws cyfreithiol yr iaith Gymraeg. Yr achos oedd *Evans* v. *Thomas*.[24]

Ffeithiau'r achos, yn gryno, oedd hyn: roedd ymgeisydd mewn is-etholiad ar gyfer sedd Ward y Betws ar Gyngor Sir Caerfyrddin wedi cyflwyno ei bapurau enwebu yn y Gymraeg yn unig. Gwrthododd y swyddog etholiadol a derbyn y ffurflenni Cymraeg, gan gymryd yn ganiataol nad oeddent yn cydymffurfio â'r rheolau am nad oeddynt wedi eu cyflwyno yn Saesneg.

Daethpwyd â'r mater gerbron y llysoedd, lle y penderfynwyd bod y swyddog etholiadol wedi gweithredu yn anghyfreithlon (neu, i fod yn fanwl, y tu hwnt i'w awdurdod) trwy wrthod derbyn y ffurflenni Cymraeg. Dyfarnwyd nad oedd unrhyw egwyddor gyfreithiol yn mynnu bod y ffurflenni, a thrwy hynny unrhyw ddogfennau swyddogol cyffelyb, i fod yn Saesneg. Hynny yw, nid oedd unrhyw ran o'r gyfraith yn dweud y byddai ffurflenni mewn iaith arall yn ddiffygiol. Meddai'r llys:

> nothing that has been said in argument or brought to the notice of the court requires me to hold that it is a requirement of the English common law that all public documents should be couched in English, so that if any other language be used in such a document it becomes a mere nullity.[25]

Yn sicr, roedd y gred gyffredinol mai dim ond yn Saesneg y medrid cyflwyno papurau swyddogol wedi ei thanseilio er, nid aeth y llys mor bell â thrafod statws swyddogol yr iaith Gymraeg. Yn wir, gwnaeth y barnwyr hi'n glir nad oeddent mewn sefyllfa i drafod statws cyfansoddiadol yr iaith:

> It should be clearly appreciated that the court is no more concerned in the present case with any general question of the status of Welsh as a national language than it is to animadvert upon the reasons or emotions which inspired the petitioners' refusal to employ English in their nomination papers.[26]

Serch hynny, roedd y dyfarniad yn herio'r gred gyffredinol nad oedd modd cyflwyno papurau swyddogol mewn iaith ar wahân i'r Saesneg, ac roedd angen eglurdeb ar y pwnc cyn belled ag yr oedd y Gymraeg yng Nghymru yn y cwestiwn.

Yna, fel yr oedd Hughes Parry ar fin cychwyn ar ei waith, cyhoeddodd Cyngor Cymru a Mynwy, o dan gadeiryddiaeth yr Athro Richard Aaron o Goleg y Brifysgol yn Aberystwyth, ei *Adroddiad ar yr Iaith Gymraeg Heddiw*. Mewn adroddiad heriol, prif argymhellion y cyngor oedd y dylid rhoi statws swyddogol a chyfansoddiadol i'r Gymraeg, creu deddfwriaeth i roi'r hawl i ddefnyddio'r iaith mewn unrhyw lys yng Nghymru, sicrhau bod dogfennau swyddogol yn ddwyieithog, ei gwneud hi'n ofynnol i gyrff cyhoeddus i fabwysiadu polisiau dwyieithog wrth weithredu a sefydlu corff i hyrwyddo buddiannau'r Gymraeg. Yr oedd Adroddiad Aaron yn ddi-os yn galw am fesurau blaengar i hyrwyddo dwyieithrwydd ym mywyd cyhoeddus Cymru. Yn sicr, dyma'r adroddiad a osododd y sylfaen ar gyfer y drafodaeth ar gynllunio ieithyddol yng Nghymru am weddill y ganrif.[27]

Ar ôl dwy flynedd o ymgynghori ag unigolion, mudiadau a chyrff cyhoeddus, a theithio tipyn o gwmpas Cymru yn derbyn tystiolaeth, cyflwynodd Syr David Hughes Parry ei *Adroddiad ar Statws Cyfreithiol yr Iaith Gymraeg* yn 1965.[28] Roedd ynddo un ar ddeg ar hugain o argymhellion. Y prif argymhelliad oedd y dylid,

> rhoi datganiad clir a diamwys drwy lunio deddfwriaeth gyffredinol ei chwmpas a'i natur i'r perwyl y dylai pob gweithred a phopeth a ysgrifennir neu a wneir yn Gymraeg yng Nghymru a Sir Fynwy fod yr un mor gyfreithlon a dilys â phe defnyddid y Saesneg.[29]

Hwn oedd y datganiad a oedd yn sefydlu'r egwyddor o 'ddilysrwydd cyfartal' ar gyfer y ddwy iaith. Yr amcan oedd cryfhau'r egwyddor a geid o dan Ddeddf 1942: egwyddor o oddefgarwch tuag at yr iaith a hyrwyddid yn y ddeddf honno, ac roedd Hughes Parry yn cydnabod nad oedd hynny yn ddigon cadarn ar gyfer statws cyfreithiol y Gymraeg. Ac eto, nid oedd yr adroddiad yn cyd-fynd yn llwyr ag Adroddiad Aaron, a oedd am weld statws swyddogol, sef sefydlu'r egwyddor o ddwyieithrwydd cyfansoddiadol, fel yr egwyddor sylfaenol.

Roedd Adroddiad Hughes Parry yn argymell y dylai'r egwyddor o ddilysrwydd cyfartal fod yn weithredol wrth weinyddu cyfiawnder ac yng ngweinyddiaeth gyhoeddus; y dylai penaethiaid adrannau'r llywodraeth yng Nghymru fedru'r Gymraeg; y dylai gweision sifil a swyddogion yng Nghymru fedru'r Gymraeg lle y byddai hynny'n ychwanegu at eu gallu i gyflawni eu dyletswyddau, ac y dylent dderbyn tâl ychwanegol os ydynt yn siarad Cymraeg.[30]

Argymhelliad arall o bwys oedd hwnnw a oedd am weld unrhyw fesurau i godi statws yr iaith Gymraeg yn cael eu gweithredu yn unffurf trwy Gymru gyfan. Roedd hyn yn cadarnhau bod angen polisi iaith genedlaethol ar gyfer y Gymraeg, a'i harddel fel adnodd cenedlaethol sy'n berthnasol i bawb.[31]

Agweddau Barnwrol . . . y 1960au

O fewn blwyddyn i gyhoeddi Adroddiad Hughes Parry, ac fel yr oedd
y llywodraeth yn dwys ystyried yr argymhellion a'r modd y medrid eu
troi yn ddeddfwriaeth ymarferol, cafwyd achos llys neilltuol o ddadleuol
a gofnodir yn adroddiadau'r gyfraith fel, *R. v. Merthyr Tydfil Justices, ex
parte Jenkins.*[32]

Roedd diffynnydd wedi ymddangos o flaen ynadon Merthyr Tudful
wedi ei gyhuddo o droseddau moduro. Nid oedd yn herio'r erlyniad o ran
y cyhuddiadau eu hunain. Serch hynny, gofynnodd am ddefnyddio'r
Gymraeg wrth annerch y llys. Gwrthodwyd ei gais. Yna, apeliodd i'r Uchel
Lys am orchymyn *certiorari*, sef datganiad bod penderfyniad yr ynadon yn
anghyfreithlon ac yn afresymol.

Gan mai Deddf 1942 oedd yn weithredol ar y pryd, roedd yn rhaid i'r
Uchel Lys ystyried a dehongli darpariaethau'r ddeddf, a'r hyn a olygent yn
yr achos hwn. Daethpwyd i'r casgliad nad oedd gan unigolyn hawl
absoliwt i ddefnyddio'r Gymraeg, ond y caniateid defnyddio'r iaith gan
unigolion nad oeddent yn ddigon rhugl yn y Saesneg. Yn yr achos hwn,
roedd y diffynnydd, a oedd yn athro ysgol (ac yn aelod blaenllaw o Gym-
deithas yr Iaith Gymraeg, gyda llaw), yn 'educated man' ac yn medru'r
Saesneg yn iawn, ac felly nid oedd o dan anfantais o'i defnyddio.[33]

Yr oedd hi'n ymddangos nad oedd yr argymhellion a gafwyd yn
Adroddiad Hughes Parry wedi cael unrhyw argraff ar y barnwyr, ac aeth
un barnwr ffôl a di-feddwl mor bell â datgan nad oedd unrhyw beth
neilltuol ynglŷn â'r Gymraeg yng Nghymru mwy nag unrhyw iaith estron
a siaredid yn Llundain:

> I think it is quite clear that the proper language for court proceedings
> in Wales is the English language. It is to my mind a complete mis-
> apprehension to believe that anybody at any time has a right to require that
> the proceedings be conducted in Welsh. The right which the Act of 1942
> gives is the right for the individual to use the Welsh language if he
> considers that he would be at a disadvantage in expression if he were
> required to use English. That is the only right which the Act gives, and
> apart from that, the language difficulties which arise in Wales can be dealt
> with by discretionary arrangements for an interpreter precisely in the same
> way as language difficulties at the Central Criminal Court are dealt with
> when the accused is a Pole.[34]

Yn ôl yr adroddiad swyddogol, roedd y barnwr a wnaeth y datganiad hwn
yn medru tynnu ar ei brofiad ar ôl treulio cyfnod byr o haf yng Nghymru,
'a summer on circuit in Wales', yn ei ddyfarniad.[35] Yn ddiddorol, ar ôl

45

cyhoeddi'r dyfarniad, bu Hughes Parry yn ystyried ei oblygiadau mewn ysgrif a gyhoeddwyd yn fuan wedyn. Roedd Hughes Parry yn amlwg yn anfodlon gyda'r agwedd a fynegwyd, ac o'r farn bod sylwadau Mr Ustus Widgery, 'based on the experience of "a summer spent on circuit in Wales" . . . contained words which, most unfortunately, can be fairly interpreted by laymen to carry a biased, Anglo-Saxon, nineteenth century, political flavour'.[36]

Deddf yr Iaith Gymraeg 1967

Diolch yn rhannol Mr Ustus Widgery, efallai, ymhen dwy flynedd ar ôl cyhoeddi Adroddiad Hughes Parry, fe gymeradwyodd y Senedd yn Llundain ddeddf newydd ar gyfer yr iaith, sef Deddf yr Iaith Gymraeg 1967. Mae'n werth nodi'r ffaith i Widgery fynd o nerth i nerth ym myd y gyfraith, ac fe'i dyrchafwyd yn Arglwydd Brif Ustus Lloegr maes o law. Bydd arwyddocâd y ffaith fach hon yn dyfod yn eglur yn nes ymlaen yn ein stori.

Pa fodd bynnag, roedd Deddf 1967 yn rhoi hawl dilyffethair i unigolion ddefnyddio'r iaith Gymraeg yn y llysoedd, ac roedd adran gyntaf y ddeddf yn cyfeirio at yr egwyddor o ddilysrwydd cyfartal a'r hawl i ddefnyddio'r Gymraeg yn y llysoedd. Serch hynny, ni chafwyd unrhyw ddarpariaeth ar gyfer gwireddu'r egwyddor o ddilysrwydd cyfartal mewn agweddau eraill o fywyd cyhoeddus. Nis rhoddwyd hawl i anfon gŵys yn Gymraeg, er enghraifft, ac nis cafwyd darpariaeth yn creu dyletswydd i gyhoeddi fersiynau Cymraeg o ffurflenni Saesneg. Y Saesneg, felly, fyddai'n parhau yn iaith weithredol ar gyfer cofnodion y llysoedd. Nis cafwyd unrhyw ddarpariaeth i wireddu'r argymhelliad yn Adroddiad Hughes Parry y dylai'r gwasanaeth sifil a chyrff cyhoeddus ddarparu gwasanaethau yn Gymraeg ychwaith.

Wrth gwrs, ffrwyth cyfaddawd gwleidyddol oedd Deddf 1967, megis Deddf 1942. Nid oedd consensws o fewn y llywodraeth Lafur, y Blaid Lafur nac o fewn y gwasanaeth sifil a fyddai wedi caniatáu deddfwriaeth mwy uchelgeisiol ei hamcanion.[37] Gwaetha'r modd, yn y blynyddoedd nesaf, profwyd nad oedd yr egwyddor o 'ddilysrwydd cyfartal' yn ddigon cadarn i greu newid sylfaenol tuag at y defnydd o'r Gymraeg yn y llysoedd ac ym mywyd cyhoeddus yn gyffredinol.[38] Roedd yr angen am ddeddf arall yn amlwg bron o'r cychwyn.[39]

Deddf yr Iaith Gymraeg 1993

Cyfnod rhwystredig a llwm oedd y cyfnod rhwng Deddf 1967 a Deddf 1993 yn stori esblygiad statws cyfreithiol yr iaith Gymraeg. Roedd helbulon gwleidyddol y 1970au i gyrraedd penllanw gyda ffiasgo refferendwm 1979. Er i lywodraeth geidwadol Thatcher gymryd rhai camau cymeradwy i hyrwyddo'r iaith ym mywyd Cymru (gyda sefydlu'r sianel deledu Cymraeg, S4C, yn 1982 yn uchafbwynt nodedig ond un a ysbrydolwyd gan brotest a gwrthdaro), ni fynegwyd unrhyw fwriad i greu deddfwriaeth ar ei chyfer. Cymru brotest, felly, oedd Cymru'r 1970au a'r 1980au, gyda Chymdeithas yr Iaith Gymraeg yn arwain ymgyrchoedd cyson am ddeddf iaith newydd gynhwysfawr.[40]

Yn 1992, fodd bynnag, cafwyd newid agwedd ar ran y llywodraeth Geidwadol tuag at y syniad o ddeddfwriaeth newydd. Bellach, roedd John Major wedi ei benodi'n arweinydd y Ceidwadwyr ac yn brif weinidog, gan olynu Margaret Thatcher ar ddiwedd 1990. Erbyn 1992, a phum mlynedd wedi mynd heibio ers etholiad cyffredinol 1987, roedd yn rhaid galw etholiad cyffredinol. Rhoddodd y Ceidwadwyr addewid y byddent yn diwygio Deddf 1967 petaent yn ennill yr etholiad, er ychydig o ymgynghori a fu ar gynnwys y polisi hwn.[41] Yn annisgwyl, ennill o fwyafrif bychan a wnaeth y Ceidwadwyr dros y Blaid Lafur o dan arweiniad Neil Kinnock (a phwy a ŵyr na fydd hanes yn dweud mai bendith i'r Gymraeg ac i ddyheadau hir-dymor Cymru oedd hyn i gyd).

Roedd Mesur Iaith 1992, a ddaeth yn ddeddf ar y llyfr statud yn 1993, yn gamp go fawr ar y pryd, ac yn gam pendant wrth ddiffinio dyletswydd y wladwriaeth tuag at y Gymraeg. Nid yn ofer yr honnwyd mai ffrwyth dylanwad a pherswâd Syr Wyn Roberts, a fu'n weinidog Ceidwadol yn y Swyddfa Gymreig ers dros ddegawd, oedd y ddeddf hon. Iddo ef y mae'r ddyled am lwyddo i newid polisi o fewn ei blaid ei hun tuag at yr iaith a chael cefnogaeth i'r syniad o ddeddfu ar ei chyfer.[42] Dyma enghraifft arall, o bosibl, o'r manteision amhrisiadwy a ddaw yn sgil parodrwydd caredigion y Gymraeg i weithio'n ddyfal a thawel o fewn y gyfundrefn neu'r sefydliad. Efallai mai nid Cymru brotest biau'r clod i gyd.

Roedd Deddf 1993 yn cryfhau'r fframwaith statudol a gafwyd yn 1967. Yn hytrach na hyrwyddo 'dilysrwydd cyfartal', byddai Deddf 1993 yn cynnal 'sail cydraddoldeb' fel egwyddor sylfaenol. Roedd hyn yn rhywbeth a ymddangosai, o leiaf, yn fwy tebyg i ddwyieithrwydd statudol nag o'r blaen, ac felly yn gam tua'r nod o sicrhau gwir gydraddoldeb ieithyddol.

Roedd darpariaeth ynddi hefyd a oedd yn cadarnhau'r hawl i ddefnyddio'r Gymraeg mewn llysoedd barn.[43] O dan y ddeddf, byddai'r hawl i ddefnyddio'r iaith Gymraeg mewn achosion yn llysoedd yr ynadon, a'r hawl i'w defnyddio mewn unrhyw lys arall ar yr amod o roi rhybudd o flaen llaw i'r llys. Darparwyd ar gyfer defnyddio dogfennau Cymraeg yn y llys, a chafwyd darpariaeth yn datgan bod llw a dyngir yn Gymraeg yr un mor gyfreithlon â llw a dyngir yn Saesneg. Telid ffioedd cyfieithwyr o'r un gronfa ag a ddefnyddir i dalu costau'r llys.

Efallai mai'r nodwedd fwyaf arwyddocaol ynglŷn â'r ddeddf, fodd bynnag, oedd yr elfen ymarferol ynddi. Gwendid sylfaenol Deddf 1967 oedd ei methiant i greu unrhyw beirianwaith a allai droi egwyddor haniaethol 'dilysrwydd cyfartal' yn realiti cymdeithasol. Y tro hwn, sefydlwyd yr union gorff hyrwyddo y gofynnwyd amdano yn y gorffennol, sef Bwrdd yr Iaith Gymraeg.

Roedd y bwrdd statudol hwn i ddarparu canllawiau ar gyfer llunio cynlluniau iaith gan gyrff cyhoeddus penodol ac, yna, i fonitro'r modd y gweithredid y cynlluniau ganddynt. Byddai'n ofynnol i gyrff cyhoeddus ddarparu cynlluniau i hyrwyddo'r defnydd o'r Gymraeg 'cyn belled ag y bo'n briodol dan yr amgylchiadau ac yn rhesymol ymarferol'.[44] Trwy ddatblygu a gweithredu polisïau iaith, byddai cyrff cyhoeddus yn fwy tebygol o ddatblygu perthynas mwy uniongyrchol ac ymarferol gyda'r iaith Gymraeg o ddydd i ddydd. Byddent hefyd yn datblygu dealltwriaeth o anghenion ymarferol dwyieithrwydd.

Pa fodd bynnag, digon diddannedd oedd y ddeddf o ran unrhyw beirianwaith gorfodaeth. Roedd darpariaeth ar gyfer cwyno i'r bwrdd pe byddai'r corff cyhoeddus yn methu â gweithredu'r cynllun iaith,[45] ac roedd gan y bwrdd y gallu i gynnal ymchwiliad ffurfiol i'r mater.[46] Ar ôl cynnal ymchwiliad, a phe bai'r bwrdd yn derbyn dilysrwydd y cwyn, gallai'r bwrdd gyflwyno argymhelliad i'r corff o ran gweithredu priodol i gywiro'r diffyg. Pe byddai'r corff yn anwybyddu'r argymhelliad, byddai gan y bwrdd yr awdurdod i gyfeirio'r mater i'r Ysgrifennydd Gwladol.[47] Byddai gan yr Ysgrifennydd Gwladol yr hawl i roi cyfarwyddyd pellach i'r corff dan sylw neu, os yn briodol, gyfeirio'r mater i'r llysoedd er mwyn cael gorchymyn cydymffurfio (*mandamus*).

Yn ychwanegol, bu llawer o'r ymgyrchwyr iaith yn gofyn am adran yn datgan statws swyddogol yr iaith. Byddai hynny wedi gosod sylfaen egwyddorol gadarn ar gyfer cynllunio ieithyddol o dan drefn y cynlluniau iaith. Pa fodd bynnag, nis llwyddwyd i gynnwys datganiad o'r fath yn Neddf 1993, a byddai angen aros tipyn rhagor cyn dwyn y maen arbennig hwnnw i'r wal.

Beth bynnag oedd diffygion Deddf 1993, wrth i'r ugeinfed ganrif ddirwyn i ben, roedd sefyllfa gyfreithiol yr iaith Gymraeg wedi cryfhau. Roedd yr hinsawdd wleidyddol a chymdeithasol wedi newid ac agweddau pobl wedi newid hefyd. Roedd Bwrdd yr Iaith Gymraeg, er gwaethaf y ddeddf, wedi hyrwyddo'r egwyddor o ddwyieithrwydd ym mywyd Cymru yn bur lwyddiannus, ac wedi llwyddo i berswadio elfennau o'r sector breifat i ddarparu cynlluniau iaith. Erbyn troad yr unfed ganrif ar hugain, roedd pethau'n argoeli'n dda ar gyfer statws cyfreithiol y Gymraeg. Rhaid eto dyfynnu casgliadau treiddgar yr Arglwydd Prys-Davies:

> Er gwaethaf y rhwystrau dwfn a'r diffyg dealltwriaeth a geid yn Whitehall, yn ogystal â'r syrthni a hyd yn oed y gwrthwynebiad a fodolai ymhlith llu o swyddogion ac aelodau cyrff cyhoeddus yng Nghymru, bu symudiad sylweddol iawn yn ystod yr ugeinfed ganrif i adfer yr iaith Gymraeg i'w phriod le fel iaith genedlaethol Cymru. Ar ddechrau'r ganrif yr oedd ei statws yn ddibynnol ar ddisgresiwn. Erbyn diwedd y ganrif yr oedd ganddi statws cyfreithiol ar sail gyfartal a'r Saesneg.[48]

Y dimensiwn rhyngwladol

Law yn llaw â'r datblygiadau cyfreithiol o ran y Gymraeg yng Nghymru, roedd y gymuned ryngwladol hefyd yn ymateb i'r alwad i sicrhau cyfiawnder i siaradwyr ieithoedd lleiafrifol. Yng nghyd-destun y Cenhedloedd Unedig, ac ar y lefel Ewropeaidd, roedd statws yr ieithoedd lleiafrifol a'u siaradwyr yn rhan bwysig o'r drafodaeth ar ddinasyddiaeth ryngwladol. Mae Gwion Lewis wedi bwrw golwg manwl ar ddeddfeg ryngwladol sy'n ymwneud â ieithoedd lleiafrifol.[49] Rwyf innau hefyd wedi sôn o'r blaen am y cyd-destun rhyngwladol a'i bwysigrwydd i'r drafodaeth ar yr iaith Gymraeg.[50] Dyma ymgais, felly, i grynhoi'r sefyllfa o ran yr elfen arbenning yma yn y drafodaeth.

Mae'n sicr bod yna ystod eang o offerynnau cyfreithiol rhyngwladol sydd yn ymwneud ag ieithoedd lleiafrifol a'u siaradwyr.[51] Yn fyd-eang, mae'r Cenhedloedd Unedig wedi bod yn flaenllaw wrth osod safonau, gyda'r ddarpariaeth a ddyfynnir yn aml, sef erthygl 27 o'r Cyfamod Rhyngwladol ar Hawliau Sifil a Gwleidyddol, yn datgan na ellir atal lleiafrif ieithyddol rhag defnyddio eu hiaith a'u diwylliant.[52] Mae datganiad y Cenhedloedd Unedig ar hawliau pobl sy'n perthyn i leiafrifoedd cenedlaethol neu ethnig, crefyddol ac ieithyddol hefyd yn cefnogi hawliau diwylliannol ac ieithyddol, er nad yw'n creu hawliau neu osod dyletswyddau cyfreithadwy.[53] Yn gyffredinol, yr hyn a geir yn offerynau'r Cenhedloedd Unedig yw'r pwyslais ar atal gwahaniaethu neu atal ymyrraeth, fel bod siaradwyr iaith leiafrifol yn cael rhyddid i ddefnyddio eu hiaith.

Mae hyn yn gyson â'r pwyslais cyffredinol a geir yn neddfeg hawliau dynol rhyngwladol. Cymerwch Gonfensiwn Hawliau Dynol Ewrop, er enghraifft. Dyma offeryn sy'n amddiffyn yr unigolyn rhag gormes y wladwriaeth. Creadigaeth amser arbennig mewn hanes ydyw, sef y cyfnod hwnnw ar ôl yr Ail Ryfel Byd, pan oedd y gymuned ryngwladol yn ceisio gosod safonau a fyddai'n atal trychinebau tebyg rhag digwydd eto. Trwy sicrhau hawliau sylfaenol i unigolion, credwyd bod modd ymwrthod â gormes totalitariaeth a gwarchod unigolion rhag y wladwriaeth. Pwyslais unigolyddol a geir, felly, ac ymgais i osod hawliau cyffredinol a sylfaenol a fyddai'n berthnasol i bob unigolyn yn ddiwahân.

Beth yw perthnasedd y Confensiwn Hawliau Dynol i bwnc hawliau ieithyddol? Er nad yw'r confensiwn yn cefnogi hawliau ieithyddol o ran gwarantu hawl i ddewis iaith, mae yn atal gwahaniaethu neu driniaeth israddol tuag at unigolion sy'n perthyn i grwpiau ieithyddol.[54] Mae ganddo felly ei gyfraniad wrth amddiffyn hawliau ieithyddol i ryw raddau, er mai amddiffyn trwy atal gwahaniaethu a wna yn unig. Eto, mae hyn yn gyson ag ysbryd a phwrpas y confensiwn, sef amddiffyn rhag gormes yn hytrach na hyrwyddo mewn unrhyw ffordd.[55]

Ceir peth cefnogaeth i ieithoedd lleiafrifol yng nghyd-destun cyfraith Ewrop hefyd.[56] Nid yw hyn yn annisgwyl, gan fod Ewrop yn gasgliad o wladwriaethau amlieithog ac amlddiwylliannol. Felly, mae sefydlu perthynas iach a chynaliadwy rhwng y gwahanol genhedloedd a chymunedau ieithyddol yn gwbl hanfodol i ddatblygiad dinasyddiaeth gyffredin o fewn Ewrop. Fel mynegiant o egwyddor lywodraethol sybsidiaredd, mae'r Undeb Ewropeaidd yn cydnabod amrywiaeth ieithyddol a'r angen i'w hyrwyddo fel un o sylfeini polisi yr undeb.[57]

Penododd y Comisiwn Ewropeaidd gomisiynydd gyda chyfrifoldeb dros addysg, hyfforddiant, diwylliant ac amlieithrwydd, gyda'r nod o hyrwyddo cydfodolaeth heddychlon ymysg y cymunedau ieithyddol. Roedd cyfraith Ewrop, yn enwedig erthygl 151 EC, yn hyrwyddo cymdeithas aml-ddiwylliannol, er nad oedd yn crybwyll y dimensiwn ieithyddol yn benodol. Roedd Llys Cyfiawnder Ewrop yn cydnabod, i raddau, hawliau ieithyddol, fel y gwelwyd yn achos *Re Criminal Proceedings against Horst Otto Bickel and Ulrich Franz.*[58] Yn yr achos hwn, cafwyd datganiad bod yn rhaid i aelod-wladwriaeth sydd yn rhoi'r hawl i'w dinasyddion ei hun ddefnyddio iaith arbennig mewn achosion troseddol roi yr un hawl i ddinasyddion gwledydd eraill sydd yn ymddangos yn ei llysoedd, yn unol ag erthygl 6 EC. Hynny yw, o safbwynt Cymreig, mae gan holl ddinas-yddion yr Undeb Ewropeaidd yr hawl i ddefnyddio un ai'r Gymraeg neu'r Saesneg mewn llysoedd troseddol yng Nghymru (felly, nid dim ond y Cymry eu hunain sydd gan yr hawl hwnnw).

Yn fwy diweddar, cafwyd Siartr Hawliau Sylfaenol Ewrop sy'n crynhoi a chrisialu safonau'r Undeb Ewropeaidd o fewn un offeryn cynhwysfawr.[59] Mae Cytundeb Lisbon[60] yn rhoi statws cyfreithiol i'r siartr (hynny yw, os yw'r aelod-wladwriaeth wedi arwyddo'r ddau offeryn).[61] Mae erthygl 21 y siartr yn hyrwyddo'r egwyddor o hawliau ieithyddol o fewn yr Undeb Ewropeaidd, ac yn creu modd o apelio i Lys Cyfiawnder Ewrop mewn achosion lle cafwyd gwahaniaethu ar sail iaith neu lle bo'r unigolyn yn aelod o leiafrif cenedlaethol.

Mae erthygl 21.1 y siartr hefyd yn atal gwahaniaethu ar sail ieithyddol, ac mae erthygl 22 yn datgan bod yr Undeb Ewropeaidd yn parchu amrywiaeth ieithyddol.[62] Yn ychwanegol, mae erthygl 3.3 Cytundeb Lisbon yn datgan bod yr Undeb Ewropeaidd yn parchu amrywiaeth diwylliannol ac ieithyddol, ac yn sicrhau bod yr etifeddiaeth ddiwylliannol yn cael ei gwarchod.[63]

Gwelwn, felly, fod Siartr Hawliau Sylfaenol Ewrop yn cyfrannu at hyrwyddo hawliau ieithyddol, gan gynnig remedi gyfreithiol mewn achosion lle ceir gwahaniaethu yn erbyn lleiafrifoedd ieithyddol o fewn deddfwriaeth Ewropeaidd. Bydd yr Asiantaeth Hawliau Sylfaenol yn monitro ac adrodd ar achosion o wahaniaethu, ac yn codi ymwybyddiaeth gyffredinol o faterion yn ymwneud ag ieithoedd lleiafrifol. Gellir honni fod Cytundeb Lisbon, trwy sicrhau ymrwymiad i'r siartr, yn cynyddu dylanwad yr Undeb Ewropeaidd ym maes hawliau ieithyddol ac yn agor y ffordd i ymyrraeth Llys Cyfiawnder Ewrop lle bo hynny'n briodol. Wrth gwrs, amser a ddengys i ba raddau y bydd y datblygiadau hyn yn hyrwyddo hawliau ieithyddol mewn gwirionedd. Mae'r pwyslais yn dueddol o fod ar atal gwahaniaethu yn hytrach nag ar roi hawliau positif i siaradwyr, ac yn debyg iawn i'r hyn a geir yn offerynau'r Cenhedloedd Unedig ar hawliau dynol. Yn hyn o beth, mae beirniadaeth Gwion Lewis o'r hyn a gynigir o fewn cyfraith Ewrop yn rhesymol a dealladwy.[64]

Mae Cyngor Ewrop yntau wedi ymddiddori ym maes hawliau ieithyddol. Er enghraifft, mae'r Confensiwn Fframwaith ar gyfer Gwarchod Lleiafrifoedd Cenedlaethol, creadigaeth Cyngor Ewrop, yn ymdrin â hawliau ieithyddol o fewn cyd-destun hawliau lleiafrifol.[65] Er enghraifft, mae erthygl 10(1) y confensiwn fframwaith yn cydnabod yr hawl i ddefnyddio iaith leiafrifol mewn bywyd preifat a chyhoeddus. Mae erthygl 14(1) y confensiwn fframwaith yn ymwneud ag addysg, er mai ychydig yn amwys yw'r ddarpariaeth o ran ieithoedd lleiafrifol. Mae erthygl 14(1) yn gorfodi partïon i gydnabod bod gan berson sy'n perthyn i leiafrif cenedlaethol yr hawl i ddysgu eu hiaith leiafrifol, ac mae erthygl 14(2) yn gorfodi partïon i sicrhau cyfle i gael addysg mewn iaith leiafrifol. Pa fodd bynnag, gwendid y confensiwn fframwaith yw diffyg manylder ar yr hyn a ddisgwylir o ran gweithredu ymarferol ar ran y partïon.[66]

Siartr ieithoedd Ewrop

Efallai mai'r datblygiad mwyaf arwyddocaol er hyrwyddo ieithoedd lleiafrifol yn Ewrop yn yr ugain mlynedd diwethaf yw Siartr Ewrop ar gyfer Ieithoedd Rhanbarthol neu Leiafrifol.[67] Arwyddwyd y siartr gan y Deyrnas Unedig ar 27 Mawrth 2001. Mae'r siartr yn bwysig i'r drafodaeth gan ei bod yn ymwneud yn llwyr â hawliau ieithoedd lleiafrifol ac yn gorfodi gwladwriaethau i weithredu mesurau er budd ieithoedd lleiafrifol.[68]

Neges sylfaenol y siartr yw bod yr hawl i ddefnyddio iaith ranbarthol neu leiafrifol mewn bywyd cyhoeddus a phreifat yn hawl ddiymwad sy'n cydymffurfio â'r egwyddorion a ymgorfforir yng Nghyfamod Rhyngwladol y Cenhedloedd Unedig ar Hawliau Sifil a Gwleidyddol, ac yn ôl ysbryd y Confensiwn i Ddiogelu Hawliau Dynol a Rhyddid Sylfaenol Cyngor Ewrop.[69]

O graffu ar y siartr, gwelwn fod Rhan III yn cynnwys cyfres o ddarpariaethau sy'n rhestru mesurau penodol y gall gwladwriaethau eu gweithredu i hyrwyddo'r iaith ranbarthol neu leiafrifol o fewn eu ffiniau. Mae erthyglau 8 i 14 yn rhoi manylion y mesurau ym meysydd addysg, y gyfraith, gweinyddiaeth gyhoeddus, diwylliant, y cyfryngau a bywyd economaidd a chymdeithasol. Dyma wir werth y siartr, sef ei bod yn mynd i fanylder ynglŷn â'r hyn sydd yn rhaid ei wneud er budd ieithoedd lleiafrifol.

Cymerwch, fel enghraifft, hawl unigolyn i ddefnyddio iaith leiafrifol yn y llysoedd. Mae erthygl 6 Confensiwn Hawliau Dynol Ewrop yn gwarantu'r hawl i ddeall y gweithrediadau er mwyn sicrhau achos teg.[70] O dan y ddarpariaeth, mae gan ddiffynnydd yr hawl i ddeall y dystiolaeth ac i gael ei ddeall wrth gynnig tystiolaeth neu ddadl. Ond sicrhau deallusrwydd trwy gyfieithydd y mae hyn mewn gwirionedd, ac nid yw'r hawl i gael eich deall yr un fath â'r hawl i ddewis iaith.[71] Egwyddor o angenrheidrwydd ieithyddol sydd wrth wraidd y ddarpariaeth, ac nid yw'n cefnogi cydraddoldeb ieithyddol.[72]

Mae erthygl 10(3) o Gonfensiwn Fframwaith ar gyfer Gwarchod Lleiafrifoedd Cenedlaethol yn sicrhau hawl unigolyn i gael gwybod mewn iaith y mae'n ei ddeall y rhesymau dros ei arestio a natur y cyhuddiadau yn ei erbyn, a hefyd ei hawl i amddiffyn ei hun yn yr iaith honno (gyda chymorth cyfieithydd os oes angen). Mae geiriad erthygl 10(3) mor debyg i eiriad erthygl 6 Confensiwn Hawliau Dynol Ewrop gan ei wneud yn annhebygol bod unrhyw hawl ychwanegol wedi cael ei greu. Mae'r pwyslais ar yr hawl i ddeall a chymryd rhan yn hytrach nag ar unrhyw hawl i ddewis iaith (sef pwyslais erthygl 6 y confensiwn). Yr egwyddor o angenrheidrwydd ieithyddol a sicrheir yma eto.

Mae'r siartr, fodd bynnag, yn cynnig rhywbeth amgenach. Mae erthygl 9 y siartr yn rhoi pwyslais ar gydraddoldeb ieithyddol yn hytrach nag angenrheidrwydd ieithyddol, ac yn gofyn i wladwriaethau, mewn achosion priodol, ganiatáu i siaradwyr yr iaith leiafrifol i'w defnyddio mewn gwrandawiadau llys neu dribiwnlys.[73] Mae'r hawl i ddefnyddio'r iaith leiafrifol mewn gwrandawiadau llys yn berthnasol i ddiffynyddion, tystion a phartïon eraill. Ceir darpariaethau eraill sydd yn gorfodi llysoedd troseddol, ar gais un o'r partïon, i gynnal gweithrediadau'r llys mewn iaith leiafrifol neu ranbarthol,[74] ac yn gwarantu hawl y cyhuddedig i ddefnyddio ei iaith leiafrifol.[75] Mae darpariaethau cyffelyb yng nghyd-destun achosion sifil a'r llysoedd gweinyddol.[76] Mae'r siartr yn nodi y gall y defnydd o iaith leiafrifol gael ei hwyluso trwy'r defnydd o gyfieithwyr.[77] Ond y peth arwyddocaol yw bod erthygl 9 yn hyrwyddo'r syniad o hawl i ddewis iaith nad yw'n ddibynnol ar unrhyw brawf medrusrwydd. Yn hyn o beth, cawn yma'r egwyddor o gydraddoldeb ieithyddol, neu hawl i ddewis iaith, yn cael ei gynnal.

Serch hynny, y gwendid mawr, efallai, yw bod y siartr yn rhoi llawer o ryddid i wladwriaethau ddethol a dewis yr ymrwymiadau a mesurau y maent am eu gweithredu o dan y siartr. O'r ymrwymiadau yn Rhan III, rhaid i wladwriaethau weithredu o leiaf bymtheg ar hugain ohonynt (sef tua hanner yr ymrwymiadau a geir yn y siartr i gyd). Yn ychwanegol, mae gan wladwriaethau'r cyfle i ddewis yr ymrwymiadau hynny sydd yn fwyaf derbyniol iddynt (mae yna rai gofynion gorfodol, serch hynny).[78] I rai, mae hyn wedi tanseilio hygrededd y siartr ac wedi glastwreiddio ei gallu i wneud gwahaniaeth i sefyllfa'r ieithoedd hynny mae'n ceisio eu gwarchod. Mae modd beirniadu'r siartr ar y sail ei bod yn rhoi gormod o ryddid i wladwriaethau ddehongli a gweithredu'r siartr i siwtio'r sefyllfa wleidyddol yn hytrach nag er lles yr iaith leiafrifol ei hun.[79]

Pa fodd bynnag, gall yr hyblygrwydd hwn fod yn fanteisiol, yn enwedig o gofio'r amrywiaeth sy'n bodoli rhwng sefyllfaoedd y gwahanol ieithoedd yn Ewrop.[80] Mae'r siartr yn hyrwyddo cydymffurfio graddol yn hytrach na gofyn i wladwriaethau gymryd camau radical i gyd ar unwaith.[81] Er y gwendid sy'n bosibl wrth roi gormod o ryddid wrth gydymffurfio, mae'r cyd-destun ieithyddol Ewropeaidd yn gymhleth ac yn amrywiol, a rhaid ceisio sicrhau bod yr ymrwymiadau yn adlewyrchu sefyllfa benodol yr iaith dan sylw.[82]

Gwendid arall, fodd bynnag, yw'r ffaith nad oes yna unrhyw beiriant gorfodaeth o fewn y siartr. Ceir yna beirianwaith monitro sy'n ei wneud yn ofynnol i wladwriaethau adrodd ar y modd y maent wedi gweithredu'r darpariaethau. Rhaid i wladwriaethau wneud hyn o fewn blwyddyn iddynt fabwysiadu'r siartr, a phob tair blynedd wedi hynny. Mae'r adroddiadau hyn yn cael eu gwyntyllu gan banel o arbenigwyr a benodir gan Gyngor Ewrop, ac mae adroddiadau'r arbenigwyr yn cael eu cyflwyno i

Gyngor y Gweinidogion.[83] Ar yr ochr bositif, mae'r broses fonitro yn creu rhyw ffurf ar atebolrwydd ar weithredu'r siartr. Ond nid oes i'r siartr statws deddf gyfreithiol gyda holl bosibiliadau hynny o ran gorfodaeth.[84] Offeryn heb iddo ddigon o ddannedd yw'r siartr, gwaetha'r modd, ac yn ffrwyth y cyfaddawdu gwleidyddol sydd mor aml yn arwain at leihau effaith a grym cytundebau rhyngwladol o'r fath.[85]

Ond efallai mai'r hyn sy'n nodedig yw'r ieithoedd a warchodir gan y siartr. Mae'r siartr yn gwarchod ieithoedd sy'n cael eu siarad gan leiafrif y boblogaeth ac nad ydynt yn ieithoedd swyddogol y wladwriaeth. Yn ychwanegol, yr ieithoedd a ddaw o dan warchodaeth y siartr yw'r rhai hynny a siaradir yn draddodiadol gan ran o boblogaeth y wladwriaeth ac nad ydynt yn ieithoedd mudwyr, yn dafodieithoedd nac yn ieithoedd artiffisial.[86] Yn syml, mae'r siartr yn amddiffyn ieithoedd lleiafrifol hanesyddol Ewrop. Mae'r Deyrnas Unedig, er enghraifft, wedi cydnabod ei chyfrifoldeb tuag at y Gymraeg, y Wyddeleg, Gaeleg yr Alban, Scoteg, Scoteg Ulster a Chernyweg.[87] Mae Cernyweg yn iaith a brofodd adfywiad ar ôl iddi farw fel mamiaith ar ddechrau'r bedwaredd ganrif ar bymtheg. Credir fod tua thair mil o siaradwyr bellach, er bod y mwyafrif yn siarad Saesneg fel mamiaith.[88]

Beirniadwyd y gwahaniaethu hwn rhwng ieithoedd hynafol ac ieithoedd 'mudwyr', sef y cymunedau newydd o siaradwyr ieithoedd lleiafrifol, oherwydd nad oedd iddo gyfiawnhad syniadol clir. Dywedwyd ei fod wedi gwanhau'r ddadl dros drin hawliau ieithyddol fel dimensiwn o'r hawl gyffredinol i hunaniaeth ddiwylliannol, ac felly wedi tanseilio'r syniad o hawliau iaith fel hawliau sylfaenol.[89] Ymddengys, i rai, mai cywiro anghyfiawnderau hanesyddol yn hytrach nag hyrwyddo amlieithrwydd fel gwerth sylfaenol a wna'r siartr.

Hyd yn oed os derbynnir fod sail resymegol dros amddiffyn ieithoedd hanesyddol a thraddodiadol Ewrop fel grŵp o ieithoedd lleiafrifol neilltuol, a bod y siartr yn gweithredu fel offeryn cadwraethol, mae consýrn y siartr dros ieithoedd nad oes perygl iddynt farw yn gwanhau'r ddadl honno. Cymerwch statws yr Almaeneg yn Nenmarc, neu Swedeg yn y Ffindir fel enghreifftiau o ieithoedd a warchodir gan y siartr nad ydynt angen eu gwarchod o safbwynt cadwraeth mewn gwirionedd.[90] Unwaith eto, mae blas gwleidyddol ar rai elfennau o'r cytundeb Ewropeaidd pwysig hwn.

Ac eto, nid yw'r siartr yn unigryw yn ei bwyslais ar hawliau hanesyddol. Ceir cefnogaeth i hawliau grwpiau neilltuol ar sail anghyfiawnderau'r gorffennol yn Natganiad y Cenhedloedd Unedig ar Hawliau Pobl Gynhenid, a fabwysiadwyd gan Gynulliad Cyffredinol y Cenhedloedd Unedig ar 13 Medi 2007.[91] Mae'r offeryn pwysig hwn yn cydnabod hawliau pobl gynhenid fel unigolion ac fel grwpiau.[92] Er enghraifft, mae'r datganiad yn cydnabod hawliau pobl gynhenid i hunanreolaeth,[93] i berchnogaeth, defnydd a rheolaeth o diroedd ac adnoddau naturiol,[94] i sefydliadau gwleidyddol, cymdeithasol a diwylliannol,[95] sefydliadau addysgol[96] ac i warchod eu heiddo deallusol a diwylliannol.[97] Mae erthygl 13 yn benodol yn cyfeirio at hawliau ieithyddol ac yn datgan, 'indigenous peoples have the right to revitalize, use, develop and transmit to future generations their histories, languages, oral traditions, philosophies, writing systems and literatures'. Mae erthygl 14 yn cyfeirio at yr hawl i addysg yn yr iaith frodorol ac mae erthygl 16 yn gwarchod yr hawl i'r cyfryngau adloniant yn yr iaith frodorol. Mae'r hawliau hyn hefyd yn rhan o'r hawliau diwylliannol y cyfeirir atynt yn y datganiad.[98] Fel Siartr Ieithoedd Ewrop, mae'r datganiad yn tynnu ar y syniad o anghyfiawnder hanesyddol fel sail i'w amcanion:

> indigenous peoples have suffered from historic injustices as a result of, inter alia, their colonization and dispossession of their lands, territories and resources, thus preventing them from exercising, in particular, their right to development in accordance with their own needs and interests.[99]

Mae'r datganiad hefyd yn ymdebygu i'r siartr wrth iddo gydnabod bod amgylchiadau pobl gynhenid yn gwahaniaethu, a'u bod yn wynebu sialensiau gwahanol: 'the situation of indigenous peoples varies from region to region and from country to country, and that the significance of national and regional particularities and various historical and cultural backgrounds should be taken into consideration'.[100]

Nid oes gan y datganiad rym cyfreithiol ac nid yw'n gosod dyletswyddau cyfreithadwy ar wladwriaethau. Er hynny, bu cryn wrthwynebiad iddo oherwydd ei bwyslais ar gydnabod hawliau dynol grwpiau penodol.[101] Mae'r dimensiwn hanesyddol yn ddadleuol ym marn rhai er, ym marn eraill, mae hi'n anorfod bod sicrhau cyfiawnder i grwpiau sydd wedi eu hymylu yn hanesyddol yn golygu rhywfaint o gydnabyddiaeth o anghyfiawnderau'r gorffennol.[102] Ond pwy yw'r bobl gynhenid mae'r datganiad hwn am eu gwarchod? Mae'r cysyniad hwnnw, ynddo'i hun, yn fater dadleuol. Yn arwyddocaol, nid yw'r Deyrnas Unedig yn cydnabod bod ganddi bobl gynhenid o fewn ei thiriogaeth ac, felly, nid yw'r datganiad, ym marn ein gwladwriaeth ni, yn berthnasol iddi. Dyma destun da ar gyfer ymrysona ymysg myfyrwyr, heb os.

Yn sicr, mae'r datganiad a'r siartr yn debyg o ran eu pwyslais ar hyrwyddo hawliau ar sail hanesyddol. Maent yn dangos yn glir rôl anhepgor hanes mewn unrhyw drafodaeth ar warchod hunaniaeth, iaith a hawliau lleiafrifol.[103] Maent hefyd yn arwydd o aeddfedu yn y trafodaethau ar ddeddfeg hawliau dynol, a'r gydnabyddiaeth bod hawliau dynol yn bodoli mewn cyd-destun real yn hytrach na gofod cysyniadol neu haniaethol. Os yw deddfeg hawliau dynol yn cydnabod hawl unigolion i hunaniaeth ddiwylliannol ac ieithyddol, rhaid hefyd sicrhau bod modd ymarfer yr hawl honno mewn gwirionedd, ac mai creu hawliau penodol yw'r modd gorau o sicrhau hyn.[104]

Mae'r siartr yn offeryn adeiladol, yn anad dim oherwydd ei phwyslais ar gymryd camau positif ar gyfer ieithoedd lleiafrifol neu ranbarthol, ac mae ganddo gyfraniad gwerthfawr wrth osod safonau rhyngwladol ar gyfer hyrwyddo hawliau ieithyddol.[105] Mae'n cynnig rhestr o gamau penodol er lles ieithoedd lleiafrifol a, thrwy hynny, mae'n gosod canllawiau i wladwriaethau wrth iddynt hyrwyddo ieithoedd lleiafrifol. Wrth gwrs, mae ei ddiffyg grym cyfreithiol yn wendid, er y gall gwladwriaethau sy'n mabwysiadu egwyddorion y siartr weithredu'r egwyddorion hynny fel rhan o'u cyfreithiau domestig ac, felly, gallant greu hawliau cyfreithiol i siaradwyr yr iaith leiafrifol.[106]

Yn y bôn, pwrpas y siartr yw sicrhau bod ieithoedd lleiafrifol a'u siaradwyr yn perthyn i gymdeithas sy'n parchu amlieithrwydd ac yn hyrwyddo cyd-ddinasyddiaeth ymysg siaradwyr holl ieithoedd y wladwriaeth.[107] Mae'n elfen bwysig mewn rhwydwaith o offerynau rhyngwladol sy'n cynnig perspectif allanol i'r ymgyrch dros fuddiannau'r Gymraeg. Er mai rhwystredigaeth sy'n wynebu'r rhai sy'n chwilio am ddarpariaethau cyfreithiadwy o fewn yr offerynnau hyn, maent yn rhan o'r arfaeth ieithyddol ac yn cyfoethogi'r drafodaeth ynglŷn â chymryd camau priodol i sicrhau dyfodol ieithoedd megis y Gymraeg.

Agweddau barnwrol – ar ôl datganoli

Gadewch i ni nawr edrych ar y Gymraeg yn benodol. Yn fuan ar ôl datganoli cafwyd penderfyniad arwyddocaol yn y Llys Apêl a oedd yn ymwneud â'r defnydd o'r Gymraeg yn y llysoedd, sef achos *Williams* v. *Cowell*.[108]

Roedd y Llys Apêl yn gorfod ystyried penderfyniad cynharach y Tribiwnlys Apêl Cyflogaeth ar yr hawl i ddefnyddio'r iaith Gymraeg mewn gwrandawiadau apêl yn Llundain yn dilyn penderfyniadau a wnaed yn nhribiwnlysoedd Cymru. Yn benodol, roedd yr achos yn ymwneud â dehongliad y llys o adran 22 o Ddeddf yr Iaith Gymraeg 1993, ac yn ystyried y cyfyngiadau ar hawl yr unigolyn i ddefnyddio'r Gymraeg mewn gwrandawiad apêl pan y'i cynhelir y tu allan i ffiniau daearyddol Cymru. Ond, roedd gan y penderfyniad ei arwyddocâd i'r broses o ddatganoli llysoedd apêl, ac o hyrwyddo hunaniaeth Gymreig i'r system gyfreithiol yng Nghymru.

Dyma'r ffeithiau yn gryno. Daeth Williams, y ceisydd, ag achwyniad o ddiswyddo annheg ar sail camwahaniaethu hiliol gerbron tribiwnlys cyflogaeth o dan adrannau 1, 3 a 4 o Ddeddf Cysylltiadau Hiliol 1976. Gweithiai'r ceisydd fel cogydd mewn bwyty ar gyrion Caernarfon. Natur ei gwyn oedd bod y cyflogwr wedi ei wneud yn anghyflogedig oherwydd ei fod yn mynnu siarad Cymraeg â'i gydweithwyr yn y gegin, yn groes i ddymuniad ei gyflogwr, a oedd am iddo siarad Saesneg. Hawliai'r ceisydd mai'r iaith Gymraeg oedd y cyfrwng naturiol o gyfathrebu rhyngddo a'i gydweithwyr. Cyflwynodd y ceisydd ei achos yn y gwrandawiad yn Gymraeg.

Dyfarnodd y tribiwnlys cyflogaeth o'i blaid, gan dderbyn ei ddadl nad oedd yno sefyllfa o anghyflogedigaeth. Penderfyniad y tribiwnlys oedd mai am ei fod yn siarad Cymraeg y cafodd ei ddiswyddo, ac felly dyfarnwyd ei fod wedi cael ei ddodi dan anfantais ac wedi cael ei drin yn anffafriol o'i gymharu ag eraill oherwydd mai Cymraeg oedd ei iaith gyntaf.

Rhoddwyd caniatâd i'r cyflogwr apelio i'r Tribiwnlys Apêl Cyflogaeth yn erbyn y penderfyniad. Roedd peth dryswch ynglŷn ag union sail gyfreithiol y caniatâd i apelio, gan na ellir apelio penderfyniad tribiwnlys cyflogaeth oni bai fod cwestiwn cyfreithiol yn codi (hynny yw bod y gyfraith wedi cael ei chamddehongli, neu bod y gyfraith yn amwys mewn rhyw ffordd).[109] Cynhaliwyd gwrandawiad rhagarweiniol gan y Tribiwnlys Apêl Cyflogaeth i benderfynu a oedd y rhybudd o apêl yn codi pwynt cyfreithiol. Nid oedd gan y Llys Apêl, wrth ystyried y mater yn ddiweddarach, gopi o drawsgrifiad y gwrandawiad yma. Dadlenna'r gorchymyn byr a wnaethpwyd yn y gwrandawiad rhagarweiniol mai ar y sail bod tyst a gyflwynodd dystiolaeth ysgrifenedig yn y gwrandawiad gwreiddiol yn dymuno tynnu yn ôl ei dystiolaeth – oherwydd ei fod yn honni bod pwysau annheg wedi cael ei roi arno i roddi'r dystiolaeth honno – y rhoddwyd caniatâd i apelio. Y cwestiwn i'r gwrandawiad apêl felly oedd, a oedd y datblygiad diweddar hwn yn amharu ar ddilysrwydd penderfyniad y tribiwnlys cyflogaeth. Mae'n amheus bod hyn yn codi mater cyfreithiol.[110]

Pa fodd bynnag, wedi iddo dderbyn y rhybudd o apêl, gwnaethpwyd cais gan Mr Williams gerbron y Tribiwnlys Apêl Cyflogaeth am orchymyn ar un ai i'r gwrandawiad apêl gael ei gynnal yng Nghymru neu, os mai yn Llundain y'i cynhelid, y dylid ei gynnal yn Gymraeg gyda darpariaeth cyfieithu ar gael. Cyflwynodd y ceisydd ei ddadleuon gan gyfeirio at adran 22 o Ddeddf yr Iaith Gymraeg 1993:

> 22 (1) Mewn unrhyw achosion cyfreithiol yng Nghymru gellir siarad
>   Cymraeg gan unrhyw barti, tyst neu berson arall sy'n dymuno'i
>   defnyddio, yn ddarostyngedig mewn achosion mewn llys heblaw

llys ynadon i'r cyfryw rybudd ymlaen llaw ag a fydd yn ofynnol yn ôl rheolau'r llys; a gwneir unrhyw ddarpariaeth angenrheidiol ar gyfer cyfieithu yn unol â hyn.

(2) Mae unrhyw bŵer i wneud rheolau llys yn cynnwys pŵer i wneud darpariaeth ar gyfer defnyddio dogfennau Cymraeg mewn achosion yng Nghymru neu sydd â chysylltiad â Chymru.

Daeth y cais gerbron Mr Ustus Morison, sef llywydd y Tribiwnlys Apêl Cyflogaeth. Gwrthododd y cais yn ei gyfanswm, a gellir crynhoi ei brif resymau fel a ganlyn:

- Y mae adran 22 o Ddeddf yr Iaith Gymraeg 1993 yn berthnasol i achosion cyfreithiol yng Nghymru yn unig, sef yr achosion hynny sydd yn cael eu cynnal yn ddaearyddol yng Nghymru;
- yr oedd Mr Williams yn rhugl yn y Saesneg ac nid oedd tystiolaeth y byddai o dan anfantais o'i defnyddio yn y gwrandawiad apêl. Ar y llaw arall nid oedd Mr Cowell yn medru'r Gymraeg. Felly, nid oedd angen offer cyfieithu yn y gwrandawiad;
- cynhelir gwrandawiadau apêl fel arfer yn Llundain;
- nid oedd modd cyfiawnhau'r gost o symud y gwrandawiad i Gymru yn yr achos hwn.

Yn sgil y penderfyniad hwn, cyflwynodd Mr Williams gais i apelio gerbron y Llys Apêl. Y rhesymau dros apelio oedd:

- bod y barnwr wedi gweithredu ei ddisgresiwn yn amhriodol trwy beidio â gorchymyn i'r gwrandawiad gael ei gynnal yng Nghymru o gofio cynnwys Deddf yr Iaith Gymraeg 1993;[111]
- mai achos cyfreithiol yng Nghymru oedd y gwrandawiad apêl yn ôl y dehongliad cywir o adran 22 o'r ddeddf, ac felly y dylid fod wedi sicrhau trefniadaeth ar gyfer cyfieithu;
- bod disgwyl i Mr Williams gyflwyno ei achos yn Saesneg, sef ei ail iaith, yn gyfystyr â thriniaeth ddiraddiol ac yn ymyrryd â'i hawl i ryddid mynegiant sydd yn groes i'w hawliau dynol;[112]
- bod gwrthod ei gais yn golygu ei fod dan anfantais fel Cymro trwy orfod cynnal ei achos yn Lloegr a bod hyn yn groes i'w hawl i wrandawiad teg;
- rhoddwyd gormod o bwyslais ar ffactorau ariannol a chost yn hytrach nac ar ystyriaethau gweinyddu cyfiawnder;
- defnyddiwyd disgresiwn yn anaddas heb dalu sylw digonol i'r egwyddor o gymesuroldeb;[113]
- roedd y barnwr yn anghywir wrth ddod i'r casgliad na fyddai'r ceisydd o dan anfantais wrth ddefnyddio'r Saesneg, ac wrth gymryd i ystyriaeth nad oedd y cyflogwr yn siarad Cymraeg.

Gwrthodwyd rhoi caniatâd i apelio ar y dechrau, ond wedi cyflwyno cais pellach, caniatawyd i'r ceisydd gyflwyno ei apêl ar y sail bod yna gwestiwn cyfreithiol i'w ateb, sef y modd y dylid dehongli adran 22 o Ddeddf yr Iaith Gymraeg 1993, ac a ddylai'r ymadrodd 'achosion cyfreithiol yng Nghymru' ymestyn hefyd i wrandawiadau apêl yn Llundain yn dilyn penderfyniadau gwreiddiol mewn llysoedd a thribiwnlysoedd yng Nghymru.

Gwrandawodd y Llys Apêl ar y cais. Cyflwynwyd dadleuon gerbron y llys bod penderfyniad Mr Ustus Morison yn groes i bwrpas a bwriad adran 22 o Ddeddf yr Iaith Gymraeg, a'i fod yn tramgwyddo yn erbyn hawl ddynol Mr Williams i gael cyflwyno ei achos yn Gymraeg.[114] Dadleuodd y ceisydd fod y barnwr wedi methu â gweithredu ei ddisgresiwn yn briodol a defnyddio ei bwerau i orchymyn i'r gwrandawiad gael ei gynnal yng Nghymru.

Gwrthododd y Llys Apêl gais Mr Williams. Cyflwynodd yr Arglwydd Ustus Mummery resymau'r llys, yn gryno, fel a ganlyn:

- mae apêl ar fater cyfreithiol i'r Tribiwnlys Apêl Cyflogaeth yn Llundain yn weithrediadau cyfreithiol ar wahân i'r achos gwreiddiol (yn yr achos hwn, yng Nghymru);
- felly, nid yw'r gwrandawiad apêl yn gyfystyr ag 'achosion cyfreithiol yng Nghymru' yn adran 22 o Ddeddf yr Iaith Gymraeg 1993. Yn ôl y Llys Apêl, cyfeiriad at leoliad daearyddol y gwrandawiad yw ystyr yr ymadrodd, ac nid yw'n golygu bod yn rhaid i'r Tribiwnlys Apêl yn Llundain wrando ar yr achos yn Gymraeg pan fod yr achos gwreiddiol wedi ei glywed yng Nghymru a'r iaith Gymraeg yn gyfrwng y gwrandawiad hwnnw;
- nid oedd sail i wyrdroi'r penderfyniad i beidio â gorchymyn y dylai'r gwrandawiad apêl gael ei gynnal yng Nghymru. Nid oedd hyn yn tramgwyddo dim ar statws yr iaith Gymraeg neu fwriad Deddf yr Iaith Gymraeg 1993. Yr oedd hi'n amhriodol i'r Llys Apêl ymyrryd â'r modd y gweithredwyd disgresiwn yn y mater yma;
- gan fod yr apelydd yn ddwyieithog, ac yn medru siarad Saesneg yn rhugl, nid oedd sail dros ymyrryd yn y penderfyniad i wrthod darpariaeth cyfieithu yn yr apêl. Daeth y llys i'r casgliad mai mewn amgylchiadau lle nad oedd yr apelydd yn medru Saesneg, ac felly yn cael anhawster deall y gweithrediadau, y dylid gorchymyn darpariaeth cyfieithu;[115]
- nid oedd y Tribiwnlys Apêl Cyflogaeth wedi gweithredu ei ddisgresiwn yn amhriodol nac yn anghywir.

Ymysg y dogfennau a gafodd eu hystyried gan y Llys Apêl, yr oedd Canllawiau Bwrdd yr Iaith Gymraeg ar Gynlluniau yn yr Iaith Gymraeg (fel ag yr oeddynt ar y pryd). Ym mharagraff 1.8 o'r canllawiau hynny, dywedwyd mai dyletswydd corff cyhoeddus sydd â chyfrifoldeb i ddarparu gwasanaeth yn yr iaith Gymraeg yw gofalu bod y ddarpariaeth honno ar gael yng Nghymru, oni bai fod yn rhaid i aelod o'r cyhoedd adael Cymru er mwyn derbyn y gwasanaeth hwnnw. Roedd enghraifft o'r egwyddor yma ar waith gyda pholisi llys y Goron a'r llys sirol yng Nghaer, sy'n darparu gwasanaeth dwyieithog i'r cyhoedd o ogledd Cymru. Mae hyn oherwydd natur y berthynas hanesyddol a chymdeithasol rhwng y ddinas a gogledd Cymru, gan ei bod yn ganolfan gyfreithiol i ogledd Cymru ac ynghlwm, hyd yn ddiweddar beth bynnag, â threfniadaeth y llysoedd yng Nghymru.[116]

Er bod gan y tribiwnlysoedd cyflogaeth gynllun iaith wedi ei gymeradwyo gan Fwrdd yr Iaith, nid oedd y Tribiwnlys Apêl Cyflogaeth o fewn y cynllun hwn. Felly, er bod gan aelod o'r cyhoedd yr hawl i ddefnyddio'r Gymraeg yn y gwrandawiad gwreiddiol, ni allai ddisgwyl cael gwneud hyn yn y gwrandawiad apêl yn Llundain. Dangosodd yr achos y diffyg sylfaenol yn y modd y gweithredwyd yr egwyddor o ddwyieithrwydd o fewn y gyfundrefn gyfreithiol yng Nghymru, oherwydd nid oedd yr egwyddor yn estyn i'r broses apêl.

Yn dilyn yr achos, dechreuodd y Tribiwnlys Apêl Cyflogaeth gynnal gwrandawiadau yng Nghaerdydd, a datblygwyd trefniadaeth i brosesu apeliadau i'r Tribiwnlys Apêl Cyflogaeth o dribiwnlysoedd Cymru. Roedd y cynnydd yn y broses o ddatganoli llysoedd arbenigol, megis y Llys Masnachol a'r Llys Gweinyddol, a'r cynnydd yn amlder ymweliadau llysoedd apêl o Lundain i Gymru, wedi gosod cynsail addas. Roedd sylwadau yr Arglwyddi Ustus Judge a Nourse, wrth awgrymu y dylid sefydlu swyddfa yng Nghymru i brosesu apeliadau o dribiwnlysoedd Cymru, a threfnu i'r Tribiwnlys Apêl Cyflogaeth eistedd yng Nghymru, yn sylwadau i'w croesawu:

A liaison judge for Welsh language matters has been appointed. In court, the Recorder of Cardiff, a capital city, is to be addressed in precisely the same way as the Recorder of London. Practice directions have recently been issued (Practice Direction (Crown Court: Welsh Language) [1998] 1 W.L.R. 1677 and Practice Direction (Supreme Court: Devolution) [1999] 1 W.L.R. 1592) to give practical effect to the principle that the English and Welsh languages should be treated 'on a basis of equality,' both in criminal and civil proceedings in courts in Wales. The Criminal Division of the Court of Appeal, presided over by the Lord Chief Justice, has already sat in Cardiff this year, and before its end it can confidently be expected that the Civil Division of the Court of Appeal, probably presided over by the Master of the Rolls, will also sit there. Judicial review proceedings concerning a devolution issue arising out of the Act of 1998, or an issue concerning the Welsh Assembly, the Welsh Executive, or any Welsh public body (including a Welsh local authority) may now be started in Cardiff as well as in London, and arrangements are being made for the hearing of judicial review proceedings in Cardiff. A mercantile court is also being established in Cardiff, and will start work this year . . . I very much hope that it will not be too long before the necessary administrative arrangements can be made to enable the appeal tribunal to sit in Wales on a regular basis.[117]

Yr ateb, yn syml, oedd sicrhau bod y llysoedd yn ymgynnull yng Nghaer-dydd ac yng ngweddill Cymru er mwyn gwarantu'r defnydd o'r Gymraeg mewn gwrandawiad. Roedd y cyswllt hwn rhwng hawliau ieithyddol a'r ddadl dros ddatganoli'r llysoedd barn yn un pwysig dros ben. Os mai aflwyddiannus fu cais y siaradwr Cymraeg y tro hwn, roedd y dyfarniad yn arwydd o'r newid agwedd yn gyffredinol tuag at y Gymraeg a ddaeth yn sgil datganoli. Roedd polisi'r llysoedd tuag at yr iaith yn datblygu, a'r gyfundrefn yn cydnabod yr angen i sicrhau systemau priodol i gynnal a gweithredu'r egwyddor o gydraddoldeb ieithyddol.

Cafwyd datblygiadau maes o law mewn technoleg gwybodaeth i hyrwyddo dwyieithrwydd y llysoedd, gyda'r system Libra yn cael ei chyflwyno ar ffurf ddwyieithog yn llysoedd ynadon Cymru. Mae modd bellach i sicrhau bod dogfennau'r llysoedd (gan gynnwys gorchmynion a gwysion) yn cael eu defnyddio yn y Gymraeg a'r Saesneg. Yn ogystal, mae'r system yn caniatáu i asiantaethau cyfiawnder yng Nghymru gofnodi dewis iaith yr unigolyn pan ddaw i gysylltiad â'r system am y tro cyntaf, ac wedi hynny bydd y dewis hwnnw'n cael ei rannu'n electronig rhwng yr heddlu a'r llysoedd.

Sefydlwyd Pwyllgor Sefydlog yr Arglwydd Ganghellor ar yr Iaith Gymraeg er mwyn rhoi ystyriaeth i anghenion dwyieithrwydd yn y systemau cyfiawnder troseddol, sifil a theulu. Sefydlwyd Rhwydwaith Cyfiawnder Cymru o dan nawdd y pwyllgor i weithredu fel rhwydwaith a fyddai'n hyrwyddo cydweithio rhwng y gwahanol asiantaethau yng nghyd-destun dwyieithrwydd. Penodwyd barnwr cyswllt ar gyfer yr iaith Gymraeg i ddatblygu polisi'r llysoedd ar yr iaith.[118] Yn gynyddol, gwelwyd y system gyfiawnder yn datblygu polisïau a oedd yn rhoi ystyriaeth deg i'r Gymraeg ac yn cymryd anghenion dwyieithrwydd o ddifrif.[119]

Efallai mai'r arwydd mwyaf trawiadol o'r cefnogaeth i'r Gymraeg ymysg barnwyr Cymru yw'r ffaith bod 12 o farnwyr cylchdaith, 10 barnwr rhanbarth, 15 o ddirprwy farnwyr rhanbarth a 13 o gofiaduron yn medru cynnal achosion yn Gymraeg.[120] Yn ogystal, ceir tua 350 o ynadon heddwch sy'n siarad Cymraeg.[121] Onid chwyldro a ddigwyddodd ers y cyfnod pan wnaeth Mr Ustus Widgery ei sylwadau dilornus ynglŷn â'r iaith Gymraeg yn y llysoedd? Mae geiriau barnwr llywyddol Cymru mewn darlith a gyflwynodd yn ddiweddar, wrth drafod pwysigrwydd medrusrwydd yn y

Gymraeg wrth weithredu fel barnwr yng Nghymru, yn dal yr agwedd gyfoes tuag at y Gymraeg i'r dim. Meddai, 'o ran penodi i'r farnwriaeth, mae'n bosibl nodi bod y gallu i siarad Cymraeg yn hanfodol ar gyfer swyddi penodol, a bydd hynny'n digwydd yn aml'.[122]

Deddfu yng Nghymru

Dyma rywfaint o'r cefndir a ragfynegodd dyfodiad yr hyn a ddylid ei ystyried fel y ddeddf bwysicaf erioed o ran statws y Gymraeg. Roedd cytundeb 'Cymru'n Un' rhwng y Blaid Lafur a Phlaid Cymru yn 2007 yn datgan bwriad y llywodraeth yng Nghymru i gael yr hawl i'r cynulliad cenedlaethol ddeddfu ar yr iaith Gymraeg. Yn ôl y cytundeb rhwng y ddwy blaid, byddai gorchymyn cymhwysedd newydd yn cael ei gyflwyno a fyddai'n arwain at greu mesur cynulliad ar gyfer yr iaith. Y bwriad oedd cryfhau'r fframwaith deddfwriaethol trwy gadarnhau statws swyddogol y Gymraeg a'r Saesneg, rhoi hawliau ieithyddol i dderbyn gwasanaethau yn Gymraeg a sefydlu swydd comisiynydd iaith fel modd o weithredu a goruchwylio hawliau ieithyddol. Byddai darpariaethau deddfwriaethol penodol er mwyn gwireddu'r amcanion polisi hyn.

Cafodd Gorchymyn Arfaethedig Cynulliad Cenedlaethol Cymru (Cymhwysedd Deddfwriaethol) (yr Iaith Gymraeg) ei gyflwyno i'r cynulliad cenedlaethol gan y llywodraeth ar 2 Chwefror 2009. Dyma ddechrau'r broses o dan adran 95 y ddeddf o geisio ychwanegu at bwerau deddfu'r cynulliad cenedlaethol ynglŷn â'r iaith Gymraeg. Roedd maes pwnc yr iaith Gymraeg o dan Ddeddf Llywodraeth Cymru 2006, sef maes 20 yn Atodiad 5, yn caniatáu i'r cynulliad chwennych pwerau deddfu a fyddai'n hyrwyddo'r Gymraeg a'r defnydd ohoni, trin y Gymraeg a'r Saesneg ar y sail eu bod yn gyfartal a rhoi rhyddid i bobl siarad Cymraeg â'i gilydd.[123]

Yn ystod y misoedd rhwng Chwefror a Hydref 2009, bu gwyntyllu manwl ar gynnwys y gorchymyn gan Bwyllgor Deddfu Rhif 5 y cynulliad cenedlaethol a chan y Pwyllgor Materion Cymreig yn San Steffan. Bu craffu ar y manylion a thrafodaethau hir a thrylwyr, yn enwedig ar oblygiadau rhoi statws swyddogol i'r Gymraeg ac effaith dyletswyddau ieithyddol ar sefydliadau a chyrff a fyddai'n dod o dan ddarpariaethau'r ddeddfwriaeth. Roedd y gwyntyllu hwn yn anorfod ac, yn wir, yn angenrheidiol o dan y cyfansoddiad, gan nad oedd hi'n briodol i un gorchymyn cymhwysedd deddfwriaethol drosglwyddo cyfrifoldeb am faes cyfan yn atodiad 5 i'r cynulliad bryd hynny.

Serch hynny, mae'n deg hefyd nodi bod cytundeb ar draws y gymuned wleidyddol mai yng Nghaerdydd bellach y dylid deddfu ar gyfer yr iaith Gymraeg. Roedd hyn ynddo'i hun yn arwyddocaol iawn, ac yn garreg filltir yn hanes deddfu ar gyfer yr iaith Gymraeg. Roedd rhwystredigaethau San Steffan a'u perthynas â statws cyfreithiol yr iaith Gymraeg bellach yn ymddangos fel petaent yn perthyn i hanes y gorffennol.[124] Yn y bennod nesaf cawn ystyried pa mor ddibynadwy yw'r gred honno.

Nid oedd y gorchymyn arfaethedig yn cynnwys y defnydd o'r iaith yn y llysoedd gan fod hynny y tu hwnt i gymhwysedd mater 20 yn Atodiad 5, Deddf Llywodraeth Cymru 2006.[125] Y sector gyhoeddus a fyddai'n cael ei heffeithio'n bennaf gan y gorchymyn, sef yr un sector a oedd yn gorfod cydymffurfio â Deddf Iaith 1993. Roedd y sector hon, ar gyfer amcanion y gorchymyn, yn cynnwys y cyrff preifat hynny sydd yn darparu gwasanaethau megis nwy, dŵr, trydan, carthffosiaeth, telegyfathrebu, trenau ac addysg. Yn ychwanegol, byddai cyrff preifat a oedd yn cynnig gwasanaethau i'r cyhoedd ac yn derbyn grant o dros £200,000 o gyllid cyhoeddus hefyd yn ddarostyngedig i'r ddeddfwriaeth newydd. Roedd y gorchymyn yn rhestru'r cyrff a'r sefydliadau hynny a fyddai'n cael eu heffeithio gan unrhyw fesur maes o law:

> The categories of persons listed under matter 20.1 is tightly drawn to reflect existing bodies which fall within the scope of section 6(1) of the 1993 Act together with persons from certain sectors which currently fall ouside the scope of the 1993 Act, but which provide key public services.[126]

Bu cynnwys y categoriau hynny a oedd yn darparu gwasanaethau cyhoeddus yn destun cryn drafodaeth, yn enwedig yng nghyfarfodydd y Pwyllgor Materion Cymreig yn Llundain, gyda phryder ymysg rhai ynglŷn ag effaith economaidd gosod dyletswyddau ieithyddol ar y sector breifat. Wedi ystyriaeth bellach yn Llundain a Chaerdydd, cafwyd y newidiadau canlynol fel ymgais i dawelu ofnau, adlewyrchu'r consensws gwleidyddol a sicrhau eglurder yn y ddarpariaeth:

- personau sydd yn cynnig gwasanaethau i'r cyhoedd ac yn derbyn £400,000 neu ragor o arian cyhoeddus mewn blwyddyn ariannol a fyddai'n cael eu heffeithio gan unrhyw ddeddfwriaeth;
- ni fyddai personau sydd yn derbyn £400,000 neu fwy o arian cyhoeddus yn cael eu heffeithio oni bai eu bod wedi derbyn arian cyhoeddus o'r blaen neu eu bod ar fin derbyn arian cyhoeddus yn y flwyddyn ariannol sydd i ddod (hynny yw, dim ond y rhai hynny sydd yn derbyn arian cyhoeddus yn gyson fyddai'n cael eu heffeithio);
- ni fyddai mater 20.1 yn gosod dyletswyddau ar berson (ac eithrio ar awdurdod iaith Gymraeg) oni bai bod modd i'r person hwnnw i herio'r dyletswyddau, fel ag y maent yn berthnasol iddo, ar sail rhesymoldeb a chymesuroldeb;

- byddai personau sydd yn ymwneud â rheoleiddio proffesiwn, diwydiant neu weithgaredd cyffelyb, gwasanaethau bysiau, addysg, hyfforddiant a chyngor ar yrfa (sydd yn derbyn arian cyhoeddus), hefyd yn gynwysedig o dan ddarpariaeth unrhyw ddeddfwriaeth. Cafwyd peth eglurder ynglŷn â'r sefydliadau hynny a sefydlwyd gan siartr frenhinol a fyddai'n gynwysedig;
- ni fyddai cyrff o fewn y sector ynni nad ydynt â chyswllt uniongyrchol â'r cyhoedd yn cael eu cynnwys;
- ni fyddai darpariaethau yn amharu dim ar ryddid golygyddol darlledwyr.

Wedi i'r newidiadau a'r gwelliannau gael eu hystyried a'u mabwysiadu, cafodd y gorchymyn drafft ei osod gerbron y cynulliad ar 20 Hydref 2009. Cafodd ei basio gan y cynulliad cenedlaethol ar 3 Tachwedd 2009, gan y Senedd yn Llundain ar 15 Rhagfyr 2009 a'i gymeradwyo gan Ei Mawrhydi yn y Cyngor ar 10 Chwefror 2010.

Mesur y Gymraeg (Cymru) 2011

Gyda'r gallu i ddeddfu wedi ei sicrhau, aeth llywodraeth y cynulliad ati i baratoi mesur a fyddai'n rhoi'r weledigaeth ar gyfer y Gymraeg ar waith. Cyflwynwyd y mesur ar 4 Mawrth 2010, a phenllanw'r broses oedd i Fesur y Gymraeg (Cymru) gael ei gymeradwyo gan Gynulliad Cenedlaethol Cymru ar 7 Rhagfyr 2010.[127]

Mae'r mesur yn gam sylweddol yn hanes deddfu ar gyfer yr iaith Gymraeg ac yn goron, ym marn yr awdur, ar waith y cynulliad cenedlaethol hyd yn hyn. Dyma'r mesur mwyaf swmpus o ddigon hyd yma, gyda 157 o adrannau a deuddeg atodiad. Yr hyn a geir yma yw crynodeb o'r prif ddarpariaethau:

Statws swyddogol y Gymraeg

Ar yr unfed awr ar ddeg, cafwyd gwelliant i'r mesur arfaethedig fel bo datganiad clir ar ddechrau'r mesur sydd yn dweud, 'mae statws swyddogol i'r Gymraeg yng Nghymru'.[128] Roedd ymgyrchwyr iaith wedi galw am ddatganiad o'r fath er mwyn sicrhau bod yr egwyddor sylfaenol sydd yn sail i ddarpariaethau'r mesur (sef cydraddoldeb ieithyddol) yn cael mynegiant diamwys a bod yna neges glir a chadarn i sefydliadau ac unigolion ynglŷn â'r amcanion. Cyflwynwyd dadleuon gan arbenigwyr a chefnogwyr yr iaith bod datganiad fel hyn yn rhoi hwb seicolegol i siaradwyr y Gymraeg, a'i fod yn darian yn erbyn ymosodiadau ar bolisïau sydd yn hyrwyddo'r iaith.

Y bwriad gwreiddiol oedd cael datganiad bod y Gymraeg a'r Saesneg yn ieithoedd swyddogol. Roedd cryn gonsensws gwleidyddol o blaid y fath ddatganiad ond roedd rhai yn amau hawl gyfreithiol y cynulliad i basio deddfau ynglŷn â'r Saesneg, gan nad oedd y Saesneg yn un o'r meysydd polisi yn Atodiad 5, Deddf 2006 (nac yn Atodiad 7). Yn y diwedd, ymddengys y bu'n rhaid ildio ar y pwynt technegol hwn a chafwyd cymal i gadarnhau'r canlynol: 'nid yw'r Mesur hwn yn effeithio ar statws y Saesneg yng Nghymru'.[129] Efallai mai'r sefyllfa ryfedd bellach yw bod y Gymraeg yn iaith swyddogol *de jure*, a'r Saesneg yn iaith swyddogol *de facto*.

Comisiynydd y Gymraeg: pencampwr y Gymraeg?

Efallai mai prif effaith Deddf Iaith 1993 oedd sefydlu Bwrdd yr Iaith Gymraeg fel bwrdd statudol gyda'r dasg o weithredu fframwaith y cynlluniau iaith. Mae sefydlu swydd comisiynydd y Gymraeg yn creu strwythurau newydd er mwyn gwireddu'r egwyddor o gydraddoldeb ieithyddol. Bydd creu swydd comisiynydd y Gymraeg yn golygu bod Bwrdd yr iaith Gymraeg yn cael ei ddiddymu.[130] Mae'r mesur hefyd yn creu cyngor partneriaeth y Gymraeg a fydd yn cynghori'r llywodraeth ar effaith ei pholisïau ar y Gymraeg.[131]

Bydd gan gomisiynydd y Gymraeg y pŵer cyffredinol i hyrwyddo a hwyluso'r defnydd o'r Gymraeg a cheisio sicrhau nad yw'r Gymraeg yn cael ei thrin yn llai ffafriol na'r Saesneg.[132] Yn fwy penodol, mae'r mesur yn creu peirianwaith a fydd yn creu safonau a fydd, o ganlyniad, yn gosod dyletswyddau ar sefydliadau o ran:[133]

- darparu gwasanaethau yn y Gymraeg;
- ystyried effaith penderfyniadau polisi ar y Gymraeg;
- hyrwyddo'r defnydd o'r Gymraeg yn y gweithle;
- rhoi cyfrifoldeb ar Lywodraeth Cymru, awdurdodau lleol ac awdurdodau parciau cenedlaethol i hyrwyddo a hwyluso'r defnydd o'r Gymraeg;
- cadw cofnodion sy'n ymwneud â chydymffurfio â safonau ac sy'n ymwneud â chwynion ynglŷn â'r Gymraeg.

Yn ffurfiol, bydd y safonau iaith yn cael eu dynodi gan weinidogion trwy reoliadau, ond byddant, yn ymarferol, yn cael eu paratoi ar y cyd â'r comisiynydd. Y comisiynydd fydd wedyn yn gosod y safonau. Gan ddefnydd-io'r model o 'safonau iaith', swyddogaeth y comisiynydd (a benodir gan brif weinidog Cymru) fydd:

- paratoi safonau;
- gosod safonau;

- gorfodi safonau;
- hyrwyddo'r Gymraeg.

Bydd panel cynghori comisiynydd y Gymraeg yn cael ei sefydlu a chanddo rhwng tri a phump o aelodau i roi cyngor i'r comisiynydd wrth iddi gyflawni ei dyletswyddau.[134]

Trwy gyfrwng mecanwaith safonau, bydd y comisiynydd yn gosod dyletswyddau ar ystod ehangach o sefydliadau nag a gafwyd o dan Ddeddf 1993, a hynny yn gyson â thelerau'r gorchymyn. Bydd safonau sy'n ymwneud â chyflenwi gwasanaethau, llunio polisïau, gweithredu a chadw cofnodion yn cael eu paratoi a'u gosod ar sefydliadau sy'n derbyn mwy na £400,000 o arian cyhoeddus. Bydd gosod dyletswyddau ar sefydliadau yn cynyddu'r cyfleoedd i ddefnyddio'r Gymraeg, a bydd y cynlluniau iaith yn raddol yn cael eu disodli gan y safonau a osodir.

Bydd y comisiynydd yn medru gofyn i sefydliadau baratoi cynlluniau neu strategaethau sy'n nodi sut y bwriadant gydymffurfio â'r safonau a osodir. Bydd ganddi hefyd y gallu i gyhoeddi codau ymarfer a fydd yn rhoi canllawiau ymarferol ar weithredu yn unol â'r safonau. Bydd hyn yn welliant ar y cyngor y medrai Bwrdd yr Iaith ei gynnig o dan adran 3 Deddf 1993, sef cyngor na ellid ei orfodi. Bydd y comisiynydd yn medru ystyried i ba raddau y mae sefydliad wedi cydymffurfio â chod penodol, a bydd hyn yn berthnasol wrth benderfynu a yw'r sefydliad wedi cydymffurfio â'r safon penodedig ai peidio.

Yr hyn sydd yn rhoi nerth yn y mesur, ac sydd yn ei wahaniaethu oddi wrth Ddeddf Iaith 1993, yw'r ffaith bod gan y comisiynydd bwerau i orfodi cydymffurfiaeth â safonau er mwyn diogelu hawliau siaradwyr Cymraeg i dderbyn gwasanaethau trwy'r Gymraeg.[135] Bydd y comisiynydd yn medru:

- ei gwneud hi'n ofynnol i sefydliad gymryd camau neu baratoi cynllun gweithredu i atal neu unioni methiant i gydymffurfio;
- rhoi cyhoeddusrwydd i unrhyw fethiant i gydymffurfio (neu ei gwneud hi'n ofynnol bod y sefydliad dan sylw yn gwneud hynny);
- gosod cosb sifil ar y sefydliad (hyd at £5,000 ar hyn o bryd, er y gall y swm hwn gael ei gynyddu trwy orchymyn);
- mynd i'r llys sirol mewn rhai amgylchiadau er mwyn sicrhau cydymffurfiaeth â safonau;
- gosod safonau iaith ar weinidogion y Goron a'i gwneud hi'n ofynnol i gyrff y Goron lunio cynlluniau iaith.

Bydd modd iddi hefyd gynnal ymchwiliad swyddogol i achosion lle honnir bod ymgais i amharu ar ryddid unigolion i siarad Cymraeg gyda'i gilydd. Yn sgil unrhyw ymchwiliad, bydd y comisiynydd yn cyflwyno adroddiad i weinidogion Cymru. Pa fodd bynnag, ni fydd ganddi unrhyw sancsiynau gorfodaeth yn y cyswllt hwn.[136]

Ym mis Hydref 2011, cyhoeddodd prif weinidog Cymru, Carwyn Jones, mai Meri Huws, cadeirydd Bwrdd yr Iaith Gymraeg, a benodwyd fel y comisiynydd.

Tribiwnlys y Gymraeg

Mae'r mesur hefyd yn creu fframwaith apeliadau trwy sefydlu tribiwnlys y Gymraeg.[137] Bydd aelodau'r tribiwnlys yn cael eu hapwyntio gan weinidogion Cymru, a bydd y tribiwnlys yn delio ag apeliadau gan unigolion yn erbyn y safonau a gaiff eu gosod a'u gorfodi arnynt gan y comisiynydd. Bydd y tribiwnlys hefyd yn gwrando ar apeliadau o benderfyniadau'r comisiynydd yn dilyn cwynion ynglyn â methu a gosod neu gydymffurfio â safonau yn ymwneud â'r Gymraeg. Felly, os bydd y safonau a osodir yn annigonol, bydd modd apelio i'r tribiwnlys am ddyfarniad.

Ystyriaeth sylfaenol y tribiwnlys fydd afresymoldeb neu anghymesuroldeb unrhyw safon a osodir neu a orfodir. Bydd y tribiwnlys, felly, yn sicrhau bod yr ystyriaethau hyn yn cael eu lle wrth weithredu'r mecanwaith safonau.[138] Bydd modd apelio i'r Uchel Lys am arolygiaeth farnwrol ar bwynt cyfreithiol yn unig.

Casgliadau

Cafwyd newid pwyslais a phwrpas o ran deddfwriaeth iaith yn sgil dyfodiad Mesur y Gymraeg. Mae'r mesur, trwy ganolbwyntio ar safonau wrth ddarparu gwasanaethau cyfrwng Cymraeg yn hytrach nag ar lunio cynlluniau iaith, yn gam arwyddocaol iawn yn hanes deddfwriaeth ar gyfer y Gymraeg. Y nod a osodir yw gwella ansawdd gwasanaethau Cymraeg trwy gysoni safonau ieithyddol, lleihau biwrocratiaeth ac atgyfnerthu safonau gyda sancsiynau. Yn ddi-os, mesur gyda phwyslais ymarferol yw Mesur y Gymraeg.

Dadl Llywodraeth Cymru oedd y byddai mecanwaith safonau yn arwain yn rhesymegol at greu hawliau i siaradwyr y Gymraeg i dderbyn gwasanaethau yn y Gymraeg. Gwelwn fod arlliw o hawliau ieithyddol o fewn y mesur, er yn anuniongyrchol, yn y modd y gall unigolion a chyrff gymryd camau swyddogol yn erbyn penderfyniadau sy'n ymwneud â darparu gwasanaethau trwy'r Gymraeg. I ryw raddau, mae yna elfen gyfreithadwy o fewn darpariaethau'r ddeddfwriaeth. Mae gan y comisiynydd sancsiynau cyfreithiadwy yn ei meddiant pryd y ceir methiant â chyd-ymffurfio gyda'r safonau iaith.

Ond efallai mai Siartr Ewrop ar gyfer Ieithoedd Rhanbarthol neu Leiaf-rifol, a'i phwyslais ar osod dyletswyddau ar wladwriaethau a'u sefydliadau yn hytrach nag ar hawliau unigolyddol, sydd yn sail i'r meddylfryd o fewn y mesur. Gwarchodaeth ieithyddol yn hytrach nag hawliau ieithyddol yw'r cysyniad sy'n treiddio'r offeryn ieithyddol hanesyddol hwn.

Wrth gwrs, dadl Gwion Lewis ac eraill oedd mai dim ond trwy roi hawliau i unigolion y mae gwarantu hawl gwirioneddol i'r Gymraeg.[139] Yn y bôn, amser yn unig a ddengys p'un ai fydd y pwyslais ar safonau yn hytrach nag ar hawliau cyfreithadwy i unigolion yn gwarchod buddiannau'r Gymraeg a'i siaradwyr. Dim ond wrth ei flasu y cawn weld a oes maeth yn y cawl arbenning hwn. Ond mae'r mesur yn gam sylweddol yn hanes statws cyfreithiol yr iaith Gymraeg. Cafwyd consenws gwleidyddol o'i blaid, ac y mae'r modd y'i crëwyd, sef y broses gyfansoddiadol a ddaeth a'r mesur i fodolaeth, yn hanesyddol ynddo'i hun. Yng Nghaerdydd, cofier, y cafwyd deddfwriaeth i roi statws swyddogol i'r iaith. Gwelwyd hefyd esblygiad pellach yn y gydnabyddiaeth bod angen systemau ymarferol i droi egwyddorion mawr ieithyddol yn realiti. Mae'r mesur yn un hirfaith oherwydd manylder y prosesau a grëir i sicrhau bod safonau ieithyddol yn cael eu gweithredu a'u cynnal.

A yw sarhad Deddfau Uno'r Tuduriaid bellach yn llwch y gorffennol? Yn y bennod nesaf cawn ystyried pa mor gydradd â'r Saesneg yw'r Gymraeg yng ngolwg y gyfraith mewn gwirionedd. Ond mae gennym le i fod yn obeithiol. Efallai mai geiriau'r Arglwydd Judge, ac yntau bellach yn Arglwydd Brif Ustus Cymru a Lloegr, mewn darlith a gyflwynodd ym Mhrifysgol Abertawe ar 21 Mehefin 2011, sy'n cyfleu'r newid llwyr yn agwedd byd y gyfraith tuag at y Gymraeg. Mae ei sylwadau yn sefyll fel gwrthbwynt perffaith i eiriau ei ragflaenydd, yr Arglwydd Widgery, yn ôl yn niwedd y 1960au. Meddai'r Arglwydd Judge, wrth gloi ei ddarlith,

> The language of Wales is a precious heritage. It has survived. Its survival is thanks to a relatively small number of people who for centuries stood by it, probably against their own economic and social self-interest. Here in Wales, speaking as Lord Chief Justice of Wales, I can only urge you to safeguard your language. Guard it well.[140]

Rheithgorau Dwyieithog:
Penbleth Geltaidd?

Yn y bennod ddiwethaf, buom yn ystyried statws gyfreithiol yr iaith Gymraeg a datblygiad agweddau cyfreithiol tuag ati. Rydym yn awr yn troi ein golygon at bwnc penodol sy'n ymwneud â'r ffordd y mae'r iaith yn cael ei thrin mewn gwrandawiadau yn y llysoedd troseddol ac, yn benodol, mewn gwrandawiadau lle mae rheithgorau yn gweithredu yn y broses.

Er nad yw'r gyfundrefn cyfiawnder troseddol wedi ei datganoli, mae elfennau o weinyddu cyfraith trosedd, sef y broses o weithredu'r gyfraith, wedi datblygu strwythurau ac agweddau neilltuol Cymreig.[1] Gwelir hyn yng nghyswllt polisïau Llywodraeth Cymru o ran atal troseddu, yn enwedig troseddu ymysg pobl ifanc, er enghraifft. Mewn ffordd, mae'r gydnabyddiaeth o hunaniaeth Cymru o fewn y cyfansoddiad wedi arwain at greu rhai prosesau a pholisïau neilltuol Cymreig o ran gweinyddu cyfiawnder troseddol.[2]

Mae'r bennod hon yn ystyried pwnc penodol sy'n ymwneud â chyfiawnder troseddol a'i pherthynas â hawliau ieithyddol, a hynny mewn dwy awdurdodaeth. Y cwestiwn o dan y chwyddwydr yw, a ddylid fod pŵer i alw rheithgorau dwyieithog mewn rhai achosion troseddol yng Nghymru ac yn Iwerddon. Bydd y bennod yn dadansoddi'r berthynas rhwng gwasanaeth rheithgor fel rhwymedigaeth a braint dinasyddiaeth, a chymhwysedd siaradwyr Gwyddeleg a Chymraeg fel grŵp ieithyddol ar gyfer gwasanaeth rheithgor. Bydd y dadansoddiad hefyd yn ystyried y berthynas rhwng y syniad o wasanaeth rheithgor fel braint dinasyddiaeth a hawliau a buddiannau siaradwyr unigol o fewn y system gyfiawnder troseddol.

Dangosir yma fod hwn yn bwnc sy'n mynnu gwerthusiad amlochrog ac o gyfuniad o safbwyntiau. Mae'r drafodaeth yma hefyd yn ymdrin â'r gwrthwynebiad i reithgorau dwyieithog, gan ystyried sut y gall caniatáu rheithgorau dwyieithog fod yn gyson â'r egwyddor o ddethol rheithgor ar hap (dyma sail y prif wrthwynebiad i reithgorau dwyieithog yng Nghymru ac Iwerddon), gan sicrhau tribiwnlys cynrychioladol, cymwys, teg a diduedd.

Cefndir

Ym mis Rhagfyr 2005, cyhoeddodd Swyddfa Diwygio Cyfiawnder Troseddol ar gyfer Cymru a Lloegr bapur ymgynghori ar y defnydd o reithgorau dwyieithog (Cymraeg a Saesneg) mewn rhai treialon troseddol yng Nghymru. Roedd y papur yn amlinellu rhai o'r prif ddadleuon o blaid ac yn erbyn cyflwyno rheithgorau dwyieithog mewn treialon troseddol.[3] Roedd hwn yn bapur arloesol gan ei fod yn llwyr ymwneud â diwygio cyfiawnder troseddol yng Nghymru, a bu'n fodd i ysbrydoli trafodaeth am statws cyfreithiol yr iaith Gymraeg, ei defnydd o fewn y gyfundrefn gyfiawnder troseddol ac, yn benodol, ei pherthynas â rheolau cymhwyster gwasanaeth rheithgor.[4]

Bu'r dadleuon yn aml yn canolbwyntio ar faterion yn gysylltiedig â sicrhau achosion teg ac ar arwyddocâd rheithgorau dwyieithog ar gyfer gweinyddu cyfiawnder troseddol.[5] Roedd y dadleuon hyn yn seiliedig ar y manteision honedig i'r broses o gyfiawnder troseddol o gael rheithwyr a fyddai'n deall y dystiolaeth heb orfod dibynnu ar gyfieithu ar y pryd.[6] Bu'r rhai a oedd o blaid diwygio'r drefn er mwyn galluogi rheithgorau dwyieithog hefyd yn pwysleisio'r angen i gydymffurfio'n llawn â pholisi o drin y Gymraeg a Saesneg yn gyfartal ym mywyd cyhoeddus Cymru. Roedd gwrthwynebwyr y syniad o reithgorau dwyieithog, fodd bynnag, yn gofidio am yr effaith andwyol y byddai caniatáu rheithgorau dwy-ieithog yn ei gael ar yr egwyddor o ddethol ar hap ac ar natur gynrychioliadol y rheithgor.[7]

I'r rhai o blaid rheithgorau dwyieithog, roedd yr angen am ddiwygio yn tarddu o'r diffyg a geid pan fyddai tystiolaeth yn cael ei roi trwy gyfrwng y Gymraeg a'i glywed gan reithgor trwy gyfrwng cyfieithydd – iddynt hwy, roedd y broses gyfieithu yn amharu ar allu'r rheithgor i wrando a gwerthfawrogi'r dystiolaeth yn gyflawn. Yn ogystal, honnwyd bod y drefn bresennol yn gwahaniaethu yn erbyn siaradwyr y Gymraeg, oherwydd tra bod siaradwyr Saesneg yn cyfathrebu'n uniongyrchol gyda rheithgor sy'n siarad eu hiaith, nid yw hyn yn wir am siaradwyr y Gymraeg.[8]

Dadleuwyd y byddai rheithgor dwyieithog o fantais arbennig mewn rhai amgylchiadau. Er enghraifft, pan fyddai plentyn yn rhoi tystiolaeth yn Gymraeg mewn achos yn ymwneud â throsedd o gam-drin rhywiol. Mewn achos o'r fath, nid yn unig mae'r hyn sy'n cael ei ddweud yn bwysig, sef cynnwys y dystiolaeth, ond hefyd y modd y cyflwynir y dystiolaeth, tôn y llais neu ymarweddiad y tyst, er enghraifft. Wrth fesur hygrededd y dystiolaeth, dadleuwyd y byddai'n llawer gwell cael rheithgor a fyddai'n medru pwyso a mesur y dystiolaeth yn uniongyrchol yn hytrach na thrwy gyfieithydd.[9] Mewn achosion fel hyn, mae'r cyfieithydd yn rhwystr i'r broses gyfathrebu, a gwell o lawer fyddai tribiwnlys sy'n siarad iaith y tyst. Hanfod y ddadl yw y byddai rheithgorau dwyieithog yn gwella cymhwysedd y tribiwnlys i werthuso tystiolaeth ac yn hybu'r egwyddor o gydraddoldeb ieithyddol.

Dadl y gwrthwynebwyr yw bod demograffi ieithyddol Cymru yn golygu y byddai rheithgorau dwyieithog yn anymarferol ac yn groes i egwyddorion sylfaenol y broses cyfiawnder troseddol. Siaredir yr iaith gan tua 20 y cant o'r boblogaeth, ac y mae'r ganran yn llawer llai na hynny mewn llawer o ardaloedd yn ne-ddwyrain Cymru. Ni fyddai rheithgorau dwyieithog yn gynrychioliadol o'r gymuned gyfan, a byddai hyn, o ganlyniad, yn creu cyfyngiad annerbyniol ar yr egwyddor o ddethol ar hap.[10] Yn wir, byddai datblygiad o'r fath yn gyfystyr ag 'ymosodiad sylfaenol' ar y rheithgor fel sefydliad democrataidd.[11]

Barn Syr Robin Auld, yn ei adolygiad trylwyr o'r system cyfiawnder troseddol yng Nghymru a Lloegr, oedd bod hwn yn fater lleol i Gymru ac y dylid ceisio ei ddatrys ar lefel Gymreig.[12] Er bod hwn yn agwedd gymeradwy ar ran y barnwr, yr hyn sy'n ddiddorol yw bod y pwnc yma wedi bod yn destun ystyriaeth mewn awdurdodaeth arall cyfagos. Mae'r sefyllfa yng Ngweriniaeth Iwerddon yn arbennig o berthnasol yng ngoleuni penderfyniad y Goruchaf Lys yno yn achos *MacCarthaigh* v. *Éire*, a wrthododd gais diffynnydd Gwyddelig ei iaith i gael ei brofi gan reithgor a siaradai'r Wyddeleg.[13] Mae arwyddocâd arbennig i'r dyfarniad hwn, gan gofio statws cyfansoddiadol y Wyddeleg yng Ngweriniaeth Iwerddon.

Mae'r gymhariaeth rhwng Cymru a Gweriniaeth Iwerddon yn bwysig gan fod y ddwy wlad wedi deddfu fel y bo'r iaith leiafrifol frodorol yn mwynhau statws cyfartal â'r Saesneg (yn wir, y mae'r Wyddeleg yn brif iaith swyddogol yn Iwerddon o dan y cyfansoddiad). Trwy edrych ar y drafodaeth yng Nghymru a Gweriniaeth Iwerddon, a chan gyfeirio hefyd yn gryno at y sefyllfa yng Nghanada, byddwn yn gwyntyllu'r rhesymeg sylfaenol a'r cyfiawnhad cyfreithiol dros reithgorau dwyieithog, gan ymdrin â'r mater o safbwynt dinasyddiaeth.

Edrychwn hefyd ar y berthynas rhwng cymhwyster gwasanaeth rheithgor, gan gynnwys ei esblygiad hanesyddol, y cymhwyster iaith ac ystyr dinasyddiaeth. Bydd yma ystyriaeth o'r modd y mae gwasanaeth rheithgor wedi datblygu o fod yn arf yn llaw lleiafrif mewn awdurdod i fod yn weithgarwch democrataidd a chynrychioladol. Gan ddeall ystyr ac arwyddocâd y rheithgor yn ei gyd-destun hanesyddol, bydd y bennod hon yn dadlau bod y rheolau sy'n ymwneud â chymhwyster gwasanaeth rheithgor yn cynnig baromedr pwysig sy'n mesur agwedd cymdeithas tuag at ei dinasyddion. Y cwestiwn sylfaenol a ofynnir yma yw hyn: os yw gwasanaeth rheithgor yn un o brif ddyletswyddau dinasyddiaeth, a yw'r drefn bresennol yn Iwerddon a Chymru yn herio ac yn tanseilio dinasyddiaeth siaradwyr Cymraeg a Gwyddeleg yn eu gwledydd eu hunain?

Gwasanaeth rheithgor fel braint dinasyddiaeth

Yn ei adolygiad o'r llysoedd troseddol, llwyddodd Syr Robin Auld i grisialu'r syniad o wasanaeth rheithgor fel braint a chyfrifoldeb dinasyddiaeth. Mae'n disgrifio gwasanaeth rheithgor fel elfen bwysig o ddinasyddiaeth, gan ddyfynnu de Tocqueville, a'i disgrifiodd fel 'a peerless teacher of citizenship'.[14] Roedd Adroddiad Auld yn cyfeirio at 'the privilege and civic duty of jury service', ac yn dyfynnu geiriau'r Arglwydd Edmund-Davies, a ddywedodd, 'while jury service is often regarded merely as a duty, it is in fact one of the important privileges of citizenship'.[15]

Mae'r berthynas bwysig rhwng gwasanaeth rheithgor a dinasyddiaeth yn un y gellir ei olrhain i darddiad y rheithgor fel sefydliad.

Cyd-destun hanesyddol

Roedd rheithgorau'r Oesoedd Canol wedi eu ffurfio gan arweinwyr y gymdeithas, cynrychiolwyr y brenin a dynion cyfrifol ac addysgedig. Roeddent yn cynrychioli'r dosbarth canol, yn rhydd-ddeiliaid gyda statws o fewn y drefn gymdeithasol, a dynion a fyddai'n ddiweddarach yn ffurfio rhengoedd yr iwmyn.[16] Fel y dywedodd yr Arglwydd Devlin yn ei ddarlith arloesol ar y rheithgor, 'the qualification was that the juror should be a freeman, not a villein or an alien'.[17]

O'r cyfnod cynnar yn natblygiad y rheithgor fel sefydliad, bu cymhwyster eiddo yn allweddol i statws y rheithwyr. Roedd eu hawl i gyflawni'r swyddogaeth yn ddibynnol ar werth y tiroedd a ddalient.[18] Yn y rhan fwyaf o achosion, erbyn y bymthegfed ganrif roedd hi'n ofynnol i reithiwr ddal tiroedd ac iddynt werth o leiaf 40s. y flwyddyn.[19]

Erbyn diwedd yr unfed ganrif ar bymtheg a dechrau'r ail ganrif ar bymtheg, gwelwyd adrannau eraill o'r dosbarth canol, megis crefftwyr a masnachwyr, ac eraill a oedd yn mwynhau statws o fewn eu hardaloedd, yn gwasanaethu ar reithgorau.[20] Gwelwyd y cysylltiad rhwng statws cymdeithasol a gwasanaeth rheithgor yn cael ei wreiddio'n fwyfwy yn ystod y ddeunawfed ganrif, gyda rheithgorau yn cynnwys y dynion hynny 'who in almost all aspects of political, social, and economic life dominated the everyday affairs of most of society'.[21]

Hyn a ysbrydolodd Blackstone i ddatgan mai dim ond dynion unionsyth, y 'middling sort', a oedd yn gymwys ar gyfer gwasanaeth rheithgor.[22]

Er hyn, nid oes amheuaeth bod rhai ardaloedd wedi gorfod cyfaddawdu ychydig ar yr egwyddorion hyn er mwyn medru sicrhau cyfran ddigonol o'r boblogaeth i lenwi rhengoedd y rheithgorau.[23] Yn Llundain, er enghraiff, roedd y cymhwyster angenrheidiol ar gyfer rheithwyr mewn rhai achosion sifil arbennig mor gul fel bod anhawster gwysio rheithgorau cymwys. O ganlyniad, roedd yn rhaid cael deddfwriaeth i lacio'r rheolau.[24] Ond, yn ddi-os, roedd cyswllt hanfodol rhwng statws cymdeithasol a gwasanaeth rheithgor. Mae Hay yn mynd â'r dadansoddiad ymhellach, gan ddadlau: 'the creation of a socially unrepresentative trial jury was a deliberate, conscious policy . . . the law ensured that by the second half of the eighteenth century, jury trials were to the advantage of wealthy defendants, propertied prosecutors, and the state'.[25]

Yn hanesyddol, roedd rheithgorau yn cynnwys yr haenau hynny o'r gymdeithas a fyddai'n cynnal y *status quo*, oherwydd, gellid dadlau, roeddent yn manteisio'n bersonol o wneud hynny. Roedd y rheithgor yn cynrychioli statws, awdurdod a grym, oherwydd roedd y gwaith o gynnal a chadw cyfraith a threfn yn un a oedd yn cynnal awdurdod cymdeithasol. Hyd nes yr ugeinfed ganrif, penderfynwyd ar gymhwyster person i wasanaethu ar reithgor trwy ystyried swydd yr unigolyn a'i statws o fewn cymdeithas.

I'r mwyafrif o ddiffynyddion a ymddangosai o flaen y llysoedd, roedd y tribiwnlys yn cynrychioli haenau uwch y gymdeithas. Roedd yna rai eithriadau, rheithgorau arbennig fel y *jury de medietate linguae*, ffenomen a oedd yn caniatau i dramorwyr neu estroniaid gael eu profi gan reithgor a oedd â hanner ei aelodau yn perthyn i'r un hil neu genedligrwydd â'r diffynnydd.[26] Sefydlwyd y rheithgor hwn yn Lloegr yn yr Oesoedd Canol i ddiogelu buddiannau Iddewon a masnachwyr tramor a oedd byw yn Lloegr – goroesodd y drefn arbennig hon hyd nes dyfodiad Deddf Dinasyddiad [Naturalisation Act] 1870. Efallai mai'r rhesymeg y tu ôl iddi oedd yr angen i gydnabod yr hawl i dreial gan reithgor o gyfoedion . Fodd bynnag, mewn gwirionedd, mae'n debyg iddi gael ei hysbrydoli gan ystyriaethau economaidd, ac yn arbennig y gydnabyddiaeth bod ffyniant economaidd Lloegr yn dibynnu ar fasnachwyr tramor.[27] Ond eithriad oedd hyn i'r drefn arferol. Dim ond y cyfoethog a allai ddisgwyl cael eu profi gan reithgor a oedd yn cynnwys eu cyfoedion a'u cymheiriaid cymdeithasol.

Datblygodd y syniad o'r rheithgor fel corff democrataidd, yn cynrychioli'r gymdeithas yn gyffredinol, yn llawer hwyrach. Yn wir, gellid dadlau mai'r twf yn hawliau cymdeithasol a gwleidyddol menywod ar ddechrau'r ugeinfed ganrif a oedd y prif gatalydd ar gyfer chwyldroi'r rheithgor o fod yn sefydliad gwrywaidd, breintiedig i fod yn un cynrychioladol o'r gymdeithas gyfan. Llwyddodd Deddf Cynrychiolaeth y Bobl 1918 i ehangu'r etholaeth ddemocrataidd trwy roi'r bleidlais i fenywod dros eu deg ar hugain a oedd yn bodloni'r rheolau ynglŷn â dal eiddo, a diddymwyd yr holl reolau ynglŷn ag eiddo i ddynion bron yn llwyr (roedd dynion o hyn ymlaen yn cael pleidleisio ar gyrraedd un ar hugain oed).

Roedd cymhellion Lloyd George dros gyflwyno'r diwygiadau yn nodweddiadol o Faciafelaidd. Roeddent yn gyfuniad o'i awydd i wobrwyo menywod am eu hymdrech y tu ôl i ymgyrch y rhyfel, ei gydnabyddiaeth o effaith y mudiad swffragét ar agweddau cymdeithasol,[28] a'i obaith y byddai'r etholwyr newydd yn cydymdeimlo â'i ddaliadau radicalaidd gwleidyddol ei hun.[29] Ond, wrth lywio'r diwygiadau hyn trwy'r Senedd, llwyddodd i ailddiffinio dinasyddiaeth ym Mhrydain gan sicrhau y byddai'r rhan fwyaf o bobl bellach yn ystyried eu hunain fel dinasyddion o fewn democratiaeth gyfranogol a chynrychioladol.

Llai amlwg, ond yr un mor arwyddocaol, oedd deddf seneddol y flwyddyn ganlynol a oedd yn galluogi merched i wasanaethu ar reithgorau a mynd i brifysgol. Deddf Atal Gwahaniaethu ar Sail Rhyw 1919 oedd y ddeddfwriaeth gyntaf yng nghyfraith Lloegr i atal gwahaniaethu ar sail rhyw. Fe'i cyflwynwyd i gael gwared ar y cyfyngiadau a oedd yn atal menywod rhag dal swyddi cyhoeddus, gan gynnwys yr hawl i wasanaethu ar reithgor. Roedd yn atodiad angenrheidiol i ddeddf y flwyddyn flaenorol, ac yn atgyfnerthu'r cyswllt rhwng hawliau democrataidd, dinasyddiaeth a gwasanaeth rheithgor. Achosodd darpariaeth yn Neddf Cynrychiolaeth y Bobl 1928 i ostwng yr oedran pleidleisio i ferched i un ar hugain oed, gan eu gosod ar delerau cyfartal â dynion.

Fodd bynnag, dim ond yn raddol y daeth cydraddoldeb llawn yn gymharol bosibl, ac mor ddiweddar â 1956 gallai'r Arglwydd Devlin ddatgan,

> The jury is not really representative of the nation as a whole. It is predominantly male, middle-aged, middle-minded and middle-class. This is due mainly to the property qualification and to some extent to the character of exemptions. It is the property qualification that makes it chiefly male simply because there are far fewer women householders than there are men.[30]

Byddai angen deddfwriaeth ychwanegol i ddiwygio'r rheolau cymhwyster, yn enwedig y cymhwyster eiddo, nes, ar ôl dyfodiad Deddf Rheithgorau 1974, roedd y mwyafrif llethol o oedolion dros ddeunaw oed yn gymwys ar gyfer gwasanaeth rheithgor. Yn ogystal, y gofrestr etholiadol oedd y ffynhonnell swyddogol ar gyfer gwysio rheithwyr. Deddf Cyfiawnder Troseddol 2003 yw'r ddeddfwriaeth ddiweddaraf yn yr olyniaeth hon o ddiwygiadau i gyfansoddiad y rheithgor.

Yn yr adroddiad a fu'n sail i ddarpariaethau'r ddeddf, daeth Syr Robin Auld i'r casgliad fod llawer o unigolion yn osgoi gwasanaethu ar reithgorau oherwydd Deddf Rheithgorau 1974, a oedd yn gwahardd yn awtomatig neu yn esgusodi rhannau penodol o'r gymdeithas o'r broses. Argymhellodd ddiwygiadau i sicrhau y byddai'r holl ddinasyddion yn gorfod cyflawni'r ddyletswydd o wasanaethu ar reithgor. O ganlyniad, cyflwynwyd adran 321 ac Atodlen 33 o Ddeddf Cyfiawnder Troseddol 2003 a'i gwnaeth hi'n ofynnol i gyfreithwyr, barnwyr, swyddogion yr heddlu a rhai sy'n ymwneud â gweinyddu cyfiawnder i wasanaethu ar reithgorau.[31]

Cafwyd y broses o ddemocrateiddio'r gwasanaeth rheithgor yn Iwerddon ar y cyd, fwy neu lai, â Chymru a Lloegr. Cyn cyflwyno Deddf Rheithgorau (Iwerddon) 1976, roedd y sefyllfa yno yn cael ei phenderfynu gan Ddeddf Rheithgorau (Iwerddon) 1927.[32] Roedd y ddeddf honno yn pennu gwasanaeth rheithgor ar sail cymwysterau eiddo ac roedd menywod wedi eu heithrio o'r broses i bob pwrpas. Yn dilyn dyfarniad Goruchaf Lys Iwerddon yn *de Burca and Anderson* v. *Attorney General*, a oedd yn datgan bod darpariaethau Deddf 1927 yn anghyfansoddiadol, sicrhaodd yr Oireachtas, trwy ddarpariaeth adran 6 o Ddeddf 1976, y byddai diwygiadau cyffelyb i'r rhain a ddaeth i Gymru a Lloegr yn rhinwedd Deddf Rheithgorau (DU) yn 1974.[33]

Golygodd hyn fod bron holl oedolion Iwerddon rhwng deunaw a deg a thrigain oed yn gymwys ar gyfer gwasanaeth rheithgor. Gwelir y cysylltiad pwysig hwn rhwng gwasanaeth rheithgor a dinasyddiaeth mewn gwledydd lle gweithredir y gyfraith gyffredin ar draws y byd. Yn wir, mae'n fwyaf amlwg yn Unol Daleithiau'r America, lle mae'r awydd cryf i sicrhau bod y rhestrau sy'n ffynhonnell ar gyfer gwysio rheithgorau yn gyflawn ac yn cynnwys yr holl ddinasyddion. Mewn gwlad sy'n ymfalchïo yn ei hymlyniad i ddelfrydau democrataidd, mae'r cysylltiad rhwng dinasyddiaeth a gwasanaeth rheithgor yn hanfodol wrth sicrhau dilysrwydd y gyfundrefn gyfiawnder troseddol.[34]

Bu'r democrateiddio o safbwynt gwleidyddol hefyd yn allweddol wrth ddiwygio'r cymwysterau ar gyfer gwasanaeth rheithgor. Wrth gynnig y bleidlais i ganran uwch o'r boblogaeth, a chan hynny sicrhau dinasyddiaeth lawn iddynt, gosodwyd arnynt y gofyniad i gynnal un o rwymedigaethau'r statws hwnnw, sef gwasanaeth rheithgor. Mewn ffordd, rhesymeg hyn oedd os oes gennych yr hawl i bleidleisio, rydych yn ddinesydd, ac fel dinesydd rydych yn gymwys ac o dan rwymedigaeth i ymgymryd â gwasanaeth rheithgor.

Fodd bynnag, mae un rheol cymhwyster ar ôl y bydd y bennod hon yn awr yn canolbwyntio arno. Mae darpariaethau adran 10 o Ddeddf Rheithgorau 1974 yn galluogi'r llysoedd i anghymhwyso unrhyw reithiwr sydd heb ddigon o feistrolaeth o'r iaith Saesneg. Nid yw'r Ddeddf Cyfiawnder Troseddol 2003 wedi ymyrryd â'r ddarpariaeth hon. Felly, mae'n rhaid i holl reithwyr mewn treialon troseddol yng Nghymru a Lloegr fedru deall yr iaith Saesneg.

Mae gan ddinasyddiaeth, o safbwynt gwasanaeth rheithgor, ei ddimensiwn ieithyddol, ac mae'r dimensiwn hwnnw i'w gael yn narpariaeth adran 10 y ddeddf. O'i roi mewn ffordd arall, mae gwasanaeth rheithgor, fel braint a rhwymedigaeth dinasyddiaeth, yn agored i'r rhai sy'n siarad iaith y wladwriaeth. Mae dinasyddiaeth, felly, yn cael ei diffinio'n rhannol yn nhermau medrusrwydd ieithyddol. Yn Iwerddon, fodd bynnag, nid yw Deddf Rheithgorau (Iwerddon) 1976 yn cynnwys unrhyw ddarpariaeth sy'n gosod gofynion ieithyddol. Mae adran 6 y ddeddf honno yn dweud bod pob dinesydd sydd dros ddeunaw ac o dan ei ddeg a thrigain, sydd â'i enw yn ymddangos ar y gofrestr etholiadol, yn gymwys i wasanaethu ar reithgor. Ond nid yw'n nodi unrhyw ofyniad o ran medrusrwydd ieithyddol.[35]

Dinasyddiaeth: y dimensiwn ieithyddol

Nid oes unrhyw beth anarferol neu afresymol yn y cysylltiad hwn rhwng dinasyddiaeth ac iaith. Mae'r gallu i ddarllen, ysgrifennu a siarad Saesneg yn angenrheidiol ar gyfer caffael dinasyddiaeth, trwy'r broses dinasyddiad, yn Unol Daleithiau'r America.[36] Ond mae gan y ddarpariaeth o fewn y Ddeddf Rheithgorau 1974 sy'n gwahardd darpar-reithwyr nad ydynt yn siarad Saesneg arwyddocâd arbennig ar gyfer y cysyniad o ddinasyddiaeth fel y mae'n berthnasol yng Nghymru. Er bod yn rhaid i reithwyr siarad Saesneg, nid oes unrhyw ddarpariaeth sy'n galluogi llys i'w gwneud hi'n ofynnol i holl reithwyr siarad Cymraeg, neu Gymraeg a Saesneg. Mae'r rhai sy'n dadlau o blaid diwygio'r drefn bresennol yn mynnu bod dinasyddiaeth yng Nghymru yn seiliedig ar yr egwyddor o gydraddoldeb ieithyddol rhwng y Gymraeg a'r Saesneg. Felly, mae'r rheolau presennol ar gymhwyster gwasanaeth rheithgor, fel y maent yn gymwys yng Nghymru, yn groes i ysbryd y polisi iaith genedlaethol.[37]

Roedd y papur ymgynghori a baratowyd gan y Swyddfa Diwygio Cyfiawnder Troseddol yn cyfeirio at y sefyllfa yng Nghanada a Seland Newydd. Mae gan Ganada bolisi ieithyddol cenedlaethol sydd wedi ei atgyfnerthu gan ddeddfwriaeth a chan gyfansoddiad y wladwriaeth, sy'n trin Saesneg a Ffrangeg fel ieithoedd swyddogol cyfartal. Gellir olrhain y polisi hwn i ddarpariaeth Deddf Gogledd America Brydeinig 1867, a sefydlodd statws dominiwn ar gyfer Canada, gan osod seiliau'r cyfansoddiad gan gynnwys ei ddarpariaethau ieithyddol.[38]

Mae Siartr Hawliau a Rhyddfreiniau Canada yn offeryn canolog yng nghyfansoddiad modern y wlad, gan ffurfio rhan gyntaf Deddf Cyfansoddiad

1982. Mae'n cadarnhau dwyieithrwydd swyddogol Canada fel gwladwriaeth ffederal, a dwyieithrwydd talaith Brunswick Newydd.[39] Mae Deddf Ieithoedd Swyddogol (Canada) 1988 yn rhoi'r hawl i bartïon yn y llys ffederal i dribiwnlys sy'n siarad yr iaith swyddogol.[40] Yn berthnasol iawn i'r dadansoddiad hwn yw'r ffaith bod Côd Troseddol Canada yn rhoi'r hawl i'r sawl a gyhuddir i'w brofi gerbron barnwr a rheithgor sy'n siarad ei iaith swyddogol.[41]

Mae Canada, wrth gwrs, yn wlad sofran, annibynnol, ac mae Saesneg a Ffrangeg yn ieithoedd swyddogol y wladwriaeth o dan y cyfansoddiad. Mae Cymru, wrth gwrs, yn rhan o wladwriaeth y Deyrnas Unedig, ac yn rhan o awdurdodaeth gyfreithiol Cymru a Lloegr, ac nid yw datganoli wedi cael fawr o effaith, hyd yma, ar weinyddu cyfiawnder troseddol yng Nghymru.[42] Er bod gan y Gymraeg statws swyddogol yng Nghymru nid oes ganddi statws swyddogol ar draws y Deyrnas Unedig. Ac eto, tybed? Mae'r ddeddfwriaeth sy'n penderfynu'r cymwysterau ar gyfer dinasyddiaeth Brydeinig yn cynnwys darpariaethau sy'n ymwneud â chymhwysedd ieithyddol. Mae Deddf Cenedligrwydd Prydeinig 1981 yn darparu bod gwybodaeth o Aeleg yr Alban, y Gymraeg neu'r Saesneg yn bodloni un o'r meini prawf ar gyfer dinasyddiaeth Brydeinig.[43] Gan nad oes gan y Deyrnas Unedig unrhyw offeryn neu ddeddfwriaeth sy'n datgan yn eglur ei hieithoedd swyddogol, gellir dweud mai'r ddarpariaeth hon yw'r peth agosaf i ddatganiad i'r perwyl hwnnw.

Fodd bynnag, nid oes unrhyw sôn am Aeleg yr Alban na'r Gymraeg yn rheolau cymhwyster gwasanaeth rheithgor. Mor belled ag y mae gwasanaeth rheithgor yn y cwestiwn, nid yw siaradwyr Gaeleg yr Alban a Chymraeg yn ddinasyddion. Mae goblygiadau diddorol i hyn. Gall person sydd wedi ei eni ym Mhatagonia, ac sydd yn rhugl yn yr iaith Sbaeneg a'r Gymraeg (ond nid y Saesneg), fod yn gymwys, ar sail ieithyddol, i gael statws dinasyddiaeth Brydeinig. Byddent yn cael yr hawl i bleidleisio ac, yn ymddangosiadol, yn cael eu harddel fel dinesydd llawn. Fodd bynnag, ni fyddent yn gymwys i gyflawni gwasanaeth rheithgor oherwydd darpariaethau adran 10 o Ddeddf Rheithgorau 1974, a fyddai'n eu hanghymhwyso ar sail eu diffyg hyfedredd mewn Saesneg. Ni fyddai'r ffaith eu bod yn gallu siarad yn un o'r 'ieithoedd swyddogol' a sicrhaodd iddynt eu dinasyddiaeth Brydeinig, (hynny yw Cymraeg) yn cyfrif at y dibenion hyn.

Y profiad Gwyddelig

Trown ein golygon yn awr at sefyllfa'r Wyddeleg yng Ngweriniaeth Iwerddon. Wrth gwrs, mae'r Wyddeleg yn iaith swyddogol gwladwriaeth sofran, annibynnol.[44] Mae erthygl 8, cyfansoddiad Iwerddon yn datgan:

1. Yr iaith Wyddeleg fel yr iaith genedlaethol yw'r brif iaith swyddogol.

2. Mae'r iaith Saesneg yn cael ei chydnabod fel ail iaith swyddogol.

3. Gall darpariaeth, fodd bynnag, gael ei wneud yn ôl y gyfraith ar gyfer defnydd llwyr o'r naill neu'r llall o'r dywededig ieithoedd ar gyfer unrhyw un neu fwy o ddibenion swyddogol, naill ai trwy gydol y Wladwriaeth neu mewn unrhyw ran ohoni.[45]

Mae'r darpariaethau hyn o fewn y cyfansoddiad Gwyddelig yn atseinio'r cyd-destun hanesyddol a dylanwad meddylfryd y mudiad cenedlaethol a oedd yn awyddus i ddiffinio gwerthoedd sylfaenol y wladwriaeth Wyddelig. Roedd awduron y cyfansoddiad yn cydnabod iaith fel dangosydd pwerus o genedligrwydd, yn ffordd o wahaniaethu'r genedl oddi wrth y pŵer tramor ac o ddarparu symbol grymus o'r genedl organig.[46] Fel y dywedodd prif bensaer y cyfansoddiad, i'r Gwyddelod roedd yr iaith Wyddeleg 'yn rhan hanfodol o'n cenedligrwydd'.[47]

Yn dilyn annibyniaeth, cafwyd polisi o hyrwyddo'r iaith mewn ysgolion, polisi a ddisgrifiwyd fel 'Gaelicisation'.[48] I ryw raddau, gwelwyd y syniad o'r 'iaith genedlaethol' fel 'prif iaith swyddogol' yn cael ei gweithredu mewn bywyd cyhoeddus, ac yn enwedig yng nghyswllt gweinyddu cyfiawnder. Er enghraifft, roedd Deddf Ymarferwyr Cyfreithiol (Cymwysterau) 1929 yn ei gwneud hi'n ofynnol i fargyfreithwyr a chyfreithwyr gael 'gwybodaeth gymwys' o'r Wyddeleg ac, yn yr un modd, roedd Deddf Llysoedd Cyfiawnder 1924 yn ei gwneud yn ofynnol i'r farnwriaeth gael peth meistrolaeth o'r iaith.[49]

Ond, i ba raddau oedd rhethreg fras y cyfansoddiad Gwyddelig yn cydfynd â'r realiti? Er dyfodiad annibyniaeth, gwelwyd dirywiad parhaus yn yr iaith Wyddeleg fel iaith lafar, gyda'r Saesneg yn ei disodli fel iaith feunyddiol y rhan helaethaf o'r boblogaeth.[50] Tra bod yr iaith wedi ei chodi i safle dyrchafedig yn y cyfansoddiad, nid oedd gan siaradwyr yr iaith unrhyw hawliau pendant i dderbyn gwasanaethau trwy gyfrwng yr iaith. Roedd diffyg mecanweithiau ymarferol i hyrwyddo'r iaith ym mywyd y bobl. Arhosodd y diwylliant ieithyddol o fewn y llysoedd yn gadarn Seisnig, ac er gwaethaf ymdrechion yma ac acw i greu termau cyfreithiol Gwyddelig, nid oedd digon o gynllunio tymor hir ar gyfer defnyddio'r iaith yn y llysoedd. Roedd ffurflenni swyddogol cyfreithiol, fel arfer, yn Saesneg yn unig, ac anaml y byddai cyfreithwyr yn medru darparu unrhyw wasanaethau cyfreithiol ystyrlon trwy gyfrwng yr iaith Wyddeleg.[51]

Yn ogystal, erbyn dechrau'r 1980au, roedd y wladwriaeth wedi peidio â darparu fersiynau Gwyddelig o ddeddfwriaeth ac offerynnau statudol, fel yr oedd yn ofynnol yn unol ag erthygl 25 y cyfansoddiad, gyda dim ond fersiwn Saesneg yn cael ei ddarparu yn aml. Roedd hyn yn sefyllfa a fu'n destun beirniadaeth yn y Goruchaf Lys.[52] Ers hynny, cafwyd ymdrechion i ddatrys y sefyllfa.[53] Eto, bu difaterwch Iwerddon tuag at yr iaith genedlaethol, a'i thueddiad i ddiystyru rhesymeg a diben erthygl 8, yn cael ei adlewyrchu yn ei methiant, tan yn ddiweddar, i fynnu bod y Wyddeleg yn ennill statws iaith swyddogol llawn yr Undeb Ewropeaidd.[54]

Bellach, mae'r wladwriaeth yn Iwerddon yn cymryd camau mwy cadarnhaol i hyrwyddo ac amddiffyn yr iaith genedlaethol. Mae Deddf Ieithoedd Swyddogol (Iwerddon) 2003 yn ymdebygu i Ddeddf yr Iaith Gymraeg 1993 mewn sawl ystyr, gan ei bod yn hyrwyddo'r defnydd o'r iaith Wyddeleg a'i gwneud yn ofynnol i gyrff cyhoeddus gyflwyno dogfennau polisi neu 'gynlluniau' sy'n nodi sut y maent yn bwriadu darparu a datblygu gwasanaethau trwy gyfrwng y Wyddeleg.[55] Mae'r cynlluniau hyn yn cael eu cymeradwyo gan weinidog dynodedig yn y llywodraeth, ac yn cael eu hadolygu bob tair blynedd. Ond, yn wahanol i Ddeddf yr Iaith Gymraeg 1993, fe greodd y ddeddf yn Iwerddon swydd comisiynydd y Wyddeleg a fyddai'n monitro a sicrhau bod cyrff cyhoeddus yn cydymffurfio ag amcanion y ddeddf.[56] Mae Mesur y Gymraeg (Cymru) 2011 yn efelychu'r model Gwyddelig i'r graddau bod swydd comisiynydd y Gymraeg wedi ei sefydlu erbyn hyn (wrth gwrs, yng Nghanada y gosodwyd y cynsail yn wreiddiol), er bod y fframwaith statudol yng Nghymru, o ran ei pherthnasedd i'r sector breifat yn ogystal â'r sector gyhoeddus, a'r mecanwaith gorfodol a geir yn y mesur, yn fwy blaengar na'r hyn a geir yn Iwerddon.

Mae darpariaethau penodol o fewn Deddf Ieithoedd Swyddogol (Iwerddon) 2003 sy'n delio â sefyllfa'r Wyddeleg o fewn y gyfundrefn gyfreithiol. Yn benodol, mae adran 7 yn ei gwneud yn ofynnol i ddeddfau gael eu cyhoeddi ar yr un pryd mewn Gwyddeleg a Saesneg, ac y mae adran 8 yn cadarnhau hawl unigolion i ddefnyddio'r Wyddeleg mewn achosion llys. Hwn yw'r unig hawl penodol sydd gan siaradwyr y Wyddeleg o fewn y ddeddf.

Gan symud yn ôl at y mater penodol dan sylw, sef rheithgorau dwy-ieithog, bu'r pwnc yn destun ystyriaeth gyfreithiol yn achos *MacCarthaigh* v. *Éire*.[57] Cyhuddwyd MacCarthaigh o ladrad, a dywedodd ei fod yn dymuno cynnal ei amddiffyniad trwy gyfrwng yr iaith Wyddeleg. Roedd y treial i gymryd lle yn Nulyn. Rhoddodd gais i'r barnwr i gael rheithgor a oedd yn siarad Gwyddeleg, gan ddibynnu ar erthygl 8 y cyfansoddiad i gefnogi ei gais. Gwrthwynebodd yr erlyniad y cais, gan gyfeirio at erthygl 38.5 y cyfansoddiad, sy'n gwarantu'r hawl i gael treial gan reithgor, ac i achosion, gan gynnwys achosion Americanaidd, a oedd yn cefnogi'r egwyddor o ddethol rheithwyr ar hap o'r gymuned gyfan er mwyn sicrhau rheithgor a oedd yn gynrychioladol.

Gohiriwyd y treial tra bod y diffynnydd yn ceisio adolygiad barnwrol yn yr Uchel Lys er mwyn cael penderfyniad awdurdodol ar y mater. Gwrthododd yr Uchel Lys gais y diffynnydd am reithgor a oedd yn siarad Gwyddeleg, penderfyniad a gadarnhawyd yn ddiweddarach gan y Goruchaf Lys. Sail sylfaenol y penderfyniad oedd y byddai gwysio rheithgor a fedrai siarad Gwyddeleg yn eithrio tua 80 y cant o'r boblogaeth o gronfa'r rheithwyr cymwys, ac y byddai hyn, o ganlyniad, yn cyfaddawdu'n llwyr natur gynrychioladol y rheithgor.

Daethpwyd i'r casgliad, ar sail y dadleuon a gyflwynwyd, bod yr angen i ddewis rheithwyr ar hap o blith y gymuned gyfan yn bwysicach na chais y siaradwr Gwyddeleg i dribiwnlys sy'n siarad ei iaith. Cyfeiriodd y Goruchaf Lys at nifer o awdurdodau ac achosion sy'n pwysleisio pwysigrwydd ffurfio rheithgor sy'n gynrychioladol o'r gymuned gyfan, gan gynnwys *de Burca and Anderson* v. *Attorney General*, a oedd wedi arwain at gyflwyno Deddf Rheithgorau 1976.[58]

Bu'r dyfarniad hwn yn destun beirniadaeth yn Iwerddon ar y sail nad yw'n gyson â statws cyfansoddiadol yr iaith Wyddeleg fel iaith swyddogol cyntaf y wladwriaeth.[59] Nid yw'r drydedd adran yn erthygl 8, sy'n datgan y medrir creu darpariaeth gyfreithiol ar gyfer y defnydd o'r naill iaith neu'r llall (neu, o ddyfynnu'r ddarpariaeth: 'provision may, however, be made by law for the exclusive use of either of the said languages for any one or more official purposes'; ychwanegwyd y pwyslais) yn cyfiawnhau'r penderfyniad. Fel sy'n cael ei bwysleisio yn erthygl 8.3 y cyfansoddiad, mae eithrio o'r egwyddor mai'r Wyddeleg yw'r iaith swyddogol gyntaf yn gofyn am ddarpariaeth gyfreithiol. Nid oes unrhyw adran yn Neddf Rheithgorau (Iwerddon) 1976 yn caniatáu eithriad o'r fath.

Efallai mai'r unig ddarpariaeth a allai gyfiawnhau'r penderfyniad yw adran 11 o Ddeddf 1976, sy'n datgan y dylid ffurfio rheithgor trwy ddewis ar hap neu ddull cyffelyb sy'n sicrhau nad oes gwahaniaethu mewn unrhyw ffordd. Fodd bynnag, fel y byddwn yn ystyried yn ddiweddarach, mae'n bosibl, gan ddefnyddio'r mecanwaith dethol ar hap, i sicrhau rheithwyr sy'n siarad Gwyddeleg ac sy'n cynrychioli'r gymuned gyfan. Mae hawlio bod adran 11 o Ddeddf Rheithgorau 1976 yn medru creu eithriad cyfreithiol i'r egwyddor ieithyddol a geir yn erthygl 8 yn ddadleuol iawn, a gellir cwestiynu a yw'r fath ddehongliad yn cydymffurfio ag egwyddorion cydnabyddedig wrth ddehongli statudau.

Os mai hyn oedd sail wirioneddol y dyfarniad, methodd y Goruchaf Lys a'i fynegi yn glir trwy beidio â chyfeirio'n ddigonol at ystyr ac arwyddocâd erthygl 8 y cyfansoddiad, ac egluro sut y gellid diystyru'r erthygl yn yr achos hwn. Gwaetha'r modd, nid yw datblygiadau diweddar yn Iwerddon yn cynnig llawer o obaith i siaradwyr y Wyddeleg ynglŷn â rheithgorau dwyieithog. Cyhoeddodd Comisiwn Diwygio'r Gyfraith yn Iwerddon bapur cynhwysfawr ar y rheithgor ym mis Mawrth 2010.[60] Ymysg y pynciau a gafodd ystyriaeth oedd rheithgorau dwyieithog. Ar ôl mesur a phwyso'r dadleuon, daethpwyd i'r casgliad hwn:

> The Commission concurs with the approach taken in the *MacCarthaigh* case and considers that it would not be desirable to make provision for all-Irish juries. The Commission considers that confidence in the jury system is best preserved through selecting jurors for all cases from a broad cross-section of the community, including cases where a defendant would prefer an Irish speaking jury. The Commission is also conscious that there would be significant administrative difficulties in selecting a panel of jurors competent in the Irish language particularly in cases being tried outside Irish speaking areas. Additionally, the Commission considers that it is imporant that persons other than the defendant should be able to comprehend the proceedings in court.[61]

Prin ddeufis ar ôl cyhoeddi'r adroddiad hwn, cafwyd dyfarniad gan yr Uchel Lys yn achos *Ó'Maicín* v. *Éire & Others*.[62] Gwrthododd yr Uchel Lys gais diffynydd a oedd am gael ei brofi gan reithgor a siaradai Wyddeleg mewn achos troseddol yn rhanbarth Galway. Er bod hanner y boblogaeth yno â pheth meistrolaeth o'r iaith, byddai dethol rheithgor a siaradai Wyddeleg yn gofyn am ymyrraeth â'r egwyddor o ddethol ar hap o blith y boblogaeth yn gyffredinol. Ym marn Mr Ustus Murphy:

> A jury is selected from the electoral register of that jury district. The selection is made by random sampling. The selection cannot be restricted in any way, for example, by way of political affiliation, religious belief, cultural identity or otherwise . . . the random selection is an integral part of the jury. It would be absurd to say that the basis for jury selection should be otherwise than a random selection of a jury.[63]

Un o ganlyniadau pellgyrhaeddol y safiad cyfreithiol hwn yw na ellir datgan yn ffyddiog y ceir yn Iwerddon y math o ddwyieithrwydd hydreiddiol sydd i'w ganfod yng Nghanada. Nid yw erthygl 8 y cyfansoddiad Gwyddelig yn ddatganiad cywir na gonest o wir statws y Wyddeleg, ac mae cydnabod hyn yn hanfodol er mwyn cael trafodaeth gonest ar sefyllfa israddol yr iaith. Rhagrith a gormodiaith nodwediadol Geltaidd yw'r sôn am brif iaith. Mae'n anffodus na thalodd yr Uchel Lys na'r Goruchaf Lys yn Iwerddon ystyriaeth fanwl o'r trefniadau a geir yng Nghanada wrth ymdrin â dwy-ieithrwydd yn y llysoedd. Gall y dimensiwn ieithyddol o fewn cyfansoddiad Canada ddarparu gwell cynsail na'r achosion o Unol Daleithiau'r America y cyfeiriwyd atynt yn y Goruchaf Lys.

81

Yng nghyswllt y cwestiwn iaith a'i berthynas â gwasanaeth rheithgor, mae sefyllfaoedd Iwerddon a Chanada yn gwrthgyferbynnu'n llwyr, ac nid yw'n hawdd dod o hyd i sail resymegol na chyfreithiol ar gyfer y gwahaniaeth. Efallai nad mewn egwyddorion cyfraith mae canfod yr ateb, ac mai cryfder economaidd a gwleidyddol yr iaith Ffrangeg sy'n ei gwahaniaethu oddi wrth y Wyddeleg. Oherwydd hyn, mae gan Ganada bolisi cyflawn a datblygedig i hyrwyddo dinasyddiaeth ddwyieithog, polisi sy'n cael ei weithredu yn y llysoedd troseddol. Nid yw Canada yn aberthu'r egwyddor sylfaenol o ddwyieithrwydd ar allor ystadegau ynglŷn â phoblogaeth. Ym Mrunswick Newydd, er enghraifft, mae tua 30 y cant o'r boblogaeth yn siarad Ffrangeg fel iaith gyntaf, sef canran sydd ychydig yn uwch na siaradwyr Cymraeg yng Nghymru neu siaradwyr y Wyddeleg yn Iwerddon.[64] Fel ag yng Nghymru ac Iwerddon, mae amrywiadau demograffig o fewn y dalaith, gyda rhai ardaloedd gyda chanran uwch o siaradwyr Ffrangeg nag eraill. Ond, pan ddaw hi i fater gwasanaeth rheithgor, nid yw'r egwyddor o gydraddoldeb ieithyddol yn cael ei disodli ym Mrunswick Newydd nac yng ngweddill Canada, er mai iaith leiafrifol yw'r Ffrangeg yn y rhan fwyaf o'r taleithiau.[65]

Er mwyn gwarantu hawl y diffynnydd i reithgor sy'n siarad ei iaith, mae'n rhaid aberthu rhywfaint ar yr egwyddor o ddethol ar hap gan mai dewis rheithwyr ar hap o blith y rhai sy'n gallu siarad Ffrangeg a wneir. Felly, mae'r egwyddor o gydraddoldeb ieithyddol yn cael ei chynnal er gwaethaf yr amrywiadau demograffig a'u heffaith ar y dull o ddethol ar hap.[66] Yn y bôn, mae hyn yn arwydd pendant bod cydraddoldeb rhwng y Saesneg a Ffrangeg yn bolisi sylfaenol yn y wladwriaeth, ac ni ellir ei ddarostwng gan bryderon am fanteision dethol rheithgorau ar hap.

Safonau Ewropeaidd . . . ?

O'i roi mewn cyd-destun syniadol, mae'r ddadl dros reithgorau dwy-ieithog yn galw am gydnabod hawliau neilltuol i leiafrifoedd ieithyddol, neu, o ddyfynu Kymlicka, 'group-differentiated rights'.[67]

Mae'r ddadl dros reithgorau dwyieithog yn tynnu ar y syniad bod angen, mewn rhai amgylchiadau, cymryd camau positif a phendant er lles y lleiafrif. Gellir cyfiawnhau hyn mewn sefyllfa lle mae'r diwylliant neu'r grŵp lleiafrifol yn cael ei ddodi dan anfantais o'i gymharu â'r grŵp dominyddol. Felly, ffordd o unioni'r cam yw creu hawl neilltuol ar gyfer y lleiafrif.[68] Mewn geiriau eraill, mae sicrhau cydraddoldeb yn gofyn am ffurf o wahaniaethu cadarnhaol neu weithredu cadarnhaol, ymyrraeth os y mynnwch, o blaid y grŵp lleiafrifol.

Wrth gwrs, mae cydnabod hawliau neilltuol i leiafrifoedd ieithyddol yn codi dadleuon cymhleth ynglŷn â chadw'r cydbwysedd rhwng sicrhau hawliau i'r grŵp lleiafrifol a pharchu hawliau'r mwyafrif, a hefyd yr effaith ar hawliau unffurf, hawliau 'universal' os mynnwch. Yn ogystal, rhaid i'r ddadl dros hawliau'r grŵp lleiafrifol, fel grŵp, gymryd ystyriaeth o hawliau unigol aelodau o'r grŵp hwnnw. Ond y mae camau cadarnhaol o'r fath yn gyson ag egwyddorion o blaid rhyddid unigolion, sef y rhyddid i berthyn i grŵp diwylliannol, a'r hawl i hunaniaeth ddiwylliannol (ac ieithyddol). Cyn belled nad yw'r hawliau gwahaniaethol yn tarfu ar hawliau dynol sylfaenol, a'u bod yn gymesur i gwrdd â'r diffyg, yna gellir cyfiawnhau camau o'r fath.[69] Yn wir, mae creu hawliau gwahaniaethol yn aml yn angenrheidiol er mwyn creu hinsawdd lle gall y diwylliant lleiafrifol gael mynegiant mewn ffordd mae'r diwylliant dominyddol yn cymryd yn ganiataol.[70]

Felly, y ddadl yma'n benodol yw bod angen ymyrryd â'r rheolau sy'n gofyn dethol rheithgor ar hap o'r boblogaeth yn gyffredinol er mwyn sicrhau rheithgor sy'n medru'r iaith leiafrifol. Mae angen rheolau neilltuol ar gyfer dethol rheithgorau dwyieithog, ac yn y man byddaf yn egluro natur y rheolau angenrheidiol hynny.

O ddiddordeb ychydig yn fwy penodol i ni yma yw erthygl 9 o Siartr Ewrop ar gyfer Ieithoedd Rhanbarthol neu Leiafrifol, sy'n delio â gweinyddu cyfiawnder. Mae erthygl 9, paragraff 1(a)(ii) yn gofyn i wladwriaethau ganiatáu i siaradwyr yr iaith leiafrifol i'w defnyddio yn y llys ac mewn gwrandawiadau tribiwnlys (ar yr amod nad yw'n amharu ar weinyddu cyfiawnder).[71] O'r dechrau, yn achos yr iaith Gymraeg, roedd y DU yn barod i arwyddo'r paragraff hwn gan fod hyn wedi ei sicrhau eisoes yn Neddf Iaith 1993.[72]

Fodd bynnag, y paragraff na fabwysiadwyd hyd yn hyn o ran yr iaith Gymraeg yw paragraff 1(a)(i), sy'n datgan y dylid sicrhau bod y llysoedd troseddol, ar gais un o'r partïon, yn medru cynnal yr achos yn yr iaith leiafrifol neu ranbarthol.[73] Mae dwy nodwedd ddiddorol ynglŷn â'r paragraff arbennig hwn. Yn gyntaf, gall achosion gael eu cynnal yn yr iaith leiafrifol ar gais un o'r partïon. Mewn geiriau eraill, nid gan y diffynnydd yn unig mae'r hawl i bennu iaith y gwrandawiad. Gall y cais ddod oddi wrth, er enghraifft, yr achwynydd neu'r erlynydd. Yn ail, os yw'r gwrandawiad i'w gynnal trwy gyfrwng yr iaith leiafrifol, gellir dadlau y byddai'n ofynnol i'r tribiwnlys dan sylw fod yn rhugl yn yr iaith honno. Trwy gynnal y trafodion yn yr iaith leiafrifol, rhaid i'r personél allweddol fod yn rhugl yn yr iaith.

Hwn, mi gredaf, yw'r dehongliad cywir o'r ddarpariaeth yma neu, fel arall, pa fantais ychwanegol fyddai erthygl 9, paragraff 1(a)(i) yn ei gynnig dros yr hyn a geir ym mharagraff 1(a)(ii)? Mae hyn hefyd yn esbonio pam nad yw paragraff 1(a)(i) wedi ei fabwysiadu mewn perthynas â'r iaith Cymraeg – y rhwystr i'r paragraff hwn gael ei weithredu yng Nghymru yw'r ffaith nad oes pŵer i alw rheithgorau dwyieithog. Felly, nid yw'n bosibl cynnal yr achos yn gyfan yn y Gymraeg o flaen tribiwnlys sy'n siarad yr iaith.[74] Pe byddai'r gyfraith yn caniatáu rheithgorau dwyieithog, yna byddai hyn yn galluogi'r wladwriaeth i gydymffurfio â'r darpariaethau penodol hyn yn erthygl 9.

Hyd yn oed os nad yw Siartr Ewrop ar gyfer Ieithoedd Rhanbarthol neu Leiafrifol yn ddim mwy na dogfen bolisi sy'n rhoi set o werthoedd ynglŷn â thrin ieithoedd lleiafrifol, mae'n cydnabod yr angen i gymryd camau ymarferol a phendant os yw amlieithrwydd i ddod yn realiti cymdeithasol. Gan y byddai cyflwyno rheithgorau dwyieithog yng Nghymru yn gyson â darpariaethau'r siartr, mae'r siartr yn cynnig elfen ychwanegol bwysig i'r drafodaeth o safbwynt safonau rhyngwladol.

Achosion teg a chyfiawnder troseddol

Os oes yna ddadl dros estyn y fraint a'r cyfrifoldeb o wasanaethu ar reithgorau i siaradwyr y Wyddeleg a'r Gymraeg fel grwpiau ieithyddol ar sail eu dinasyddiaeth, sut y dylai'r pŵer i orchymyn rheithgor dwyieithog gael ei weithredu? Mae'r ddwy iaith a'u siaradwyr yn rhannu rhai nodweddion sy'n arwyddocaol iawn i'r ddadl hon. Yn gyntaf, maent yn ieithoedd lleiafrifol o fewn eu tiriogaethau, hynny yw, maent yn cael eu siarad gan tua 20 y cant o'r boblogaeth. Yn ail, mae bron yr holl siaradwyr Cymraeg a siaradwyr Gwyddeleg hefyd yn siarad Saesneg. Maent yn ddwyieithog.

Nid oes yma ddadl y dylai bod yn ddwyieithog fod yn gymhwyster ar gyfer gwasanaeth rheithgor yn Iwerddon a Chymru. Byddai hynny'n gam afresymol ac yn anghymesur â'r hyn a geisir ei gyflawni, gan y byddai'n gwahardd y mwyafrif, sy'n siarad Saesneg yn unig, o wasanaeth rheithgor. Byddai'r fath yna o ymyrraeth gyda'r rheolau yn eithafol. Felly, rhaid sefydlu mecanwaith a fyddai'n galluogi'r llysoedd i benderfynu pan fyddai galw rheithgor dwyieithog yn angenrheidiol ac yn gymesur.

Gadewch inni ystyried y ddadl o'r safbwynt unigolyddol. Gellir mynnu mai hawl diffynnydd i achos teg yn unol ag erthygl 6 o Gonfensiwn Hawliau Dynol Ewrop sy'n cynnig y sylfaen priodol, ac felly bod y system a geir yng Nghanada, lle mae'r diffynnydd yn cael yr hawl i ethol iaith yr achos, yn cynnig cynsail diogel. Mae erthygl 6 y confensiwn yn sicrhau hawl diffynnydd mewn achos troseddol i ddeall y trafodion. Mae erthygl

6(3)(e) yn gwarantu hawl y cyhuddedig i gymorth cyfieithydd, a hynny am ddim, os nad yw'n deall yr iaith a ddefnyddir yn y llys.[75] Ond nid yw'r hawl i gyfieithydd mewn sefyllfa lle nad yw'r diffynnydd yn deall iaith y llys yr un fath â'r hawl i ddefnyddio iaith o ddewis, neu'r hawl i dribiwnlys sy'n siarad iaith y diffynnydd. Cafwyd cadarnhad o hyn yn *A* v. *France*,[76] pan benderfynwyd nad oedd gan ddiffynnydd hawl i siarad Llydaweg mewn achos a gynhaliwyd mewn llys yn Ffrainc gan ei fod hefyd yn siarad Ffrangeg – nid oedd erthygl 6 yn cynnig cymorth iddo gan nad yw'n rhoi hawl i berson ddefnyddio iaith o'i ddewis ei hun os yw'n medru iaith arferol y llys.[77]

Ac eto, tybed a ddylai'r ddadl dros reithgorau dwyieithog yng Nghymru ac Iwerddon lwyr ddibynnu ar y syniad o hawl diffynnydd i achos teg ac, felly, i ddewis iaith yr achos? Efallai fod cydnabod hawl y diffynnydd i achos teg yn elfen bwysig o'r drafodaeth, ond bod ystyriaethau ehangach hefyd i'w cadw mewn cof. Dylid hefyd dalu sylw i fuddiannau cyfiawnder y broses gyfreithiol fel y mae'n effeithio dioddefwyr a thystion. Rhaid wrth gydbwysedd priodol sy'n sicrhau achos teg i ddiffynnydd ac sydd hefyd yn sicrhau bod y broses yn deg i eraill a gaiff eu heffeithio ganddi.

Gadewch inni ystyried sefyllfa benodol. Beth petai diffynnydd mewn achos arbennig yn dewis Saesneg fel iaith yr achos? Yn yr achos hwnnw, mae plentyn deg mlwydd oed yn rhoi tystiolaeth yn ei erbyn yn y Gymraeg. Y Gymraeg yw mamiaith y tyst, a'r Gymraeg yw iaith ei gartref a'i deulu, ei ysgol a'i gymdeithas. Oni fyddai rheithgor sy'n siarad y Gymraeg a'r Saesneg, rheithgor dwyieithog, mewn gwell sefyllfa i ystyried y dystiolaeth a chyrraedd dyfarniad cywir mewn achos o'r fath? Gyda rheithgor dwyieithog, byddai'r diffynnydd yn cael siarad Saesneg ac yn cyfathrebu'n uniongyrchol â'r rheithgor dwyieithog. Yn yr un modd, byddai'r tyst yn cael siarad Cymraeg â hwynt. Ni fyddai angen cyfieithydd, a byddai pawb ar delerau ieithyddol cyfartal. Nid yw rhoi'r hawl i ddiffynnydd ddewis iaith yr achos yn mynd i gynnig yr ateb priodol mewn pob sefyllfa. Rhaid cael mecanwaith a fyddai'n sicrhau rheithgor dwyieithog mewn rhai achosion ar sail yr hyn sy'n deg i bawb ac er lles cyfiawnder.

Pan gafodd pwnc rheithgorau dwyieithog ei drafod yn y Tŷ Cyffredin yn ystod taith Mesur Iaith 1992–3, awgrymwyd diwygiad i adran 10, Deddf Rheithgorau 1974, a fyddai wedi gwahardd rheithwyr oherwydd eu diffyg gwybodaeth o'r Saesneg neu, mewn achos i'w glywed yng Nghymru, lle byddai'r Gymraeg yn cael ei defnyddio gan y diffynnydd neu gan dyst pwysig, eu diffyg gwybodaeth o'r Gymraeg.[78] Dyma'r hyn a ddisgrifiwyd fel y 'prawf tystiolaeth', gan ei fod yn cymryd i ystyriaeth y dystiolaeth yn ei gyfanrwydd yn hytrach na buddiannau partïon penodol. Mae'r cyfeiriad at 'dyst pwysig' yn cyflwyno ystyriaethau cymesuroldeb fel y bo tystiolaeth sy'n fwy ymylol i'r achos yn cael ei roi trwy gyfrwng cyfieithydd i reithgor wedi ei ddewis o dan y drefn arferol.

Wrth gwrs, byddai hyn yn galw am ddisgresiwn barnwrol. Mae gan hyn ei fanteision a'i anfanteision. Byddai'n rhaid i farnwr ddod i benderfyniad p'un a yw'r tyst sydd am roi tystiolaeth yn Gymraeg mor bwysig i'r achos fel y bo'r angen am reithgor dwyieithog yn codi. Byddai'n rhaid gwneud y penderfyniad ar sail y datganiadau ysgrifenedig ac unrhyw ddadleuon a gyflwynid gan y cyfreithwyr ar ddechrau'r broses. Byddai sicrhau cysondeb wrth ddefnyddio disgresiwn yn siŵr o gynnig her.

Ac eto, er yr her o lunio fformiwla ymarferol, mae'r bennod hon yn mentro cynnig y meini prawf canlynol ar gyfer galw rheithgor dwyieithog.[79]

- Pan fo diffynnydd yn rhoi cais am reithgor dwyieithog

  Mae rhoi'r hawl i ddiffynnydd gael ei brofi gan reithgor dwyieithog yn gyson ag ysbryd y confensiwn hawliau dynol, ac yn debyg i'r sefyllfa a geir yng Nghanada o roi dewis i'r diffynnydd. Byddai rhoi'r hawl i ddiffynnydd alw rheithgor dwyieithog hefyd yn cymryd i ystyriaeth y ffaith mai'r diffynnydd yn unig ar gychwyn achos a fyddai'n gwybod a fyddai am roi tystiolaeth yn Gymraeg, neu am alw tyst fel rhan o'i amddiffyniad, i roi tystiolaeth yn Gymraeg. Mewn achosion lle ceid nifer o ddiffynyddion, pan fyddai un ohonynt yn gofyn am reithgor dwy-ieithog, yna dylid caniatáu rheithgor dwyieithog yn yr achosion hynny. Pwysleisir eto mai rheithgor dwyieithog a ganiateid, a fyddai'n sicrhau bod yr holl dystiolaeth yn ddealladwy i holl aelodau'r rheithgor, ac felly bod siaradwyr y ddwy iaith yn cael eu trin yn gyfartal.

- Pan fo'r llys, naill a'i ar gais yr erlyniad neu o'i wirfodd, yn penderfynu y dylid galw rheithgor dwyieithog er budd cyfiawnder. Wrth benderfynu a ddylid gorchymyn rheithgor dwyieithog er budd cyfiawnder, dylai'r llys gymryd y canlynol i ystyriaeth:

  a. arwyddocâd y dystiolaeth i ddealltwriaeth y rheithgor o'r achos yn ei gyfanrwydd, gan gymryd i ystyriaeth hyd a phwysigrwydd y dystiolaeth;

  b. natur y drosedd honedig a gyflawnwyd gan y diffynnydd (diffinyddion).

Gall fod rhai achosion, er enghraifft, yn ymwneud â honiadau o ymosod-iadau rhywiol difrifol. Mewn achosion o'r fath, gallai'r llys benderfynu ei bod yn briodol i orchymyn rheithgor dwyieithog, ac yn enwedig mewn amgylchiadau lle mae'r achwynydd yn blentyn sydd am roi tystiolaeth yn y Gymraeg neu'r Wyddeleg. Mewn achosion o'r fath, mae hygrededd y dystiolaeth yn aml yn allweddol i'r dyfarniad, ac felly mae'r cyfathrebu uniongyrchol rhwng y tyst a'r rheithgor yn gwbl hanfodol.

   c. Oherwydd oedran, deallusrwydd neu nodweddion eraill a berthyn i'r tyst sy'n rhoi tystiolaeth trwy gyfrwng y Gymraeg (neu'r Wyddeleg), byddai ansawdd y dystiolaeth yn cael ei effeithio yn sylweddol petai'r dystiolaeth yn cael ei glywed trwy gyfieithydd.

Yn ychwanegol i'r sefyllfa a grybwyllwyd uchod, gall y ddarpariaeth hon sicrhau rheithgor dwyieithog pan fo person gydag anabledd neu berson oedrannus, neu â rhyw gyflwr penodol arall yn rhoi tystiolaeth yn y Gymraeg neu'r Wyddeleg.

Prif effaith y newid hwn fyddai rhoi'r pŵer i'r llysoedd i orchymyn rheithgorau dwyieithog mewn rhai achosion lle mae'r diffynnydd, y dioddefwr neu unrhyw dyst arall yn rhoi tystiolaeth trwy gyfrwng y Gymraeg neu'r Wyddeleg. Mae'r fformiwla hwn yn ceisio taro cydbwysedd cymhedrol rhwng hawl diffynnydd i achos teg a buddiannau cyfiawnder yn gyffredinol.

Eto, mae'n deg nodi mai dim ond lleiafrif o achosion a fyddai'n cael eu heffeithio gan y newid hwn. Yn wir, yn yr ardaloedd hynny lle mae'r Gymraeg yn iaith gymunedol y byddai'r newid yn debygol o fod yn lled-sylweddol. Yr hyn a argymhellir yma yw addasu gweithdrefnau'r llysoedd yng Nghymru fel y byddant yn ymateb i'r sefyllfa ieithyddol. Gan fod nifer sylweddol o farnwyr Cymraeg eu hiaith yng Nghymru, ni fyddai'r newid yn creu anawsterau o ran personél.[80]

Rheithgorau dwyieithog: 'ymosodiad sylfaenol'?

Wedi ystyried y dadleuon dros reithgorau dwyieithog ar sail dinasydd-iaeth, gofynion cyfiawnder a pholisi Ewropeaidd, mae'n briodol cymryd ystyriaeth fanwl o'r gwrthwynebiadau i reithgorau dwyieithog. Y prif wrthwynebiad i reithgorau dwyieithog yng Nghymru ac Iwerddon yw nad yw rheithgorau dwyieithog yn gyson â'r egwyddor o ddethol ar hap ac, o ganlyniad, fod goblygiadau negyddol ar gyfer y mwyafrif unieithog, Saesneg eu hiaith, petai rheithgorau dwyieithog yn cael eu cymeradwyo.[81] Yn y drafodaeth hon, rhaid hefyd cadw mewn cof yr hyn a ddywedodd Kymlicka: 'protecting one person's cultural membership has costs for other people and other interests, and we need to determine when these trade-offs are justified'.[82]

Mae'r holl fater yn gofyn am gydbwyso'r blaenoriaethau a phenderfynu a ydyw'r egwyddor o ddethol ar hap o'r gymdeithas gyfan yn un sy'n drech na'r egwyddor o gydraddoldeb ieithyddol ac o hyrwyddo dinasyddiaeth ddwyieithog llawn? Clywir yn aml y ddadl mai cryfder y rheithgor fel sefydliad, a sail ei boblogrwydd parhaus, yw'r ffaith ei fod yn gorff o unigolion a ddewiswyd ar hap o blith y boblogaeth yn gyffredinol. Oherwydd bod bron pob aelod o'r gymuned yn gymwys ar gyfer gwasanaeth rheithgor ac, felly, y gellir eu galw i ymgymryd â'r dasg ar unrhyw adeg, mae'r rheithgor yn gorff cynrychioliadol. Y nodwedd hon sy'n rhoi iddo ei ansawdd democrataidd a'i wneud yn ddirprwyaeth o ddinasyddion.

Fel y gwelsom yn barod, mae'r cysyniad hwn o wasanaeth rheithgor yn greadigaeth y cyfnod modern, ac er y ddemocrateiddio a fu ar y gwasanaeth rheithgor yn ystod yr ugeinfed ganrif, bu llawer yn cwestiynu i ba raddau fu'r system o ddethol ar hap yn sicrhau natur gynrychioladol y rheithgor.[83] Wedi'r cyfan, go brin fod pob rheithgor ym mhob achos yn gynrychioladol o'r gymdeithas, a cheir adegau lle mai dynion gwyn, er enghraifft, yw'r mwyafrif o'r rhai a ddetholwyd mewn achosion penodol. Ond, gan dderbyn bod rhai diffygion wrth hyrwyddo cyfansoddiad cynrychioladol y rheithgor, mewn egwyddor, o leiaf, mae'r dimensiwn cynrychioladol yn fodd o ddilysu'r broses. Pa fodd bynnag, gellir dadlau mai modd o sicrhau amcan mwy sylfaenol yw'r egwyddor o ddethol ar hap, sef sicrhau rheithgor annibynnol a diduedd.

Efallai mai'r nod o sicrhau rheithgor a fydd yn ymddwyn yn deg yw gwir amcan sylfaenol y broses ddethol. Mae erthygl 6 o'r confensiwn hawliau dynol yn gwarantu'r hawl i achos teg gan dribiwnlys annibynnol a theg.[84] Sylwer mai'r hyn a warantir i'r diffynnydd yw'r hawl i achos teg gan lys annibynnol a diduedd; nid oes hawl i dribiwnlys cynrychioladol. Yn yr Unol Daleithiau, cafwyd peth obsesiwn ynglŷn â'r angen i sicrhau bod y rhestrau rheithgor yn gwbl gynhwysol o bob aelod o'r gymdeithas.[85] Gwelwyd yr angen i fod yn gynrychioladol yn nodwedd hanfodol o'r rheithgor. Bu academyddion cyfreithiol yn America yn ddyfal yn dyfeisio systemau cymhleth er mwyn sicrhau bod pob rheithgor ym mhob achos yn cynrychioli'r gymuned leol, yr hyn y gellid ei ddisgrifio fel dewis rheithgor yn ôl dull cynrychiolaeth gyfrannol.[86]

Nid oes gan y pwyslais hwn yr un traddodiad yng Nghymru a Lloegr, nac yn Iwerddon. Nid yw ynadon lleyg yng Nghymru a Lloegr o reidrwydd yn gwbl gynrychioliadol o'r gymuned leol, ond nid yw hyn yn fai sy'n tanseilio'r broses.[87] Mae hyn oherwydd bod i dribiwnlys cymwys mewn achos troseddol gyfuniad o rinweddau, gan gynnwys annibyniaeth barn, deallusrwydd a'r gallu i wneud penderfyniad rhesymegol a chytbwys ar sail y dystiolaeth a gyflwynwyd iddo.

Darparodd Tŷ'r Arglwyddi yn *Lawal* v. *Northern Spirit Limited* brawf gwrthrychol ar gyfer penderfynu a yw rheithgor yn ddiduedd ai peidio: 'whether a fair minded and informed observer, having considered the given facts, would conclude that there was a real possibility that the tribunal was biased'.[88] Nid oes sail resymol dros amau na fyddai rheithwyr dwyieithog yng Nghymru neu yn Iwerddon yn annibynnol ac yn ddiduedd. Mae'r iaith Gymraeg, er yn iaith leiafrifol, yn iaith lafar i gyfran sylweddol o'r boblogaeth, a ffigyrau cyfrifiad yn dangos bod rhyw 600,000 o bobl yng Nghymru yn siarad Cymraeg.[89] Mae'r sefyllfa yn debyg yn Iwerddon, er bod canfod darlun cywir ychydig yn fwy cymhleth, gyda'r amcangyfrifon yn amrywio o ffigurau swyddogol sy'n dangos bod mwy na 1.5 miliwn o bobl yn gallu siarad yr iaith (sy'n cynrychioli tua 43 y cant o'r boblogaeth),[90] i'r amcangyfrifon mwy pesimistaidd sy'n awgrymu mai dim ond tua 100,000 o bobl sy'n medru'r iaith mewn gwirionedd.[91] Yn sicr, mae'r demograffi ieithyddol yn Iwerddon yn anodd ei gadarnhau gyda sicrwydd.[92] Serch hynny, nid oes sail i gredu y byddai rheithgor dwyieithog yno yn ymddwyn yn annheg.

Wrth edrych ar y mecanwaith a ddefnyddid i alw rheithwyr dwyieithog, gwelwn nad ymosodiad sylfaenol a geid ar y drefn bresennol, ond addasiad ohoni. Mae sawl ffordd o sicrhau rheithgor dwyieithog trwy ddethol teg a diduedd. Gan gymryd enghraifft o Gymru, dyweder fod Mr Jones yn cael ei alw ar gyfer gwasanaeth rheithgor ar yr un pryd â Mr Evans. Mae'r ddau wedi cael eu dewis ar hap o restr yr etholwyr i wasanaethu ar reithgor mewn llys barn lle mae dros hanner y boblogaeth lleol yn medru'r Gymraeg (Caerfyrddin neu Gaernarfon, er enghraifft), ynghyd â thua tri deg o bobl eraill. Mae Mr Jones yn ddwyieithog, ond nid yw Mr Evans felly. Bydd Mr Jones wedi nodi ar y ffurflen a anfonwyd ato gan y Jury Central Summoning Bureau (JCSB)[93] ei fod yn ddwyieithog.[94]

Yna, bydd Mr Jones a Mr Evans yn mynychu llys y Goron ar y dyddiad penodedig. Ar y diwrnod arbennig hwnnw, efallai bydd angen rheithgor dwyieithog mewn achos arbennig. Oherwydd ei sgiliau dwyieithog, bydd Mr Jones yn cael ei glustnodi gan weinyddwyr y llys fel aelod priodol o'r panel rheithgor dwyieithog yn y llys y cynhelir yr achos arbennig hwnnw. Felly, bydd yn cael ei gyfeirio yno, ynghyd â rheithwyr eraill a nodwyd fel rhai dwyieithog yn ystod y broses o wysio. Oherwydd y systemau gwybodaeth sydd gan y JCSB, bydd y wybodaeth ym meddiant swyddogion y llys, a fydd wedi cadarnhau ymlaen llaw bod nifer digonol o ddarpar-reithwyr i ffurfio panel o reithwyr dwyieithog. Bydd angen o leiaf pymtheg o bobl, o'r rhai a alwyd y diwrnod hwnnw, i fod â sgiliau dwyieithog. Bydd y pymtheg yn cael eu clustnodi ar gyfer yr achos dwyieithog ac, yn y llys hwnnw, bydd y swyddog yn dewis ar hap y deuddeg rheithiwr i wasanaethu ar y rheithgor yn yr achos.

Felly, bydd y mecanwaith o ddethol ar hap yn parhau fel dull o wysio ac o ddewis rheithwyr dwyieithog. Dim ond wrth ddyrannu'r rheithiwr dwyieithog i banel rheithgor mewn llys arbennig lle bo angen rheithgor dwyieithog y bydd rhywfaint o ymyrraeth weinyddol â'r broses. Ond byddai'r ymyrraeth yn rhesymol ac yn gymesur er sicrhau statws cyfartal yr iaith Gymraeg a dinasyddiaeth llawn y siaradwr Cymraeg (ac, wrth gwrs, siaradwr Gwyddeleg yng nghyd-destun Iwerddon), heb sôn am fantais ymarferol ar gyfer y broses o weinyddu cyfiawnder troseddol a ddaw o gael rheithgorau dwyieithog.

Wrth gwrs, mae'n bosibl y byddai'r mecanwaith hon yn aflwyddiannus mewn rhai ardaloedd, megis Casnewydd (neu Ddulyn), ac y byddai'n anodd dod o hyd i hyd yn oed pymtheg o reithwyr dwyieithog. Yn yr achosion prin iawn lle byddai'r galw am reithgorau dwyieithog yn Llys y Goron Casnewydd, er enghraifft, efallai byddai angen trosglwyddo'r achos i ganolfan arall, lle byddai gwysio rheithgorau dwyieithog yn llai o broblem. Yng Nghanada, er enghraifft, lle mae trosedd wedi ei chyflawni mewn ardal lle mae nifer y rhai sy'n gallu siarad dewis iaith y diffynnydd yn isel, ceir y pŵer i drosglwyddo'r achos i leoliad lle mae crynhoad uwch o'r boblogaeth leol sy'n gallu siarad yr iaith.[95]

Yng Nghanada, wrth gwrs, mae llai o bryder ynglŷn â hyrwyddo rhinweddau'r mecanwaith dethol ar hap, doed a ddelo. Mae'r gwahanol daleithiau wedi dyfeisio dulliau ymarferol gwahanol i sicrhau rheithgorau sy'n siarad iaith y diffynnydd, gan gymryd i ystyriaeth nifer y siaradwyr Ffrangeg o fewn eu tiriogaeth. Mae prosesau gwahanol wedi eu llunio i sicrhau gweithredu darpariaethau adran 530 o'r côd troseddol. Yn Saskatchewan, er enghraifft, o dan ddarpariaethau'r Deddf Rheithgor 1988, mae pŵer i lunio rhestr o siaradwyr Ffrangeg ac i ddethol rheithgor o'r rhestr hon mewn achosion lle mae rheithgor sy'n siarad Ffrangeg yn ofynnol. Yn Ontario, ar y llaw arall, mae cofrestr rheithwyr wedi ei rhannu'n dair rhan, sef y rhai sy'n siarad Ffrangeg yn unig, y rhai sy'n siarad Saesneg yn unig a'r rhai sy'n ddwyieithog.[96]

O'i grynhoi yn syml, mae yng Nghanada'r ewyllys wleidyddol i sicrhau bod yr egwyddor o gydraddoldeb ieithyddol yn cael ei gadw a'i weithredu, ac felly mae'r prosesau ymarferol yn cael eu llunio er mwyn sicrhau hyn mewn achosion troseddol.

Ymateb Llywodraeth Prydain

Araf fu'r llywodraeth yn ymateb i'r ymgynghoriad ar reithgorau dwyieithog. Ceisiodd Mr Hywel Williams, AS, roi ysgogiad i'r drafodaeth trwy gyflwyno mesur preifat i ddiwygio'r gyfraith o blaid rheithgorau dwyieithog. Nid yn annisgwyl, mygwyd ei ymdrechion gan y peiriant seneddol.[97] Yna, yn gynnar yn 2010, cyhoeddodd y weinyddiaeth gyfiawnder yr ymateb swyddogol i'r ymgynghoriad.[98]

Yn ôl yr adroddiad, cafwyd ymateb gan bedwar ar hugain o sefydliadau ac unigolion, gyda'r mwyafrif a gyflwynodd ymateb o blaid rheithgorau dwyieithog. Serch hynny, nid oedd ymateb anffafriol y llywodraeth yn annisgwyl. Yn ôl yr adroddiad, 'mae'r Llywodraeth o'r farn mai'r prif gwestiwn yw a yw rheithgorau dwyieithog yn iawn mewn egwyddor. Nid yw'r materion ymarferol mor bwysig – er nid yw'r rhain yn ddibwys ac maent yn effeithio rhywfaint ar yr egwyddor.'[99]

Mae'r adroddiad yn egluro arwyddocâd y rheithgor wrth weinyddu cyfiawnder, a phwysigrwydd y modd y caiff rheithgorau eu dethol:

> Mae'r system rheithgor yn bwysig yn y Deyrnas Unedig . . . caiff rheithgorau eu dewis ar hap o'r gymuned gyfan. Daw llawer o awdurdod y system rheithgor a hyder cyffredinol y cyhoedd ynddi o'i natur gymdeithasol gynhwysol. Ni chaiff aelodau'r cyhoedd eu heithrio o wasanaeth rheithgor oherwydd eu rhyw, cyfoeth, dosbarth, addysg nac unrhyw ffactor amherthnasol arall. Pobl gyffredin sydd ar reithgor. Mae dewis ar hap yn golygu bod rheithgor yn cynrychioli cymdeithas drwyddi draw. Mae'n helpu i roi annibyniaeth a didueddrwydd i'r rheithgor, sy'n elfennau hollbwysig ar gyfer treial teg a thrwy hynny gyfiawnder ei hun.[100]

Yna, mae'r adroddiad yn amlinellu'r rhwystr i ddyfodiad rheithgorau dwyieithog:

> Y prif wrthwynebiad i reithgorau dwyieithog bob amser fu y byddent yn amharu ar yr egwyddor allweddol hon o ddewis ar hap. Petai rheithgorau dwyieithog yn cael eu cyflwyno yng Nghymru, mae'n debyg mai dim ond mewn lleiafrif bach o dreialon y byddent yn cael eu defnyddio. Fodd bynnag, pan fyddent yn cael eu defnyddio, byddent yn cael eu cyfyngu i'r lleiafrif o bobl sy'n gallu siarad Cymraeg a Saesneg. Ar yr wyneb, byddai rheithgorau dwyieithog yn mynd yn gwbl groes nid yn unig i'r datblygiad hanesyddol tymor hir o blaid mwy o gynhwysiant cymdeithasol wrth ddewis rheithgorau, ond hefyd ddatblygiadau diweddar sydd wedi cael eu hyrwyddo gan y Llywodraeth bresennol.[101]

Nid oes dim yn annisgwyl yn y sylwadau hyn, ac ni cheir yma ddim mwy nag ailadrodd yr hen ddadl gyfarwydd yn erbyn rheithgorau dwyieithog. Pa fodd bynnag, mae'r adroddiad yn ymhelaethu ac yn cyflwyno rhai sylwadau pur syfrdanol:

> Ar ben hynny, roedd ymchwil a gynhaliwyd fel rhan o adroddiad 2007 y Weinyddiaeth Gyfiawnder i 'Amrywiaeth a Thegwch yn y System Rheithgor' wedi canfod bod canran fwy o lawer o boblogaeth Cymru yn dweud eu bod yn rhugl yn y Gymraeg yng nghyfrifiad 2001 nag mewn arolwg gwysio a gynhaliwyd fel rhan o'r ymchwil. Mae'r cyfrifiad yn dangos bod

16.5% o'r boblogaeth yng Nghymru yn siarad, yn darllen ac yn ysgrifennu Cymraeg. Ni chafodd hyn ei adlewyrchu yng nghyfran y rheini a gafodd eu gwysio i wasanaethu yn llysoedd Cymru a ddywedodd eu bod yn rhugl yn y Gymraeg (ffigwr is o lawer sef 6.4%). Ar sail yr ymchwil hwn, petai rheithgorau dwyieithog yn cael eu defnyddio, byddent yn eithrio ymhell dros naw rhan o ddeg o boblogaeth Cymru.[102]

Cyfeiriad sydd yma at waith ymchwil a wnaed dan arweiniad yr Athro Cheryl Thomas o Goleg Prifysgol Llundain ar y system rheithgor yng Nghymru a Lloegr, gan ganolbwyntio ar yr elfen gynrychioladol o fewn y rheithgor.[103] Yn ddi-os, roedd hwn yn ymchwil sylweddol i wahanol agweddau o'r pwnc fel ag yr oedd yn berthnasol i'r rheithgor fel sefydliad yn gyffredinol.

Ond, pur simsan oedd yr ystyriaeth a'r dadansoddiad o'r sefyllfa ieithyddol yng Nghymru. Cafwyd arolwg o sgiliau ieithyddol rheithwyr mewn llysoedd yng Nghymru dros gyfnod o wythnos yn unig, ac ar sail yr arolwg hwn, canfuwyd mai lleiafrif bach ohonynt a oedd yn ystyried eu hunain yn rhugl yn y Gymraeg. Trwy Gymru gyfan, honnwyd mai dim ond 6.4 y cant o'r rhai a dderbyniodd wŷs i wasanaethu ar reithgor oedd yn rhugl yn y Gymraeg. Yna, daethpwyd i'r casgliad hwn: 'such a low level of Welsh fluency among serving jurors indicates that conducting jury trials with a full bilingual jury would be difficult to achieve, certainly on any regular basis'.[104]

Wrth gwrs, nid yw'r ffigwr o 6.4 y cant yn gyson â'r ffigyrau yn y cyfrifiad sydd yn honni bod tua 20 y cant o'r boblogaeth yn medru'r iaith. Nid oedd yr adroddiad yn egluro sut y casglwyd y data (a pha gwestiynau a ofynnwyd i'r darpar-reithwyr), ac mae'r awduron yn cynnig esboniad (neu ddamcaniaeth efallai): 'it may well be that when asked to delare whether they were fluent when there may have been a possibility of having to perform an official function using the Welsh language (jury service), the respondents were less optimistic (or perhaps more realistic) about their level of proficiency in Welsh'.[105]

Gyda phob parch i awduron yr adroddiad ymchwil, dyfalu llwyr yw hyn gan bobl nad ydynt yn arbenigwyr ar sefyllfa ieithyddol Cymru na chymdeithaseg iaith yn gyffredinol. Rhaid beirniadu'r adran yma o ganfyddiadau'r ymchwil gan ei fod yn cynnig casgliadau brysiog ar sail tystiolaeth wan. Yn waeth na hynny, anghyfrifol fu'r llywodraeth trwy fabwysiadau'r fath gasgliadau wrth ystyried y drafodaeth ar reithgorau dwyieithog; mae hyn yn wendid arall yn ymateb y llywodraeth.

Mae adroddiad y llywodraeth yn ymateb i'r ddadl dros reithgorau dwyieithog o safbwynt cynnal cydraddoldeb ieithyddol fel hyn:

nid yw'r cyfeiriad at statws cyfreithiol presennol y Gymraeg yn dwyn perswâd. Ceir hefyd ddeddfwriaeth ar ddewis rheithgor sy'n egluro na ellir newid gweithdrefnau dewis rheithgor i gynhyrchu rheithgor a fyddai'n cynnwys aelodau o unrhyw grŵp cymdeithasol penodol, gan gynnwys siaradwyr Cymraeg.[106]

Mewn ymateb i'r ddadl o blaid rheithgorau dwyieithog ar sail sicrhau cyfathrebu effeithiol a chywirdeb mewn achosion troseddol, dywed yr adroddiad:

A throi at gwestiwn y dystiolaeth orau, mae'n bwynt dadleuol a gaiff tystiolaeth ei deall yn well yn uniongyrchol, yn hytrach na drwy gyfieithydd ar y pryd, pan ddefnyddir dwy iaith mewn treial. Yn sicr, byddai'n rhaid cael lefel uchel iawn o ddealltwriaeth o'r ddwy iaith – dwyieithrwydd perffaith i bob pwrpas – er mwyn gallu deall tystiolaeth a roddwyd yn y ddwy iaith.[107]

Yn wir, mae'r adroddiad yn honni, 'rhaid cwestiynu faint o siaradwyr Cymraeg a Saesneg fyddai'n meddu ar y lefel uchel hon o ddwyieithrwydd . . . nid yw'r ddadl ar sail tystiolaeth wedi llwyddo'.[108] Nid oes unrhyw dystiolaeth gadarn i gyfiawnhau'r safbwynt hwn o fewn yr adroddiad ei hun. Ble mae'r ymchwil trylwyr a fyddai'n cyfiawnhau'r fath gasgliadau ysgubol? Yna, mae'r adroddiad yn troi at y sefyllfa yn Iwerddon:

Y wlad sydd yn y sefyllfa ieithyddol debycaf i Gymru mae'n debyg yw Gweriniaeth Iwerddon. Mae'r Llywodraeth yn nodi bod Goruchel Lys Iwerddon (MacCarthaigh v. Iwerddon [1998] IESC 11; [1999] 1 IR 186 15fed Gorffennaf, 1998) wedi penderfynu nad oes dim hawl dan gyfansoddiad Iwerddon i gael treial gerbron rheithgor sy'n siarad Gwyddeleg. Yn bennaf, roedd y dyfarniad yn seiliedig ar ddadleuon dewis ar hap. Mae'r dyfarniad hwn yn arbennig o drawiadol oherwydd bod gan y Wyddeleg sefyllfa gyfansoddiadol ffurfiol fel iaith gyntaf Gweriniaeth Iwerddon, a'r Saesneg yn ail iaith, yn hytrach na bod y Wyddeleg a'r Saesneg yn cael eu trin yn weddol gyfartal fel y gwelir gyda'r Gymraeg a'r Saesneg yng Nghymru.[109]

Tua'r diwedd, mae'r adroddiad yn rhoi ystyriaeth i faterion ymarferol:

Mae'r rhan fwyaf o siaradwyr Cymraeg yn byw y tu allan i brif ardaloedd poblogaeth Cymru, sy'n codi posibilrwydd gorfod trosglwyddo treialon neu fynnu bod rheithwyr yn teithio y tu allan i'w dalgylchoedd arferol. Gallai trefniadau o'r fath achosi trafferthion i reithwyr, i dystion, i ddioddef-wyr, i ddiffynyddion ac i dreialon yn gyffredinol. Byddai amhariad o'r fath yn mynd yn groes i ymdrechion y Llywodraeth i wneud treialon yn gyflymach ac yn fwy effeithlon.[110]

Yna, wrth gloi, mae'r adroddiad yn crynhoi penderfyniad y llywodraeth:

Mae'n anodd datrys mater rheithgorau dwyieithog oherwydd mae'n un o'r pynciau hynny sy'n golygu dewis rhwng dau beth da – yn yr achos hwn, y system rheithgor a'r iaith Gymraeg. Y cwestiwn yw, ble mae'r cydbwysedd cyffredinol yng nghyswllt y mater penodol? Y tro hwn, mae'r Llywodraeth wedi penderfynu peidio â derbyn y cynnig, yn bennaf oherwydd bod cydbwysedd y ddadl yn gorwedd yn erbyn effaith negyddol rheithgorau dwyieithog ar ddewis rheithgor ar hap o'r gymuned yn ei chyfanrwydd ac felly ar gynhwysiant cymdeithasol ac ar gyfiawnder.[111]

Mae'r adroddiad yn ddiffygiol mewn nifer o agweddau. Er ei fod yn awyddus i gyfeirio at y sefyllfa yn Iwerddon, nid oes yna unrhyw sôn am Ganada a'r modelau soffistigedig a geir yno. Mae'r penderfyniad i anwybyddu'r dadleuon a gyflwynwyd ynglŷn â Chanada yn dweud cyfrolau. Ceir o fewn yr adroddiad ddadansoddi arwynebol a chasgliadau ysgubol, ond di-dystiolaeth, ar sefyllfa ieithyddol Cymru, ac nid yw'n trafod y dadleuon o blaid rheithgorau dwyieithog ar dir gweinyddu cyfiawnder mewn modd aeddfed a rhesymol. Mae ôl brys drwyddo draw, fel petai rhyw was sifil wedi llunio rhywbeth cyflym, rhywbeth bach a wnaiff y tro. Cystal nodi, wrth gloi'r feirniadaeth, nad yw'r cyfieithiad Cymraeg o'r adroddiad yn wych chwaith.

Casgliadau

Yn hanesyddol, datblygodd gwasanaeth rheithgor o fod yn symbol o awdurdod yn nwylo'r ychydig i fod yn weithgaredd y byddai gan bob dinesydd yr hawl i ymgymryd ag ef. Roedd ehangu cymhwyster gwasanaeth rheithgor wedi esblygu law yn llaw â rhyddid gwleidyddol – fel roedd y syniad o ddinasyddiaeth yn cael ei ailddiffinio, felly roedd cyfansoddiad a phersonoliaeth y rheithgor yn cael ei ailddiffinio. Roedd rhyddfraint gyffredinol yn golygu bod y syniad o ddinasyddiaeth ddim yn seiliedig ar gyfoeth, dosbarth neu ryw, ac roedd y rheolau ar gymhwyster gwasanaeth rheithgor yn addasu yn unol â hynny.

Serch hynny, mae gwasanaeth rheithgor fel rhwymedigaeth a braint dinasyddiaeth yn parhau i fod yn gyfyngedig i'r rhai hynny sydd, yn achos Cymru a Lloegr, yn bodloni meini prawf ieithyddol neu, yn achos Gweriniaeth Iwerddon, sy'n perthyn i'r grŵp ieithyddol mwyafrifol. Mae'r rheolau presennol ar wasanaeth rheithgor yng Nghymru ac Iwerddon yn methu â darparu ar gyfer y sefyllfa ieithyddol yn y gwledydd hyn, ac yn methu â chydnabod bod dimensiwn ieithyddol amgenach i'r syniad o ddinasyddiaeth yn Iwerddon a Chymru. Hynny yw, mae'r model Seisnig o wasanaeth rheithgor yn cael ei hyrwyddo heb gymryd i ystyriaeth y tirlun ieithyddol gwahanol.

Ymysg goblygiadau rhyfeddol y penderfyniad yn achos MacCarthaigh, y mwyaf trawiadol a diflas ohonynt yw'r sylweddoliad nad oes unman yn y byd lle gall siaradwr y Wyddeleg fynnu cael ei brofi gan reithgor sy'n siarad ei iaith. Mae geiriau proffwydol Saunders Lewis yn mynnu dod i'r cof, yn enwedig ei rybudd o beryglon rhuthro i hunanlywodraeth cyn sicrhau dyfodol i'r iaith genedlaethol. Er mai'r Gymraeg oedd pwnc ei ddarlith enwog yn 1962, gellid yn hawdd cyfeirio ei neges at y sefyllfa yn Iwerddon. Meddai:

> Pe ceid unrhyw fath o hunan-lywodraeth i Gymru cyn arddel ac arfer yr iaith Gymraeg yn iaith swyddogol yn holl weinyddiad yr awdurdodau lleol a gwladol yn y rhanbarthau Cymraeg o'n gwlad, ni cheid mohoni'n iaith swyddogol o gwbl, a byddai tranc yr iaith yn gynt nag y bydd ei thranc hi dan Lywodraeth Loegr.[112]

Bellach, dim ond Senedd Llundain, yn achos Cymru, oni bai y ceir datganoli pellach i Gaerdydd a fyddai'n rhoi'r gallu yn nwylo'r cynulliad cenedlaethol, a'r Oireachtas yn achos Iwerddon, all gyflwyno deddfwriaeth i sicrhau rheithgorau dwyieithog. Byddai cyflwyno rheithgorau dwyieithog mewn achosion troseddol yng Nghymru ac Iwerddon yn hyrwyddo dwyieithrwydd llawn o fewn y llysoedd troseddol, a byddai'n dod â'r ddwy wlad i sefyllfa debyg i'r hyn a geir yng Nghanada. Yng ngoleuni pwysigrwydd gwasanaeth rheithgor, a'i gysylltiad agos â hawliau a rhwymedigaethau dinasyddiaeth, byddai'n dangos dinasyddiaeth lawn siaradwyr Cymraeg a Gwyddeleg yn eu gwledydd eu hunain. Byddai yn gyson â'r polisi o gydraddoldeb ieithyddol a hyrwyddir yn y gwledydd hyn. Byddai hefyd yn gwireddu'r weledigaeth ehangach o gymdeithas amlieithog a geir yn Siartr Ewrop ar gyfer Ieithoedd Rhanbarthol neu Leiafrifol.

Mae gwasanaeth rheithgor yn un o ymrwymiadau dinasyddiaeth. Mae hefyd yn fraint dinasyddiaeth. Yn hanesyddol, roedd estroniaid a'r rhai a oedd wedi eu difreinio'n wleidyddol wedi eu gwahardd ohono. Mae'r rheolau presennol ar gymhwyster gwasanaeth rheithgor yng Nghymru ac Iwerddon yn bradychu'r ffaith, er gwaethaf diwygiadau deddfwriaethol y blynyddoedd diwethaf, fod siaradwyr y Wyddeleg a siaradwyr y Gymraeg yn parhau i gael eu trin fel dinasyddion eilradd. Mae eu dinasyddiaeth yn anghyflawn, oherwydd, fel siaradwyr Cymraeg a Gwyddeleg, maent yn cael eu gwahardd rhag gwasanaeth rheithgor. Ni fyddai unioni hyn yn arwain at anghyfiawnder sylfaenol na thanseilio'r rheithgor fel sefydliad. I'r gwrthwyneb, byddai'n gweithredu fel cadarnhad o ddinasyddiaeth siaradwyr yr ieithoedd hynafol hyn, a'u hawl, fel siaradwyr yr ieithoedd hyn, i ymgymryd ag un o gyfrifoldebau cyhoeddus pwysicaf y dinesydd.

Ysgolheictod Cyfreithiol

Yn y flwyddyn 1973, mewn erthygl yn y cylchgrawn cyfraith adnabyddus, y *Cambrian Law Review*, cyflwynodd yr Athro Lee Sheridan ei weledigaeth ar gyfer adran cyfraith newydd yr oedd wrthi'n brysur ei datblygu yng Ngholeg y Brifysgol yng Nghaerdydd. Ar ôl amlinellu ei obeithion ar gyfer yr adran, tua diwedd yr erthygl, dywedodd hyn o eiriau: 'It will be noticed that I have not said anything that gives a particularly Welsh flavour to the Cardiff Law School. That, I think, is an accurate impression. There is nothing particularly Welsh about the Law.'[1] Wrth gwrs, nid oedd geiriau'r Athro Sheridan, pan y'i hysgrifennwyd yn ôl yn 1973, yn anghywir, yn gamarweiniol nac yn afresymol chwaith. Roedd ei sylwadau yn crisialu'n berffaith y meddylfryd o fewn y gymuned gyfreithiol yn gyffredinol cyn belled ag yr oedd y berthynas rhwng Cymreictod â'r gyfraith yn y cwestiwn. Wedi'r cwbl, swyddogaeth adrannau cyfraith colegau Cymru oedd trwytho eu myfyrwyr yn egwyddorion cyfraith Lloegr. Nid oedd lleoliad daearyddol, sef y ffaith eu bod yng Nghymru, yn cael unrhyw argraff ar y cwricwlwm o fewn adrannau cyfraith Cymru. Yr oedd y cynnwys, y weledigaeth a'r agwedd yr un yn Aberystwyth a Chaerdydd ag yr oedd, dyweder, yn Birmingham neu Sheffield.

Un o amcanion y bennod hon yw canfod i ba raddau y gall ysgolhaig cyfreithiol yn ei lawn bwyll yng Nghymru heddiw honni nad oes unrhyw beth neilltuol Gymreig ynglŷn â'r gyfraith. Efallai mai'r ddadl ganolog yma yw bod ysgolheictod cyfreithol yng Nghymru heddiw mewn cyflwr o drawsffurfiad ôl-drefedigaethol. Er bod yna bellach gydnabyddiaeth o'r dimensiwn 'Cymreig', gellir dadlau nad yw'r gydnabyddiaeth honno wedi aeddfedu i fod yn weledigaeth ddeallusol gyflawn. Hynny yw, er bod yna broses o addasu ar waith oherwydd y newidiadau cyfansoddiadol a chyfreithiol a ddaeth yn sgil datganoli, mae'r addasu hwnnw yn aml yn annigonol. Os felly, mae angen gofyn, beth yn union yw'r berthynas rhwng hunaniaeth gyfreithiol, democratiaeth ac ysgolheictod cyfreithiol yng Nghymru, a beth dylai fod?

Ond gadewch inni ddechrau trwy roi geiriau'r Athro Sheridan yn eu cyd-destun hanesyddol.

Dechreuadau

Er mwyn deall cyflwr presennol ysgolheictod cyfreithiol yng Nghymru, rhaid wrth ddealltwriaeth o'r cyd-destun hanesyddol. Mae angen ystyried dwy agwedd, sef datblygiad addysg uwch yng Nghymru a datblygiad y gyfraith fel pwnc prifysgol ym Mhrydain.

I lawer, penllanw'r deffroad mewn hunaniaeth genedlaethol Gymreig a oedd ar gerdded yn ystod ail hanner y bedwaredd ganrif ar bymtheg oedd sefydlu'r colegau prifysgol yng Nghymru.[2] Crëwyd sefydliadau cenedlaethol i hybu'r adfywiad diwylliannol ac i osod fframwaith addysgiadol pwrpasol, ac yr oedd Prifysgol Cymru, a sefydlwyd yn 1893, yn cael ei ystyried yn un o greadigaethau pwysicaf y deffroad cenedlaethol.[3] 'A powerful symbol of popular achievement and national status', fel y cafodd ei ddisgrifio gan brif hanesydd y cyfnod.[4]

Daeth Prifysgol Cymru i fodolaeth rai blynyddoedd ar ôl sefydlu'r tri choleg prifysgol yn Aberystwyth, Bangor a Chaerdydd, colegau a fydd-ai'n dod yn aelodau o'r brifysgol yn 1893. Cafwyd Coleg Aberystwyth yn 1872,[5] Coleg Caerdydd yn 1883 a Choleg Bangor yn 1884,[6] a than 1893 roeddent i gyd yn dyfarnu graddau Prifysgol Llundain. Yn ddiddorol, cyn sefydlu Prifysgol Cymru roedd gan Gymru sefydliad a chanddo'r hawl i ddyfarnu ei raddau ei hun, sef Coleg Dewi Sant, Llanbedr Pont Steffan.[7] Byddai'r coleg hwn yn parhau yn annibynnol o Brifysgol Cymru hyd nes y 1970au cynnar.

Roedd Prifysgol Cymru yn sefydliad cenedlaethol Cymreig o bwys. Cafodd ei ddisgrifio fel 'a binding, centripetal influence', ac yn fodd o gynnal y syniad o hunaniaeth genedlaethol trwy weithredu fel fforwm deallusol ar gyfer y genedl.[8] Roedd yn fynegiant o uchelgais genedlaethol ac o fentergarwch cymdeithasol, ac yn dyst i werthoedd a diwylliant y Cymry fel pobl. Roedd y colegau prifysgol a Phrifysgol Cymru ei hun ymhlith cyfres o sefydliadau cenedlaethol a ddaeth i fodolaeth yn y cyfnod hwn, gyda'r Amgueddfa Genedlaethol a'r Llyfrgell Genedlaethol (ill dau yn derbyn siartr frenhinol yn 1905) yn ychwanegiadau pwysig i gyfoethogi bywyd y genedl.[9]

Ac eto, er bod dadeni cenedlaethol y bedwaredd ganrif ar bymtheg yn ffactor bwysig yn stori sefydlu addysg prifysgol yng Nghymru, rhaid cofio mai yng nghanol y bwrlwm imperialaidd Prydeinig y cafwyd y datblygiadau hyn. Onid oedd map y byd ar ddiwedd Oes Victoria yn dyst i oruchafiaeth ymerodrol Prydain Fawr, ac i ragoriaeth Prydeindod? A'i bodloni dyheadau cenedlaetholgar y Cymry neu ai er mwyn creu Prydeinwyr da a fyddai'n gwasanaethu'r ymerodraeth y cafwyd y colegau prifysgol newydd hyn? Onid oeddent yn fodd o hyrwyddo gwareiddiad Lloegr yn y gornel fechan hon o'i hymerodraeth? Ni ellir gwadu mai sefydliadau Prydeinig, Saesneg eu hiaith a'u hagwedd oedd colegau'r Cymry o'r cychwyn. Roedd eu gorwelion tua'r dwyrain, a'u bwriad i fabwysiadu arferion a gwerthoedd prifysgolion Lloegr yn amlwg.

Dyma nodwedd arall sy'n gwahaniaethu Cymru oddi wrth yr Alban. Sefydlwyd prifysgolion hynafol yr Alban (yr *ancients* enwog, sef St Andrews, Aberdeen, Glasgow a Chaeredin) yn y bymthegfed ganrif a'r unfed ganrif ar bymtheg, ymhell cyn uno coron yr Alban â Lloegr yn 1601, ac uno senedd y ddwy wlad gyda Deddf 1707.[10] Roeddynt felly yn sefydliadau cenedlaethol Albanaidd gwironeddol, wedi eu creu i wasanaethu cenedl a chanddi ymdeimlad cryf o'i hunaniaeth, ac er mwyn rhoi mynegiant i'r hunaniaeth hwnnw. Wrth gwrs, roedd yr hunaniaeth Albanaidd honno wedi ei sicrhau ar faes brwydr Bannockburn yn 1314.[11] Er mai braidd yn gymhleth fu'r sefyllfa ieithyddol yn yr Alban, roedd prifysgolion y wlad yn hyrwyddo astudiaethau gyda ffocws Albanaidd, gan gynnwys cyfreithiau a thraddodiadau cyfreithiol y wlad.[12]

Yn achos Cymru, fodd bynnag, bu cwrs hanes yn wahanol. Collwyd y frwydr dros annibyniaeth yn 1282, a chyda Statud Rhuddlan yn 1284, dechreuwyd ar y broses o ddileu arwahanrwydd cenedlaethol a chyfreithiol Cymru, ac o'i hymgorffori o fewn teyrnas Lloegr.[13] Wrth gwrs, cafwyd y foment hanesyddol nodedig honno rhwng 1400 a 1415 pan gafodd y weledigaeth o Gymru annibynnol fynegiant dramatig ond, yn y pen draw, aflwyddiannus.[14] Roedd maniffesto Owain Glyndŵr fel tywysog yn cynnwys sefydlu dwy brifysgol i Gymru, un yn y gogledd a'r llall yn y de. Roedd prifysgolion Ewrop yn y cyfnod hwn wedi datblygu o'u gwreiddiau eglwysig i fod yn sefydliadau seciwlar cenedlaethol ac iddynt arwyddocâd gwleidyddol. Gwyddai Glyndŵr yn iawn beth fyddai arwyddocâd sefydlu'r prifysgolion hyn i'r achos dros hunaniaeth genedlaethol. Petai Glyndŵr wedi llwyddo, mae'n bosibl y byddai Cymru wedi cael prifysgol cyn sefydlu Prifysgol St Andrews, sef prifysgol hynaf yr Alban, yn 1413. Gwaetha'r modd, mae'r stori fel y collwyd y cyfle hanesyddol hwn yn un o'r cerrig milltir arwyddocaol hynny yn nhrasiedi'r Cymry.[15]

Os mai yn ddiweddar y daeth addysg prifysgol i Gymru, hanes ddigon herciog fu hanes datblygiad addysg ac ysgolheictod cyfreithiol yn gyffredinol ym Mhrydain. Do, cafwyd cyfnodau o lewyrch a bri ar addysg gyfreithiol, megis yn ystod yr unfed ganrif ar bymtheg pan weithredai Ysbytai'r Frawdlys fel canolfannau dysg ac ysgolheictod yn y gyfraith.

Goruchafiaeth y gyfraith gyffredin ar y traddodiad sifil a fu'n bennaf gyfrifol am leihau dylanwad y sefydliadau hyn fel academïau cyfraith.[16] Wedi hynny, cafwyd llanw a thrai, gydag ambell lanw megis yng nghyfnod Blackstone, pan sefydlwyd y Gadair Vinerian yn Rhydychen yn y ddeunawfed ganrif,[17] neu'r twf mewn addysg gyfreithiol yng Ngholeg Prifysgol Llundain, o dan oruchwyliaeth deddfegwyr blaenllaw megis Bentham ac Austin, ar ddechrau'r bedwaredd ganrif ar bymtheg. Ond byrhoedlog oedd y cyfnodau ffrwythlon hyn, heb iddynt lawer o ddilyniant na pharhad. Erbyn canol y bedwaredd ganrif ar bymtheg, roedd sefyllfa addysg ac ysgolheictod cyfreithiol mewn cyflwr pur druenus.

Roedd natur a phersonoliaeth y gyfraith gyffredin yn rhannol gyfrifol am y tlodi deallusol. Magwyd diwylliant proffesiynol a roddai bwyslais ar ddysgu crefft y cyfreithiwr wrth ymarfer yn hytrach na thrwy astudiaethau systematig, ar bwysigrwydd profiad yn hytrach nag ar ennill graddau, ar ragoriaeth synnwyr cyffredin dros ymresymu haniaethol. Nid oedd yn Lloegr le i'r deddfegwr fel yn y traddodiad cyfandirol.[18] Er hyn, erbyn canol y bedwaredd ganrif ar bymtheg, roedd newidiadau cymdeithasol yn arwain at newid agwedd tuag at y syniad o hyfforddiant ac addysg broffesiynol. Ym mhob proffesiwn, cydnabuwyd yr angen i ffurfioli ac i safoni hyfforddiant, ac i sefydlu safonau cyffredin ymysg aelodau. Ym myd y gyfraith, cafwyd proses o ffurfioli adroddiadau'r gyfraith ac o reoleiddio'r proffesiwn. Roedd y datblygiadau mewn addysg a hyfforddiant yn rhan ganolog o'r broses o godi safonau.

Canlyniad hyn oedd bod ysgolheictod cyfreithiol i brofi tipyn o adnewyddiad a llewyrch yn ail hanner y ganrif. Roedd ysgolheigion megis Maitland,[19] Dicey a Maine yn enghreifftiau disglair o ddoniau deallusol byd y gyfraith ar ddiwedd Oes Victoria. Gwelwyd sefydlu'r gyfraith fel pwnc prifysgol a thrwy hynny greu'r posibilrwydd o ddatblygu traddodiad o ysgolheictod cyfreithiol i'w gymharu â'r hyn a geid ym mhrifysgolion mawr yr Almaen.[20] Fesul un, ac yn raddol, gwelwyd prifysgolion taleithiol Lloegr yn sefydlu adrannau cyfraith, nes erbyn 1909 roedd saith o ysgolion cyfraith yn Lloegr ac un yng Nghymru.

Roedd yr ymgyrch i sefydlu adran y gyfraith yng Nghymru yn sgil-effaith naturiol i'r datblygiadau ehangach hyn. Roedd yr angen i broffesiynoli addysg gyfreithiol a hyfforddiant cyfreithiol yn y Deyrnas Unedig yn ystod diwedd y bedwaredd ganrif ar bymtheg yr un mor berthnasol i Gymru ac i unrhyw ran arall o'r wladwriaeth. Wrth gwrs, erbyn troad yr ugeinfed ganrif, roedd gan Gymru'r sefydliadau a fyddai'n darparu cartref priodol i ysgolheictod cyfreithiol.

Bu creu sefydliadau cenedlaethol a chyhoeddus yng Nghymru hefyd yn sbardun i ddatblygiad addysg gyfreithiol, gan fod yna bellach gleientiaid mawr a oedd angen arbenigedd cyfreithiol i'w gwasanaethu.[21] Ar lefel lleol, bu twf yng ngwaith y cynghorau sir, a sefydlwyd yn 1888, yn fodd i greu cynnydd mewn gwaith cyfreithiol. Erbyn dechrau'r ugeinfed ganrif, roedd Cymru yn wlad ddiwydiannol gyda sector gyhoeddus sylweddol. Nid syndod, felly, i ymgyrch godi i sicrhau bod addysg gyfreithiol i'w chael yng Nghymru, ac mai yn un o golegau prifysgol Cymru y byddai'r ddarpariaeth yn cael ei leoli. Felly, pam mai Aberystwyth a ddewiswyd yn gartref cyntaf i addysg gyfreithiol yng Nghymru?[22]

Sefydlwyd adran cyfraith yn Aberystwyth yn 1901, a hynny yn sgil yr ymgyrch yn niwedd yr 1890au i gwrdd ag anghenion addysgiadol y proffesiwn cyfreithiol o fewn y wlad. Bu cyfarfod tyngedfennol ar 24 Chwefror 1899 yn Llundain o dan gadeiryddiaeth yr Arglwydd Ustus Vaughan Williams. Yno hefyd yr oedd prifathro Coleg Aberystwyth, T. F. Roberts. Hanai Vaughan Williams o deulu â'i wreiddiau yn sir Gaerfyrddin (roedd y cerddor Ralph Vaughan Williams yn aelod o'r teulu), a bu'n ddylanwadol iawn wrth ddwyn y maen i'r wal a chael ysgol cyfraith Gymreig i Aberystwyth.[23]

Roedd gan Goleg Aberystwyth ei statws arbennig fel y coleg hynaf o golegau Prifysgol Cymru. Wrth gwrs, a hithau yng nghanol Cymru, roedd ganddi fanteision daearyddol o'i phlaid, a gallai adran y gyfraith yno hawlio y medrai wasanaethu'r de a'r gogledd yn llawer haws na phe bai'r adran ym mhellafion Bangor neu Gaerdydd. Pa fodd bynnag, roedd Aberystwyth yn dref gymharol fechan yn y canolbarth gwledig ac isel ei phoblogaeth. Nid oedd ganddi lysoedd na phroffesiwn cyfreithiol mawr ar garreg ei drws fel yn nhrefydd mawr y de. Ond, er mai'r angen am hyfforddiant i'r proffesiwn cyfreithiol a roddodd sbardun i'r syniad o ysgol cyfraith Gymreig, nid gwasanaethu anghenion hyfforddiant ymarferol fyddai unig swyddogaeth yr ysgol newydd yng ngolwg y sylfaenwyr. Gweledigaeth sylfaenwyr yr ysgol cyfraith Gymreig oedd y byddai'n cynnig addysg eang a rhyddfrydol ei naws, trwy ymwneud â'r gyfraith yn ei hagweddau athronyddol a hanesyddol, gan drwytho myfyrwyr mewn syniadaeth gyfreithiol sylfaenol.[24] Nid dim ond swyddogaeth ysgol grefft oedd i adran y gyfraith yn Aberystwyth, felly. Oherwydd y genhadaeth ddeallusol hon, nid oedd agosatrwydd at swyddfeydd cyfreithwyr a bargyfreithwyr y canolfannau poblog yn gwbl angenrheidiol i sicrhau llwyddiant yr adran newydd.

Bu'r fenter yn ffodus o gael arweiniad cadarn o'r dechrau. Yn wir, cystal oedd safon yr ymgeiswyr am y gadair gyntaf honno, nes y penodwyd dau athro yn 1901, peth anarferol iawn yn y cyfnod hwnnw. Rhoddwyd dechrau ar addysg gyfreithiol yng Nghymru o dan lywyddiaeth Thomas Levi a Jethro Brown. Roedd Brown, a oedd yn enedigol o Awstralia, yn ysgolhaig galluog a ddaeth i Aberystwyth o Brifysgol Llundain, lle y daliai'r gadair mewn cyfraith gyfansoddiadol.[25] Byr fu cyfnod Brown yn Aberystwyth, fodd bynnag, gan iddo ddychwelyd i'w famwlad yn 1906 i gadair yn y gyfraith ym Mhrifysgol Adelaide. Ond gwahanol iawn fu hanes ei gyd-athro.

Roedd Thomas Arthur Levi (1874–1954) yn enedigol o Aberystwyth ac yn fab i weinidog enwog gyda'r Hen Gorff a adnabyddid fel 'Thomas Levi, Trysorfa'r Plant', gan iddo olygu'r cylchgrawn poblogaidd hwnnw am flynyddoedd maith.[26] Ar ôl gyrfa ddisglair fel myfyriwr ym Mhrifysgol Rhydychen, ac ar ôl ymarfer fel bargyfreithiwr yn Llundain am gyfnod, fe berswadiwyd Levi'r mab i ymgeisio am y gadair newydd yn Aberystwyth. Felly, ag yntau ond yn saith ar hugain oed, ymgymerodd Levi â gorchwyl a fyddai'n troi yn llafur oes iddo, gan iddo aros wrth y llyw yn Aberystwyth am yn agos i ddeugain mlynedd, hyd nes ei ymddeoliad yn 1940. Daeth Levi yn rhan o chwedloniaeth y coleg, a chan fod ynddo'r cyfuniad apelgar o allu a hiwmor, awdurdod ac agosatrwydd, byddai'r cof amdano yn felys ymhell ar ôl iddo adael cynteddau'r Coleg ger y Lli.[27]

Ar ddechrau ei gyfnod fel pennaeth yr adran newydd yn Aberystwyth, roedd Levi yn awyddus mai ysgol academaidd, ddeallusol fyddai'r adran newydd, ac nid dim ond ffatri yn cynhyrchu cyfreithwyr. Fel y dywedodd Levi mewn darlith ar ddechrau ei gyfnod yno: 'the last function we would wish the present Faculty to fulfil is that of merely negotiating legal examinations'.[28] Eto'i gyd, roedd Levi hefyd yn ymwybodol o werth persbectif ymarferol o'r gyfraith wrth ddysgu'r myfyrwyr, ac yntau â phrofiad o ymarfer fel bargyfreithiwr mewn siambrau yn Llundain.[29]

Ar hyd y blynyddoedd, bu cysylltiad clós rhwng yr adran yn Aberystwyth a chymdeithasau'r cyfreithwyr. Roedd ymwneud ag hyfforddiant galwedig-aethol i gyfreithwyr yn bwysig ar y dechrau er mwyn cynnal y fenter yn ariannol. Teithiodd Levi ar hyd a lled y wlad yn cynnal dosbarthiadau i gyfreithwyr a darpar-gyfreithwyr er mwyn cyfiawnhau'r grant blynyddol a dderbyniai'r adran gan Gymdeithas y Gyfraith, grant a oedd yn gwbl allweddol i iechyd ariannol yr adran bryd hynny. Roedd y bartneriaeth agos rhwng yr academydd a'r ymarferwr yn rhan annatod o fywyd yr adran o'r dechrau.

Er mai adran fechan o ran ei staff a fyddai'r adran hyd nes y 1960au hwyr, gyda dim mwy na rhyw dri neu bedwar o staff academaidd ar unrhyw adeg penodol, bu'r adran yn ffodus o wasanaeth ysgolheigion disgleiriaf eu hoes. Ymysg y darlithwyr cynnar roedd Clement Davies, a ddaeth wedyn yn Aelod Seneddol dros sir Drefaldwyn ac yn arweinydd y Blaid Ryddfrydol, Geoffrey Cheshire, a ddyrchafwyd maes o law i'r Gadair Vinerian yng nghyfraith Lloegr ym Mhrifysgol Rhydychen, Malcolm Lewis, a ddaeth yn athro yn y gyfraith ym Mhrifysgol Bryste, a David Hughes Parry, a ddaeth yn athro yn y gyfraith ym Mhrifysgol Llundain ac yn is-ganghellor y brifysgol honno.[30]

Maes o law, cafwyd olynydd teilwng i Levi ym mherson D. J. Llewelfryn Davies, a benodwyd yn athro a phennaeth yr adran yn 1940.[31] Fel Levi, rhoddodd Llewelfryn Davies ei oes i wasanaethu'r adran a'r brifysgol yn Aberystwyth, gan iddo aros yno o'i benodiad yn 1940 hyd ei ymddeoliad yn 1970. Bu llawer o ddoniau disglair trwy byrth yr adran, yn fyfyrwyr ac yn ddarlithwyr, yn y cyfnod hwn hefyd. Eto i gyd, bychan oedd yr adran hyd yn oed ar ddiwedd cyfnod Llewelfryn Davies yn y 1970au cynnar, gyda dim mwy na hanner dwsin o staff i gynnal gweithgareddau'r adran. Dim ond mor ddiweddar â diwedd y 1960au y cafwyd ail gadair i adran y gyfraith Aberystwyth, ac fe'i llanwyd gan ŵr ifanc a oedd ar staff Prifysgol Birmingham, ac a fyddai'n olynu Llewelfryn Davies maes o law fel pennaeth yr adran.[32]

Wrth inni fwrw golwg dros ddechreuadau ysgolheictod cyfreithiol yng Nghymru, gwelwn fod dwy her yn wynebu'r sylfaenwyr, sef sicrhau parodrwydd y gymuned academaidd i dderbyn y gyfraith fel pwnc prif-ysgol dilys, a chynnal safonau academaidd ar gyfer y pwnc.

Nid yn ddiwrthwynebiad y daeth y gyfraith yn bwnc prifysgol cydnabydd-edig ym Mhrydain. Stori o frwydro i ennill parch a chydnabyddiaeth oedd stori datblygiad ysgolion cyfraith ym mhrifysgolion Prydain.[33] Roedd nifer o fewn yr academi yn amau dilysrwydd ysgolheigaidd y pwnc.[34] Roedd yr ymarferwyr cyfraith hwythau yn amau gwerth astudiaethau academ-aidd yn y pwnc, ac yn credu mai trwy ymarfer y dylid trwytho yn yr egwyddorion cyfreithiol.[35] Roedd astudiaethau cyfreithiol academaidd yn cael eu hystyried yn dipyn o ymyrraeth ddiangen, ac mai yn y byd mawr yr oedd yr addysg orau.[36] Roedd un sylwebydd yn crynhoi'r wrthodedigaeth fel hyn: 'many practising lawyers regard academic lawyers as so remote from reality as to be irrelevant; many academics regard academic lawyers as involved in vocational training and not with liberal education and scholarship'.[37]

Un arwydd clir o'r diffyg parch tuag at academyddion cyfraith oedd datblygiad y rheol honno lle nad oedd hi'n briodol i farnwr gyfeirio at gyhoeddiadau academaidd cyfreithiol o waith awduron ar dir y byw.[38] Roedd hyn yn atgyfnerthu delwedd israddol yr ysgolhaig cyfreithiol, a'i amherthnasedd i weinyddu cyfiawnder yn y llysoedd[39] er, yn eironig ddigon, roedd adrannau cyfraith y prifysgolion yn darparu hyfforddiant yn unol â'r cwricwlwm yr oedd Cymdeithas y Cyfreithwyr wedi'i fynnu.[40]

Wrth gwrs, yn ychwanegol at agweddau anffafriol y proffesiwn cyfreithiol yn gyffredinol, roedd safonau proffesiynol yr academyddion cyfraith yn wan. Byd amaturaidd iawn oedd byd yr ysgolhaig cyfreithiol ar ddechrau'r ugeinfed ganrif, gyda llawer o'r darlithwyr yn esgeuluso'r gwaith o ymchwil a chyhoeddi. Honnwyd ei bod yn well gan yr Athro J. D. Ivor Hughes, pennaeth ysgol cyfraith Prifysgol Leeds, dreulio ei amser yn pysgota yng ngogledd Cymru yn hytrach nag yn llafurio yn ei lyfrgell.[41] Wrth gwrs, roedd yna fater o orfod brwydro yn erbyn yr elfennau i gyfrif am hyn hefyd. Roedd yna orddibyniaeth ar ddarlithwyr rhan-amser a oedd yn ceisio gwneud ceiniog fach ychwanegol at y gwaith llys.[42] Roedd y darlithwyr llawn-amser yn ysgwyddo baich trwm o ran eu dyletswyddau dysgu, a hynny ar draws ystod eang o bynciau, yn hytrach na chynnal rhaglen ymchwil.[43] Anodd, o dan y fath amgylchiadau, oedd neilltuo amser ar gyfer ymchwil.

Yn ystod ail hanner yr ugeinfed ganrif, fodd bynnag, cafwyd ymdrech i roi ysgolheictod cyfreithiol ar ei draed, ac i sefydlu ysgol cyfraith fel uned ysgolheigaidd gredadwy o fewn yr academi.[44] Trwy ddylanwad ysgolheigion cyfraith y cyfandir ac America, datblygwyd diwylliant proffesiynol a roddai barch dyledus i ymchwil ac awduraeth.[45] Yn raddol, daeth y gyfraith yn destun academaidd cymeradwy ac yn aelod llawn o'r gymdeithas ddeallusol.[46]

Cyfnod yr ehangu

Tua diwedd ei deyrnasiad yn Aberystwyth yn y 1960au hwyr, efallai fod Llewelfryn Davies wedi synhwyro fod monopoli Aber ar addysg gyfreithiol yng Nghymru ar fin dod i ben. Roedd yr hinsawdd addysgiadol yn newid, a chafwyd dau adroddiad hynod bwysig yn y cyfnod hwn a fyddai'n arwain at gyfnod newydd yn hanes ysgolheictod cyfreithiol Cymru.

Y cyntaf oedd Adroddiad Robbins, a gyhoeddwyd yn 1963. Roedd yr adroddiad hwn yn argymell ehangu darpariaeth addysg uwch yn y Deyrnas Unedig trwy ehangu'r sefydliadau prifysgol a chreu sefydliadau prifysgol newydd.[47] Daeth yr ail adroddiad yn 1971, sef adroddiad Mr Ustus Ormrod, a oedd yn argymell y dylai astudiaethau cyfraith yn y brifysgol fod yn elfen orfodol o hyfforddiant cyfreithwyr a bargyfreithwyr.[48] Er na chafodd argymhellion Ormrod eu gweithredu'n llwyr, roedd yna bellach swyddogaeth ffurfiol i ysgolion cyfraith y prifysgolion a'r sefydliadau addysg uwch wrth iddynt ddarparu hyfforddiant swyddogol i'r proffesiwn cyfreithiol. Yr adroddiadau pellgyrhaeddol hyn a fu'n fodd i sicrhau twf mewn addysg prifysgol yn y gyfraith.

Yng ngoleuni'r datblygiadau hyn, roedd hi'n anorfod y byddai'r brifddinas, yn hwyr neu'n hwyrach, yn magu diddordeb mewn addysg gyfreithiol. Roedd datblygiad Caerdydd fel canolfan cyfraith, llywodraeth a gweinyddiaeth genedlaethol yn ystod yr ugeinfed ganrif yn golygu bod absenoldeb addysg gyfreithiol yng ngholegau'r ddinas yn ddiffyg amlwg. Er iddi gael statws dinas yn 1905, a phrifddinas yn 1955, efallai mai sefydlu'r Swyddfa Gymreig yn 1964 a'i gwnaeth hi'n anochel y deuai pwysau i sefydlu'r gyfraith fel pwnc astudiaeth mewn dinas ac iddi sefydliadau llywodraeth genedlaethol. Yn ychwanegol, roedd ganddi bellach leng o gyfreithwyr a bargyfreithwyr a llysoedd barn ar garreg ei drws a allai fod yn gefn i'r ddarpariaeth a gynigid.

Er mor anorfod oedd dyfodiad astudiaethau cyfreithiol i Gaerdydd, yn ddiddorol, nid yng nghanol Caerdydd y cafwyd addysg gyfreithiol am y tro cyntaf yn y de ddiwydiannol a dinesig. Digwyddodd hyn rhyw ddeg milltir i'r gogledd o'r brifddinas, ym Mhontypridd. Roedd Coleg Technegol Morgannwg, a ddaeth, yn ei dro, yn Bolytechnig Morgannwg, yn Bolytechnig Cymru, ac yna, ar ôl diwygiadau addysg uwch 1992, yn Brifysgol Morgannwg, wedi cynnig darpariaeth ar gyfer myfyrwyr a oedd yn ymgymryd ag arholiadau proffesiynol y gyfraith ers tua 1949. Fel gwrthbwynt i'r ddarpariaeth yn Aberystwyth ac, yn ddiweddarach, yng Nghaerdydd, roedd yno fwy o bwyslais ar hyfforddiant galwedigaethol, pwyslais a oedd yn gydnaws â chenhadaeth gyffredinol y sefydliad. Pa fodd bynnag, bu'n rhaid aros tan 1979 cyn medru cynnig gradd LLB yno (bryd hynny wedi ei ddyfarnu gan yr hen CNAA), a dim ond tua diwedd y 1980au y cafwyd adran y gyfraith a chanddi awtonomiaeth gyflawn o fewn y sefydliad.[49]

Yng Nghaerdydd, yn y cyfamser, yr hen Athrofa Technoleg a Gwyddoniaeth oedd y cyntaf i fentro'i bys i mewn i'r pair cyfreithiol. Erbyn dechrau'r 1960au, roedd yr athrofa eisoes yn cynnig ambell gwrs cyfreithiol, yn aml fel rhan o raglenni gradd mewn economeg neu wyddorau cymdeithasol eraill. Tyfodd hyn, gan bwyll, yn ddarpariaeth pur sylweddol o fewn adran cyfraith annibynnol. Wrth gwrs, roedd yr athrofa y tu allan i'r brifysgol ffederal yn y cyfnod hwn, ac roedd hynny i gyfrif am ei gallu i anwybyddu unrhyw wrthwynebiad o gyfeiriad Aberystwyth i'w huchelgais mewn ysgolheictod cyfreithiol. Yn fuan wedyn, a'r monopoli bellach wedi ei dorri, penderfynodd coleg y brifysgol y byddai hithau'n sefydlu adran gyfreithiol. Penllanw'r mentrau hyn oedd sefydlu ysgol cyfraith ar y cyd rhwng yr athrofa a choleg y brifysgol yn 1971.[50] Byddai gan Gaerdydd o hyn ymlaen ddwy adran cyfraith a fyddai'n cydweithio'n agos â'i gilydd, trefn a fyddai'n parhau hyd 1988, pan unodd coleg y brifysgol ac athrofa gwyddoniaeth a thechnoleg y brifysgol i greu un sefydliad newydd, Prifysgol Cymru, Caerdydd (sydd bellach yn Brifysgol Caerdydd). O hynny ymlaen, un adran cyfraith fyddai yng Nghaerdydd.

Dros yr ugain mlynedd nesaf, roedd ysgol y gyfraith yng Nghaerdydd i dyfu i fod yn adran fawr, ffyniannus, gyda thros fil o fyfyrwyr yn dilyn cyrsiau gradd israddedig, ôl-raddedig ac ymchwil. Dyma hefyd, ar sail adroddiadau'r cynghorau ymchwil dros y blynyddoedd diweddar, yr adran orau am ymchwil. Mae hi hefyd wedi arloesi ym maes addysg alwedigaethol yn y gyfraith, a darperir cyrsiau i'r cyfreithwyr a'r bargyfreithwyr yno.[51] Roedd twf a llwyddiant ysgol cyfraith Caerdydd yn anochel. Roedd poblogrwydd y gyfraith fel dewis pwnc ymysg myfyrwyr, a phoblogrwydd Caerdydd fel lle i astudio, yn golygu bod y cynhwysion yn iawn ar gyfer llwyddiant. Roedd presenoldeb cryf y proffesiwn cyfreithiol yng Nghaerdydd hefyd yn gatalydd dros ddatblygu addysg gyfreithiol yno.

Yn ystod y 1980au a'r 1990au, gyda'r cynnydd parhaus yn y myfyrwyr a oedd yn mynychu prifysgolion, datblygodd y gyfraith fel pwnc poblogaidd. I fyfyrwyr a oedd bellach yn cyllido eu haddysg eu hunain i raddau helaeth iawn, roedd yn bwnc a oedd yn cynnig cyfaddawd rhwng addysg academaidd ac addysg alwedigaethol, un a oedd yn cynnig llwybr tuag at yrfa anrhydeddus a phroffidiol (o leiaf dyna'r gred, beth bynnag). Nid nepell o Gaerdydd roedd dinas arall a chanddi sefydliadau addysg uwch, proffesiwn cyfreithiol a llysoedd barn ac, erbyn y 1980au, awydd i ehangu ei darpariaeth academaidd i gynnwys y gyfraith.

Yn Athrofa Addysg Uwch Gorllewin Morgannwg (a newidiodd ei henw, yn ôl ffasiwn yr oes, i Athrofa Abertawe, ac yna i Brifysgol Fetropolitan Abertawe) y dechreuwyd cyflwyno graddau yn y gyfraith yn Abertawe. Graddau wedi eu dilysu fel graddau allanol Prifysgol Llundain oedd y graddau ar ddechrau'r 1980au, cyn iddi glosio yn agosach at Brifysgol Cymru. Sefydlwyd adran y gyfraith yng ngholeg y brifysgol yn Abertawe ar ddechrau'r 1990au, ac erbyn troad y ganrif newydd, gwelwyd nad oedd cyfiawnhad dros gael dwy ysgol cyfraith yn y ddinas. Trwy gydweithio strategol rhwng yr athrofa a Phrifysgol Abertawe, unwyd y ddwy adran a lleoli'r adran unedig o fewn Prifysgol Abertawe.

Â phedair ysgol cyfraith i'r de o'r Ddyfi erbyn diwedd yr ugeinfed ganrif, nid afresymol oedd tybio y byddai prifysgol y gogledd hithau'n gweld cyfle i ehangu'r ddarpariaeth i gynnwys y gyfraith. Mae ysgol y gyfraith Prifysgol Bangor, a sefydlwyd yn 2004, yn unigryw yn y ffaith mai yn y cyfnod wedi datganoli y daeth hi i fodolaeth. Cawn ystyried goblygiadau hyn eto maes o law. Gwelir, felly, sut y bu ffrwydrad mewn addysg gyfreithiol yn y deng mlynedd ar hugain diwethaf. Bu hyn yng nghyd-destun dyfodiad datganoli a sefydlu'r cynulliad cenedlaethol, ar yr un llaw, a datgymalu Prifysgol Ffederal Cymru ar y llaw arall. Gydag adran cyfraith ym mhob rhan o Gymru, efallai fod gormod o ddyblygu darpariaeth ar lefel genedlaethol erbyn hyn. Ac eto, roedd y cynnydd yn y ddarpariaeth yn ddim llai nag ymateb rhesymol i anghenion y farchnad ac i boblogrwydd y pwnc.[52]

Wrth inni fwrw golwg dros ddatblygiad addysg gyfreithiol ym mhrifysgolion Cymru, gwelwn fod rhai elfennau arwyddocaol sydd yn gosod y cefndir i'n hystyriaeth o'r sefyllfa gyfoes. Fel y mae addysg prifysgol yn ffenomena diweddar yng Nghymru, mae addysg gyfreithiol hefyd yn ffenomena diweddar – creadigaeth diwedd Oes Victoria a dechrau'r ugeinfed ganrif yw'r ddau i bob pwrpas. Cafwyd tri chyfnod yn natblygiad ysgolheictod cyfreithiol yng Nghymru. Y cyfnod cyntaf oedd y cyfnod cynnar o tua 1901 i 1960 neu, os yr hoffwch, cyfnod monopoli Aberystwyth ar y ddarpariaeth. Un ysgol cyfraith oedd yng Nghymru, gyda dim mwy na hanner dwsin o staff yn ei gwasanaethu ar y tro, a hynny mewn oes lle mai braint y lleiafrif oedd addysg prifysgol.

Yr ail gyfnod oedd y cyfnod o 1960 i 1997. Dyma gyfnod twf a chynnydd mewn addysg gyfreithiol yng Nghymru, gyda'r ehangu mawr mewn addysg uwch, adrannau cyfraith newydd yn cael eu sefydlu ac addysg prifysgol yn y gyfraith yn dod yn rhan ffurfiol o'r paratoad ar gyfer galwedigaeth ym myd y gyfraith. Ar ôl Adroddiad Ormerod ar ddechrau'r 1970au, cytunwyd ar gwricwlwm craidd yn y gyfraith a fyddai'n pennu cynnwys y graddau a gydnabyddid gan y proffesiwn cyfreithiol ar gyfer cymhwyso'n broffesiynol. Yn naturiol, fel rhan o'r pris am gydnabyddiaeth, roedd cynnwys y cwricwlwm cyfraith wedi ei ddylanwadu gan ofynion y proffesiwn cyfreithiol.

Wrth oedi ac ystyried natur ysgolheictod cyfreithiol yn ystod y ddau gyfnod cyntaf hyn, gwelwn mai gwir oedd geiriau'r Athro Sheridan am absenoldeb elfen Gymreig. Yn wahanol iawn i'r Alban, lle roedd cyfraith yr Alban yn elfen greiddiol o'r ddarpariaeth, nid oedd elfen Gymreig yn rhan o'r pwyslais yng Nghymru. Cyfraith Lloegr oedd cyfraith Cymru ac, ar y gorau, cyn belled ag yr oedd addysg gyfreithiol yn y cwestiwn, medrid disgrifio Cymru fel rhanbarth o awdurdodaeth gyfreithiol Lloegr. Gyda'r proffesiwn cyfreithiol yng Nghymru yn rhan annatod o'r gyfundrefn Seisnig, nid yw'n syndod bod y persbectif yn un Seisnig. Wrth gwrs, hwnt ac yma, roedd eithriadau i'r pwyslais Seisnig, megis yr astudiaethau yng nghyfreithiau brodorol y Cymry yn Aberystwyth o dan arweiniad nodedig yr Athro Dafydd Jenkins.[53] Cafwyd Cymry Cymraeg yn academyddion cyfraith amlwg, a bu hyn yn fodd, weithiau, o roi'r ymddangosiad o Gymreictod. Ond rhan o rwydwaith ysgolion cyfraith Brydeinig oedd ysgolion cyfraith Cymru, ac ni chafodd y Cymry Cymraeg, hyd yn oed, fawr o ddylanwad Cymreig ar y diwylliant creiddiol Seisnig hwn.

Rydym wedi cyrraedd y trydydd cyfnod yn natblygiad addysg gyfreithiol yng Nghymru, sef y cyfnod o 1997 ymlaen. Dyma gyfnod datganoli, o ddeddfu yng Nghaerdydd ar gyfer Cymru ac o esgor ar ymwybyddiaeth Gymreig o fewn y farnwriaeth a'r gyfundrefn gyfreithiol. Beth fyddai ymateb yr ysgolion cyfraith i'r datblygiadau hyn tybed?

Y cyfnod modern a datganoli

Un o sgil-effeithiau mwyaf trawiadol creu'r cynulliad cenedlaethol oedd i rai o arweinwyr blaenllaw y proffesiwn cyfreithiol sylweddoli bod angen datblygu personoliaeth gyfreithiol a strwythurau cynhenid i wasanaethu'r gyfundrefn gyfreithiol yng Nghymru. Aeth proffesiwn a chanddo'r ddelwedd o fod yn geidwadol a Seisnig ei agwedd i ddechrau ystyried anghenion Cymru o ddifrif. Roedd Adroddiad Richard yn cydnabod yr angen i ddatblygu system gyfreithiol Gymreig os yr oedd y setliad ddatganoledig i gyflawni ei botensial ar gyfer llywodraethu Cymru. Gwelwyd datganoli uwch-lysoedd a thribiwnlysoedd o Lundain i Gymru fel bod yna raddau helaeth o ddatganoli cyfreithiol, a Chymru, o'r herwydd, yn datblygu ei systemau cyfreithiol cynhenid ei hun. Roedd y llywodraeth yng Nghaerdydd yn cymeradwyo datblygiad Cymru'r Gyfraith, ac yn gweld hwn fel rhan bwysig o ddatblygiad a ffyniant datganoli yng Nghymru. Yn fuan ar ôl dyfodiad y cynulliad cenedlaethol, cafwyd ymgais gan rai o ysgolheigion cyfraith Cymru i ddiffinio swyddogaeth adrannau cyfraith prifysgolion Cymru yng ngoleuni'r newidiadau cyfansoddiadol.[54]

Yn amlwg, roedd y newidiadau hyn yn creu angen am arbenigedd mewn cyfraith gyfansoddiadol a gweinyddol, a hynny'n benodol o fewn y cyd-destun Cymreig. Sut oedd meithrin yr arbenigedd hwn? Byddai gan yr adrannau cyfraith gyfle i ddatblygu prosiectau a fyddai'n hybu dealltwriaeth o swyddogaeth ddeddfwriaethol y cynulliad ac o gynnyrch deddfwriaethol y cynulliad. Roedd cyfle i'r prifysgolion ddod yn ffynonellau arbenigedd ac yn esbonwyr cymdeithasol, yn enwedig i'r gymuned gyfreithiol, o ystyr ac arwyddocâd y cyfansoddiad. Byddai prosiectau ymchwil sylweddol yn siŵr o esgor ar syniadau mentrus i ddatblygu'r broses ddatganoli a'i gosod o fewn fframwaith syniadol cadarn. Onid oedd gwawr newydd ar dorri yn hanes ysgolheictod cyfreithiol yng Nghymru?

Roedd yr ymateb cychwynnol yn addawol iawn. Yn Aberystwyth, er enghraifft, sefydlwyd Canolfan Materion Cyfreithiol Cymreig, canolfan arbenigol a oedd â'i bryd ar fod yn bwerdy deallusol ar gyfer y gyfraith yn y Gymru newydd. Datblygodd Prifysgol Caerdydd ganolfan debyg gydag adnoddau ar y rhyngrwyd a fyddai'n ffynhonnell fodern, dechnolegol ar gyfer deddfwriaeth y cynulliad. Sefydlwyd cylchgrawn cyfreithiol newydd ym Mhrifysgol Abertawe, sef *Cylchgrawn Cyfraith Cymru* (a ddaeth yn ddiweddarach yn *Gylchgrawn Cyfraith a Pholisi Cymru*). Roedd hwn yn fenter a fyddai'n hybu gwybodaeth, dealltwriaeth, trafodaeth a beirniadaeth o waith deddfwriaethol y cynulliad, gan ystyried y cyd-destun Cymreig mewn perthynas â chyd-destun Ewropeaidd a rhyngwladol. Diffiniwyd ei amcanion yn glir, ac roedd yn berffaith amlwg ei fod yn ymateb blaengar i ddatganoli. Nod y cylchgrawn oedd:

- darparu fforwm ar gyfer papurau disgrifiadol a myfyrgar ar faterion o ddiddordeb i ymarferwyr cyfreithiol, llunwyr polisïau ac academyddion yng Nghymru a thu hwnt;
- esbonio cyfraith newydd Gymreig a'r ffordd y bydd yn cael ei gweithredu gan y cynulliad ac awdurdodau cyhoeddus yng Nghymru;
- cysylltu â datblygiadau mewn mannau eraill a'u cymharu;
- darparu nodiadau achosion a gwybodaeth gyfreithiol i ymarferwyr y gyfraith ynglŷn â datblygiad y gyfraith yng Nghymru.[55]

Roedd sefydlu'r Llys Gweinyddol yn argoeli'n addawol ar gyfer creu corff o waith cyfreithiol ym maes cyfraith gyfansoddiadol. Efallai y gwelid cynnydd mewn achosion lle y byddai penderfyniadau'r cynulliad yn cael eu herio trwy fecanwaith arolygaeth farnwrol. Yn naturiol, gwelodd yr adrannau cyfraith gyfle i addasu'r cwricwlwm fel y bod myfyrwyr yn cael eu paratoi yn ddigonol ar gyfer ymwneud â'r gwaith hwn wedi iddynt gymhwyso.

Roedd twf addysg alwedigaethol yn y gyfraith yn un o'r datblygiadau mwyaf arwyddocaol yn y ddarpariaeth genedlaethol yn sgil datganoli. Lle mai dim ond yng Nghaerdydd ac ym Morgannwg y ceid y cyrsiau galwedigaethol ôl-raddedig ar gyfer y rheiny a oedd am ymarfer fel cyfreithwyr a bargyfreithwyr yn 1999, erbyn 2009 roedd cyrsiau o'r fath i'w cael yn Abertawe ac Aberystwyth hefyd. Law yn llaw â hyn, cafwyd cyrsiau rhan-amser i gyfreithwyr a bargyfreithwyr fel rhan o raglen o addysg barhaus ar gyfer y proffesiwn. Roedd ysgolion cyfraith Cymru bellach yn wahanol i'w gymheiriaid yn Lloegr, lle nad oedd fawr o ddiddordeb mewn addysg gyfreithiol alwedigaethol yn ysgolion cyfraith yr hen brifysgolion. Dim ond yn y prifysgolion a grëwyd o'r hen golegau polytechnig ac addysg uwch y ceid addysg alwedigaethol gyfreithiol yn Lloegr. Roedd Cymru, yn amlwg, yn torri ei chwys ei hun.

Fel y nodwyd yn barod, elfen bwysig o'r cyfansoddiad gwleidyddol wedi datganoli oedd y polisi cenedlaethol o drin y Gymraeg a'r Saesneg yn gyfartal. Roedd y sylfeini cyfansoddiadol yno o'r dechrau. Yn gyson ag egwyddor sylfaenol Deddf yr Iaith Gymraeg 1993,[56] roedd Deddfau Llywodraeth Cymru 1998 a 2006 hefyd yn gwarantu bod y Gymraeg a'r Saesneg yn gydradd â'i gilydd wrth lywodraethu Cymru. Wrth gwrs, yn ddiweddarach, atgyfnerthwyd hyn gan Fesur y Gymraeg (Cymru) 2011.

Roedd llywodraeth y cynulliad wedi cydnabod yr angen i ddiogelu a hyrwyddo hawliau'r unigolyn i ddefnyddio'r iaith o'u dewis (y Saesneg neu'r Gymraeg) ym mhob agwedd o fywyd bob dydd, yn unol â'r egwyddor o gydraddoldeb ieithyddol. Cafwyd *Iaith Pawb: Cynllun Gweithredu Cenedlaethol ar gyfer Cymru Ddwyieithog* er mwyn cynyddu'r ddarpariaeth o wasanaethau trwy gyfrwng y Gymraeg. Soniwyd ynddo am y 'cynnydd sylweddol yn y galw am addysg ddwyieithog a chyfrwng Cymraeg, ac yn y ddarpariaeth dros yr 20 mlynedd diwethaf', ac at ymrwymiad Llywodraeth Cymru i annog 'y rheiny sydd wedi defnyddio neu ddysgu'r iaith yn yr ysgol i'w chadw a'i defnyddio ar ôl iddynt adael'.[57]

Ond, er gwaetha'r egwyddor statudol o gydraddoldeb ieithyddol, ni threiddiodd yr egwyddor i fod yn ddylanwad ar fywyd a chenhadaeth y prifysgolion. Roedd nifer o adroddiadau ac adolygiadau, fel Adroddiad Estyn, a gyhoeddwyd ym mis Chwefror 2002, yn tanlinellu'r diffyg yn y ddarpariaeth cyfrwng Cymraeg o fewn y sector addysg uwch yng Nghymru, gyda dim ond 3 y cant o'r holl fyfyrwyr mewn sefydliadau addysg uwch yng Nghymru yn derbyn peth addysg trwy gyfrwng y Gymraeg.[58] Cyhoeddodd Llywodraeth Cymru ymateb ar ffurf strategaeth ar gyfer y sector addysg uwch yng Nghymru, *Ymgeisio yn Uwch*, a oedd yn ymrwymo i ymestyn y cyfleoedd i dderbyn addysg prifysgol trwy gyfrwng y Gymraeg.[59]

Gosodwyd nod gan y llywodraeth i sicrhau bod 7 y cant o fyfyrwyr yn dilyn o leiaf rhan o'u hastudiaethau trwy gyfrwng y Gymraeg. Sefydlodd Cyngor Cyllido Addysg Uwch Cymru (CCAUC) grŵp llywio ar gyfer darpariaeth cyfrwng Cymraeg mewn addysg uwch a ddrafftiodd a chyflwynodd strategaeth i'r llywodraeth yn 2004. O ganlyniad, datblygodd y cyngor cyllido amcanion a oedd yn cynnwys 'cefnogi datblygu darpariaeth cyfrwng Cymraeg i gwrdd ag anghenion Cymru ddwyieithog',[60] 'gan alluogi prifysgolion ymhellach i chwarae eu rhan . . . i gwrdd ag anghenion economaidd, diwylliannol a chymdeithasol Cymru (gan gynnwys y rhai hynny sy'n gysylltiedig . . . â'r Gymraeg)',[61] a 'chael pwyslais cryf ar . . . gydweithrediad . . . i gynnal gwell perfformiad sefydliadau unigol a'r system addysg uwch at ei gilydd'.[62]

Cytunodd y sefydliadau addysg uwch, trwy eu corff cynrychiadol, Addysg Uwch Cymru (AUC), i sefydlu fframwaith strategol ac i baratoi cynllun datblygu cenedlaethol newydd ar gyfer darpariaeth cyfrwng Cymraeg. Cafwyd cynllun datblygu cenedlaethol newydd gan y Grŵp Sector Addysg Uwch Cyfrwng Cymraeg (a oedd yn cynnwys cynrychiol-wyr ar y lefel uwch o bob un sefydliad addysg uwch). Cefnogwyd y grŵp sector gan grŵp cydlynu o swyddogion sefydliadol ac is-grwpiau a fu'n cymryd cyfrifoldeb dros feysydd manwl penodol, yn ogystal â phaneli rhwydwaith a fu'n gyfrifol am ystod o bynciau. Ymhlith y paneli rhwyd-waith a sefydlwyd yn unol â'r strategaeth genedlaethol, roedd panel y gyfraith. Roedd y cynllun datblygu cenedlaethol yn sôn am ddatblygu darpariaeth newydd, cynyddu nifer staff trwy gynlluniau ysgoloriaethau a chymrodoriaethau, datblygu staff a marchnata. Er mwyn gweithredu'r strategaeth hon, sefydlwyd Canolfan Addysg Uwch Cyfrwng Cymraeg.[63] Swyddogaeth y ganolfan hon oedd darparu cymorth a chydgysylltu ar ran y grŵp sector ar gyfer y rhaglenni a'r gweithgareddau yn y cynllun datblygu cenedlaethol.

Yn ystod y siwrnai tuag at greu fframwaith a fyddai'n cynyddu'r ddarpariaeth, comisiynwyd Arad Consulting i ystyried y modelau posibl ar gyfer cyflwyno darpariaeth cyfrwng Cymraeg yn y dyfodol. Awgrymodd eu hadroddiad mai model rhwydwaith fyddai'n fwyaf priodol, a honno'n cael ei chefnogi gan y fframwaith strategol genedlaethol. Ond roedd achos addysg uwch cyfrwng Cymraeg i brofi tipyn o hwb pan ffurfiwyd llywodraeth glymblaid rhwng y Blaid Lafur a Phlaid Cymru yng Nghaerdydd ym Mai 2007.[64]

Bu trafod helaeth ers blynyddoedd yn y wasg Gymreig ynglŷn â sefydlu Coleg Ffederal Cymraeg er mwyn datblygu addysg uwch cyfrwng Cymraeg.[65] Yr oedd sefydlu rhwydwaith Addysg Uwch Cyfrwng Cymraeg – y coleg ffederal – yn un o ymrwymiadau llywodraeth glymblaid 2007–11 yn ei dogfen bolisi, *Cymru'n Un*.[66] Ym mis Gorffennaf 2008, rhoddodd y Gweinidog dros Blant, Addysg, Dysgu Gydol Oes a Sgiliau wahoddiad i'r Athro Robin Williams, cyn is-ganghellor Prifysgol Abertawe, i sefydlu bwrdd cynllunio ar gyfer coleg ffederal. Tasg yr Athro Williams a'i fwrdd oedd llunio adroddiad annibynnol ar fodel ar gyfer coleg ffederal, a'i gwblhau a'i gyflwyno i'r gweinidog erbyn Mehefin 2009.

Cyflwynwyd adroddiad a oedd yn cefnogi'r egwyddor o goleg ffederal. Roedd yr adroddiad yn gosod opsiynau cyfansoddiadol ar gyfer y coleg, ac yn amlinellu'r lefel o gyllido a fyddai ei angen i alluogi'r sefydliad i wireddu ei swyddogaeth arfaethedig.[67] Y prif gasgliadau oedd y dylai'r coleg ffederal fod yn sefydliad newydd ac annibynnol, gyda phresenoldeb ym mhob un o'r sefydliadau addysg uwch, a hwythau, felly, yn rhan-ddeiliaid yn y sefydliad. Argymhellwyd y dylai'r coleg gael ei gyllido trwy ffrwd gyllido reolaidd gan Lywodraeth Cymru. Cenhadaeth sylfaenol y coleg ffederal fyddai 'cynnal, datblygu a goruchwylio darpariaeth cyfrwng Cymraeg mewn addysg uwch yng Nghymru'.[68]

Roedd Adroddiad Williams yn cynnig gweledigaeth a fframwaith ar gyfer y Coleg Cymraeg Cenedlaethol (sef yr enw a roddwyd ar y coleg ffederal), a chafodd ei argymhellion eu mabwysiadu gan y llywodraeth.[69] I lawer, roedd hi'n eithaf eironig bod y coleg newydd hwn yn cael ei argymell mor fuan ar ôl i ffederaliaeth prifysgol yng Nghymru, sef Prifysgol Cymru yn ei ffurf wreiddiol, ddod i ben. Pan benderfynodd Prifysgol Caerdydd adael y gorlan (ar ôl sawl ymgais aflwyddiannus yn y gorffennol), roedd hi'n anorfod y byddai'r sefydliadau eraill yn gorfod ystyried yn ddwys eu perthynas â'r brifysgol ffederal.[70] Er i'r diweddar

Athro Syr David Williams, QC (brodor o Gaerfyrddin a fu'n is-ganghellor Prifysgol Caergrawnt) argymell achub y brifysgol ffederal, roedd awydd y colegau i gael annibyniaeth yn cynyddu.[71]

Sefydlodd Prifysgol Cymru weithgor o dan gadeiryddiaeth ei dirprwy-ganghellor, Dafydd Wigley, i ystyried dyfodol Prifysgol Cymru a'i berthynas â'r colegau prifysgol yng Nghymru.[72] Argymhellwyd y dylai Prifysgol Cymru fod yn sefydliad annibynol o'r colegau, ac y dylai'r colegau ddyrchafu i fod yn brifysgolion annibynol.[73] Y bwriad oedd iddynt barhau i gael rhyw fath o berthynas â Phrifysgol Cymru trwy ddyfarnu graddau wedi eu dilysu ganddi. Pa fodd bynnag, o hyn ymlaen, byddai eu gweinyddiaeth yn gwbl annibynnol o'r brifysgol ffederal.[74] Wrth gwrs, ers hynny, mae'r broses o ddatod y clymau gyda Phrifysgol Cymru yn un sydd wedi prysuro yng nghyswllt y colegau bron i gyd, a hwythau nawr yn dyfarnu eu graddau eu hunain. Bid hynny fel y bo: stori arall yw stori seithug Prifysgol Cymru yn ein dyddiau ni.

Mae sefydlu'r Coleg Cymraeg Cenedlaethol, felly, yn gam pwysig ac yn allweddol i'r drafodaeth ar sut y medrir datblygu ysgolheictod cyfreithiol cyfrwng Cymraeg yn rhywbeth o sylwedd. Mae gan adrannau cyfraith y prifysgolion, trwy gyfrwng cyrsiau cyfrwng Cymraeg priodol, gyfle i hyrwyddo amcanion y Coleg Cymraeg Cenedlaethol a'r defnydd o'r Gymraeg o fewn y gyfundrefn gyfreithiol. Yn gynnar yn oes y cynulliad cenedlaethol, mewn anerchiad yng Nghanolfan Materion Cyfreithiol Cymreig, Prifysgol Cymru, Aberystwyth, cydnabu cwnsler cyffredinol cyntaf Cynulliad Cenedlaethol Cymru, Winston Roddick, QC, fod gan adrannau cyfraith y colegau gyfraniad pwysig i'w wneud i hyrwyddo datblygiad Cymru'r Gyfraith. Byddai'r cyfraniad hwnnw yn bennaf ym maes addysg ddwyieithog yn y gyfraith, cyfieithu testunau cyfreithiol (o'r Saesneg i'r Gymraeg), addysgu'r farnwriaeth ac ymchwil.[75] Roedd y dimensiwn ieithyddol yn ganolog i'w ddadansoddiad o rôl y prifysgolion wrth hyrwyddo Cymru'r Gyfraith.

Mae addysg gyfreithiol yn amlygu rhai o'r anawsterau sylfaenol o ran datblygu addysg uwch cyfrwng Cymraeg, ond hefyd rhai o'r dadleuon sydd o'i phlaid. Gall y proffesiwn cyfreithiol, yn ei ymwneud â'r cyhoedd mewn cyd-destun proffesiynol, economaidd yn ogystal â chymdeithasol, gyfrannu'n sylweddol at greu Cymru ddwyieithog. Mae datblygiad Cymru'r Gyfraith, yn sgil datganoli, yn nodi datblygiad system gyfreithiol a fydd yn gwasanaethu anghenion ieithyddol Cymru.[76] Yr egwyddor o gydraddoldeb rhwng y Gymraeg a'r Saesneg yw un o'r nodweddion gwahaniaethol amlycaf sydd i Gymru'r Gyfraith. Rhaid i'r gyfundrefn gyfreithiol yng Nghymru weithredu mewn modd amgenach, felly, oherwydd anghenion dwyieith-rwydd. Yn wir, mae'r elfen ieithyddol yn gatalydd allweddol yn natblygiad yr hunaniaeth gyfreithiol Gymreig gan fod rhaid i'r sector gyfreithiol broffesiynol weithredu'n ddwyieithog er mwyn cyflawni'r egwyddor o gydraddoldeb. Mae, wrth reswm, angen yr hyfforddiant a'r sgiliau i allu gwneud hyn.[77]

Gall adrannau cyfraith y prifysgolion hefyd gyfrannu at fywiogi'r economi wybodaeth o fewn y sector gyfreithiol, yn enwedig yng nghyswllt y proffesiwn cyfreithiol yn ardaloedd Cymreiciaf a mwyaf gwledig Cymru. Ar wahân i'r angen i gydymffurfio â'r ddeddf, a'r egwyddor o gydraddoldeb, mae goblygiadau economaidd i'r broses o sicrhau gweithlu dwyieithog o fewn y sector gyfreithiol. Mae cryfhau sgiliau dwyieithog y gymuned gyfreithiol yng Nghymru yn rhan o'r ymgyrch ehangach i wella sgiliau o fewn y sector cyfraith.

Roedd ymchwil a gyflawnwyd gan Asiantaeth Datblygu Cymru o'r cynnyrch cenedlaethol (GDP) yn cadarnhau bod y proffesiwn cyfreithiol yn cyfrannu 1 y cant o'r GDP yng Nghymru.[78] Fel y cydnabu Llywodraeth Cymru, mae datganoli a datblygiad Cymru'r Gyfraith yn cynnig cyfle i gyfreithwyr wneud cyfraniad unigryw i ddatblygiad economi Cymru, ac i ddatblygu arbenigedd a sgiliau a fydd yn cryfhau eu gallu i gadw gwaith safonol sydd hyd yma wedi ei golli i gyfreithwyr dinasoedd mawr Lloegr. Mae nifer cynyddol o gyfreithwyr Cymru yn cydnabod y gall dwyieithrwydd fod yn ased economaidd iddynt, a'u galluogi i gystadlu yn fwy effeithiol am waith. I gyfreithwyr yn y sector gyhoeddus, megis cyfreithwyr y llywodraeth a'r cynulliad cenedlaethol, mae cydymffurfio â dyletswyddau statudol tuag at y Gymraeg wrth, er enghraifft, ddarparu deddfwriaeth, yn ychwanegu at y ddadl dros wella sgiliau dwyieithog y proffesiwn cyfreithiol.

Gwelwn fod pwysigrwydd ffyniant dwyieithrwydd o fewn y byd cyfreithiol yng Nghymru, a rôl y prifysgolion wrth hybu'r broses honno, yn cael ei atgyfnerthu gan gyfuniad o ffactorau, gan gynnwys yr angen i gydymffurfio â deddf gwlad, polisi cymdeithasol ac anghenion economaidd y proffesiwn cyfreithiol. Cydnabyddir na ellir gwireddu'r nod heb greu strwythurau a pholisïau ymarferol priodol a fydd yn galluogi'r proffesiwn cyfreithiol i weithredu'n ddwyieithog, a chwrdd â'r sialens sy'n eu hwynebu. Cydnabyddir hefyd mai'r cam cyntaf ymarferol er mwyn cynorthwyo'r proffesiwn cyfreithiol i gwrdd â'r her yw datblygu rhaglen hyfforddi briodol neu, mewn gair, addysg.

Cofier hefyd fod y byd gwaith bellach yn cydnabod bod addysg a hyfforddiant parhaus yn hanfodol os yw'r gweithlu i finiogi eu sgiliau a sicrhau bod y datblygiadau diweddaraf yn cael eu mabwysiadu'n briodol. Ym maes y gyfraith, gwelwyd y cyrff proffesiynol yn ei gwneud hi'n orfodol i gyfreithwyr i ymgymryd â chwota blynyddol priodol o gyrsiau hyfforddi proffesiynol. Yn y blynyddoedd diweddar, trefnwyd cyrsiau i eiriolwyr gan Gymdeithas y Gyfraith er mwyn datblygu sgiliau eiriol trwy gyfrwng y Gymraeg. Felly, cymhathwyd y cyfle i ddatblygu sgiliau ymarfer trwy gyfrwng y Gymraeg gyda'r angen i ymgymryd ag addysg barhaus.

Gan dderbyn bod y ffactorau hyn yn cynnig swyddogaeth wirioneddol werthfawr i addysg gyfreithiol ddwyieithog yn y Gymru gyfoes, beth yw cyflwr y ddarpariaeth mewn gwirionedd? Bu'r ddarpariaeth cyfrwng Cymraeg o fewn ysgolion cyfraith Cymru yn destun adolygiadau cyson gan Banel y Gyfraith yn ystod y blynyddoedd diwethaf. Daethpwyd i'r casgliad bod yna gefnogaeth i addysg cyfrwng Cymraeg yn y gyfraith i amrywiol raddau ar lefel adrannol a sefydliadol ledled Cymru. Gellir crynhoi'r sefyllfa fel hyn: bellach, gyda phump o brifysgolion Cymru yn cynnig gradd yn y gyfraith, mae tua mil o fyfyrwyr yn dechrau eu blwyddyn gyntaf ar y cwrs gradd LLB yn y gyfraith yng Nghymru bob blwyddyn. Mae nifer sylweddol, os nad y mwyafrif ohonynt, yn fyfyrwyr o Gymru, a nifer o'r rheiny yn Gymry Cymraeg.[79] Yn sicr, mae arolygon Panel y Gyfraith yn cadarnhau bod yna nifer sylweddol o fyfyrwyr sy'n medru'r Gymraeg yn astudio'r gyfraith rhywle yng Nghymru.

Beth yw natur y ddarpariaeth cyfrwng Cymraeg sydd ar eu cyfer? Fel arfer, addysg ddwyieithog o fewn y gwahanol destunau yw'r patrwm a fabwysiedir. Hynny yw, fel arfer, bydd y myfyrwyr yn astudio rhai testunau trwy gyfrwng y Gymraeg, gyda rhyw elfen o astudio trwy gyfrwng y Saesneg o fewn y testunau hynny. Er enghraifft, os yw cwrs cyfraith trosedd yn cael ei gynnig trwy gyfrwng y Gymraeg, bydd y ddarlith yn Saesneg i'r dosbarth cyfan, ond bydd y seminarau a'r grwpiau llai ar gael trwy gyfrwng y Gymraeg. Efallai nad yw hyn yn ddrwg i gyd gan fod y patrwm dwyieithog yn llwyddo i feithrin y sgiliau hynny sydd eu hangen ar gyfreithwyr Cymru, sef y gallu i drin a thrafod terminoleg gyfreithiol yn y ddwy iaith yn rhwydd ac yn naturiol. Ceir mân-amrywiadau yn y ddarpariaeth ar hyd y sefydliadau oherwydd adnoddau a gallu'r staff i ddarparu'r addysg yn y modd mwyaf ymarferol. Ond nid oes unrhyw gynllun gradd yn y gyfraith yn yr arfaeth a fydd yn cynnig yr addysg yn gyfan gwbl trwy gyfrwng y Gymraeg, nac unrhyw fwriad i wneud hynny yn y dyfodol agos chwaith.

Mae'r ddadl o blaid addysg cyfrwng Cymraeg yn y gyfraith yn amlwg. Os yw myfyrwyr yn treulio'u cyfnod yn y prifysgolion heb dderbyn eu haddysg yn y gyfraith trwy gyfrwng y Gymraeg, neu o leiaf elfen ohoni, mae'r cyfle gorau i'w trwytho yn y ffordd ddwyieithog o ymdrin â'r gyfraith wedi ei golli. Dyma'r cyfle gorau i fagu cyfreithwyr dwyieithog y dyfodol, gan sicrhau eu bod yn deall anghenion eu cymdeithas ac yn barod i gwrdd â'r anghenion hynny, a thrwy hynny, efallai, wasanaethu eu cenedl. Felly, os yw addysg yn elfen hanfodol o lwyddiant a pharhad dwyieithrwydd ym myd y gyfraith, ac o lwyddiant Cymru'r Gyfraith hyd yn oed, yna mae gan adrannau cyfraith y prifysgolion gyfraniad pwysig i'r broses hon. Hwy yw'r sefydliadau cyhoeddus mwyaf yn eu hardaloedd ac, wedi'r cwbl, mae addysg a hyfforddiant yn un o bennaf swyddogaeth y prifysgolion. Maent yn ffynhonnell arbenigedd, gallu ac adnoddau amhrisiadwy i'r gymdeithas y maent yn rhan ohoni.

Wynebu'r rhwystrau

Er mor gymeradwy a rhesymol yw'r dadleuon o blaid datblygu a chynnal addysg cyfrwng Cymraeg yn y gyfraith, mae yna rwystrau sylweddol sy'n atal neu'n tanseilio'r weledigaeth. Dyma ymgais i amlinellu'r prif rwystrau.

Economeg a globaleiddio

Nid oes angen eglurhad manwl o'r gwasgedd ariannol sy'n wynebu prifysgolion yn yr oes sydd ohoni. Gyda thoriadau ariannol llym yn bygwth dyfodol rhai sefydliadau, nid ar chwarae bach y maent yn medru sicrhau cynaliadwyedd ariannol.[80] Gorfu i ddyled y wladwriaeth arwain at lai o gyllid cyhoeddus ar gyfer addysg uwch, ac yr oedd Adroddiad Browne yn argoeli ar gyfer sector a fyddai bellach ar drugaredd y farchnad.[81] O'i roi yn syml, mae'r broses o breifateiddio addysg uwch yn un sydd yn ddi-droi'n ôl.[82]

Mae prifysgolion Cymru bellach yn rhan o'r farchnad addysg uwch fyd-eang. Mae denu myfyrwyr tramor yn allweddol i ddyfodol pob sefydliad, a hynny oherwydd bod y myfyrwyr hyn yn talu ffioedd drud am eu haddysg.[83] Mae addysg uwch bellach yn fusnes mawr, cystadleuol, rhyng-wladol, a'r gair mawr ar wefusau pawb yw 'globaleiddio'. Mae ysgolion cyfraith Cymru yn rhan o'r farchnad hon, a myfyrwyr tramor yn cael eu denu yn eu miloedd i lanw'r cyrsiau. Wrth gwrs, mae'r farchnad hon yn ansefydlog, a gall gorddibyniaeth arni brofi'n ddrud yn y pen draw. Er hynny, mae'r gyfundrefn gyllido newydd wedi dwysáu'r ymdrechion i fanteisio ar angen Tsieina ac India am raddedigion er mwyn cynnal a datblygu eu heconomïau ffyniannus.

O'u cymharu â phrifysgolion cenhedloedd eraill y Deyrnas Unedig, mae gan brifysgolion Cymru ddemograffi anarferol.[84] Mae Cymru yn allforio ei phobl ifanc i raddau uchel ac mae'r canran o fyfyrwyr sy'n astudio yn eu gwlad eu hunain yn is yng Nghymru nag yng ngweddill y Deyrnas Unedig. Os edrychwn ar ddemograffi ysgolion cyfraith Cymru, gwelwn fod y mwyafrif o athrawon cadeiriol wedi dod o'r tu allan i Gymru, ac nid ydynt yn siarad Cymraeg. Mae Cymru fel petai'n cael ei harwain yn llwyr gan yr economi addysg uwch ryngwladol.

Pan gyflwynwyd y polisi i gynyddu ffioedd myfyrwyr ym Mhrydain, roedd hyn law yn llaw â bwriad y llywodraeth i leihau cyllid cyhoeddus ar gyfer y prifysgolion. Yr hyn sydd wedi digwydd yw bod y gost o gynnal addysg uwch wedi ei throsglwyddo o'r llywodraeth i'r cwsmer – sef y myfyriwr. Mae hyn wedi newid y berthynas rhwng y brifysgol a'i myfyriwr yn llwyr. Nid corff sy'n darparu gwasanaeth cyhoeddus mo'r brifysgol bellach, ond busnes sy'n ceisio darparu cynnyrch y mae'n rhaid talu amdano. Er bod Llywodraeth Cymru wedi ceisio lliniaru tipyn ar y baich i fyfyrwyr sy'n byw yng Nghymru, mae'r newid hwn yn yr hinsawdd yr un mor berthnasol yma ag yn Lloegr. Daeth cyflogadwyedd a phrofiad addysgiadol y myfyriwr i flaen yr agenda wleidyddol, gyda'r myfyriwr yn mynnu gwerth am ei arian.[85]

Gwelwyd pwyslais cynyddol ar feysydd sy'n debygol o ddenu buddsoddiad ariannol gan ddiwydiant a'r sector breifat. Pynciau STEM (sef gwyddoniaeth, technoleg, peirianneg a mathemateg) ynghyd â meddygaeth oedd yn cael eu hyrwyddo gan sefydliadau, gyda'r dyniaethau yn cael llai o flaenoriaeth.[86] Dichon fod gan y pwyslais hwn ei oblygiadau i ysgolheictod cyfrwng Cymraeg sydd, yn hanesyddol, wedi bod yn wan yn y gwyddorau ond yn gryf yn y dyniaethau.

Mae gan y cyd-destun economaidd ac ariannol ei arwyddocâd i ysgolion cyfraith Cymru a'u perthynas gyda'r agenda Gymreig. Rhaid i reolwyr yr ysgolion cyfraith ymateb i anghenion y farchnad, a cheir anesmwythyd tuag at bwysleisio'r elfen Gymreig ar draul hybu'r ddelwedd ryngwladol. Yn fwy penodol, mae'r farchnad ryngwladol yn galw am ddarpariaeth cyfrwng Saesneg, a dyma'r iaith sy'n agor posibiliadau economaidd i ysgolion cyfraith Cymru.[87] Wedi'r cwbl, economi addysg uwch sy'n penderfynu lle y dylid buddsoddi er mwyn creu elw. Y gwir plaen yw mai dim ond rhyw ddeg i bymtheg o fyfyrwyr allan o grŵp cyfan o tua 150 o fyfyrwyr mewn unrhyw ysgol cyfraith penodol, mewn blwyddyn academaidd, sy'n dewis astudio trwy gyfrwng y Gymraeg (sef tua 10 y cant). Yn anochel, felly, nid yw'r rhai sy'n gyfrifol am redeg y busnes yn mynd i fuddsoddi yn ormodol mewn addysg cyfrwng Cymraeg.

Adnoddau

Mae dwy agwedd allweddol o ran mater adnoddau: y dynol a'r ffisegol. Yn y rhan fwyaf o'r sefydliadau a adolygwyd gan Banel y Gyfraith, mae myfyrwyr sy'n dilyn y ddarpariaeth cyfrwng Cymraeg sydd ar gael fel arfer yn astudio rhai pynciau cyfreithiol trwy gyfrwng y Gymraeg, ond gydag elfen o astudio trwy gyfrwng y Saesneg o fewn y pynciau hynny.

Byddai'n hawdd cyfiawnhau'r patrwm presennol ar y sail ei fod yn hybu medrusrwydd yn y ddwy iaith, a'i gadael hi yn y fan yna. Ond ni fyddai hynny'n rhoi'r darlun cyflawn. Y maen tramgwydd sylfaenol yw diffyg llyfrau, sef y testunau academaidd sydd eu hangen i egluro'r gyfraith yn Gymraeg. Nid oes yna ganllawiau neu gyfeirlyfrau y gall myfyrwyr (nac, o ran hynny, ymarferwyr y gyfraith yn y llysoedd) droi atynt am arweiniad a chyngor. Er mor allweddol yw'r geiriaduron wrth roddi cyfeiriad i fyfyrwyr yn eu gwaith paratoi, nid yw'r geiriadur yn esbonio ystyr egwyddorion cyfreithiol, nac yn darparu'r sylwebaeth ar yr achosion perthnasol.[88] Anhawster mawr hefyd yw'r diffyg mewn geirfa a therminoleg safonol a chydnabyddedig yn y gyfraith yn Gymraeg. Fel sydd wedi cael ei bwysleisio droeon, mae angen datblygu a chynnal cronfa ddata o dermau cyfreithiol cydnabyddedig a ddylai fod, wrth gwrs, ar gael i'r gymdeithas yn gyffredinol.

Mae hyn yn golygu bod astudio'r gyfraith trwy gyfrwng y Gymraeg yn fenter anodd a llafurus i'r myfyriwr wrth iddo sylweddoli bod yn rhaid iddo feistroli'r testunau Saesneg yn gyntaf cyn mynd ati i 'gyfansoddi' fersiwn Cymraeg iddo'i hun. Ni allaf feddwl ond am lond dwrn o lyfrau a gyhoeddwyd ar bwnc cyfreithiol cyfoes yn Gymraeg yn yr hanner canrif ddiwethaf.[89] Mae corff arwyddocaol o ysgoloriaeth a gyhoeddwyd yn y Gymraeg mewn meysydd megis hanes neu lenyddiaeth, diolch yn bennaf i bolisi cyhoeddi Gwasg Prifysgol Cymru, ac i ychydig o gylchgronau sy'n fodlon cyhoeddi trwy gyfrwng y Gymraeg, fel *Trafodion Anrhydeddus Gymdeithas y Cymmrodorion*.

Nid dyma'r tro cyntaf i'r anhawster hwn gael ei danlinellu. Yn wir, bu'n destun trafod droeon yn y gorffennol.[90] Wrth gwrs, mae peth deunydd ar gael sydd wedi ei baratoi gan staff y gwahanol adrannau, ond nodiadau darlith a thaflenni seminarau yw'r rhain fel arfer – yn sicr, nid ydynt yn cymharu â'r gwerslyfrau cynhwysfawr a geir yn Saesneg. Mae yna hefyd ddeunydd ar gyfer cyrsiau safon A mewn ysgolion a cholegau addysg bellach. Ond, eto, nid yw'r rhain yn cymharu o gwbl â'r gwerslyfrau safonol i fyfyrwyr sy'n astudio'r gyfraith trwy gyfrwng y Saesneg.

Golyga hyn fod astudio'r gyfraith trwy gyfrwng y Gymraeg yn fenter anodd, llafurus os nad yn amhosibl mewn gwirionedd. Felly, mae nifer sylweddol o fyfyrwyr dwyieithog o fewn yr adrannau yn gwrthod astudio unrhyw elfen o'r pwnc trwy gyfrwng y Gymraeg. Mae hyn yn golygu nad oes digon o fyfyrwyr i greu grwpiau a dosbarthiadau cynaliadwy mewn rhai o'r sefydliadau, ac felly mae'r ddarpariaeth cyfrwng Cymraeg yn edwino neu'n darfod.

Efallai mai'r modd mwyaf economaidd ac effeithiol yn y byr-dymor i oresgyn y broblem hon yw cyfieithu gwerslyfrau Saesneg sydd eisoes mewn bod. Er hynny, mae dwy agwedd i'r gwaith, sef cyfieithu a golygu. Byddai angen i ddarlithwyr dwyieithog olygu a safoni'r cyfieithiad er mwyn sicrhau ansawdd a chywirdeb y testun. Mae cyfieithu tua wyth testun (i gynrychioli'r testunau craidd) o tua 100,000 o eiriau'r un yn sicr o fod yn broses gostus, ond yn gwbl sylfaenol i lwyddiant a datblygiad addysg yn y gyfraith trwy gyfrwng y Gymraeg. Dyma fan cychwyn ymarferol a realistig i gywiro'r anhawster sylfaenol hwn.

At ei gilydd, nifer fach sy'n gyfrifol am ddysgu trwy gyfrwng y Gymraeg o fewn eu hadrannau. Mae hyn yn atgyfnerthu'r syniad ymysg y myfyrwyr mai peth ymylol a salach na'r cyffredin yw addysg cyfrwng Cymraeg. Efallai mai dim ond ym Mangor y gellid honni, hyd yn ddiweddar, nad dyma'r sefyllfa, gan fod nifer o'r staff yn ddwyieithog ac yn ymddiddori yn y gwaith o ddysgu trwy gyfrwng yr iaith Gymraeg. Ond adran fechan yw'r adran ym Mangor, ac amser a ddengys a fydd hi'n bosibl cynnal yr awyrgylch gefnogol hon pan fydd yr adran yn tyfu, a phwysau arni i ddenu academyddion o fri o dramor gyda'u blaenoriaethau amgenach.

Ar y llaw arall, mae yna nifer calonogol o ddarlithwyr trwy Gymru gyfan a fyddai'n medru, trwy gydweithio, ddarparu rhaglen o gyrsiau trwy gyfrwng y Gymraeg ym mhob un o'r testunau craidd cyfreithiol. Disgwylir i'r nifer hwn gynyddu yn sgil cynlluniau staffio'r Coleg Cymraeg Cenedlaethol a'i hysgoloriaethau doethuriaeth ar gyfer y myfyrwyr ymchwil ôl-radd hynny sy'n fodlon dysgu trwy gyfrwng y Gymraeg. Er hynny, rhaid gochel rhag gorddibyniaeth ar fyfyrwyr ymchwil i ddarparu'r gwersi – mae'r arfer gwael o bwyso'n drwm ar fyfyrwyr ymchwil yn sicr o ennyn beirniadaeth, yn enwedig os nad oes yna nifer o academyddion profiadol yn ymwneud â'r gwaith yn ogystal.[91]

Ond mae cydweithio rhwng y gwahanol adrannau yn allweddol er mwyn datblygu cyrsiau o sylwedd. Oherwydd anawsterau daearyddol, a'r ffaith ei bod hi'n anodd teithio rhwng y rhanbarthau, mae'n rhaid dibynnu ar dechnoleg gwybodaeth i gefnogi'r cydweithio. Mae gan y Coleg Cymraeg Cenedlaethol rôl bwysig wrth gynnal partneriaethau a datblygu ffyrdd ymarferol o rannu adnoddau rhwng y sefydliadau, wrth gwrs. Cafwyd rhai datblygiadau gwerthfawr eisoes o dan law'r coleg, megis y 'Porth', sef ffynhonnell ar y rhyngrwyd sy'n casglu adnoddau dysgu cyfrwng Cymraeg ar gyfer defnyddwyr.[92]

Roedd ymchwil empirig Williams ar y sefyllfa yn Aberystwyth yn cynnig cipolwg ar feddylfryd y myfyriwr Cymraeg ei iaith, cwsmer addysg cyfrwng Cymraeg, a'i ymateb i'r ddarpariaeth hyd yma.[93] Ymhlith y prif resymau a roddir gan fyfyrwyr am y niferoedd isel iawn sy'n dewis dilyn y ddarpariaeth cyfrwng Cymraeg a gynigir (hyd yn oed mewn sefydliad gyda thraddodiad sefydledig o ysgoloriaeth cyfrwng Cymraeg fel Aberystwyth), y mwyaf blaenllaw yw'r edmygedd isel sy'n gysylltiedig ag astudiaethau cyfrwng Cymraeg; y gred na fyddai astudio trwy gyfrwng y

118

Gymraeg o gymorth yn y farchnad swyddi'n ddiweddarach; nad oes digon o athrawon i gefnogi'r ddarpariaeth; ac yn fwy na dim, prinder y deunydd-iau addysgu a gwerslyfrau. Beth bynnag fo'r ffactorau cymdeithasegol dyfnach sydd wrth wraidd yr ymatebion hyn, nid oes amheuaeth nad yw'r rhain yn rhesymau digon call dros beidio ag astudio'r gyfraith trwy gyfrwng y Gymraeg.

Diwylliant ymchwil

Bu'r ymarferion asesu ymchwil yn adolygiadau cyfnodol (bob rhyw bum mlynedd) a gynhelid gan y pedwar cyngor cyllido addysg uwch o fewn y Deyrnas Unedig, ar ran y llywodraeth, i fesur ansawdd yr ymchwil a wnaethpwyd gan sefydliadau addysg uwch Prydeinig.[94] Rhoddwyd gradd i gyflwyniadau o bob pwnc penodol (neu 'uned asesu') gan banel adolygu a oedd yn cynnwys arbenigwyr yn y pwnc hwnnw. Defnyddiwyd y graddau i benderfynu beth oedd cyfran y cyllid ymchwil yr oedd pob sefydliad addysg uwch yn ei derbyn gan eu cyngor cyllido cenedlaethol. Mae manylion y system raddoli wedi newid yn gyson dros y blynyddoedd, ond mae ei swyddogaeth yn y bôn yr un peth. Y pwrpas yw ceisio rhoi graddfa i adrannau ar sail eu hallgynnyrch a'u diwylliant ymchwil, a fydd wedyn yn sail i'r cyllid y bydd y llywodraeth yn ei ddyrannu.

Roedd y system raddio a ddefnyddiwyd yn asesiad 2001, ac ar gyfer yr asesiadau ymchwil cynharach, yn graddio adrannau ar raddfa o 1 i 5*, gydag 1 yn cynrychioli'r raddfa isaf a 5* yn cynrychioli'r uchaf. I gyrraedd y graddau gorau o naill ai 5 neu 5*, roedd yn rhaid i adrannau ddangos bod canran sylweddol o'u gweithgaredd ymchwil o safon 'rhagoriaeth ryngwladol'. Roedd ystyr yr ymadrodd hwn braidd yn amwys os nad yn ddirgelwch, ac yn dibynnu ar natur y ddisgyblaeth a syniadau aelodau'r panel perthnasol am yr hyn sy'n rhagorol yn rhyngwladol. Ni fu llawer o dryloywder nac atebolrwydd yn perthyn i'r asesiadau ymchwil hyn erioed. Roedd gan bob panel pwnc peth rhyddid i lunio rheolau manwl a phenodol o fewn y canllawiau cyffredinol ond, fel arfer, mae'r broses asesu yn cymryd i ystyriaeth ffactorau cyffredin gan gynnwys, er enghraifft, cyhoeddiadau ymchwil academyddion, grantiau ymchwil a dderbyniwyd a'r diwylliant ymchwil o fewn yr uned. Yn 2001, rhoddwyd gradd gyfan-sawdd ar gyfer gwaith yr uned yn gyffredinol, ac nid oedd modd canfod sut yr oedd gwaith unigolion wedi ei farnu, neu'r argraff a wnaeth y ffactorau eraill ar y panel.

Ar gyfer asesiad 2008, cafwyd rhai newidiadau er mwyn cyflwyno mwy o fanylder i'r broses. Newidiwyd y canllawiau fel mai 4 oedd y radd a ddyfernid am ymchwil o'r safon uchaf a gydnabyddir ledled y byd (*world leading*), 3 am ymchwil o safon rhagoriaeth ryngwladol, 2 am ymchwil a gydnabyddir yn rhyngwladol, ac 1 am ymchwil o safon a gydnabyddir yn genedlaethol. Roedd ymchwil nad oedd o safon genedlaethol yn cael ei ddyfarnu yn annosbarthedig, ac felly yn derbyn gradd o 0 (ac felly, o reidrwydd, yn ddiwerth). Y tro hwn, roedd pob un o'r cyhoeddiadau unigol a gyflwynid i'r asesiad i gael gradd o 0 i 4, ac roedd y cyhoeddiadau hyn yn cyfrannu at y proffil terfynol, sef y cyfartaledd pwynt gradd, a oedd yn farc wedi ei selio ar gyfartaledd y marciau unigol a ddyfarnwyd. Fel yn y gorffennol, nid oedd y canlyniadau yn mynd mor bell â phriodoli'r marciau a roddwyd i unigolion neu gyhoeddiadau penodol, ond roedd mwy o fanylder yn y broses nag o'r blaen. Golygai'r system, yn syml, po fwyaf y byddai cyhoeddiadau unigol yn derbyn marc o, dyweder, 3 neu 4, po uchaf fyddai'r radd gyfansawdd ac felly safle'r adran yn hierarchaeth teilyngdod.

Y prif elfen yn yr asesiadau a fu ar hyd y blynyddoedd oedd cyhoeddiadau ymchwil unigol yr academyddion. Ar gyfer asesiad 2008, gofynnwyd i academyddion y gyfraith gyflwyno eu pedwar allgynnyrch ymchwil gorau a gyhoeddwyd rhwng mis Ionawr 2001 a diwedd Rhagfyr 2007.[95] Roedd 75 y cant o'r pwysoli terfynol yn dibynnu ar y ffordd roedd aseswyr arbenigol yn gwerthuso cyhoeddiadau academaidd unigol. Roedd y 25 y cant a oedd yn weddill yn dibynnu ar argraff y panel o arbenigwyr o ddiwylliant ymchwil yr adran (sef, er enghraifft, nifer y myfyrwyr a gwblhaodd eu doethuriaeth yn y cyfnod, neu'r grantiau ymchwil a dderbyniwyd) ac edmygedd cymheiriaid o'i gwaith (*peer esteem* – sef enw da academyddion yn eu maes gan gyfeirio at, er enghraifft, gwahoddiadau i siarad mewn cynadleddau pwysig neu aelodaeth o fwrdd golygyddol cylchgronau blaenllaw).[96]

Gellir pori trwy ganlyniadau ymarferiadau asesu ymchwil 2001 a 2008 ar wefannau arbennig sydd, yn ôl pob sefydliad ac uned asesu benodol, yn rhoi manylion y graddau a ddyfarnwyd. Yn ogystal, cyhoeddwyd canlyniadau asesiad 2008 mewn manylder mawr yn y wasg Brydeinig.[97] Ar y gwefannau, mae hi hefyd yn bosibl canfod manylion cyflwyniad pob academydd unigol yn yr asesiad penodol (er nad oes manylion y marc a ddyfarnwyd iddynt).[98] Wrth ystyried y data yng nghyswllt adrannau cyfraith Cymru yn asesiad 2008, mae'r tablau canlynol yn rhoi crynodeb o'r canlyniadau.[99] Sylwer nas cymerodd ysgol y gyfraith Bangor ran yn yr asesiad. Roedd hynny oherwydd ei bod, ar y pryd, eto i ffeindio'i thraed fel uned a'i bod yn rhy gynnar iddi ddodi ei gwaith ymchwil o dan y chwyddwydr.

Rhoddaf air o esboniad yn gyntaf am y tablau. Yn y tabl cyntaf, ceir pum colofn yn cyflwyno crynodeb o gyflwyniadau a chanlyniadau'r pedwar ysgol cyfraith Gymreig a gymerodd ran yn yr asesiad. Mae colofnau A a B yn rhoi syniad o'r niferoedd, yn unigolion a chyhoeddiadau a gynhwyswyd o bob ysgol. Nid yw'r golofn hon yn nodi cyfanswm staff o fewn yr adran, na'r canran o'r cyfanswm staff academaidd ym mhob adran a gynhwyswyd. Yn ddiddorol, nid yw'r ystadegau swyddogol yn cyfeirio at hyn o gwbl. Wrth edrych ar y tabl, gellid yn hawdd tybio bod yr un faint o staff yn Abertawe ag sydd yng Nghaerdydd, ac ychydig yn llai yn Aberystwyth. Ond, y gwirionedd yw bod bron dwywaith mwy o staff academaidd yng Nghaerdydd nag yr oedd yn Abertawe yn ystod yr asesiad. Mae hyn yn awgrymu fod ysgol cyfraith Caerdydd wedi dethol a dewis ei hacademyddion cymwys ar gyfer yr asesiad yn ofalus, ac yr oedd ganddi berffaith hawl i wneud hynny. Ond y mae hyn yn adlewyrchiad arall o'r tactegau a ddefnyddir yn ystod y math hwn o ymarferiad er mwyn sicrhau llwyddiant.

Mae colofn C yn rhoi'r radd cyfartaledd terfynol, a cholofn Ch yn nodi lle y gosodwyd yr ysgol benodol yn y gynghrair Brydeinig (allan o'r 67 o ysgolion a gymerodd ran – cofier bod dros 100 o ysgolion cyfraith yng ngwahanol sefydliadau addysg uwch y DU erbyn hyn). Mae colofn D yn nodi nifer y cyhoeddiadau trwy gyfrwng y Gymraeg a gynhwyswyd yn y broses, sy'n arwyddocaol i'r drafodaeth hon; byddwn yn dychwelyd i ystyried arwyddocâd y golofn hon maes o law.

CRYNODEB O GANLYNIADAU YMARFER ASESU YMCHWIL 2008 AR GYFER ADRANNAU CYFRAITH CYMRU

1. Ysgol y gyfraith, Prifysgol Caerdydd

A	B	C	Ch	D
Nifer y staff a gynhwyswyd yn yr asesiad	Nifer y cyhoeddiadau unigol	Gradd cyfartaledd yr ymarfer asesu ymchwil (RAE)	Safle yn y gynghrair Brydeinig	Nifer y cyhoeddiadau unigol yn y Gymraeg
28 (yn gyfystyr â 24.85 o staff llawn amser)	97	2.80	7 (cydradd) /67	0

2. Ysgol y gyfraith, Prifysgol Abertawe

A	B	C	Ch	D
Nifer y staff a gynhwyswyd yn yr asesiad	Nifer y cyhoeddiadau unigol	Gradd cyfartaledd yr ymarfer asesu ymchwil (RAE)	Safle yn y gynghrair Brydeinig	Nifer y cyhoeddiadau unigol yn y Gymraeg
27 (yn gyfystyr â 25.05 o staff llawn amser)	99	2.45	25 (cydradd) /67	0

3. Adran y gyfraith a throseddeg, Prifysgol Aberystwyth

A Nifer y staff a gynhwyswyd yn yr asesiad	B Nifer y cyhoeddiadau unigol	C Gradd cyfartaledd yr ymarfer asesu ymchwil (RAE)	Ch Safle yn y gynghrair Brydeinig	D Nifer y cyhoeddiadau unigol yn y Gymraeg
21 (yn gyfystyr â 21 o staff llawn amser)	73	2.05	44/67	0

4. Ysgol y gyfraith, Prifysgol Morgannwg

A Nifer y staff a gynhwyswyd yn yr asesiad	B Nifer y cyhoeddiadau unigol	C Gradd cyfartaledd yr ymarfer asesu ymchwil (RAE)	Ch Safle yn y gynghrair Brydeinig	D Nifer y cyhoeddiadau unigol yn y Gymraeg
7 (yn gyfystyr â 6.80 o staff llawn amser)	27	1.60	53 (cydradd) /67	0

Mae'r tabl nesaf yn rhoi mwy o fanylder o'r modd y dyfarnwyd y radd cyfartaledd terfynol a geir yng ngholofn C yn y tabl uchod. Rhoddir manylion cyfartaledd yn ôl y safonau yn y system raddio, sy'n rhoi gwell syniad o safon yr ymchwil a geir yn yr ysgolion unigol.

CYFARTALEDD GRADDAU A DDYFARNWYD YN ÔL Y SAFONAU TEILYNGDOD

1. Ysgol y gyfraith, Prifysgol Caerdydd

A Gradd 4 (yn arwain ar lefel fyd-eang)	B Gradd 3 (rhagoriaeth ryngwladol)	C Gradd 2 (cydnabyddiaeth ryngwladol)	Ch Gradd 1 (cydnabyddiaeth genedlaethol)	D Annosbarthedig
25%	35%	35%	5%	0

2. Ysgol y gyfraith, Prifysgol Abertawe

A Gradd 4 (yn arwain ar lefel fyd-eang)	B Gradd 3 (rhagoriaeth ryngwladol)	C Gradd 2 (cydnabyddiaeth ryngwladol)	Ch Gradd 1 (cydnabyddiaeth genedlaethol)	D Annosbarthedig
5%	40%	50%	5%	0

3. Adran y gyfraith a throseddeg, Prifysgol Aberystwyth

A Gradd 4 (yn arwain ar lefel fyd-eang)	B Gradd 3 (rhagoriaeth ryngwladol)	C Gradd 2 (cydnabyddiaeth ryngwladol)	Ch Gradd 1 (cydnabyddiaeth genedlaethol)	D Annosbarthedig
5%	30%	30%	35%	0

4. Ysgol y gyfraith, Prifysgol Morgannwg

A Gradd 4 (yn arwain ar lefel fyd-eang)	B Gradd 3 (rhagoriaeth ryngwladol)	C Gradd 2 (cydnabyddiaeth ryngwladol)	Ch Gradd 1 (cydnabyddiaeth genedlaethol)	D Annosbarthedig
0%	15%	30%	55%	0

Ar sail y data yma, gellir dweud mai Caerdydd oedd ar y blaen o ran safon ei hymchwil, gydag Abertawe yn ail ac Aberystwyth yn drydydd. Yn amlwg, roedd canran uchel o waith ymchwil yr adrannau hyn o safon ryngwladol, a chanran sylweddol o gynnyrch Caerdydd o safon fyd-eang (gan gofio, wrth gwrs, ei bod wedi dethol ei hacademyddion yn ofalus). Roedd diffyg traddodiad ymchwil Prifysgol Morgannwg yn egluro pam mai dim ond o safon genedlaethol y dyfarnwyd y mwyafrif o'i chynnyrch ymchwil yn y gyfraith.

Bu grŵp o ymchwilwyr ym Mhrifysgol Stirling yn dadansoddi data a chanlyniadau'r ymarferiad yn 2001 er mwyn darganfod patrymau arwyddocaol mewn allgynnyrch cylchgronau cyfraith, ac felly ceisio asesu poblogrwydd y cylchgronau hynny. Gydag arolwg manwl o'r patrymau sy'n codi o'r data, maent wedi ceisio llunio tabl cynghrair o gylchgronau cyfraith, gan ystyried y cyfuniad o ffactorau a allai fod yn berthnasol i ffurfio'r tabl, gan gynnwys y gydberthynas allweddol rhwng y cylchgronau blaenllaw a'r adrannau llwyddiannus.[100]

Bu casgliadau'r ymchwil yn bwysig ac yn ddylanwadol wrth i adrannau ac unigolion baratoi eu hymgyrch ar gyfer asesiad 2008. Mae cred gyffredinol o fewn y gymuned academaidd gyfreithiol bod erthyglau yn y prif gylchgronau cyfreithiol (sef y rhai hynny sydd â systemau cadarn o farnu a gwerthuso erthyglau a gyflwynir gan awduron i'w cyhoeddi) yn cyfrif yn uchel yng ngolwg yr aseswyr. Dangosodd ymchwil academyddion Stirling bod cylchgronau penodol yn cael eu ffafrio gan academyddion yn yr adrannau mwy llwyddiannus. Cylchgronau megis *Modern Law Review, Cambridge Law*

Journal a *Legal Studies* sy'n cyrraedd y brig yn y gynghrair a grewyd. Mae hyn yn atgyfnerthu'r gred mai trwy gyhoeddi yn y cylchgronau hynny mae cael llwyddiant a chydnabyddiaeth y byd academaidd. Felly, rhaid i academyddion lunio erthyglau sydd at flas y cylchgronau hynny os ydynt am argyhoeddi eu hadrannau eu bod ar y trywydd iawn o ran eu hymchwil.[101]

Un o sgil-effeithiau amlwg y diwylliant hwn ym mywyd academaidd yw bod academwyr cyfraith yn buddsoddi egni yn sicrhau presenoldeb eu gwaith yn y cylchgronau gorau ar draul ffurfiau eraill o ymchwil a chyhoeddi. Mae i hyn goblygiadau penodol yn y cyd-destun Cymreig. I academwyr cyfraith Cymru, gwell yw ysgrifennu am bynciau fydd yn apelio at gynulleidfa eang a rhyngwladol os ydynt am gyhoeddi yn y prif gylchgronau. Mae hyn yn difetha awydd nifer o academyddion i fentro neu i ganolbwyntio ar faterion Cymreig, rhag ofn na chaiff y ffocws Cymreig dderbyniad gan olygyddion y cylchgronau cyfraith enwog a rhyngwladol.

O ganlyniad, mae yna ddiffyg brwdfrydedd ymysg y mwyafrif o academyddion cyfraith mewn ymchwil sy'n ymwneud â datganoli neu gyfraith Cymru. Wrth gwrs, mae modd ysgrifennu am ddatganoli mewn modd sy'n dod â chymariaethau â gwledydd eraill, neu sy'n cyfeirio at y gyfraith ryngwladol mewn rhyw ffordd, ac felly yn dod â'r cynhwysiad rhyngwladol angenrheidiol i mewn i'r drafodaeth. Ond, tra pery'r risg fod y math hwn o ymchwil yn mynd i fod yn wrthodedig neu o werth is yng ngolwg y byd academaidd, gwell, ym marn llawer, yw cadw draw. Wedi'r cyfan, mae gan academyddion cyfraith eu huchelgais fel sydd gan y bargyfreithwyr neu gyfreithwyr. Os nad y fainc farnwrol, statws cwnsler y frenhines neu bartneriaeth mewn cwmni llewyrchus yw copa'r uchelgais hwnnw, mae gan statws athro prifysgol ei apêl hefyd. Siawns nid oes disgwyl i academyddion proffesiynol ddilyn trywydd sy'n ddim mwy na llafur cariad gan offrymu llwyddiant ar allor ewyllys da neu wladgarwch a 'diolch yn fawr'?

O'r oddeutu 300 o gyhoeddiadau unigol a gyflwynwyd gan academydd-ion Cymru ar gyfer yr asesiad yn 2001 ac wedyn yn 2008, sef cyfnod rhwng 1996 a 2008, nid oedd un ohonynt wedi ei ysgrifennu yn Gymraeg. Hyd yn oed os oedd academyddion cyfreithiol yn cyhoeddi trwy gyfrwng y Gymraeg yn y cyfnod perthnasol, nid oeddent hwy, neu o leiaf eu sefydliadau, yn meddwl ei bod hi'n briodol i'r ysgoloriaeth honno ffurfio rhan o'u cyflwyniad ar gyfer yr ymarfer asesu ymchwil.

Yr ymarferion hyn yw'r prif ddull y mae sefydliadau prifysgol yn asesu ansawdd yr ymchwil a gynhyrchir gan eu hacademyddion. Efallai nad yw'r academyddion hynny sy'n ysgrifennu trwy gyfrwng y Gymraeg yn meddwl bod y gwaith hwnnw yn addas ar gyfer ei gynnwys mewn asesiad. Beth yw arwyddocâd hyn i awduraeth cyfrwng Cymraeg yn y prifysgolion? Yn syml, mae'r ymarferion asesu ymchwil, sy'n cydnabod ac yn gwobrwyo ymchwil sy'n cyrraedd 'rhagoriaeth ryngwladol' a safon 'fyd-eang', yn annog ymchwil a chyhoeddi yn y Saesneg.[102]

Er gwaethaf ymdrechion prin i hyrwyddo ymchwil a chyhoeddi cyfrwng Cymraeg, nid oes cylchgronau o ansawdd ar gyfer cyhoeddiadau cyfreithiol Cymraeg, neu o leiaf y math a fyddai'n taro deuddeg ym marn y gymuned academaidd gyfan. Mae ymchwil a chyhoeddi trwy gyfrwng y Saesneg yn paratoi'r ffordd i gydnabyddiaeth, cyfnodau sabothol, llai o ddysgu, gwell cyflog, dyrchafiad a'r bywyd da. Mae academyddion felly'n canolbwyntio ar ysgrifennu a chyhoeddi trwy gyfrwng y Saesneg oherwydd dyna lle ceir y buddion mwyaf. Ni ddylid anghofio mai dim ond rhan yn unig o lwyth gwaith yr academydd yw'r ymchwil a'r cyhoeddi – rhaid i ddysgu (trwy gyfrwng y Saesneg) a gweinyddu fod yn rhan o'r hafaliad dyletswyddau hefyd. Fodd bynnag, mae'r rhan fwyaf o'r prifysgolion blaenllaw yn datgan mai eu prif genhadaeth yw cael eu harwain gan ymchwil, ac nid oes unrhyw amheuaeth mai perfformiad ymchwil yw'r maen prawf allweddol wrth wneud penodiadau newydd neu ddyrchafu staff presennol.

Ffyn mesur yw'r asesiadau ymchwil hyn, prosesau sy'n cynnig modd i ganfod a chydnabod adrannau sy'n cyrraedd y safonau uchaf yn eu gwaith ymchwil, ac o sianelu cyllid i gefnogi'r adrannau a'r sefydliadau hynny. Nid oes dim o'i le gyda hyn, mewn egwyddor. Mae gan bob proffesiwn aeddfed a soffistigedig ffyrdd o gydnabod rhagoriaeth – ni ddylai'r byd academaidd fod fel arall. Ond mae'r holl broses yn andwyo achos ysgolheictod Cymraeg a Chymreig.

Mae'r ymadroddion *world leading* ac *international excellence* yn amwys hefyd, os nad yn anaddas ac yn gamarweiniol hyd yn oed. Nid wrth ba mor rhyngwladol ei hapêl y dylid mesur ymchwil, ond yn ôl ei safon sylfaenol, yn ôl y cyfraniad y mae'n ei gwneud yn ei chyd-destun i ymestyn ffiniau deall a gwybodaeth. Digon hawdd yw mesur budd neu fantais neu ragoriaeth ryngwladol ymchwil mewn meddygaeth, oherwydd nid yw ffiniau iaith neu ddiwylliant yn berthnasol yn y cyd-destun hwnnw. Nid yw hynny mor hawdd yn y dyniaethau neu'r gwyddorau cymdeithasol. Eto, i rai, er mwyn bod yn saff bod yr ymchwil yn cyrraedd y nod, gwell yw cyhoeddi mewn cylchgronau sy'n llythrennol yn rhyngwladol, megis y cylchgronau a geir yn yr Unol Daleithiau neu Ganada, er enghraifft.

Nid rhyfedd, felly, y credir yn gyffredinol bod ymchwil gyfreithiol trwy gyfrwng y Gymraeg yn fethiant o'r cychwyn. Nid yn unig y mae hyn yn dylanwadu ar barodrwydd staff i ymchwilio ac ysgrifennu trwy gyfrwng y Gymraeg, mae'n effeithio hefyd ar addysg. Wedi'r cwbl, os nad yw academyddion yn cynhyrchu ymchwil ac yn cyhoeddi trwy gyfrwng y

Gymraeg, nid yw prinder yr adnoddau dysgu'n gwella ac mae'r llyfrgell yn aros yn wag. Oherwydd nad oes llyfrau neu gylchgronau ar gael, mae myfyrwyr yn amharod i astudio trwy gyfrwng y Gymraeg. Mae diffyg galw gan fyfyrwyr yn golygu nad oes cymhelliad i ysgogi darpariaeth newydd. Yn wir, mae'n gylch dieflig.

Sut y gall yr ymarferion asesu ymchwil a'u heffaith ar ysgoloriaeth cyfrwng Cymraeg gymodi ag amcanion strategol Llywodraeth Cymru o gefnogi datblygiad ysgolheictod cyfrwng Cymraeg? Mewn ymateb i gyhoeddi'r canllawiau ar gyfer yr asesiad yn 2008, dadleuodd Pwyllgor Sefydlog Cymru'r Gyfraith, sy'n cynrychioli'r gymuned gyfreithiol yng Nghymru,[103] y dylai Panel y Gyfraith fod yn barod i dderbyn cyhoeddiadau Cymraeg a'u hystyried yn briodol ar gyfer yr asesiad.[104] Yn ei dystiolaeth, galwodd y pwyllgor ar weinyddiaeth yr ymarfer asesu ymchwil i ddatgan

> y trafodir cyhoeddiadau ar y gyfraith yn y Gymraeg fel rhai sy'n gallu gwneud cyfraniad ysgolheigaidd a sylweddol i wybodaeth ac yn gymwys am y graddau uchaf, ac ni chânt eu cosbi chwaith am fod yn esboniadol eu natur neu fod eu gwreiddioldeb yn deillio'n gyfan neu'n rhannol o'r ffaith eu bod wedi eu hysgrifennu yn y Gymraeg.

Byddai cwestiynau difrifol yn codi pe bai'r paneli pwnc wedi gwrthod derbyn ymchwil yn Gymraeg. Sut y byddai modd cysoni'r asesiad ymchwil gyda strategaeth gorfforaethol y cyngor cyllido sy'n hyrwyddo datblygiad addysg cyfrwng Cymraeg, ac yn galw ar y prifysgolion i weithredu er mwyn cwrdd ag anghenion Cymru ddwyieithog? Gan dderbyn y byddai sefyllfa o'r fath yn amlwg yn annerbyniol, cyhoeddodd y cyngor cyllido ei strategaeth prif-ffrydio ar gyfer y Gymraeg, sydd, ymysg pethau eraill, yn cyfeirio at ragoriaeth ymchwil. Yn y ddogfen hon, cyhoeddwyd y byddai'r ymarfer asesu ymchwil yn 2008 yn cynnwys trefniadaeth i sicrhau bod ymchwil a gyflwynid trwy gyfrwng y Gymraeg yn cael ei dyfarnu ar sail gyfartal ag ymchwil trwy gyfrwng y Saesneg.[105]

Roedd mabwysiadu'r polisi hwn yn datrys un agwedd bwysig o'r broblem, ac yn rhoi sicrwydd i'r academyddion hynny a oedd yn ystyried ysgrifennu trwy gyfrwng y Gymraeg y buasent, o leiaf mewn egwyddor, yn cael eu cyflwyno i'r ymarferiad. Fodd bynnag, mae'n amheus a oedd y polisi yn darbwyllo academyddion y gallent, o gyhoeddi eu gwaith yn Gymraeg, edrych ymlaen at lwybr gyrfa sy'n arwain at gynnydd a dyrchafiad, yn debyg i'w cydweithwyr academaidd sy'n ysgrifennu trwy gyfrwng y Saesneg. Peth hawdd yw gwneud datganiad polisi rhadlon. Peth anodd yw sicrhau bod y polisi yn dylanwadu ar arferion a gwerthoedd proffesiynol gweithwyr ar wyneb y graig. Fe ŵyr unrhyw un sydd wedi gweithio mewn prifysgol fod gagendor rhyfedd yn aml rhwng y gair a'r weithred.

Yng nghyswllt y gyfraith, cymhlethwyd pethau gan negeseuon cymysg a niweidiol. Profiad academydd cyfraith yng Nghaerdydd oedd bod ymdeimlad cyffredinol mai peth annoeth oedd dibynnu ar gyhoeddiadau academaidd gyda phwyslais Cymreig neu Gymraeg. Mewn arolwg o waith academaidd aelodau'r adran a baratowyd gan arbenigwyr allanol (a oedd wedi eu gwahodd i fesur a phwyso ansawdd cyhoeddiadau'r staff yno) cafwyd rhai sylwadau andwyol iawn. Roedd yr adroddiad a baratowyd gan yr arbenigwyr yn cyfeirio'n benodol at

> rinweddau gwaith a oedd yn cyfeirio at anghenion arbennig Cymru yn sgil datganoli. Eu casgliad oedd nad oedd yn bosibl i ysgolion cyfraith Cymru ddadlau beth a elwid yn 'egwyddor Belfast', hynny yw, nad oes dadl i'w rhoi yng Nghymru sy'n debyg i hynny a roddwyd gan gyfreithwyr academaidd yng Ngogledd Iwerddon i'r perwyl fod yna alw eithriadol arnynt i ateb gofynion myfyrwyr y gyfraith a chyfreithwyr mewn cysylltiad ag awdurdodaeth ar wahân Gogledd Iwerddon. Yn y bôn, y mae hyn yn gwadu i Gymru a'i chyfreithwyr unrhyw hawl i'w gweld fel awdurdodaeth ar wahan yn sgil datganoli.[106]

Mae'r ymarferion asesu ymchwil a'u sgil-effeithiau yn gwbl ganolog i'r drafodaeth ar ddatblygiad addysg uwch cyfrwng Cymraeg ym maes y gyfraith. Fe ŵyr academyddion mai rhagoriaeth ymchwil yw'r allwedd i ddyrchafiad a llwyddiant o fewn y byd academaidd. Mae adrannau, wrth benodi staff, yn ddyfal yn chwilio am dystiolaeth fod yr ymgeisydd yn cyhoeddi'n gyson yn y 'mannau iawn'. Mae'r ffaith eu bod yn cyhoeddi yn y mannau iawn yn rhoi tystiolaeth wrthrychol o'u sicrwydd a'u medr fel ysgolheigion.

Effaith hyn yw bod nifer o'r staff dwyieithog yn gwrthod cyfrannu tuag at ddysgu trwy gyfrwng y Gymraeg, oherwydd eu cred nad yw hynny'n cyfrannu dim at eu datblygiad personol. Nid yw o fudd i'w hamcan i sicrhau dyrchafiad o fewn eu sefydliadau, ac felly mae'n faich anfuddiol ac yn ymyrraeth ar y blaenoriaethau mawr. Nid yw ymchwil trwy gyfrwng y Gymraeg mewn maes fel y gyfraith yn talu'i ffordd. A chan mai ymchwil sydd yn cyfrif, digon rhesymol yw dod i'r canfyddiad mai'r peth mwyaf ymylol ac amhroffidiol ar wyneb haul yw dysgu trwy gyfrwng y Gymraeg hefyd.

I ddwysáu'r ergyd yn erbyn ysgolheictod Cymreig a Chymraeg, nid yw cynghorau ymchwil Prydain, sy'n cyllido ymchwil mewn gwahanol feysydd, wedi eu datganoli. Yn gam neu'n gymwys, argraff rhai ysgolheigion yw eu bod yn dueddol o droi eu trwynau ar brosiectau a chanddynt bwyslais Cymreig. Mae hyn eto yn andwyol i achos ysgolheictod yng Nghymru, gan fod polisïau ac arferion y cynghorau hyn yn dylanwadu'n fawr ar ogwydd a chyfeiriad ymchwil y sefydliadau addysg uwch.

Beth am yr adar prin sy'n barod i weithio er gwaethaf y llif yn eu herbyn? Soniais eisoes am bwysigrwydd cydweithio. Nid yw'r diwylliant a hyrwyddir gan yr ymarferion asesu ymchwil wedi meithrin ysbryd o gydweithio. Yn wir, maent wedi ysgogi diwylliant lle mae adrannau cyfoethog, yn enwedig, yn medru potsiera'n egnïol am staff talentog, gan ddwyn hufen sefydliadau llai, ac yn sgil hyn fagu ysbryd o ddrwgdybiaeth, amheuaeth a chystadleuaeth ddigon afiach. Sut mae ymgodymu â hyn? Efallai y dylid cynnig lwfans i'r holl ddarlithwyr sy'n dysgu trwy gyfrwng y Gymraeg, neu gynnig ysgoloriaethau iddynt dreulio amser yn datblygu eu gwaith trwy gyfrwng y Gymraeg? Rwyf yn amau y byddai hynny'n ddigon i gywiro effeithiau'r grymoedd sy'n diflasu'r rhai hynny a fyddai fel arall, o bosibl, yn barod i gyfrannu at addysg trwy'r Gymraeg.

Ni ellir gorbwysleisio pwysigrwydd yr asesiadau ymchwil a'u dylanwad aruthrol ar y diwylliant academaidd.[107] Fel y datganwyd droeon gan y cynghorau cyllido, yr asesiadau ymchwil yw dull pennaf sefydliadau o fesur ansawdd yr ymchwil a wneir yn y sector addysg uwch.[108] Nid ydynt heb eu beirniaid. Cyhuddir y broses o ddiffyg atebolrwydd a thryloywder. Cred rhai bod cydberthynas annheg rhwng presenoldeb ar y panel asesu a chanlyniad da yn yr asesiad; hynny yw bod aelodau'r panel yn gwarantu canlyniadau da i'w hadrannau eu hunain. Mae eraill yn feirniadol o'r modd y mae'r broses yn oddrychol ei natur, yn ddibris o ymchwil rhyng-ddisgyblaethol ac ymchwil sy'n pontio theori gyda'r ymarferol, yn hyrwyddo buddiannau a blaenoriaethau cliciau y sefydliad academaidd ar draul mentergarwch.[109] Yn anad dim, cred llawer bod yr asesiadau wedi magu diwylliant yn y prifysgolion lle mae ymchwil yn tra-arglwyddiaethu ar bob gweithgaredd ysgolheigaidd arall, a lle mae dysgu, ffurfiau o ysgrifennu a chyhoeddi nad yw'n ffrwyth ymchwil, a'r genhadaeth gymdeithasol a fu gynt yn bwysig i'r alwedigaeth academaidd wedi eu gwthio i'r cysgodion.

Mae peth newid yn yr arfaeth i'r canllawiau ar gyfer yr asesiad nesaf yn 2014, a'r teitl hyfryd ar yr asesiad hwn fydd 'fframwaith rhagoriaeth ymchwil'.[110] Yn achos y gyfraith, mae'n debygol y bydd y system o gael panel o arbenigwyr i gloriannu a graddoli cyhoeddiadau yn parhau (gyda rhai o'r gwyddorau, mae'n bosibl y bydd defnydd o ddangosyddion bibliometrig i fesur cyfeiriadau hefyd yn elfen o'r broses). Yn ogystal â chyhoeddiadau academyddion, a diwylliant ymchwil, mae'n debyg y bydd yr argraff a wna'r ymchwil ar gylchoedd ehangach yn cyfrannu at y system marcio y tro hwn.[111]

Er y feirniadaeth, mae'r asesiadau ymchwil bellach yn rhan anorfod o'r bywyd academaidd. Y maent yma i aros. Perfformiad gloyw yn yr asesiadau sy'n gwarantu dyfodol adrannau, eu cynaliadwyedd economaidd a'u gallu i gystadlu am gyllid a grantiau. Maent hefyd yn allweddol wrth benderfynu safle adrannau a phrifysgolion yn nhablau cynghrair y papurau newydd.[112] Yn fwyfwy, mae tablau cynghrair byd-eang yn dod yn ddylanwad pwysig yn y farchnad addysg uwch, a hyn eto yn adlewyrchu'r globaleiddio sydd wedi digwydd yn y farchnad prifysgolion.[113] Mae hyn yn bwydo awydd gwladwriaethau i gael presenoldeb cryf ar frig y tablau hyn, i fod ar y blaen yn yr economi wybodaeth fyd-eang. Nid yw Cymru yn wahanol i weddill y DU yn ei hawydd i gyrraedd y safon fyd-eang, i gael presenoldeb ymysg goreuon y byd.[114] Mae hyn, yn y byd academaidd sydd ohoni, o dragwyddol bwys.

Y cyd-destun Ewropeaidd

Efallai fod gan Siartr Ewrop ar gyfer Ieithoedd Rhanbarthol neu Leiafrifol ei pherthnasedd i'r drafodaeth hon. Yn benodol, mae erthygl 8 o'r siartr yn ymwneud ag addysg. O fewn yr erthygl hon fe gawn restr o'r ymrwymiadau posibl o fewn y maes, o addysg feithrin hyd at addysg i oedolion, er mwyn hyrwyddo addysg yn yr iaith ranbarthol neu leiafrifol. Yn ôl geiriad erthygl 8.1,

> 1. O ran addysg, mae'r Cyfranogwyr yn ymrwymo, o fewn y diriogaeth lle mae ieithoedd o'r fath yn cael eu defnyddio, yn unol â sefyllfa pob un o'r ieithoedd hynny, a heb ragfarnu yn erbyn dysgu iaith (ieithoedd) swyddogol y wladwriaeth.

Yna, o droi at baragraff e, mae yna dri is-baragraff i'w hystyried,

> i. i sicrhau bod addysg prifysgol neu addysg uwch arall ar gael yn yr ieithoedd rhanbarthol neu leiafrifol perthnasol; neu
> ii. i ddarparu cyfleusterau ar gyfer astudio'r ieithoedd hynny fel pynciau prifysgol ac addysg uwch; neu
> iii. os na ellir cymhwyso is-baragraffau i. a ii. oherwydd swyddogaeth y Wladwriaeth mewn perthynas â sefydliadau addysg uwch, i annog a/neu ganiatáu i addysg prifysgol neu ffurfiau eraill ar addysg uwch gael eu darparu mewn ieithoedd rhanbarthol neu leiafrifol neu i gyfleusterau gael eu darparu ar gyfer astudio'r ieithoedd yma fel pynciau prifysgol neu addysg uwch.

Mae paragraff e yn canolbwyntio ar ddarpariaeth addysg prifysgol trwy gyfrwng yr iaith leiafrifol yn ogystal ag astudio'r iaith leiafrifol fel pwnc ynddo'i hun. Mae darpariaethau eraill o fewn y siartr sy'n ymwneud â'r olaf, fel erthygl 7, paragraffau 1.f, 1.g ac 1.h, sy'n ymwneud â dysgu ac astudio iaith ranbarthol neu leiafrifol, ac astudiaeth ac ymchwil ar ieithoedd rhanbarthol neu leiafrifol mewn prifysgolion. Yr hyn sydd o ddiddordeb yma, fodd bynnag, yw'r Gymraeg fel cyfrwng addysg mewn pynciau prifysgol eraill. Felly, erthygl 8.1.e, paragraffau i a iii (hynny yw rhan gyntaf paragraff iii) sy'n berthnasol yma.

Cefnogi'r egwyddor

Mae erthygl 8 yn sefydlu egwyddor bwysig, sef y dylai addysg prifysgol fod ar gael mewn iaith leiafrifol. Mae gan brifysgolion rôl bwysig wrth wella statws yr iaith leiafrifol ac ymestyn y meysydd lle y defnyddir yr iaith. Mae ganddynt rôl hefyd yn yr hyn a labelwyd fel cynllunio cyfle-oedd, defnydd a chymhelliant,[115] hynny yw datblygu'r iaith fel iaith gwaith a rhyngweithio cymdeithasol wrth gynhyrchu graddedigion sy'n medru darparu gwasanaethau dwyieithog i'r gymuned.[116] Mae hyn yn arbennig o arwyddocaol yn achos addysg prifysgol yn y gyfraith, a'i rôl yn hyrwyddo defnydd yr iaith leiafrifol o fewn maes gwasanaethau cyfreithiol.

Wrth gwrs, mae'r berthynas rhwng ysgolheictod prifysgol ac iaith a diwylliant yn llawer mwy na mater o ymateb i anghenion economaidd neu wleidyddol y dydd. Nid dim ond creu graddedigion a chanddynt sgiliau ieithyddol priodol sydd yn y fantol yma. Y brifysgol yw curadur a gwarchodwr dysg a diwylliant cenedl, ei hanes, ei hunaniaeth a'r iaith a fu'n gyfrwng iddi adrodd ei phrofiad a mynegi ei gwerthoedd. Mae'r ddadl dros addysg prifysgol yn y Gymraeg yn un sydd yn rhaid ei chyflwyno a'i deall yng nghyd-destun cyfraniad y brifysgol i fywyd cenedlaethol.[117]

Ni ddylid, felly, anwybyddu neu gymryd yn ganiataol safbwynt normadol y siartr ar addysg prifysgol, gan ei bod yn darparu gwrthbwynt i'r grym-oedd economaidd pwerus rhyngwladol ac yn herio'r consensws rhyngwladol sy'n Seisnigeiddio addysg uwch ar y llwyfan byd-eang. Oni ddylai'r rhai sydd o blaid ysgolheictod cyfrwng Cymraeg dynnu ar y siartr fel adnodd ychwanegol yn yr ymgyrch?

Ac eto, mae'n syndod mai ychydig iawn a ddywedwyd am y siartr yn ystod y trafodaethau ar addysg uwch cyfrwng Cymraeg. Mwy na thebyg, mae hyn yn ganlyniad i nifer o ffactorau, gan gynnwys methiant awdurdodau'r Deyrnas Unedig i hyrwyddo ymwybyddiaeth o'i bodolaeth ymhlith y cymunedau ieithyddol y mae'n eu heffeithio. Mae'r gred nad yw'r siartr yn cynnig dim mwy nag sydd ar gael eisoes i siaradwyr Cymraeg hefyd yn tanseilio hyder yn ei gallu i beri newid go iawn.

Efallai nad yw'r siartr wedi creu rhwymedigaethau cyfreithiol gweith-redadwy yn yr ystyr draddodiadol, ac mae hyn yn elfen bwysig yn y diffyg brwdfrydedd tuag ati. Ond mae ganddi rym gwleidyddol, o bosibl, a chan fod is-gangellorion yn sensitif i'r awyrgylch gwleidyddol, maent yn fwy tebygol o ymateb os gofynnir am hyn er mwyn cydymffurfio ag amodau cytundeb rhyngwladol. Gall dylanwad gwleidyddol gymryd sawl ffurf. Yn achos addysg gyfreithiol, mae gan yr alwedigaeth gyfreithiol a'r barnwyr hefyd rôl allweddol wrth benderfynu natur a chynnwys y maes llafur. Nid yw gradd yn y gyfraith nas cydnabyddir ac nas dilysir gan y cyrff proffesiynol perthnasol yn werth dim. Mae llawer o ysgolion cyfraith hefyd yn cynnig cyrsiau proffesiynol ar gyfer y rhai hynny sy'n bwriadu ymarfer y gyfraith. Efallai na all y proffesiwn cyfreithiol weithredu'n uniongyrchol i orfodi prifysgolion i ddarparu addysg yn y gyfraith trwy gyfrwng y Gymraeg, ond gall fygwth gwrthod dilysu'r cyrsiau proffidiol hyn a gynigir gan y prifysgolion.

Ni ddylid, felly, tanbrisio pwysigrwydd yr elfen wleidyddol o fewn yr hafaliad. Gall pwysau gwleidyddol o'r cyfeiriad cywir, mewn cyd-destunau penodol, fod yr un mor effeithiol ag unrhyw rwymedigaeth gyfreithiol gadarnhaol. Yn rhy aml, diystyrwyd y siartr am fod yn ddi-rym. Ond, hyd yn oed os y'i hystyrir fel offeryn sydd ag ychydig mwy o rym na dogfen bolisi, mae'n un mae'r DU wedi tanysgrifio iddi, ac mae gofyn i asiantaethau llywodraeth y DU wireddu a gweithredu eu polisïau yn gyson ag egwyddorion sylfaenol cyfraith gyhoeddus.

Hyrwyddo gweithredu

Nodwedd fwyaf arbennig y siartr yw ei bod yn offeryn sy'n pwysleisio'r angen i gymryd mesurau ymarferol i sicrhau y gweithredir ei hegwyddorion a'i hamcanion. Nid offeryn ydyw sy'n bodloni ar sefydlu egwyddorion normatif mewn ieithwedd haniaethol a chyffredinol, fel y gwelir mor aml gydag offerynnau rhyngwladol sy'n ymwneud â hawliau lleiafrifoedd. Nid gofyn am barch neu ewyllys da y mae. Mae'r siartr yn apelio at yr ymarferol, yn rhoi rhestr o'r pethau y dylid eu gwneud, ac mae hyn yn ychwanegu'n fawr at ei gwerth. Mae Adroddiad Esboniadol y Siartr hefyd yn ymwneud ag ymarferoldeb gweithredu, ac felly, yng nghyswllt addysg, mae'n gofyn bod gwladwriaethau'n 'sicrhau bod yr adnoddau angenrheidiol ar gael parthed cyllid, staff a deunyddiau dysgu'.[118]

O'r holl fesurau ymarferol mae'r siartr yn eu hyrwyddo, efallai mai yn y broses monitro, ac yn enwedig yn rôl Pwyllgor yr Arbenigwyr (COMEX), mae gan y siartr y mecanwaith i weithio'n effeithiol â gwladwriaethau yn y dasg o'i gweithredu. Mae gan COMEX ran bwysig i'w chwarae, ac er mai deialog â blas diplomyddol yn unig a geir yng ngwaith COMEX yn aml, mae'r gallu hwnnw i berswadio, dylanwadu a thanlinellu problemau'n bwysig.[119] Gall y broses fonitro elwa o'r pwyslais a roddir ar ymgynghori eang a chynhwysfawr gyda sefydliadau nad ydynt yn rhan o'r llywodraeth, a chydag asiantaethau amrywiol sy'n ymwneud â'r iaith leiafrifol berthnasol yn lleol.[120] Gall COMEX hefyd ddod â'r briodwedd bwysig honno o wrthrychedd i'r broses, sef o weld y broblem o'r tu allan. Yn hyn o beth, mae'n llai agored i'r cyhuddiad o fod â budd personol mewn unrhyw gynnydd a elwir amdano, fel sy'n wynebu'r rhai hynny sy'n debygol o elwa'n uniongyrchol gan unrhyw ddatblygiad. Mae gan y siartr, felly, y gallu i ddod â safbwynt allanol a rhyngwladol gwerthfawr i'r trafodaethau.

Parthed addysg uwch a'r Gymraeg, mae'r DU wedi mabwysiadu paragraff e.iii fel rhan o'i rhaglen weithredu, yn hytrach na pharagraff e.i. Yn ôl sylwebydd blaenllaw, nod paragraff e.iii yw ymateb i sefyllfa lle nad yw'r wladwriaeth yn penderfynu polisi iaith ei phrifysgolion, megis yn achos prifysgolion preifat, er enghraifft.[121] Felly, yn yr achosion hynny, math o anogaeth yw'r cyfan y gellir ei ddisgwyl fel arfer. Fodd bynnag, ni fyddai'n addas i wladwriaethau lofnodi paragraff e.iii er mwyn osgoi'r rheidrwydd i lofnodi a chydymffurfio â darpariaethau paragraff e.i sy'n disgwyl i'r wladwriaeth sicrhau bod addysg uwch ar gael yn yr iaith leiafrifol. Mae hyn yn codi'r cwestiwn a yw ymrwymiad presennol y DU'n briodol a digonol? Y wladwriaeth sy'n gosod y strategaeth ar gyfer addysg uwch yn y DU. Trwy'r cynghorau cyllido, mae'r wladwriaeth yn chwarae rôl bwysig mewn ariannu addysg uwch ac, fel y nodwyd, y cynghorau cyllido sy'n rheoli a threfnu'r ymarfer asesu ymchwil. Yng Nghymru, mae gan Lywodraeth Cymru rôl bwysig mewn gosod blaenoriaethau addysgol a llunio polisi yn y maes.

Mae'n ymddangos i Fwrdd yr Iaith Gymraeg sylwi ar y pwynt hanfodol hwn, a rhoddodd yr ail gylch monitro'r cyfle iddo godi'r mater. Yn ei ymateb i'r ymgynghoriad ar ail adroddiad cyfnodol y DU ar weithredu'r siartr, dadleuodd y dylai'r DU adolygu ei ymrwymiad trwy gyfnewid ei ymgymeriad presennol a llofnodi paragraff e.i yn lle hynny. Roedd y strategaeth hon yn oleuedig ar ran Bwrdd yr Iaith Gymraeg ac, er clod iddo, cyflwynodd y bwrdd ymateb deallus a chyflawn i ail adroddiad cyfnodol y DU.[122]

Fodd bynnag, efallai'r hyn na wnaethpwyd yn ddigon amlwg gan Fwrdd yr Iaith Gymraeg oedd egluro sail dechnegol y ddadl. Nid dadl bod ymrwymiad y DU ar y mater hwn yn wan neu'n ddiuchelgais oedd yma: mae hynny'n feirniadaeth a ellid bod wedi ei defnyddio yn erbyn sawl un o'r ymgymeriadau presennol. Y pwynt, yn hytrach, oedd bod yna ddiffyg yn yr ymrwymiad, a hynny yn yr ystyr fod y DU wedi llofnodi'r paragraff anghywir. Mae hwn yn fater sy'n gofyn am benderfyniad ar sut i ddehongli'r siartr a'i darpariaethau'n gywir. Y ddadl oedd bod yna ddiffyg sylfaenol yn nehongliad y DU o baragraffau erthygl 8.1.e.

Yn ei ail adroddiad cyfnodol, roedd esboniad y DU y byddai'n cyd-ymffurfio ag erthygl 8.1.e.iii, yn ddim byd mwy nag ychydig o sylwadau diddim: 'caniateir darpariaeth cyfrwng Cymraeg ar gyfer Addysg Uwch mewn addysg uwch. Mae'n cyfrif am 1.5% o'r ddarpariaeth gyfan. Ym 1999–2000 dilynodd 3% o fyfyrwyr o leiaf ran o'u gradd trwy gyfrwng y Gymraeg.'[123] Nid oedd y crynodeb truenus hwn yn amlwg yn ddigon da, gan gofio bod COMEX, yn yr adroddiad a oedd yn dilyn y cylch monitro cyntaf yn 2004, yn ystyried y cyflawnwyd yr ymrwymiad yn rhannol yn unig y pryd hwnnw, gan ddweud ei fod yn edrych ymlaen at dderbyn mwy o wybodaeth yn yr ymarfer monitro dilynol.[124] Felly, cyflwynwyd adroddiad atodol gan y DU ar 23 Awst 2005. Rhoddodd yr adroddiad hwn ddarlun ychydig mwy cadarnhaol, gan gyfeirio at darged llywodraeth y cynulliad i sicrhau y bydd 7 y cant o fyfyrwyr yn astudio trwy gyfrwng y Gymraeg erbyn 2010, ac at y buddsoddiad diweddar mewn ysgoloriaethau a chymrodoriaethau er mwyn cynyddu niferoedd y rhai sy'n dysgu trwy gyfrwng y Gymraeg.

Wedi cyflwyno'r wybodaeth hon i COMEX, roedd cryn edrych ymlaen at ddarllen ei ganfyddiadau. Beth fyddai'n ei wneud o sylwadau Bwrdd yr Iaith Gymraeg? A fyddai'n argymell wrth Gyngor y Gweinidogion y dylai bod y DU yn adolygu ei pholisi ar fabwysiadu cymal 8.1.e a chyfnewid ei hymrwymiad presennol i baragraffau cryfach i a ii? Siomedig oedd adroddiad COMEX ar y pwynt penodol hwn.[125] Gan nodi'r ffaith y cafwyd ychydig o gynnydd yn y ddarpariaeth cyfrwng Cymraeg fel bod 3.2 y cant o fyfyrwyr yn astudio o leiaf ran fach trwy gyfrwng y Gymraeg, ac addewid y llywodraeth i fuddsoddi £2.9 miliwn dros saith mlynedd yn y mater (sydd, gyda llaw, yn cynrychioli tua 1 y cant o'r gyllideb addysg uwch i gyd), daeth i'r casgliad hwn: 'mae Pwyllgor yr Arbenigwyr yn nodi'r camau cadarnhaol a gymerwyd ac yn edrych ymlaen at weithredu'r mesurau a ystyriwyd. Yn seiliedig ar wybodaeth a dderbyniwyd a natur y rhwymedigaeth, mae'n ystyried y cyflawnwyd yr ymrwymiad.'[126]

A 'gyflawnwyd yr ymrwymiad'? Do, oherwydd y cyfan a ofynnir gan y wladwriaeth er mwyn cyflawni ei hymrwymiad yw anogaeth. Fodd bynnag, nid oedd sôn am y diffyg yn ymrwymiad presennol y DU, a dim sylw ar argymhelliad Bwrdd yr Iaith Gymraeg i'w gyfnewid am y para-graff cywir. Hyd yn oed ar ôl cydnabod na all COMEX gymryd rhan mewn 'gweithdrefn cwynion lled farnwrol' ac nad yw'n 'gorff apelio barnwrol',[127] oni ddylai fod ymateb i'r honiad bod dehongliad gwladwriaeth o'r siartr yn anghywir, ac oni ddylai COMEX roi goleuni a chyfarwyddyd ar y dehongliad cywir o ddarpariaethau'r siartr? Yn ddiweddarach, pan gafwyd y trydydd cylch monitro gan COMEX, ni chafwyd unrhyw gynnydd ar y mater. Yn ei drydydd adroddiad, nododd y DU ei bwriad i noddi rhai datblygiadau yn y maes, ond ni chafwyd unrhyw arwydd o fwriad i newid yr ymrwymiad.[128] Mewn ymateb, adroddodd COMEX nad oedd hwn yn fater problematig, a chyhoeddodd nad oedd am asesu'r modd y gweithredwyd yr ymrwymiad hwn.[129]

Yn anffodus, nid oes gan COMEX yr hawl i gynnig dehongliad awdurdodol o ddarpariaethau'r siartr. Mae natur deddfeg ryngwladol sy'n ymwneud â chytundebau ac offerynnau fel y siartr yn llesteirio'r math o ymyrraeth neu ddatganiad a fyddai wedi bod o fudd yn yr achos hwn.[130] Mae hyn yn nodweddiadol o wendidau'r offerynnau rhyngwladol yn gyffredinol. Defnyddir ieithwedd hawliau, ond ni ellir rhoi hawliau. Mae'r broses fonitro yn mabwysiadu ieithwedd datganiadau a phenderfyniadau barnwrol, ond ni all ymddwyn yn farnwrol. Mae'r broses fonitro yn gofyn i bwyllgor o arbenigwyr wneud penderfyniadau parthed a wireddwyd yr ymrwymiadau, eu gwireddu'n rhannol neu ddim o gwbl, tasg sy'n amlwg yn fwy na chasglu gwybodaeth. Ac eto, mae'r broses ymresymu yn aml yn anghyflawn ac yn annigonol. O fynegi'r feirniadaeth yn syml, os yw corff cyhoeddus yn dod i benderfyniad sy'n gyfystyr â datganiad pendant bod yr ymrwymiad wedi ei wireddu neu beidio, mae hi'n deg disgwyl cael eglurhad o sut y gwnaethpwyd y penderfyniad ac ar ba dystiolaeth y'i gwnaethpwyd. Hyd yn oed os nad yw'r dehongliad sy'n sail i'r penderfyniad yn awdurdodol o safbwynt cyfreithiol neu farnwrol, siawns bod angen rhyw gymaint o dryloywder ac atebolrwydd yn y broses o ddod i benderfyniad. Nid yw hyn yn ddim mwy na chydymffurfio ag arferion da sylfaenol ymysg cyrff cyhoeddus wrth ddod i benderfyniadau.

Mae agwedd y DU at fabwysiadu paragraff e.iii o erthygl 8 yn rhoi enghraifft clir a phenodol o ddiffyg gwelediadaeth yn achos polisi iaith y DU a'r siartr. Mae'n dangos ymhellach y strategaeth sinigaidd leiaf bosibl sydd yn anffodus wedi bod wrth wraidd llawer o ymrwymiadau'r DU, hyd yn oed tuag at iaith sydd wedi ei gwarchod yn gymharol eang dan y siartr. Yn anffodus, mae anallu COMEX i ymateb i'r cwestiwn o briodoldeb y ffaith bod y DU yn mabwysiadu erthygl 8.1.e.iii yn tanseilio hyder yng ngallu'r siartr i wneud gwahaniaeth ac i fod yn arf ar gyfer cynnydd.

Rhaid i'r siartr fod yn offeryn rhagweithiol. Efallai y rhoddir gormod o bwyslais ar edrych yn ôl ac ar benderfynu a gyflawnwyd ymrwymiadau presennol ar draul gofyn beth y gellir ei wneud yn ychwanegol yn y dyfodol a sut y gellir gwella'r sefyllfa. Beth bynnag yw'r gwendidau a achoswyd gan ddiffyg mecanwaith gorfodol cryf, os y cyfan a wna'r siartr a'i hyrwyddwyr yw rhoi cadarnhad i wladwriaethau bod gwneud y lleiaf posibl yn ddigon i gydymffurfio â'i darpariaethau, bydd yn offeryn cloff iawn. Wedi'r cwbl, os yw COMEX a'r arbenigwyr rhyngwladol yn hapus, pwy ydych chi i gwyno? Rhaid i'r siartr beidio â bod yn offeryn sy'n dilysu diffyg gweithredu ac ymatebion tila.

Casgliadau

Efallai nad dadleuon traddodiadol, academaidd o blaid addysg er ei les ei hun, er mor dilys yw'r rheiny, sydd yn gyrru'r drafodaeth ynglŷn â phwysigrwydd ysgolheictod cyfreithiol yn y Gymru gyfoes. Nid mater i fyfyrwyr prifysgol yn unig yw sicrhau bod ysgolion cyfraith y prifysgolion yn addasu eu blaenoriaethau i gwrdd â her y cyfansoddiad newydd. O ran y Gymraeg yn benodol, mae datblygiad addysg ddwyieithog yn y gyfraith yn sicr o gyfrannu'n uniongyrchol at anghenion y proffesiwn cyfreithiol – hynny yw, mae yna gwsmeriaid sydd angen y sgiliau, ac mae ganddynt gyfraniad mesuradwy i'w wneud i adfywio'r economi yng Nghymru.

Wrth gwrs, mae angen cydbwysedd rhwng yr ymwneud ysgolheigaidd â'r dimensiwn Cymreig, a throi golygon deallusol allan i'r byd mawr.[131] Fel y dywedodd Watkin, gan ddefnyddio delwedd forwrol addas,

> mae eisiau cyfreithwyr i 'forio i mewn' er mwyn darganfod y cyfoeth mae cyfundrefn gyfreithiol newydd Cymru yn ei gynnig, ond ar yr un pryd i 'forio allan' i ddarganfod rôl y gyfraith yn Ewrop ac o amgylch y byd. Y mae'r gyfraith bellach yn fyd-eang – a rhaid i ddysg cyfreithwyr adlewyrchu hynny.[132]

Ond mae cyfrannu at lwyddiant Cymru'r Gyfraith yn ei holl agweddau yn rôl anhepgor i ysgolion cyfraith Cymru bellach. Beth bynnag fo'r rhwystrau a'r anawsterau sy'n deillio o arferion llygredig y gorffennol a phwysau economaidd y presennol, mae gan y cynulliad cenedlaethol y gallu a'r modd i wneud llwyddiant Cymru'r Gyfraith yn flaenoriaeth strategol genedlaethol. Fel y dywedodd Carwyn Jones:

> Mae Llywodraeth Cynulliad Cymru o'r farn bod angen newid y fframwaith addysg a hyfforddiant ar gyfer newydd-ddyfodiaid i'r proffesiwn cyfreithiol. Mae'n hanfodol bwysig bod y setliad datganoli yng Nghymru o dan Ddeddf Llywodraeth Cymru 2006 yn dod yn rhan annatod o'r hyfforddiant addysgol a roddir i fyfyrwyr y gyfraith ac i gyfreithwyr dan hyfforddiant. Dylai lle'r setliad yn fframwaith cyfansoddiadol y Deyrnas Unedig fod yn rhan safonol a sylfaenol o unrhyw addysgu am y pwnc hwn. Fel arall, byddai cydbwysedd y pŵer deddfwriaethol a gweithredol sy'n bodoli yn y Deyrnas Unedig heddiw yn cael ei gamliwio.[133]

Bydd y Coleg Cymraeg Cenedlaethol bellach yn gyfrifol am sicrhau ffyniant addysg ddwyieithog yn y gyfraith, a hynny trwy gyfrwng y panel pwnc, ac yn gwneud hynny yng ngoleuni'r strategaeth sy'n cysylltu addysg ddwyieithog gyda chyfiawnder cymdeithasol a ffyniant economaidd yng

Nghymru.[134] Bydd hi'n hanfodol i'r coleg roi arweiniad ar yr agwedd bwysig hon o Gymru'r Gyfraith, ac yn sicrhau'r cyllid a fydd yn gwarantu cynnydd a ffyniant. Gwae ni os mai rhyw estrys o sefydliad fydd y Coleg Cymraeg Cenedlaethol, yn claddu ei ben yn y tywod trwy greu pwyllgor ar ôl pwyllgor, ffurflen ar ôl ffurflen a phroses ar ôl proses, yn hytrach na wynebu'r realiti sy'n wynebu academyddion a myfyrwyr o ddydd i ddydd.

Os mai'r Coleg Cymraeg Cenedlaethol fydd yn hyrwyddo buddiannau ysgolheictod cyfreithiol trwy gyfrwng y Gymraeg, beth am ysgolheictod cyfreithiol yng Nghymru yn gyffredinol? Yn yr Alban, ceir Pwyllgor Sefydlog Cenedlaethol ar gyfer Addysg Gyfreithiol sy'n gweithredu fel corff ymgynghorol annibynnol i hyrwyddo buddiannau addysg gyfreithiol yn yr awdurdodaeth, ar lefel academaidd ac mewn perthynas â hyfforddiant cyfreithiol proffesiynol. Mae'r corff hwn yn cynnwys cynrychiolwyr o Gyfadran yr Eiriolwyr, Cymdeithas Cyfraith yr Alban, Pwyllgor Astudiaethau Barnwrol a'r sefydliadau addysg uwch yn yr Alban sy'n ymwneud ag addysg a hyfforddiant yn y gyfraith. Yn yr un modd, yng Ngogledd Iwerddon y Cyngor Addysg Gyfreithiol yw corff llywodraethol Sefydliad Astudiaethau Cyfreithiol Proffesiynol ym Mhrifysgol y Frenhines, Belfast, sy'n hyfforddi bargyfreithwyr a chyfreithwyr yn y dalaith. Mae ei haelodaeth yn cynnwys cynrychiolwyr o'r brifysgol, y Bar a Chymdeithas y Cyfreithwyr.

A yw hi'n bryd sefydlu cyngor addysg cyfreithiol yng Nghymru? Mae strwythurau cenedlaethol fel hyn yn bwysig er mwyn hybu ymdeimlad o undod pwrpas o fewn y sector ac er mwyn datblygu polisïau ac arferion da sy'n ymateb i anghenion cenedlaethol. Byddai corff o'r fath yng Nghymru yn cynnwys cynrychiolwyr y bar, Cymdeithas y Cyfreithwyr, y farnwriaeth a'r ysgolion cyfraith yng Nghymru. Efallai y dylai hefyd gael cynrychiolaeth o'r Cyngor Cyllido Addysg Uwch a Swyddfa'r Cwnsler Cyffredinol. Byddai ganddo gyfrifoldeb i hybu deialog rhwng y rhanddeiliaid allweddol er mwyn datblygu agenda genedlaethol ar gyfer addysg gyfreithiol yng Nghymru, a sicrhau bod y cwricwlwm yn ymateb i'r cyd-destun Cymreig.

Ac eto, er hyn oll, mae yna rai gwerthoedd sylfaenol sy'n hanfodol i ffyniant unrhyw ddisgyblaeth o werth, mewn unrhyw brifysgol o werth ac mewn unrhyw wlad ddatblygedig. Y pennaf ohonynt yw rhyddid academaidd – sef y rhyddid i ddatgan barn, i ystyried materion amhoblogaidd ac i feirniadu lle mae beirniadaeth yn briodol. Y rhyddid academaidd hwn yw:

> the right of the teacher to present his views without interference or fear of persecution from inside or outside the university . . . freedom within the university also involves the right of the scholar to control his research

and publish his results, as well as freedom for scholarly bodies or the institution as such to publish opinions and criticism, even of the state, and even if the state is the sponsor.[135]

Mentrodd yr Athro Simon Blackburn o Brifysgol Caergrawnt ddiffinio'r peth trwy ddweud, 'universities should be about the attempt to see things that matter and see them as they are'.[136] Mae'r ymadrodd hwn yn cyfleu'n gryno yr hyn yw cenhadaeth sylfaenol y brifysgol, fel sefydliad sy'n ymofyn gwybodaeth a doethineb yn ysbryd rhyddid a gonestrwydd. Wrth gwrs, ymysg y pethau a ddylai fod o bwys i brifysgolion Cymru, mae natur a hanfod democratiaeth a chyfiawnder yn y Gymru gyfoes yn sicr yn eu plith.

Y mae cynnal safonau academaidd hefyd yn hanfodol i genhadaeth unrhyw brifysgol o werth. Nid yw'n dderbyniol i'r ymwneud â Chymru'r Gyfraith neu i astudiaethau cyfreithiol cyfrwng Cymraeg fod yn israddol o ran safon ac ansawdd.[137] Rhaid i'r Coleg Cymraeg Cenedlaethol fod yn wyliadwrus rhag iddo ymddwyn fel corff sy'n hyrwyddo'r Gymraeg ar draul cynnal safonau academaidd.[138]

Ond nid oes unrhyw argoel o hynny, ac mae gan ysgolheictod cyfreithiol lawer i'w gyfrannu i greu dyfodol llewyrchus i Gymru'r Gyfraith. Cyfnod o gyfle a mentro yw'r cyfnod yr ydym yn byw ynddo, a rhaid mynd ati'n hyderus i roi'r weledigaeth ar waith er lles y genedl. Efallai mai Watkin sydd eto'n dal ysbryd yr oes ac sy'n cyflwyno neges sy'n briodol ac yn amserol ar gyfer ysgolheigion cyfraith ifanc Cymru heddiw:

> Y mae gan Gymru draddodiad o gynhyrchu cyfreithwyr disglair, ac y mae nifer ohonynt wedi cyfrannu i ddysg y gyfraith yn eu cyfnod . . . ar drothwy'r unfed ganrif ar hugain, y mae cyfreithwyr Cymru yn wynebu'r her o ddechrau pennod newydd yn hanes dysg y gyfraith yng Nghymru, pennod newydd a chyffrous . . . y mae yna gyfle enfawr o'n blaen, ond hefyd bob amser yr her o rwystrau difrifol ar ein ffordd. Nid wyf yn amau na fydd Cymru'r Gyfraith yn ymateb i'r her ac yn goresgyn y rhwystrau, yn rhannol oherwydd esiampl cyfreithwyr Cymru a fu, a hefyd yn rhannol oherwydd brwdfrydedd a phenderfyniad y genhedlaeth o gyfreithwyr ifanc a myfyrwyr ifanc y gyfraith sydd yn codi ledled Cymru. Ynghyd, dylai'r elfennau hyn ein hysbrydoli bob un i weithio, yn wir i ymdrechu, am ddyfodol cyfreithiol gwell i Gymru a'i phobl i gyd.[139]

Yr Awdurdodaeth Gymreig?

Yn llenyddiaeth y Bardd Cwsg cawn ddelweddau pur anffafriol o wŷr y gyfraith a'u harferion llygredig ar ddechrau'r ddeunawfed ganrif. Yn ôl Ellis Wynne, cymerai gyfreithwyr fantais ar natur gecrus eu cyd-Gymry, a'u hoffter o ymgyfreitha, gan ymgyfoethogi ar draul eu cleientiaid ffôl. Dim ond damnedigaeth dragwyddol oedd yn iawn ar gyfer y twrneiod twyllodrus ym marn yr offeiriad o Feirionydd ac, meddai'n flin, 'rhostiwch y cyfreithwyr wrth eu parsmant a'u papurau eu hunain oni ddel eu perfedd dysgedig allan'.[1]

Yn ôl tystiolaeth y Bardd Cwsg, roedd yr ynadon hefyd yn barod i dderbyn cil-dwrn er mwyn sicrhau dyfarniad ffafriol.[2] Ymddengys, felly, fod llwgrwobrwyo yn rhan annatod o ddiwylliant ymgyfreitha'r oes. Y cyfreithwyr hyn, wrth gwrs, oedd y gwŷr a elwodd ar y diwygiadau a ddaeth yn sgil Deddfau Uno yr unfed ganrif ar bymtheg ac a gofleidiodd y llwybrau gyrfa ym myd y gyfraith a ddaeth yn bosibl i wŷr o'r dosbarthiadau uchaf mewn cymdeithas.[3]

Parhaodd y ddelwedd o'r cyfreithiwr fel cymeriad amhoblogaidd ac un a gymerai fantais o'r gyfundrefn gyfreithiol Seisnig er mwyn ei ddibenion ei hun yn hir yn nychymyg y Cymry. Wrth gwrs, proses araf ond anochel fu'r broses o ddisodli'r traddodiad cyfreithiol Cymreig ac o ymgorffori llysoedd Cymru fel rhan o weinyddiaeth llysoedd Lloegr. Dirywiodd dylanwad y cyfreithiau a'r strwythurau cyfreithiol brodorol yn dilyn goresgyniad 1282, a gellir dweud mai penllanw proses a fu ar waith am ganrifoedd oedd diwygiadau'r Tuduriaid yn hanner cyntaf yr unfed ganrif ar bymtheg. Yn wir, erbyn cyfnod y Tuduriaid, roedd hyd yn oed y bonedd Cymreig yn awchu am ddiwygio'r gyfundrefn ac am weld diwedd ar y llygredd a geid yn llysoedd y Mers.[4]

Pwrpas y bennod hon yw ceisio darganfod a yw'r datblygiadau cyfansoddiadol diweddar, ac yn enwedig y diwygiadau a ddaeth yn sgil y bleidlais yn y referendwm ym Mawrth 2011, yn ein gorfodi i ailystyried cynaliadwyedd awdurdodaeth unedig Lloegr a Chymru. A oes yna ddadl bellach dros adfer strwythurau cyfreithiol cynhenid Cymreig, neu awdurdodaeth Gymreig, yn sgil sefydlu'r ddeddfwrfa Gymreig?

Awdurdodaeth Lloegr a Chymru

Bydd myfyrwyr y gyfraith yn gyfarwydd iawn â'r testun safonol ar gyfraith gyfansoddiadol Prydain, y testun hwnnw a luniwyd yn wreiddiol gan yr Athro Owen Hood Phillips, sef *Constitutional and Administrative Law*.[5] Ynddo, ceir paragraff sy'n crynhoi statws cyfreithiol Cymru o fewn y cyfansoddiad:

> The Statutum Walliae, passed in 1284 after Edward I had defeated Llewelyn ap Griffith, declared that Wales was incorporated into the Kingdom of England. Henry VIII completed the introduction of the English legal and administrative system into Wales. This union was effected by annexation rather than treaty. The Laws in Wales Act 1536 united Wales with England, and gave to Welshmen all the laws, rights and privileges of Englishmen. Welsh constituencies received representation in the English Parliament. An Act of 1542 covered land tenure, courts and administration of justice. References to 'England' in Acts of Parliament passed between 1746 and 1967 include Wales. The judicial systems of England and Wales were amalgamated in 1830.[6]

Cryno a swta, efallai, ond dyna ni statws cyfreithiol Cymru wedi ei gris-ialu'n gywir.

Efallai mai diwygiadau'r bedwaredd ganrif ar bymtheg, gyda diddymu'r Sesiwn Fawr yn 1830, a gwblhaodd y gwaith a ddechreuwyd gyda Statud Rhuddlan 1284, ac a sicrhaodd ddifodiant hunaniaeth gyfreithiol Cymru. Rhwng y ddwy garreg filltir hynny, cafwyd dwy ddeddf bwysig, sef 'The Act for Law and Justice to be Ministered in Wales in Like Form as it is in this Realm 1535–36' a 'The Act for Certain Ordinances in the King's Dominion and Principality of Wales 1542–43'. Dyma'r ddwy ddeddf uno a sefydlodd strwythurau llywodraethu newydd a chreu cyfansoddiad newydd i Gymru.[7] Gyda'r ddeddf gyntaf, diddymwyd y gwahaniaeth rhwng y tywysogaethau Cymreig a'r Mers, a chrëwyd system sirol ar gyfer Cymru gyfan. Yn y cyfnod hwn hefyd y crëwyd siroedd Dinbych, Maesyfed, Trefaldwyn, Brycheiniog a Mynwy o hen arglwyddiaethau'r Mers, a thrwy hynny sefydlu ffiniau presennol Cymru a Lloegr. Cafwyd cynrychiolaeth seneddol i Gymru gyfan, gyda phob sir a bwrdeistref â'i aelod seneddol. Daeth corff newydd o etholwyr yng Nghymru a chanddynt lais yn llywodraeth y deyrnas – roedd y Cymry bellach yn ddinasyddion Seisnig.

Yn gyffredinol, gellir dweud mai ymgorffori Cymru fel rhanbarth o fewn Lloegr oedd prif effaith y diwygiadau hyn. Roedd llywodraeth a gweinyddiaeth gyhoeddus siroedd Cymru bellach yn ymdebygu bron yn llwyr i'r hyn a geid yn siroedd Lloegr. Felly hefyd yng nghyd-destun gweinyddu cyfiawnder yn y llysoedd. Yr eithriad nodedig oedd Llysoedd y Sesiwn Fawr, a sefydlwyd gan Ddeddf 1542. Roedd y Sesiwn Fawr wedi ei selio ar hen lysoedd barn y dywysogaeth a sefydlwyd yn dilyn concwest Edward I, ac a weithredai o dan lywyddiaeth ustusiaid y brenin.

O dan y drefn newydd hon, penodwyd ustus neu farnwr i lywyddu ar gylchdaith y Sesiwn Fawr, gyda phob cylchdaith yn cynnwys tair sir.[8] Cafwyd cynulliad y Sesiwn Fawr ddwywaith y flwyddyn ym mhob sir, a phob cynulliad yn para am oddeutu chwe diwrnod. Er mai cyfraith Lloegr oedd yn teyrnasu bellach, roedd y Sesiwn Fawr yn sefydliad neilltuol Cymreig a chanddo awdurdodaeth eang dros achosion troseddol, sifil, Siawnsri ynghyd â gwysion yn ymwneud ag eiddo.[9]

Parhaodd y Sesiwn Fawr yn nodwedd o'r gyfundrefn neilltuol a fodolai yng Nghymru hyd nes ei diddymu yn 1830, a'i chyfnewid am y brawdlys Seisnig.[10] Sefydlwyd y brawdlys yn Lloegr yn y ddeuddegfed ganrif, ac yr oedd gan bob un o'r siroedd yno ganolfan weithredol i'r brawdlys (fel arfer, y dref sirol) i dderbyn barnwyr y brenin. Dyma'r llys a brofai'r achosion troseddol mwyaf difrifol, gyda barnwyr 'coch' yr Uchel Lys yn goruchwylio, a rheithgor yn penderfynu'r ddedfryd.[11] Llys teithiol yn ymweld â'r siroedd yn eu tro i weinyddu cyfiawnder y brenin oedd y brawdlys.

Yn ogystal â'r barnwyr llawn amser, byddai comisiynwyr y brawdlys yn llywyddu mewn gwrandawiadau o bryd i'w gilydd. Barnwyr rhan-amser oedd y rhain a benodwyd o blith y bargyfreithwyr, o rengoedd barnwyr llysoedd sirol neu o blith barnwyr wedi ymddeol.[12] Byddai'r brawdlys yn ymweld â'r siroedd dwywaith neu deirgwaith y flwyddyn, gan ddelio â materion sifil yn ogystal ag achosion troseddol, er y byddai'r olaf yn cymryd blaenoriaeth.

Cyflwynwyd y llys chwarter i Gymru yn sgil Deddfau Uno 1535 ac 1542,[13] a chyflawnai amryw o swyddogaethau cyfreithiol a gweinyddol. Roedd gan bob sir ei lys chwarter a fyddai'n ymgynnull pedair gwaith y flwyddyn. Dyma'r llys barn a ddeliai gyda materion troseddol ynghyd â gweithredu fel fforwm gweinyddol y sir, gyda chyfrifoldeb dros lywodraeth leol hyd nes sefydlu'r cynghorau sir yn 1888.[14] Y llys chwarter oedd y llys canol o fewn hierarchaeth llysoedd prawf y gyfundrefn gyfreithiol droseddol yn y cyfnod hwn. Dyma'r fforwm a brofai'r achosion hynny a haeddai eu profi gan reithgor, er nad oeddynt yn ddigon difrifol i'w profi yn y Sesiwn Fawr ac, yn ddiweddarach, y brawdlys.[15]

Cafwyd dau fath o lys chwarter, sef y llys chwarter sirol a'r llys chwarter bwrdeistrefol. Yn y llys chwarter sirol cafwyd cadeirydd gyda chymwysterau cyfreithiol (fel arfer apwyntiad rhan-amser o blith aelodau profiadol y Bar), ynadon lleyg o boptu iddo (fel arfer yn ymgynnull mewn gwrandawiad penodol yn ddau neu dri, a hyd at uchafswm o wyth) a rheithgor.[16] Byddai ynadon y llys chwarter yn cyflawni'r swyddogaeth o ddedfrydu'r troseddwr a gwrando ar apeliadau o benderfyniadau'r llysoedd ynadon. Roedd y llys chwarter bwrdeistrefol i'w cael yn y prif ardaloedd trefol. Yn llywyddu arnynt oedd y barnwyr rhan-amser proffesiynol, a chanddynt y teitl 'cofiadur', ynghyd â rheithgor.[17] Nid oedd yr ynadon lleyg yn rhan o'r broses yn y llysoedd hyn.

Serch hynny, fel rheol, llywyddion y llysoedd chwarter oedd yr ynadon, cynrychiolwyr pendefigion a bonedd y siroedd. Roedd swydd yr ynad heddwch yn olrhain ei wreiddiau i'r Oesoedd Canol, pan oedd marchogion penodol yn cael eu comisiynu gan y brenin i gadw heddwch. Gyda diwygiadau'r Tuduriaid, dyma gyflwyno'r swydd i Gymru gyfan.[18] Yn anochel, gwelodd y bonedd eu cyfle i elwa ar y diwygiadau hyn, a daeth swydd yr ynad yn swydd bwysig a dylanwadol ac yn un y byddai'r uchelwyr yn ei deisyfu fel arwydd o'u hawdurdod.

Oddi tan y llys chwarter cafwyd llysoedd ynadon. Roedd y mwyafrif helaeth o fân achosion troseddol yn cael eu clywed yn y llysoedd ynadon. Ynadon lleyg fyddai'n gweinyddu cyfiawnder ym mhob achos hyd nes y daeth swydd yr ynad cyflogedig i fodolaeth yng nghanol y ddeunawfed ganrif i gymryd lle'r ynadon llygredig a oedd yn Llundain yn y cyfnod hwnnw.[19] Wedi ei benodi o rengoedd cyfreithwyr cymwys, lledodd yr arfer o gael ynad cyflogedig i ardaloedd poblog y tu allan i Lundain yn ystod y bedwaredd ganrif ar bymtheg. Yn wahanol i'r ynad lleyg, gallai'r ynad cyflogedig wrando ar achosion ar ei ben ei hun yn hytrach na fel aelod o fainc. Er hyn, ynadon lleyg a gafwyd yn gyffredinol trwy Gymru, a dim ond yn ardaloedd diwydiannol de Cymru y cafwyd dyrnaid o ynadon cyflogedig.

Cyfundrefn Seisnig oedd cyfundrefn gyfiawnder Cymru, a chyda diddymiad y Sesiwn Fawr yn 1830, collodd Cymru ei hunaniaeth gyfreithiol bron yn llwyr.[20] Sefydlwyd dwy gylchdaith i wasanaethu'r brawdlys yn ystod y bedwaredd ganrif ar bymtheg, sef cylchdaith y gogledd a Chaer, a chylchdaith y de (gyda sir Fynwy yn rhan o gylchdaith Rhydychen). Dim ond mor ddiweddar â 1945 y cafwyd uno'r gogledd a'r de yn gylchdaith Cymru a Chaer (ac eithrio sir Fynwy a barhaodd yn rhan o gylchdaith Rhydychen hyd at 1971), a thrwy hynny adfer rhyw lun ar weinyddiaeth unedig Gymreig ar gyfer y llysoedd.[21]

Roedd y weithred o uno'r gylchdaith ar ddiwedd y rhyfel yn rhannol oherwydd twf y proffesiwn cyfreithiol yng Nghymru. Roedd gan y Bar bresenoldeb parhaol yng Nghymru ers diwedd y bedwaredd ganrif ar bymtheg, pan sefydlwyd y siambrau cyntaf yn Abertawe a Chaerdydd.

Nid oedd mwy na llond dwrn o fargyfreithwyr yn ymarfer gyda'i gilydd mewn siambrau yn y cyfnod cynnar (ymysg y rhai a fu'n ymarfer yn Abertawe yn y cyfnod cyn yr Ail Ryfel Byd oedd Syr Daniel Lleufer Thomas, yr Arglwydd Edmund-Davies a'r barnwr – a'r chwaraewr rygbi o fri yn ei ddydd – Rowe Harding).[22] Yn ystod yr ugeinfed ganrif, tyfodd y presenoldeb hwnnw yn raddol ac, yna, yn ddramatig yn y cyfnod ar ôl i'r llywodraeth gynyddu cymorth cyfreithiol i gleientiaid ar ddiwedd y 1960au. Oherwydd datblygiad y proffesiwn cyfreithiol yng Nghymru, cafwyd ysgogiad i gael trefniadaeth Gymreig ar ei chyfer.

Efallai mai'r diwygiadau ar ddechrau'r 1970au a roddodd egni newydd yn y broses o adfeddiannu peth o'r hunaniaeth Gymreig i weinyddu cyfiawnder a gollwyd yn 1830. Dyma'r cyfnod y diddymwyd y system o dair haen o lysoedd troseddol, sef y llysoedd ynadon, y llys chwarter a'r brawdlys, gan sefydlu'r system bresennol lle ceir llysoedd ynadon a llysoedd y Goron.[23] Daeth y diwygiadau yn sgil argymhellion comisiwn brenhinol o dan gadeiryddiaeth yr Arglwydd Beeching. Esboniodd Adroddiad Beeching wendidau sylfaenol yr hen gyfundrefn fel hyn:

> the main criticisms made to us about the Assize system are that it does not, in fact, provide justice when and where it is needed, that it is inflexible, that it makes inefficient use of resources, and that for these and other reasons, it is inconvenient and wasteful of many people's time.[24]

Roedd Adroddiad Beeching yn feirniadol o'r orddibyniaeth ar farnwriaeth ran-amser ac ar amaturiaeth y gyfundrefn. Roedd y drefn yn fethedig ac yn codi anawsterau gydag argaeledd a chysondeb dedfrydu. Roedd y gwahaniaeth rhwng y brawdlys a'r llysoedd chwarter bellach yn ymddangos yn anachronistig gan greu biwrocratiaeth ddiangen a defnydd aneconomaidd o adeiladau a staff. Yn ogystal, roedd y ffaith nad oeddent yn ymgynnull ond am gyfnodau cyfyngedig y flwyddyn yn arwain at oedi cyn clywed achosion. Roedd y gwendidau hyn yn golygu bod y diwygiadau a gynigwyd gan yr Arglwydd Beeching wedi derbyn cefnogaeth gyffredinol.[25] Roedd diwygio sylfaenol yn angenrheidiol a'r pwrpas yn glir, sef i symleiddio strwythurau'r llysoedd, defnyddio'r farnwriaeth mor hyblyg â phosibl, sirchau hygyrchedd y llysoedd a gwarantu effeithiolrwydd y gyfundrefn.[26]

Byddai llys y Goron, fel rhan o'r Goruchaf Lys Cyfiawnder, yn cymryd lle'r brawdlys a'r llysoedd chwarter, gyda'r llysoedd ynadon yn parhau fel llysoedd ar wahân.[27] O hyn ymlaen, barnwriaeth llawn amser, proffesiynol fyddai'n gweithredu yn llysoedd y Goron. Dyma fyddai'r unig dribiwnlys troseddol ar gyfer treial gyda rheithgor, yn cael ei gefnogi gan weinyddiaeth soffistigedig. Byddai llu o farnwyr rhan-amser i'w cael yn llys y Goron hefyd (yn dwyn y teitl 'cofiadur'), ond edrychid arnynt fel barnwyr cylchdaith dan hyfforddiant yn hytrach na chorfflu barnwrol fel o dan yr hen system. Ni chafwyd diwygiadau i'r llysoedd ynadon ac ni chawsant eu cynnwys yn y strwythur unedig newydd.[28] Yn ddiweddarach y cafwyd adroddiad Syr Robin Auld a arweiniodd at greu llys troseddol unedig a fyddai'n cynnwys llysoedd ynadon.[29]

Roedd gan ddiwygiadau Beeching ei oblygiadau Cymreig. Yng Nghymru, llwyddodd pwysau gwleidyddol a lobïo y tu ôl i'r llenni sicrhau y byddai'r system newydd yn cael ei rheoli o fewn uned weinyddol cylchdaith Cymru a Chaer (gydag addasiadau) gyda'i phencadlys yng Nghaerdydd.[30] Roedd hyn yn gam pwysig gan ei fod yn cydnabod, i raddau, Cymru fel uned gyfreithiol ar gyfer gweinyddu cyfiawnder. Bellach, roedd yna bersonoliaeth Gymreig i'r gyfraith, o leiaf o ran gweinyddu'r llysoedd, ac yr oedd Caerdydd yn gweithredu fel pencadlys ar gyfer y pwrpas hwnnw. O hyn ymlaen, byddai pwyllgorau a chyfarfodydd y gylchdaith yn trafod polisi o safbwynt Cymreig ac yn rhoi llais Cymreig i drafodaethau ar lefel ehangach. O ganlyniad, roedd y syniad o Gymru fel endid cyfreithiol yn medru esblygu'n raddol.

Bu datblygiadau pellach yng Nghymru a Lloegr yn fodd i feithrin, er yn aml yn anuniongyrchol, y syniad o hunaniaeth gyfreithiol Gymreig. Gyda chyflwyno darpariaethau Deddf Gweinyddu Cyfiawnder 1970, gallai'r Uchel Lys ymgynnull y tu allan i Lundain. Ymhen amser, byddai Birmingham, Manceinion a Chaerdydd yn gweithredu fel canolfannau datganoledig ar gyfer yr Uchel Lys. Roedd datganoli cyfreithiol yn dechrau cydio fel polisi wrth weinyddu cyfiawnder, polisi a oedd yn gweithredu'r egwyddor o ddod â llysoedd cyfiawnder yn nes at y bobl.

Ymhen amser, dechreuodd y Llys Apêl i ymgynnull y tu hwnt i Lundain ac, yn yr un modd, daeth Caerdydd yn ganolfan ranbarthol iddo. Roedd datblygiadau eraill yn ystod chwarter olaf yr ugeinfed ganrif a oedd, i raddau, yn arwydd pellach o'r newid hinsawdd. Dechreuodd Arglwydd Prif Ustus Lloegr gyfeirio ato'i hun fel Arglwydd Prif Ustus Lloegr a Chymru (neu 'Cymru a Lloegr', fel y caiff ei ddisgrifio ar fur yn Llys y Goron Abertawe), datblygiad symbolaidd ond un a fyddai'n sbarduno newid mewn agwedd a gogwydd o fewn byd y gyfraith.

Yn ddiweddarach, cafwyd Llys Masnachol i Gymru gyda'i bencadlys yng Nghaerdydd. Yr hyn a welwyd yn y blynyddoedd cyn dyfod datganoli gwleidyddol oedd datganoli graddol yng ngweinyddiaeth y system gyfreithiol. Tyfodd y cysyniad o weinyddiaeth Gymreig ar gyfer y llysoedd a'r proffesiwn cyfreithiol. Os mai Seisnig oedd cynnwys a sylwedd y gyfraith o hyd i raddau helaeth, roedd gan y weinyddiaeth rhyw gymaint o ddylanwad ar Gymreigio'r ffurf o'i weinyddu.

Wrth gwrs, wedi dyfodiad y cynulliad cenedlaethol, cafodd y broses tuag at greu strwythurau cyfreithiol Cymreig ysgogiad sylweddol. Roedd Deddf Llywodraeth Cymru 2006, wrth iddi gydnabod Cynulliad Cenedlaethol Cymru fel deddfwrfa, yn codi cwestiynau pellach ynglŷn â gweinyddu cyfiawnder yng Nghymru. Roedd angen i'r gyfundrefn gyfiawnder ymateb ac addasu i'r cyfansoddiad newydd, ac i ddatblygu strwythurau a fyddai'n briodol ar gyfer y Gymru gyfoes. Gyda deddfau Cymru yn gwahaniaethu fwyfwy oddi wrth ddeddfau Lloegr, byddai'r galw am ddatblygu system gyfreithiol Gymreig sy'n medru ymdopi gyda'r realiti cyfansoddiadol hwn yn dwysáu.

Cymru'r Gyfraith

Yr angen i gael mynegiant cynhenid Cymreig i'r system gyfreithiol yng Nghymru sydd wrth wraidd yr ymadrodd 'Cymru'r Gyfraith'. Mae'r ymadrodd yn crisialu'r cysyniad o adfer hunaniaeth gyfreithiol Gymreig. I Syr Roderick Evans, mae Cymru'r Gyfraith, o gyrraedd ei lawn botensial, yn cynnwys yr elfennau hyn:

(a) rhoi'n ôl i Gymru'r swyddogaeth o lunio deddfau;
(b) datblygu yng Nghymru drefn i weinyddu holl agweddau cyfiawnder, er mwyn gwasanaethu anghenion cymdeithasol ac economaidd Cymru a'i phobl;
(c) datblygu yng Nghymru sefydliadau a chyrff proffesiynol a fydd yn rhoi strwythur gyrfa addas ar gyfer pobl sydd am ddilyn gyrfa yn y gyfraith neu mewn meysydd perthynol yng Nghymru;
(ch) gwneud yn siŵr fod y gyfraith, a'r gwasanaethau cyfreithiol, o fewn cyrraedd hwylus i bobl Cymru;
(d) datblygu trefn a fydd yn gallu ymdopi â defnyddio'r Gymraeg a'r Saesneg mor rhwydd â'i gilydd, fel bod y Gymraeg a'r Saesneg yn cael eu trin yn gyfartal wrth weinyddu cyfiawnder yng Nghymru.[31]

Yn sgil datganoli, roedd Cymru yn cael ei chydnabod fel uned gyfreithiol neilltuol o fewn awdurdodaeth Cymru a Lloegr ar gyfer gweinyddiaeth y llysoedd. Un o'r newidiadau mwyaf arwyddocaol wrth hyrwyddo unoliaeth gyfreithiol Gymreig oedd creu Gwasanaeth Llysoedd Ei Mawrhydi yn 2005. Bryd hynny, daeth y pedwar Pwyllgor Llysoedd Ynadon Cymru at ei gilydd gyda hen gylchdaith Cymru a Chaer i greu gweinyddiaeth unedig. Yna, yn 2007, aeth swydd Gaer yn rhan o gylchdaith gogledd Lloegr, a rhoddwyd y gorau i'w gweinyddu ochr yn ochr â Chymru.

145

O ganlyniad i hyn, crëwyd swydd barnwr llywyddol i Gymru, a barnwriaeth ac ynadaeth unigryw Gymreig. Mae sefydliadau cyfreithiol Cymreig eraill wedi datblygu o ganlyniad, gan gynnwys Cymdeithas y Barnwyr yng Nghymru a Fforwm Cadeiryddion Mainc Ynadon Cymru.[32] Sefydlwyd swyddi neilltuol o fewn y farnwriaeth, megis y barnwr Siawnsri a'r barnwr masnach, i oruchwylio gwaith y llysoedd mewn meysydd cyfreithiol arbennig. Roedd y proffesiwn cyfreithiol hefyd yn ymateb i'r newidiadau hyn trwy greu cymdeithasau arbenigol megis Cymdeithas Cyfraith Gyhoeddus a Hawliau Dynol Cymru, a Chymdeithas Cyfraith Fasnach Cymru. Yn y cyfamser, roedd deddfau Llundain hefyd yn creu swyddi cyfreithiol a lled-gyfreithiol neilltuol ar gyfer Cymru.[33]

Efallai mai sefydlu'r Llys Gweinyddol yng Nghaerdydd yn 1998 oedd un o'r datblygiadau cynnar mwyaf arwyddocaol wrth hyrwyddo anghenion cyfreithiol Cymru yn sgil datganoli. O hyn ymlaen, byddai modd i adolygiadau barnwrol oedd yn ymwneud â gweithrediadau'r cynulliad cenedlaethol i'w datrys yng Nghymru. Sefydlwyd y llys hwn heb yr angen am ddeddfwriaeth – penderfyniad gweinyddol yn unig ydoedd. Roedd sefydlu'r Llys Gweinyddol yng Nghymru yn ymateb i'r ddadl y dylai achosion sy'n herio penderfyniadau gweinyddol neu wleidyddol a gymerir yng Nghymru gael eu trin a'u clywed yng Nghymru pan fod hynny'n bosibl, gan alluogi pobl Cymru ddwyn eu llywodraeth i gyfrif yn eu gwlad eu hunain. Yn ddiweddarach, gwelwyd y Llys Gweinyddol ei hun yn cadarnhau ac yn ategu pwysigrwydd sicrhau bod achosion cyfreithiol sy'n ymwneud â Chymru'n cael eu clywed yn gyson yng Nghymru.[34]

Pa fodd bynnag, pan sefydlwyd y Llys Gweinyddol yng Nghymru ar y dechrau nid oedd yna swyddfa yng Nghaerdydd i reoli a gweinyddu busnes y llys. Golygai hyn nad oedd swyddfa yng Nghymru a fyddai'n sicrhau bod achosion Cymreig yn cael eu prosesu a'u rhestru yng Nghymru, a'u clywed yn y Llys Gweinyddol Cymreig. Roedd y ddogfennaeth yn cael ei thrafod a'i rheoli o swyddfa yn Llundain, ac roedd hyn yn tanseilio tipyn ar effeithiolrwydd y Llys Gweinyddol Cymreig. Pa fodd bynnag, o'r diwedd, cafwyd ymateb i'r broblem. Yn Ebrill 2009, sefydlwyd swyddfa weinyddol barhaol yng Nghaerdydd ar gyfer y Llys Gweinyddol. Canfyddiad un barnwr blaenllaw oedd: 'one of the lessons to be learned from this experience is that the decentralisation of a court can not succeed unless it is accompanied by the necessary infrastructure to ensure its proper functioning'.[35]

Nid y Llys Gweinyddol fu'r unig fforwm cyfreithiol a ddioddefai o ddiffyg strwythur trefniadol priodol ar dir a daear Cymru. Er mor galonogol fu ymweliadau'r Llys Apêl (yr adran sifil a throseddol) â Chymru ers 1998, wrth iddo hyrwyddo'r nod o ddatganoli cyfreithiol, ni fu ganddo swyddfa yng Nghaerdydd i sicrhau bod gwaith y llys yn cael ei drefnu a'i reoli yn effeithiol. I Lundain yr anfonir apeliadau i'w prosesu, ac nid yw'r weinydd-iaeth yno yn ddigon cydwybodol wrth geisio sicrhau bod y Llys Apêl, wrth ymgynnull yng Nghaerdydd, yn clywed apeliadau o Gymru (holl bwrpas datganoli cyfreithiol). Gellir dweud yr un peth am yr Uchel Lys. Mae'r weinyddiaeth o hyd yn cael ei chanoli yn Llundain, ac mae hyn yn atal effeithiolrwydd y system ac yn ymyrryd â'r egwyddor o sicrhau bod achosion ac apeliadau Cymru yn cael eu penderfynu yng Nghymru.[36] Fel y dywedodd Syr Roderick Evans:

> Er mwyn i eisteddiadau'r Llys Apêl a'r Llys Gweinyddol yng Nghymru fod yn effeithlon, rhaid cryfhau'r trefniadau ar gyfer cynnal y llysoedd hyn. Y lleiaf sydd angen ei wneud yw gwella'r trefniadau ar gyfer dynodi achosion o Gymru a'u rhestru yng Nghymru, ond mae'n annhebygol y bydd hynny ynddo'i hun yn ddigon. Yn fy marn i, yr hyn sydd ei angen yw swyddfeydd yng Nghaerdydd i gefnogi gwaith y llysoedd hyn. Byddai'r rhain yn sicrhau bod y gwaith o Gymru'n cael ei gyflawni'n effeithlon yng Nghymru. Byddai hefyd yn creu yng Nghymru'r swyddi a'r strwythurau gyrfa sy'n gysylltiedig â'r gwaith hwn.[37]

Sefydlwyd tribiwnlysoedd neilltuol Cymreig, megis Tribiwnlys Anghenion Addysg Arbennig Cymru a Thribiwnlys Adolygu Iechyd Meddwl Cymru, datblygiadau a oedd yn deillio'n uniongyrchol o bwerau datganoledig y cynulliad cenedlaethol. Mae'r angen i sicrhau annibyniaeth y tribiwnlysoedd Cymreig trwy warantu hyd braich rhyngddynt a llywodraeth y cynulliad a'i hadrannau yn un y pwysleisir yn aml.[38] Gan mai penderfyniadau'r llywodraeth yng Nghaerdydd sy'n cael eu herio gerbron y tribiwnlysoedd hyn, rhaid sicrhau bod y tribiwnlysoedd yn annibynnol ac yn ymddangos yn rhydd o unrhyw ymyrraeth wleidyddol. Mae annibyniaeth y broses o benodi aelodau i'r tribiwnlysoedd datganoledig hefyd yn gwbl hanfodol.

Bu peth anesmwythyd ynglŷn â gweinyddiaeth tribiwnlysoedd Cymru. Ceir brodwaith o wahanol dribiwnlysoedd, gyda thribiwnlysoedd datgan-oledig yn cael eu gweinyddu gan wahanol adrannau Llywodraeth Cymru ac awdurdodau lleol, a thribiwnlysoedd nad ydynt wedi'u datganoli'n cael eu gweinyddu gan Wasanaeth Tribiwnlysoedd y Deyrnas Unedig neu adrannau llywodraeth y Deyrnas Unedig. Nid yw Gwasanaeth Tribiwnlys-oedd y Deyrnas Unedig yn trin Cymru fel uned weinyddol, ac mae hyn yn anghyson â'r patrwm cyffredinol cyn belled â gweinyddiaeth y llysoedd.

Yn wir, mae'r angen hwn yn cryfhau'r ddadl dros sefydlu gweinydd-iaeth gyfiawnder unedig, annibynnol a chynhenid Gymreig.[39] Trwy greu gweinyddiaeth unedig ar gyfer y llysoedd a'r tribiwnlysoedd, mae modd datblygu system a fydd yn fwy integreiddiedig ac effeithiol o ran y defnydd o adnoddau. Efallai dylid hefyd sefydlu comisiwn penodiadau barnwrol penodedig i Gymru i sicrhau annibyniaeth a chadarnhau hygrededd y system.[40] Yn wir, mae'r drafodaeth ynglŷn â gweinyddu cyfiawnder ar gyfer Cymru yn codi cwestiynau ehangach ynglŷn â gweinyddiaeth yng Nghymru yn gyffredinol, gan gynnwys y gwasanaeth sifil.

Nid rhyw drafodaeth ymylol gyda'i golygon ar ryw ddyfodol bell, anghyraeddadwy a geir yma. Fel y dywedodd Carwyn Jones, wrth sôn am oblygiadau cyfreithiol creu deddfwrfa genedlaethol, 'Mae hyn wedi arwain at yr angen am sefydliadau cyfiawnder sy'n cael eu rheoli'n lleol, sy'n ymateb i anghenion Cymru ac sy'n gyfarwydd â'r gyfraith fel y mae'n gymwys i Gymru. Byddai Llywodraeth Cynulliad Cymru yn croesawu camau pellach i'r cyfeiriad hwn.'[41]

Gellir datgan yn hyderus bod datganoli gwleidyddol yng Nghymru wedi ysgogi trafodaeth gynhwysfawr a deallus o fewn y gymuned gyfreithiol ar sut y dylai'r gyfundrefn gyfiawnder ymateb i'r newid cyfansoddiadol. Ni fu trafodaeth fel yma ers canrifoedd, ac y mae'r drafodaeth ynddi'i hun yn cydnabod pwysigrwydd y newid cyfansoddiadol a natur a goblygiadau cyfreithiol y newid hwnnw. Yn anad dim, democrateiddio llywodraethu a deddfu ar gyfer Cymru a wnaeth datganoli. Yn ei sgil, roedd cydnabod yr angen i sicrhau bod systemau a sefydliadau cyfreithiol priodol i gynnal y broses ddemocrataidd yn gwbl naturiol a synhwyrol.

Awdurdodaeth Gymreig?

Yn ddi-os, mae esblygiad y ddemocratiaeth Gymreig yn cynnig her a chyfle i gyfreithwyr yn y Gymru gyfoes gan fod arwahanrwydd cyfreithiol wedi tyfu'n raddol yn sgil datganoli. Yng ngoleuni'r datblygiadau diweddar yng nghyfansoddiad a phwerau'r cynulliad cenedlaethol, mae'n deg gofyn beth fydd ymateb y system gyfreithiol i hyn yn y dyfodol? A oes bellach ddadl gredadwy dros greu awdurdodaeth newydd ac annibynol Gymreig? Ym mha fodd y gall cyfreithwyr a sefydliadau cyfreithiol gyfrannu tuag at lwyddiant y broses ddatganoli a swyddogaeth deddfwriaethol y cynulliad cenedlaethol? Sut y gall y newidiadau cyfansoddiadol hyn ddatblygu hunaniaeth Gymreig i'r system gyfreithiol yng Nghymru?

Mewn unrhyw ddemocratiaeth aeddfed, lle mae gwahaniaeth cyfansoddiadol (waeth pa mor ffurfiol neu anffurfiol) rhwng y ddeddfwrfa a'r llywodraeth (neu'r gweithredwr), mae gan y farnwriaeth hefyd ei swyddogaeth wrth gynnal y cydbwysedd cyfansoddiadol. Mae hyn yn wir hyd yn oed ym Mhrydain, lle y ceir yr egwyddor o oruchafiaeth seneddol, a lle nad oes gwahaniaeth swyddogol rhwng y pwerau (*separation of powers*).[42] Gellir dadlau bod cyfansoddiad Cymru yn ddiffygiol neu'n anghyflawn ar hyn o bryd, oherwydd, a chan ddyfynnu barnwr llywyddol Cymru, 'nid oes gan Gymru ei system gyfreithiol ei hun. Yn wahanol i'r Alban a Gogledd Iwerddon, nid yw Cymru'n awdurdodaeth ar wahân o fewn y Deyrnas Unedig. Mae Cymru a Lloegr yn rhannu'r un system gyfreithiol.'[43]

Dywedir, weithiau, fod Cymru yn awdurdodaeth sy'n raddol ymddangos.[44] Beth yn union yw awdurdodaeth? Bu llawer yn ceisio cynnig diffiniad academaidd o'i brif nodweddion wrth ystyried y sefyllfa yng Nghymru.[45] Gellir dweud nad yw'r syniad o awdurdodaeth yn rhywbeth pendant, unffurf, a gall awdurdodaethau wahaniaethu gan ddibynnu ar yr amgylchiadau penodol. Ond ymysg y nodweddion y dylid eu disgwyl, dywedir mai'r rhai amlycaf yw tiriogaeth ddiffiniedig; corff o gyfreithiau cynhenid; sefydliadau cyfreithiol a chyfundrefn llysoedd. Nid oes angen ymhelaethu gormod ar y ddwy nodwedd gyntaf. Mae ffiniau tiriogaethol Cymru yn glir ac, fel sydd wedi ei egluro eisoes, mae gan Gymru ei deddfwrfa sydd bellach yn creu cyfreithiau sylfaenol. Beth, felly, am y sefydliadau cyfreithiol a'r gyfundrefn llysoedd? Pa newidiadau pellach a fyddai eu hangen cyn y medrid dweud bod Cymru yn awdurdodaeth?

Er mwyn creu awdurdodaeth Gymreig a fyddai'n ymdebygu i awdurdodaethau eraill y Deyrnas Unedig, byddai angen y sefydliadau hyn:

- Uchel Lys parhaol yng Nghymru;
- Llys Apêl parhaol yng Nghymru;
- barnwriaeth Gymreig dan arweiniad (er mwyn cysondeb o fewn y cyfansoddiad Prydeinig) Arglwydd Brif Ustus Cymru;
- proffesiwn cyfreithiol Cymreig;
- rheolaeth dros yr heddlu a charchardai.

Y gwrthwynebiad

Maes o law byddwn yn ystyried y dadleuon o blaid creu awdurdodaeth Cymru. Ond gadewch i ni ddechrau trwy bwyso a mesur y dadleuon yn erbyn.

Nid oedd refferendwm Mawrth 2011 yn gwneud unrhyw wahaniaeth sylfaenol cyfansoddiadol i weinyddu cyfiawnder yng Nghymru, gan nad yw gweinyddu cyfiawnder, hyd yma, yn faes datganoledig. Nid oedd darpariaeth yn Neddf Llywodraeth Cymru 2006 ar gyfer creu system gyfiawnder i Gymru, law yn llaw â chynyddu pwerau deddfu y cynulliad cenedlaethol. Wrth gwrs, gall y cynulliad geisio am fwy o bwerau, gam wrth gam, dros agweddau o'r system gyfiawnder. Ond, yn syml, mae Cymru yn parhau yn rhan o awdurdodaeth unedig Cymru a Lloegr.

Roedd Adroddiad Confensiwn Cymru Gyfan hefyd yn cydnabod nad oedd creu awdurdodaeth i Gymru yn angenrheidiol cyn y byddai'n bosibl symud i Ran 4 o Ddeddf Llywodraeth Cymru 2006, a chreu deddfwrfa gyflawn.[46] Felly, yn yr un modd, nid yw creu awdurdodaeth yn ddibynnol ar fodolaeth deddfwrfa – wedi'r cwbl, roedd yr Alban yn awdurdodaeth cyn iddi adfer ei senedd yn 1999.

Digon llugoer fu ymateb rhai i'r ddadl dros awdurdodaeth Gymreig. Gellir crynhoi'r prif ddadleuon yn erbyn y syniad wrth gyfeirio atynt fel y ddadl dechnegol-gyfreithiol, y ddadl dros raddol-esblygiad, y ddadl ddaearyddol a demograffig, a'r ddadl hanesyddol. Efallai mai Jack Straw, pan oedd yn Arglwydd Ganghellor, lwyddodd i fynegi a chrynhoi'r dadleuon yn erbyn creu awdurdodaeth Gymreig mewn darlith i Gymdeithas y Cyfreithwyr yng Nghaerdydd rai blynyddoedd yn ôl.[47]

Mae'r ddadl dechnegol-gyfreithiol yn codi cwestiynau ynglŷn â'r hyn fyddai statws dyfarniadau llys yn Lloegr ar lysoedd Cymru petai Cymru yn awdurdodaeth ar wahân, a'r sefyllfa fel arall hefyd. Hynny yw, sut y byddai'r fath newid yn effeithio ar y modd y byddai athrawiaeth gynsail yn cael ei gweithredu, er enghraifft? Fel y gofynnodd Straw:

> A fyddai penderfyniadau llysoedd Lloegr yn dod yn rhai perswadiol yn unig mewn achosion Cymreig, yn hytrach na rhai rhwym mewn cyfraith, er enghraifft? A fyddai angen datblygu proffesiwn cyfreithiol ar wahân, gyda'i systemau ei hun i reoleiddio'r proffesiwn hwnnw? A allai dyfarniadau Cymreig gael eu gorfodi yn erbyn diffynyddion Seisnig, neu a ellid cyflwyno achosion Cymreig yn Lloegr?[48]

Yn y man, cawn ystyried dilysrwydd y gofidiau hyn trwy gyfeirio at awdurdodaeth arall o fewn y Deyrnas Unedig. Ond mae'n briodol yma nodi mai Goruchaf Lys y Deyrnas Unedig yw'r Llys Apêl uchaf ar gyfer llysoedd holl awdurdodaethau'r Deyrnas Unedig, ac yma, fel arfer, y bydd cwestiynau cymhleth cyfreithiol sydd yn esgor ar gynsail cyfreithiol newydd yn cael eu penderfynu. Byddai'r awdurdodaeth Gymreig yn dilyn y cynseiliau a osodir gan y Goruchaf Lys, ac hyd yn oed os mai perswadiol fyddai statws penderfyniadau'r llysoedd apêl Seisnig yng Nghymru, nid yw hynny yn creu unrhyw argyfwng cyfreithiol o gwbl. Mae'n sicr y byddai barnwyr Cymru yn talu sylw dyledus a phriodol i ddyfarniadau Lloegr ac yn eu dilyn lle bo hynny er lles cyfiawnder. Yn syml, bydd y materion technegol hyn, gan gynnwys gorfodi dyfarniadau ar draws ffiniau awdurdodaethol, yn cael eu datrys yn yr un modd ag y maent yn cael eu datrys heddiw rhwng awdurdodaethau Lloegr (a Chymru), yr Alban a Gogledd Iwerddon.

Yn ychwanegol at ei bryderon technegol, pwysleisiodd Straw fanteision symud yn araf yn hytrach na cheisio symud ymlaen yn rhy gyflym. Y bragmatiaeth honno y soniwyd amdani yn y bennod gyntaf sy'n sail i'r ddadl hon, sef y dylid caniatáu i brosesau esblygu yn naturiol mewn ymateb i'r sefyllfa ar y pryd. Mae hon yn ddadl sy'n annog 'datblygiad mwy o hunaniaeth i'r system Gymreig yn organaidd, gan adeiladu ar yr hyn sydd wedi bod yn digwydd eisoes yn ystod y 10 mlynedd diwethaf, ond o fewn awdurdodaeth gyffredin'.[49]

Dadl arall yn erbyn y syniad o awdurdodaeth Gymreig yw'r ddadl ddaearyddol a demograffig. Agosatrwydd daearyddol a chymdeithasol Cymru i Loegr, a natur tirwedd a demograffi Cymru yw sail y ddadl. Mae pobl gogledd Cymru yn agos i ddinasoedd gogledd-orllewin Lloegr ac yn ymwneud â hwy yn gyson. Mae pobl y canolbarth yn dueddol o droi at drefi a dinasoedd canolbarth Lloegr er mwyn masnachu a siopa. Oherwydd maint dinasoedd de Cymru, ni cheir yr un tueddiad i droi at Loegr, er bod cryn gysylltiad rhwng pobl y de a dinas Bryste. Ar yr un pryd, oherwydd rhesymau daearyddol, nid oes gan bobl y gogledd gymaint o gysylltiad â dinasoedd a phobl y de. Mae'r ffin rhwng Cymru a Lloegr yn un sy'n bod yn wleidyddol a diwylliannol, efallai, ond nid yw'r ffin yn bod yn economaidd nac, i raddau helaeth, yn gymdeithasol. Mae'r patrwm hwn yn wahanol i, dyweder, yr Alban, lle ceir ardal eang a thenau ei phoblogaeth o boptu i'r ffin rhwng yr Alban a Lloegr, a thros gant o filltiroedd yn gwahanu prif ardaloedd poblog gogledd-orllewin Lloegr a chanolbarth yr Alban.[50]

Fel y gwelsom yn y bennod gyntaf, ymysg y dadleuon a gyflwynir dros drin Cymru yn wahanol i'r Alban a Gogledd Iwerddon, y ddadl hanesyddol yw'r un amlycaf. Wrth gyfeirio at sefyllfa'r Alban, dywedodd Jack Straw,

> Gan fod hanes y cysylltiadau a'r datblygiadau o fewn a rhwng Cymru a Lloegr mor wahanol i'r rhai rhwng yr Alban a Lloegr, ni fyddai dwyn cymariaethau â'r Alban yn debygol o fod yn briodol. Y gwahaniaeth pwysicaf yw na fu system farnwriaeth yr Alban erioed yn rhan o system Loegr, hyd yn oed ar ôl Deddf Uno 1707. Mae ei sefydliadau barnwrol a'r proffesiwn cyfreithiol, ynghyd â llawer o agweddau eraill ar ei bywyd cenedlaethol, wedi parhau ar wahân. Am resymau sy'n ddealladwy i bawb, nid dyna fu'r achos yng Nghymru.[51]

Dyma ymateb cyson y sefydliad cyfreithiol a gwleidyddol yn Lloegr tuag at uchelgais Cymru i ddatblygu'n awdurdodaeth lawn, sef pwysleisio diffyg traddodiad a diffyg hanes cyfreithiol. Dadl arall a glywir yw'r ddadl cynaliadwyedd: hynny yw, bod Cymru yn rhy fach i fod yn awdurdodaeth ar wahân i Loegr. O ran y dadleuon nad oes yna'r traddodiad na'r sefydliadau cyfreithiol na'r boblogaeth i gynnal awdurdodaeth Gymreig, dywedodd Syr Malcolm Pill rai pethau diddorol ynglŷn â gallu Caerdydd i wasanaethu fel prifddinas a phencadlys unrhyw awdurdodaeth Gymreig:

> It is a city that has developed comparatively recently and has neither the population nor presitge, nor the legal traditions of Edinburgh or Belfast. Meeting with Scots and Northern Ireland lawyers makes one aware of our comparative lack of pedigree and experience in this field . . . a tradition of judicial separateness, and of dealing with a devolved administration, requires skills which cannot, however, be acquired in a moment.[52]

Tybed? Gan dderbyn cywirdeb y pwynt fod gan yr Alban gyfundrefn gyfreithiol gynhenid a oroesodd Deddf Uno 1707 ac, felly, fod gan y ddadl hanesyddol peth dilysrwydd wrth gymharu Cymru gyda'r Alban, a yw'r un peth yn wir wrth gymharu Cymru gyda Gogledd Iwerddon?

Cymhariaeth – Gogledd Iwerddon

Er mwyn ceisio gwyntyllu dilysrwydd rhai o'r dadleuon yn erbyn yr awdurdodaeth Gymreig, ac er mwyn canfod yr hyn fyddai'r awdurdodaeth Gymreig yn ei gynnig i fywyd Cymru, mae'n werth ystyried y strwythurau cyfreithiol a geir o fewn cenhedloedd datganoledig eraill y Deyrnas Unedig. Mae gan yr Alban a Gogledd Iwerddon y strwythurau a'r sefydliadau cyfreithiol a gysylltir â'r syniad o awdurdodaeth. Tybed a ydynt yn cynnig canllawiau ar gyfer anghenion yr awdurdodaeth arfaethedig Gymreig?

Mae Gogledd Iwerddon yn cynnig cymhariaeth ddiddorol ar sawl lefel. Yn gyntaf, o ran meintioli. Mae gan Gogledd Iwerddon boblogaeth o tua 1.7 miliwn, tra bod gan Gymru boblogaeth o tua 3 miliwn. Mae mwy o bobl yn byw o fewn ffiniau'r hen sir Forgannwg a'r hen sir Fynwy nag sydd yn byw yng Ngogledd Iwerddon i gyd. O'r safbwynt hanesyddol, nid oedd Gogledd Iwerddon yn awdurdodaeth a chanddi sefydliadau cyfreithiol cynhenid cyn 1920. Yn wir, nid oedd Gogledd Iwerddon yn bod fel endid gwleidyddol cyn 1920 ac, o ran gweinyddu cyfiawnder, nid oedd Ulster yn ddim ond talaith neu ranbarth o awdurdodaeth Iwerddon o fewn y Deyrnas Unedig.

Cyfaddawd gwleidyddol oedd creu Gogledd Iwerddon yn y cyfnod rhwng 1920 a 1925, sef cyfaddawd rhwng dyheadau cenedlaetholgar mwyafrif pobl Iwerddon (a'r mwyafrif ohonynt yn Gatholigion) a dymuniad lleiafrif (Protestannaidd fel arfer) a oedd am aros o fewn y Deyrnas Unedig.[53] Wrth gwrs, roedd y sefyllfa wleidyddol yn gymhleth.

Nid oedd pob Protestant yn erbyn hunanlywodraeth i Iwerddon ac nid oedd pob Catholig yn genedlaetholwr.

Nid dim ond yn nwyrain Ulster oedd y mwyafrif o'r boblogaeth yn Brotestannaidd. Roedd nifer sylweddol o Brotestaniaid yn Nulyn hefyd, a lleiafrif o Brotestaniaid trwy Iwerddon gyfan. Amcan yr arweinwyr Protestannaidd ac Unoliaethol fel Syr James Craig a Syr Edward Carson oedd cadw Iwerddon gyfan fel rhan o Brydain a'i hymerodraeth. Dyna oedd prif amcan yr ymgyrch fawr yn erbyn hunanlywodraeth a arweiniodd at greu Cyfamod Ulster yn 1912, er iddo hefyd gynnwys penderfyniad i greu llywodraeth ar wahân ar gyfer Ulster petai Iwerddon i gael hunanlywodraeth.[54]

Pan sylweddolwyd y byddai'r cynllun i atal hunanlywodraeth yn debygol o fethu, cafwyd gwir ymgyrch dros arwahanrwydd Ulster.[55] Yn 1916 y cafwyd yr awgrym am y tro cyntaf y byddai chwech o siroedd talaith Ulster yn cael eu heithrio o'r drefniadaeth ar gyfer gweddill Iwerddon – ar y dechrau, y syniad oedd y byddent yn cael eu llywodraethu yn uniongyrchol o Lundain.[56] Bryd hynny, roedd dyfodol hir dymor y chwe sir neilltuedig heb ei phenderfynu'n iawn.

Ar ôl y Rhyfel Byd Cyntaf, pan gododd sefyllfa Iwerddon i frig yr agenda wleidyddol unwaith eto, cafwyd cynllun a oedd yn golygu y byddai Iwerddon gyfan yn cael ffurf ar hunanlywodraeth, ond wedi ei rhannu yn ddau ranbarth gyda dwy ddeddfwrfa ar wahân. Yn y cyfnod allweddol hwn rhwng 1918 ac 1920, a arweiniodd at Ddeddf Llywodraeth Iwerddon 1920, lluniwyd elfennau hanfodol y cyfansoddiad newydd.[57]

Roedd Deddf Llywodraeth Iwerddon 1920 yn creu dwy awdurdodaeth a chanddynt raddau helaeth o hunanlywodraeth – sef Iwerddon Ddeheuol yn y de (yn 1922, crëwyd Gwladwriaeth Rydd Iwerddon i gymryd lle'r endid hwn yn dilyn y cadoediad ar derfyn y Rhyfel Cartref yn Iwerddon), a Gogledd Iwerddon yn y gogledd-ddwyrain. Roedd y chwe sir i ffurfio'r rhanbarth Protestannaidd yn Ulster. Roedd Gogledd Iwerddon i gael deddfwrfa dwysiambraidd (tŷ'r cyffredin a senedd – senedd oedd yr enw a roddwyd ar yr ail dŷ yng Ngogledd Iwerddon – yn ôl y patrwm Prydeinig), a'i llywodraeth ei hun. Yn Chwefror 1920, hawliodd yr Unoliaethwyr yno y dylent gael awdurdodaeth ar wahân gyda'u barnwyr eu hunain, a hynny a fu.[58] Roedd yr hyn a sefydlwyd yn ffurf o ddatganoli: 'the scheme of the Act of 1920 was to place matters that pertained only to Northern Ireland within the legislative competence of the new Parliament and to reserve matters which concerned the United Kingdom as a whole'.[59]

Y bwriad gwreiddiol oedd y byddai cyngor ar gyfer Iwerddon gyfan i drafod materion a oedd yn berthnasol i Iwerddon i gyd, ac a fyddai'n gyfrwng i feithrin ysbryd o undod a chydweithredu o fewn Iwerddon.

Y gobaith oedd y byddai'r cyngor hwn yn braenaru'r tir ar gyfer uno Iwerddon o dan un senedd ac un awdurdodaeth maes o law. Ond, yn ogystal, roedd yna gynrychiolaeth o Iwerddon yn Senedd Westminster, gan mai ffurf ar ddatganoli, nid hunanlywodraeth wirioneddol, oedd model 1920, ac roedd sofraniaeth wleidyddol yn parhau yn Llundain.

Y weledigaeth gyfansoddiadol o dan Ddeddf Llywodraeth Iwerddon 1920, felly, oedd y byddai'r ddwy Iwerddon yn rhanbarthau datganoledig o fewn y Deyrnas Unedig ac yn rhan o'i hymerodraeth, gyda swyddogion y Goron, o dan arweiniad Arglwydd Raglaw Iwerddon, yn gweithredu o Gastell Dulyn. Ond, roedd Deddf 1920 yn cynnig ateb gwleidyddol diffygiol gan nad oedd Iwerddon rydd am ymyrraeth Prydain, ac nid oedd Gogledd Iwerddon am ymyrraeth Dulyn chwaith.

Yn y cyfamser, yn 1921 rhoddwyd rhywfaint o reolaeth dros yr heddlu yn y dalaith yn nwylo llywodraeth Gogledd Iwerddon. Roedd y modd y rheolwyd yr heddlu yno'n bwnc dadleuol, ac yn enwedig ymddygiad y 'Specials', sef llu o wirfoddolwyr Protestannaidd a sefydlwyd yn 1920 i gadw'r heddwch ac i wrthwynebu Byddin Weriniaethol Iwerddon, a oedd yn arwain y gwrthryfel yn erbyn cyfansoddiad 1920. Ym Mawrth 1922, pan ddiddymwyd Cwnstablaeth Frenhinol Iwerddon,[60] crëwyd Cwnstablaeth Frenhinol Ulster.[61]

Erbyn 1922, roedd yr hollt rhwng Gogledd Iwerddon a gweddill Iwerddon yn dwysáu wrth i anfodlonrwydd gyda chyfansoddiad 1920 ymysg y gweriniaethwyr Gwyddelig arwain at ryfela. Roedd nifer o wleidyddion yr Iwerddon Ddeheuol yn wrthwynebus i gyfansoddiad 1920 a oedd yn cadw gormod o awdurdod yn nwylo Senedd a llywodraeth Prydain. Ni ddaeth Cyngor Iwerddon i fodolaeth ac fe chwalwyd y cynllun gwreiddiol a ragwelai gydweithredu rhwng y ddwy ranbarth.

Yn 1922, cafwyd y cytundeb rhwng Prydain ac Iwerddon a greodd Wladwriaeth Rydd Iwerddon, cytundeb a sicrhaodd yr hawl i chwe sir y gogledd-ddwyrain fod ar wahân o'r wladwriaeth newydd a pharhau yn rhan o'r Deyrnas Unedig. Roedd y cyfansoddiad hwn yn rhoi statws dominiwn i Wladwriaeth Rydd Iwerddon, a oedd yn golygu bod y Wladwriaeth Rydd bellach yn ymadael â'r Deyrnas Unedig. Roedd iddi statws tebyg i Ganada, Awstralia a Seland Newydd, ac nid oedd ganddi hi bellach gynrychiolaeth yn Senedd Llundain. Roedd Gogledd Iwerddon, fodd bynnag, i barhau yn rhan o'r Deyrnas Unedig, a'i senedd yn ddarostyngedig i Senedd Llundain.

Diddymwyd swydd yr Arglwydd Raglaw, a phenodwyd llywodraethwr cyffredinol ar gyfer Gogledd Iwerddon. Roedd arwyddocâd difrifol a phellgyrhaeddol i ddyfodol Iwerddon o dan delerau'r cytundeb hwn. Meddai un arbenigwr, 'The Government of Ireland Act envisaged an eventual untied Ireland within the United Kingdom; but the Treaty resulted in the secession of the Irish Free State from the United Kingdom and, from a Unionist perspective, in the artificial partition of the British Isles.'[62] Erbyn 1925, roedd Gogledd Iwerddon yn endid cyfansoddiadol cwbl ar wahân i weddill Iwerddon – roedd y rhaniad yn realiti cyfansoddiadol ac iddo oblygiadau hir dymor.

Roedd creu gwladwriaeth newydd Gogledd Iwerddon yn gyfaddawd politicaidd, wrth gwrs. Nid oedd gweledigaeth glir ar y dechrau, ond rhyw esblygu yn ddamweiniol ac mewn ymateb i argyfwng cyfansoddiadol a gwleidyddol a wnaeth yr awdurdodaeth newydd. Beth oedd y sefydliadau cyfreithiol yn Belfast, dinas bwysig ddiwydiannol a fyddai'n ganolbwynt y dalaith, cyn 1920?

Roedd Belfast wedi tyfu yn gyflym fel dinas ddiwydiannol bwysig yn ystod y bedwaredd ganrif ar bymtheg. Dyblodd y boblogaeth o 87,000 i 175,000 rhwng 1851 ac 1871.[63] Erbyn troad yr ugeinfed ganrif, roedd ganddi sefydliadau cyhoeddus a llywodraeth fwrdeistrefol a oedd yn gydnaws â'i statws.[64] Erbyn 1911, roedd ganddi boblogaeth o 400,000. Er hynny, canolfan ranbarthol i gylchdaith gogledd-ddwyreiniol Iwerddon oedd Belfast o ran ei sefydliadau cyfreithiol. Roedd ganddi gyfreithwyr a bargyfreithwyr fel pob dinas fawr arall yn y deyrnas. Gellir ei chymharu â Chaerdydd o ran maint. Ond mae gan Gaerdydd ar ddechrau'r ganrif hon lawer mwy o sefydliadau ar gyfer cynnal awdurdodaeth nag oedd gan Belfast yn 1920.

Ar 25 Awst 1921, cyhoeddwyd y byddai Goruchaf Lys Barnweinyddiad Gogledd Iwerddon yn dod i fodolaeth ar 1 Hydref 1921. Roedd i'r Goruchaf Lys ei Llys Apêl a'i Huchel Lys Cyfiawnder, a phenodwyd pennaeth ar y Goruchaf Lys, sef Arglwydd Brif Ustus Gogledd Iwerddon, yng Ngorffennaf 1921. Y gŵr a benodwyd i'r swydd bwysig hon ar y dechrau oedd Syr Denis Henry, gŵr craff a oedd â phrofiad cyfreithiol a gwleidyddol fel twrnai cyffredinol Iwerddon ac Aelod Seneddol De (London)derry. Yn ymuno ag ef fel barnwyr apêl oedd yr Arglwydd Ustus Moore (a drosglwyddwyd o lysoedd Dulyn) a'r Arglwydd Ustus Andrews. Erbyn Chwefror 1922, roedd Mr Ustus Wilson a Mr Ustus Brown hefyd wedi'u penodi i'r Uchel Lys yn Belfast.[65]

Gyda pheirianwaith y llysoedd yn ei le, yn raddol fe ddatblygodd y sefydliadau eraill a gysylltir ag awdurdodaeth gyflawn, annibynnol a hunangynhaliol. Ers yr unfed ganrif ar bymtheg, roedd gan fargyfreithwyr Iwerddon eu canolfan yn Nulyn, sef y King's Inns. Sefydlwyd y King's Inns yn dilyn diddymu un o fynachlogydd y ddinas, pan roddodd y Goron les ar adeiladau a thir yng ngogledd y ddinas i Brif Ustus Iwerddon. O hynny ymlaen, roedd hi'n bosibl i fargyfreithwyr Iwerddon gwblhau eu hyfforddiant a chael eu derbyn i'r proffesiwn heb orfod ymuno ag Ysbytai'r Frawdlys yn Llundain.

Gyda chreu awdurdodaeth Gogledd Iwerddon yn 1920, bellach roedd y gogledd-ddwyrain mewn awdurdodaeth ar wahân i weddill Iwerddon ac, felly, roedd yn rhaid ystyried statws a hunaniaeth bargyfreithwyr y dalaith, a chreu darpariaeth ar gyfer eu rheoleiddio a'u cynrychiolaeth. Ar y dechrau, daethpwyd i gytundeb gydag awdurdodau'r King's Inns yn Nulyn y byddai pwyllgor o arweinwyr y Bar yn Belfast yn gyfrifol am addysg a disgyblaeth ar gyfer y proffesiwn yno. Câi darpar-fargyfreithwyr Gogledd Iwerddon eu hyfforddiant yn Belfast o hyn allan. Ar ôl agor y llysoedd newydd yn Belfast yn Hydref 1921, caent eu galw i'r Bar yn Belfast yn hytrach nag yn Nulyn. Er hynny, roedd gan fargyfreithwyr a gawsant eu hyfforddi yn un ai Dulyn neu Belfast yr hawl i ymddangos yn llysoedd Iwerddon gyfan.[66]

Parhaodd y ddealltwriaeth hon rhwng bargyfreithwyr Belfast a Dulyn hyd at 1926, pan benderfynwyd sefydlu canolfan cwbl annibynnol ar gyfer bargyfreithwyr Gogledd Iwerddon, sef yr Inn of Court of Northern Ireland. Cafwyd ystafelloedd yn Belfast ar gyfer yr ysbyty cyfraith hwn, a phrynwyd llyfrgell cyfraith y diweddar Syr Denis Henry, yr Arglwydd Prif Ustus cyntaf, a fu farw yn 1925.[67] Yn yr un modd, sefydlwyd Cymdeithas Cyfraith Gogledd Iwerddon yn 1922 ar gyfer llywodraethu proffesiwn y cyfreithwyr yn y dalaith. Sefydlodd y gymdeithas ei hysgol cyfraith ar gyfer hyfforddi myfyrwyr a'u paratoi ar gyfer ymuno â'r proffesiwn.

Yn ogystal, cafwyd ymateb academaidd i'r sefyllfa gyfansoddiadol a chyfreithiol newydd a ddaeth i fodolaeth yn 1920. Roedd adran cyfraith i'w gael ym Mhrifysgol y Frenhines yn Belfast ers sefydlu'r brifysgol honno yn 1848. Cyfadran academaidd oedd hon, a dywedwyd amdani mai, 'the aim of the teaching in the Faculty is to give students, through the reading of law subjects, what can truly be called a university education'.[68]

Er hyn, roedd gan yr adran academaidd rôl allweddol wrth ddarparu hyfforddiant ac addysg i ddarpar-gyfreithwyr a bargyfreithwyr y dalaith, a bu partneriaeth glós rhwng y gyfadran ac ysbyty'r bargyfreithwyr a Chymdeithas y Cyfreithwyr i'r pwrpas hwn. Yn 1973, yn dilyn Adroddiad Armitage ar addysg a hyfforddiant cyfreithiol yn y dalaith, sefydlwyd Sefydliad Astudiaethau Cyfreithiol Proffesiynol o fewn Prifysgol y Frenhines i ddarparu addysg alwedigaethol i fyfyrwyr a oedd am ymarfer fel cyfreithwyr neu fargyfreithwyr. Byddai myfyrwyr yn mynychu'r sefydliad ar ôl cwblhau eu gradd (LLB gan amlaf), a chwblhau rhan academaidd eu haddysg.[69]

Cynigwyd cwrs cyffredin i'r darpar-gyfreithwyr a'r darpar-fargyfreithwyr, ond gyda pheth amrywiaeth i adlewyrchu anghenion hyfforddi gwahanol y ddwy gangen o'r proffesiwn. Mae hyn yn arwyddocaol ac yn dynodi gwahaniaeth rhwng y sefyllfa yng Ngogledd Iwerddon a'r hyn sy'n bodoli yng Nghymru a Lloegr, sef addysg alwedigaethol ar wahân i ddwy gangen y proffesiwn. Roedd maint cymharol fychan y proffesiwn cyfreithiol yng Ngogledd Iwerddon a chyfyngiadau ar adnoddau yn golygu mai hon oedd y ffordd fwyaf synhwyrol o ddarparu addysg gyfreithiol alwedigaethol, sef cwrs galwedigaethol unedig.

Yng Nghymru a Lloegr, ceir o hyd ddarpariaeth wahanol i'r myfyrwyr sydd am fod yn gyfreithwyr a'r rhai sydd am ymarfer wrth y Bar. Gyda chytundebau hyfforddi a disgyblaethau yn brin, efallai fod model Gogledd Iwerddon yn cynnig gwell hyblygrwydd ac yn sicrhau nad yw drysau wedi eu cau yn rhy gynnar i fyfyrwyr fel bod ganddynt yr opsiwn i fynd yn gyfreithwyr neu'n fargyfreithwyr ar ôl cwblhau eu haddysg alwedigaethol. Ai dyma batrwm addas ar gyfer Cymru heddiw, tybed?

Yn 1936, sefydlwyd cylchgrawn cyfreithiol academaidd gan ysgolheigion ym Mhrifysgol y Frenhines, Belfast, sef *Northern Ireland Legal Quarterly*. Yn y rhifyn cyntaf, eglurwyd pam yr oedd angen am gyhoeddiad o'r fath:

> Since the constitutional changes in 1920 there has been a marked divergence in the law and practice in Northern Ireland from that of England and the Irish Free State . . . the profession in Northern Ireland is faced with the fact that there is a considerable and growing volume of law and practice in regard to which resort to existing textbooks and other legal literature is no longer helpful . . . this journal will in an appreciable degree helps its readers to keep in touch with legal developments peculiar to Northern Ireland.[70]

Roedd yr angen i ddarparu ffynhonnell wybodaeth a sylwebaeth ar gyfreithiau Gogledd Iwerddon yn bwysig. Ond, roedd angen agwedd ehangach hefyd, a chafwyd cydnabyddiaeth bod cadw cysylltiadau'r gorffennol ac osgoi arwahanrwydd llwyr yn bwysig:

> the profession in Northern Ireland is bound by many ties and traditions to that wider community with which it formerly had closer association, and that although a progressive divergence must be anticipated in the respective legal systems, yet there is in these systems an underlying unity so great that it is appropriate and important that constant touch should be kept with the developments in law and practice in the wider community, and with the ideas inspiring such developments.[71]

Mae'r cylchgrawn hwn, sydd ag iddo boblogrwydd a pherthnasedd rhyngwladol yn ogystal â'i bwyslais ar faterion cyfreithiol y dalaith, yn parhau hyd heddiw.

Diddymwyd Deddf Llywodraeth Iwerddon 1920, a oedd wedi diffinio'r sefyllfa gyfansoddiadol yng Ngogledd Iwerddon am dros ddeg a thrigain o flynyddoedd, pan ddaeth Deddf Gogledd Iwerddon 1998 (sef y ddeddf sy'n gweithredu telerau Cytundeb Gwener y Groglith) i fodolaeth. Deddf i hyrwyddo heddwch oedd Deddf 1998. Ei phrif ddarpariaeth oedd creu Cynulliad Gogledd Iwerddon, sef adfer y ddeddfwrfa a ddiddymwyd yn 1972 pan ohiriwyd senedd Gogledd Iwerddon ac y cafwyd rheolaeth uniongyrchol o Lundain. Cafwyd deddfau ychwanegol ers hynny, megis Deddf Gogledd Iwerddon 2006, i ddatblygu'r cyfansoddiad presennol, a chafwyd deddfau hefyd yn ymwneud â gweinyddiaeth y llysoedd. Cafwyd rhai diwygiadau i'r awdurdodaeth gyda Deddf Cyfiawnder (Gogledd Iwerddon) 2002. Serch hynny, y model a sefydlwyd yn 1920 sydd, i bob pwrpas, yn sail i awdurdodaeth Gogledd Iwerddon.

Gweinyddir llysoedd Gogledd Iwerddon gan Wasanaeth Llys Gogledd Iwerddon a sefydlwyd yn 1979 o dan Ddeddf Cyfiawnder (Gogledd Iwerddon) 1978. Mae'r gwasanaeth llys yn gweithredu fel gwasanaeth sifil penodol ar gyfer Gogledd Iwerddon, ac yn darparu cymorth gweinyddol ar gyfer y llysoedd, tribiwnlysoedd a'r farnwriaeth yn y dalaith. Mae hefyd yn gyfrifol am oruchwylio gweithredu dyfarniadau llys trwy wasanaeth gweithredu canolog a ddarparir gan y Swyddfa ar gyfer Gweithredu Dyfarniadau. Mae'n cynnig cefnogaeth i'r Ysgrifennydd Gwladol ar gyfer Gogledd Iwerddon a gweinidogion eraill y Goron, wrth iddynt gydymffurfio â'u dyletswyddau statudol yn gysylltiedig â gweinyddu cyfiawnder yng Ngogledd Iwerddon.

Gyda Deddf Diwygio'r Cyfansoddiad (y Deyrnas Unedig) yn 2005, crëwyd Goruchaf Lys y Deyrnas Unedig fel y Llys Apêl uchaf ar gyfer llysoedd Gogledd Iwerddon. Roedd y Goruchaf Lys yn cymryd hen swyddogaeth Pwyllgor Apeliadau Tŷ'r Arglwyddi, a oedd, ers Deddf 1920, yn bennaf llys apêl ar gyfer y dalaith. Gorfu'r newidiadau hyn yn Llundain achosi peth newid i deitl awdurdodaeth Gogledd Iwerddon, a adwaenid fel Goruchaf Lys Cyfiawnder hyd 1 Hydref 2009. Bellach, yr enw arno yw Llys Cyfiawnder Gogledd Iwerddon.

Setlwyd cyfansoddiad presennol yr awdurdodaeth yng Ngogledd Iwerddon gan Ddeddf Cyfiawnder (Gogledd Iwerddon) 1978. Mae Llys Cyfiawnder Gogledd Iwerddon yn cynnwys y Llys Apêl, sydd yn ymgynnull yn y Llysoedd Cyfiawnder Brenhinol yn Belfast. Barnwyr y Llys Apêl yw'r Arglwydd Brif Ustus, sef llywydd y Llys Apêl, a thri Arglwydd Ustus Apêl. Mae gan Farnwyr Uchel Lys hefyd yr hawl i wrando ar apeliadau yn ymwneud â materion troseddol. Mae'r Llys Apêl yn clywed apeliadau troseddol o lys y Goron a materion sifil o'r Uchel Lys (gan gynnwys arolyg-iadau barnwrol). Gall y Llys Apêl hefyd glywed apeliadau ar bwyntiau cyfreithiol o'r llysoedd sirol, llysoedd ynadon a rhai tribiwnlysoedd.

Mae'r Uchel Lys hefyd yn ymgynnull yn y Llysoedd Cyfiawnder Brenhinol yn Belfast. Eu barnwyr yw'r Arglwydd Brif Ustus (sef llywydd yr Uchel Lys), tri arglwydd ustus apêl, ynghyd â deg o farnwyr Uchel Lys llawn amser a dau farnwr Uchel Lys rhan-amser. Mae i'r Uchel Lys dair adran, yr adran Siawnsri, adran mainc y frenhines a'r adran deulu, i ddelio â'r gwahanol fathau o faterion a ddaw gerbron.

Ymysg y llysoedd eraill, mae gan lys y Goron awdurdod llwyr dros droseddau ditiadwy. Troseddau difrifol yw'r troseddau hyn. Yr Arglwydd Brif Ustus yw llywydd llys y Goron ac mae gan arglwyddi ustus apêl, barnwyr Uchel Lys a barnwyr y llys sirol yr hawl i eistedd yn llys y Goron. Mae llys y Goron yn ymgynnull trwy Ogledd Iwerddon. Mae'r llysoedd sirol yn clywed achosion sifil sy'n hawlio iawndal â gwerth llai na £15,000. Ceir dau ar bymtheg o farnwyr llys sirol a phedwar barnwr rhanbarth yn gwrando ar achosion yn y llysoedd hyn. Mae ganddynt bwerau eang i glywed achosion yn ymwneud ag eiddo priodasol neu iawndal am niwed. Mae'r llysoedd ynadon, sy'n cynnwys barnwyr cyflogedig ac aelodau lleyg, yn clywed achosion troseddol llai difrifol, achosion sy'n ymwneud â throseddwyr ifanc a rhai achosion yn ymwneud â materion teuluol. Arweinir Llys y Crwner gan farnwr Uchel Lys, ynghyd ag un uwch grwner a dau grwner arall. Ymysg y swyddogion lled-farnwrol eraill, ceir comisiynwyr budd-dâl cymdeithasol a chomisiynwyr cynnal plant.

Fel rhan o gyfrifoldeb awdurdodaeth Gogledd Iwerddon, mae heddlu a charchardai'r dalaith yn dod o dan awdurdod y cynulliad yno. Diddymwyd, i bob pwrpas, yr hen Gwnstablaeth Frenhinol Ulster yn Nhachwedd 2001, a sefydlwyd Gwasanaeth Heddlu Gogledd Iwerddon yn ei le, a hynny yn unol â Chytundeb Gwener y Groglith. Mae Bwrdd Heddlu Gogledd Iwerddon yn sicrhau goruchwyliaeth annibynnol o'r heddlu.[72] Mae Gwasanaeth Carchardai Gogledd Iwerddon yn asiant ar ran Adran Gyfiawnder y Deyrnas Unedig, a gafodd ei sefydlu yn 1995. Gwasanaeth Carchardai Gogledd Iwerddon sy'n gyfrifol am garchardai'r dalaith, ac mae'n ffurfio rhwydwaith o asiantau sy'n gyfrifol am gyfiawnder troseddol yn y dalaith. Mae Ysgifennydd Gwladol Gogledd Iwerddon yn atebol am y gwasanaeth, ac mae gweinyddiaeth y gwasanaeth yn nwylo cyfarwyddwr cyffredinol y gwasanaeth.[73]

Ym mha ffordd y mae profiad Gogledd Iwerddon o fudd i Gymru? Rhaid derbyn bod pob sefyllfa yn wahanol, ac ofer yw chwilio am gynsail cadarn i'w efelychu yn union. Ond, mae esiampl Gogledd Iwerddon yn awgrymu bod awdurdodaeth yn gynaliadwy mewn amgylchiadau lle mae'r boblogaeth yn gymharol fechan. Nid oes angen edrych tua Gogledd Iwerddon, hyd yn oed, i gadarnhau cywirdeb y gosodiad hwn – mae Ynys Manaw, er enghraifft, lle mae'r boblogaeth yn llawer is, yn profi'r pwynt i'r dim (er mae sefyllfa gyfansoddiadol Ynys Manaw yn wahanol, gan nad yw'n rhan o'r Deyrnas Unedig).

Dangosodd Syr Roderick Evans a'r Athro Iwan Davies, yn eu hymateb i Gomisiwn Richard yn 2003, bod Cymru yn cynhyrchu digon o waith cyfreithiol o'i gymharu â Gogledd Iwerddon i gyfiawnhau'r angen am strwythurau llysoedd cynhenid, sef uchel lys a llys apêl.[74] Felly, nid oes dadl ddilys o safbwynt demograffi yn erbyn yr awdurdodaeth Gymreig. Mae esiampl Gogledd Iwerddon hefyd yn dangos mai camddefnyddio hanes a wneir yn aml er mwyn amddifadu Cymru o strwythurau cyfreithiol cynhenid.

Nid oedd gan Belfast na Gogledd Iwerddon ganolfannau cyfreithiol o bwys cyn cyfansoddiad 1920. Crëwyd awdurdodaeth newydd yno dros nos. Yn y bôn, mater o ewyllys gwleidyddol oedd wrth wraidd sefydlu awdurdodaeth Gogledd Iwerddon yn 1920. Mae profiad Gogledd Iwerddon hefyd yn dangos fel y gall awdurdodaeth fod yn symbol cryf o hunaniaeth, a bod angen hunaniaeth gyfreithiol i hunaniaeth ddemocrataidd lwyddo.

Yn ogystal, mae'r profiad yno yn brawf o'r ffaith nad yw creu awdurdodaeth newydd yn golygu ysgariad llwyr oddi wrth yr hen awdurdodaeth, ac nid yw, o anghenrhaid, yn arwain at greu rhyw sefyllfa ynysig o ran gweinyddu cyfiawnder. Fel y nododd Carwyn Jones mewn darlith rai blynyddoedd yn ôl:

> O safbwynt y proffesiwn cyfreithiol, yr wyf o'r farn ei bod hi'n bwysig y gellir symud yn rhwydd rhwng Cymru a Lloegr. Mae'n ddigon posibl y bydd modd i ni ddysgu gwersi o'r dull o weithredu sydd wedi ei fabwysiadu yng Ngogledd Iwerddon. Yno, caiff unrhyw aelod o'r proffesiwn wneud cais i ymarfer yng Nghymru a Lloegr.[75]

Hyd yn oed ar ôl sefydlu'r awdurdodaeth Gymreig, byddai perthynas agos rhyngddi ac awdurdodaeth Lloegr ac awdurdodaethau eraill y Deyrnas Unedig. Byddai egwyddorion cyfreithiol priodol yn cael eu mabwysiadu ar draws yr awdurdodaethau, gan ymateb i'r angen i gydweithio ar lefel wladwriaethol ar rai materion cyfreithiol, angen a fyddai'n sicrhau nad gweithred o ynysu neu ymwahanu llwyr fyddai sefydlu'r awdurdodaeth Gymreig.

Dadleuon o blaid yr awdurdodaeth Gymreig

Nis gellir anwybyddu sefyllfa lle mae cyfansoddiad Cymru heddiw yn anghyson â'r hyn a geir yng ngwledydd eraill y Deyrnas Unedig, gwledydd lle ceir awdurdodaethau cyfreithiol i gyd-fynd â'u deddfwrfeydd cenedlaethol.

Mae'n rhaid inni felly ystyried yn fanwl y dadleuon o blaid sefydlu'r awdurdodaeth Gymreig.

Y ddadl gyfansoddiadol

Oherwydd datblygiad y cynulliad cenedlaethol fel deddfwrfa, bydd y gwahaniaeth rhwng cyfraith Cymru a chyfraith Lloegr yn siŵr o gynyddu'n gyson, ac mae'r ymadrodd 'cyfraith Cymru' yn un â chanddo hygrededd bellach.[76] Golyga hyn bod angen barnwriaeth a phroffesiwn cyfreithiol sy'n arbenigo yng nghyfraith Cymru.[77] Fel y dywedodd yr Arglwydd Brif Ustus, yr Arglwydd Judge, y cwestiwn sylfaenol mewn awdurdodaeth neu system gyfreithiol, yw 'does the citizen have the ability to hold the executive of the day, or any of the large and weightier authorities to account before an independent judge who will give the relief or redress which the law permits, or to require them to act lawfully?'[78] Wrth ystyried y ddadl dros awdurdodaeth Gymreig, gofynnodd Winston Roddick, 'What are the arguments for devolving the administration of justice?' Ei ateb oedd:

> In my opinion, the principal argument is that including responsibility for the administration of justice as part of a devolution settlement which devolves full law making powers makes good constitutional sense if the institution which is responsible for making the laws were also to have the responsibility and the accountability for their administration. Is there an Assembly or Parliament enjoying full legislative competence which does not also have responsibility for the administration of justice within its territorial jurisdiction? Secondly, it would be internally logical, consistent and coherent. Thirdly, it would make for consistency between the constitutions of Scotland, Northern Ireland and Wales and fourthly it would bring justice closer to the people for whom the laws were made.[79]

Mae yma ddadleuon cymeradwy dros greu awdurdodaeth oherwydd bod hynny'n angenrheidiol er mwyn i Gymru weithredu mewn modd sy'n gyfansoddiadol ddilys, ac yn gyson â'r patrwm o fewn y wladwriaeth Brydeinig yn gyffredinol. Yn wir, mae'r patrwm hwn o gael awdurdodaeth gyfreithiol i gyd-fynd â'r ddeddfwrfa ranbarthol i'w ganfod mewn gwledydd datganoledig neu ffederal ar draws y byd, gwledydd megis Awstralia a Chanada. Galwn y ddadl hon yn ddadl gyfansoddiadol. Efallai mai hon yw'r ddadl bwysicaf. Craidd y ddadl yw, os yw democratiaeth yng Nghymru i aeddfedu ac i weithredu yn unol â'r safonau democrataidd a chyfansodd-iadol a welir ymysg rhanbarthau neu genhedloedd datganoledig ar draws y byd, mae'r angen i strwythurau cynhenid cyfreithiol Cymru fod yn gyson â'r safonau hynny.

Efallai mai prif swyddogaethau'r awdurdodaeth a'i barnwyr fyddai gweithredu fel modd i'r unigolyn i ddwyn y llywodraeth a'r ddeddfwrfa i gyfrif ac i gywiro sefyllfaoedd o anghyfreithlondeb. Un o swyddogaethau pwysicaf y farnwriaeth yw darparu modd o gael arolygaeth o weithrediadau y ddeddfwrfa a'r llywodraeth er mwyn sicrhau ymddygiad sy'n gyson â chyfraith ryngwladol a safonau hawliau dynol. Dyma yw un o gyfrifoldebau cyfansoddiadol pwysicaf y farnwriaeth bellach o fewn y cyfansoddiad Prydeinig.[80]

Wrth gwrs, efallai fod modd cywiro yn gyfreithiol sefyllfaoedd anghyfreithlon o fewn y drefniadaeth bresennol, ac efallai y byddai rhai yn mynnu bod yr awdurdodaeth unedig bresennol yn ddigon abl i ddelio gydag arolygiadau barnwrol o benderfyniadau'r cynulliad a'r llywodraeth yng Nghymru. Ond nid yw hyn yn gyson â phwrpas ac ysbryd datganoli, sy'n amcanu i ddod â llywodraeth a chyfiawnder yn agosach at y bobl.

Wrth ddod â llywodraeth a deddfu o Lundain i Gaerdydd, mae datganoli wedi sefydlu patrwm gwahanol o lywodraethu ar gyfer Cymru. Os yw cyfiawnder yng Nghymru yn cael ei reoli gan brosesau a systemau a ganolir yn Llundain yn bennaf, mae hyn yn mynd yn groes i amcanion datganoli. Gellir ei weld fel ymyrraeth Lloegr ar ddemocratiaeth ac ar awtonomi deddfu yng Nghymru, ymyrraeth sy'n tanseilio hyder yn y gyfundrefn gyfreithiol.

Ar y llaw arall, wrth sefydlu awdurdodaeth Gymreig, byddai'r cyfansoddiad yn fwy cyflawn o safbwynt Cymreig. Effaith cydnabod awdurdodaeth Cymru fyddai creu sefyllfa gyfansoddiadol lle y byddai barnwriaeth Gymreig yn dal Cynulliad Cenedlaethol Cymru a Llywodraeth Cymru i gyfrif. Wedi'r cwbl, dyma'r sefyllfa yng Ngogledd Iwerddon a'r Alban.

Dadl effeithiolrwydd

Mae'r gwahaniaeth mewn deddfwriaeth rhwng Cymru a Lloegr, sy'n siŵr o gynyddu yn ystod y blynyddoedd nesaf, yn mynd i ddwysáu'r angen am system gyfiawnder ar wahân. Wedi'r cwbl, lle ceir corff o gyfreithiau cynhenid sy'n wahanol ar gyfer Cymru, rhaid wrth system gyfreithiol sy'n medru ymdopi â'r cyd-destun penodol Cymreig.[81] Fel y dywedodd Carwyn Jones:

> Wrth ystyried yr angen i ragor o sefydliadau cyfiawnder gael eu lleoli yng Nghymru, mae Llywodraeth Cynulliad Cymru o'r farn bod yn rhaid gwneud hynny yng nghyd-destun y ffaith bod y gyfraith mewn

162

perthynas â Lloegr a'r gyfraith mewn perthynas â Chymru yn gwahan-
iaethu mwy a mwy, a chan ystyried hefyd natur ddwyieithog y ddeddfwr-
iaeth sy'n cael ei gwneud gan Lywodraeth Cynulliad Cymru a Chynulliad
Cenedlaethol Cymru.[82]

Wrth gwrs, byddai awdurdodaeth gynhenid yng Nghymru yn medru
cynllunio ar gyfer anghenion cyfreithiol Cymru mewn modd cyflawn
a chynhwysfawr. Mae'r tir wedi ei fraenaru yn barod, gyda sefydlu
gweinyddiaeth unedig ar gyfer y llysoedd yng Nghymru. Mae'r newid
diwylliant o fewn y gymuned gyfreithiol yn golygu bod llunio polisi
cyfiawnder ar gyfer Cymru yn unig bellach yn rhywbeth i'w ddisgwyl.[83]
Roedd y galw am garchar yng Ngogledd Cymru yn esiampl o'r newid
diwylliant hwn, ac yn gydnabyddiaeth o anghenion neilltuol carcharorion
Cymraeg eu hiaith sy'n wynebu rhagfarn yng ngharchardai Lloegr.[84]

Cymru yw'r unig wlad o fewn y Deyrnas Unedig nad oes ganddi
reolaeth dros gyfiawnder troseddol (yn wahanol i Ogledd Iwerddon a'r
Alban ac, yn wir, Ynys Manaw ac Ynysoedd y Sianel, sydd o dan reolaeth y
wladwriaeth yn y pen draw). Roedd polisi'r llywodraeth, *Cymru'n Un*, yn
mynegi awydd y llywodraeth i weld datganoli'r system gyfiawnder
troseddol. Yn y tymor byr, bydd elfennau o weinyddiaeth gyfiawnder
troseddol yn siŵr o gael eu datganoli. Mae gweinidogion Cymru yn
gweithredu'n barod mewn rhai agweddau o'r gyfundrefn gyfiawnder
troseddol. Mae hyn yn cynnwys yr heddlu, troseddwyr ifanc, troseddau yn
ymwneud â chyffuriau, a gwasanaethau iechyd ac addysg i garcharorion.
Mae'r posibilrwydd y bydd gweinidogion Cymru yn cymryd cyfrifoldeb
dros yr heddlu a'r Gwasanaeth Rheoli Troseddwyr, gan gynnwys carchar-
dai, yn un tebygol iawn. Yn wir, efallai y bydd y llywodraeth yng Nghaerdydd
yn cymryd cyfrifoldeb dros ariannu Gwasanaeth Llysoedd Ei Mawrhydi
yng Nghymru yn y dyfodol agos. Byddai hynny yn gam allweddol tuag at
hyrwyddo anghenion Cymru wrth ddarparu polisiau cynhenid ar gyfer
llysoedd Cymru.

Ond dim ond trwy gyfrwng awdurdodaeth gyflawn y byddai'r materion
hyn yn cael eu gweinyddu o fewn strwythur cyflawn Cymreig. Trwy greu
llys apêl ac uchel lys i Gymru, o dan arweiniad Arglwydd Prif Ustus
Cymru, byddai hynny'n rhoi ffocws ac arweiniad i'r gyfundrefn gyfreithiol.
Byddai hynny hefyd yn hwyluso cyfathrebu rhwng y proffesiwn cyfreithiol,
y farnwriaeth a'r cynulliad cenedlaethol fel deddfwrfa, proses a fydd-
ai'n atgyfnerthu awdurdod cyfreithiol y proffesiwn yng Nghymru yn
ei gyfanrwydd.

Y ddadl economaidd

Byddai sefydlu awdurdodaeth i Gymru yn galluogi'r proffesiwn cyfreithiol yng Nghymru i ddatblygu ei hunaniaeth broffesiynol, proses a allai gynnig hwb economaidd iddi. Mae gan hwn ei bosibiliadau o ran datblygu arbenigedd a sgiliau cyfreithiol cynhenid i gwrdd ag anghenion y cyfansoddiad.[85]

Dangosodd ymchwil a gyflawnwyd ym Mhrifysgol Abertawe bod diffyg o ran sgiliau cyfreithiol y proffesiwn cyfreithiol yng Nghymru. Ceir gorddibyniaeth ar waith cyfreithiol traddodiadol ym meysydd trosedd a gwaith teulu, meysydd sy'n ddibynnol iawn ar gymorth cyfreithiol y wladwriaeth, tra nad oes digon o waith yn deillio o'r sector breifat. Mae diffyg sgiliau ac ystod arbenigedd cyfreithiol yn arbennig o ddwys i'r gogledd o goridor yr M4.[86]

Un o sgil-effeithiau andwyol yr argyfwng sgiliau yw bod cryn dipyn o waith cyfreithiol Cymru yn cael ei allforio i gwmnïau cyfreithiol yn Lloegr. Yn ddi-os, mae datrys y diffyg hwn, trwy feithrin gallu cyfreithwyr Cymru i ddarparu gwasanaethau cyfreithiol o safon, yn hanfodol os yw'r proffesiwn i gyfrannu at adfywiad economaidd Cymru ac i weithredu'n effeithiol o fewn y cyd-destun deddfwriaethol datganoledig. Mae mawr angen strategaeth Gymreig ar gyfer y proffesiwn cyfreithiol sy'n mynd i'r afael â'r argyfwng sgiliau, ond gan werthfawrogi'r cyd-destun cyfansoddiadol, demograffig, ieithyddol a chymdeithasol yng Nghymru.

Y neges sylfaenol yma yw bod angen atebion Cymreig i'r materion hyn, a gall datblygiad yr awdurdodaeth Gymreig fod yn fodd o ganfod llwybr tua dyfodol llewyrchus i'r proffesiwn. Gellir, felly, gweld datblygiad yr awdurdodaeth Gymreig fel cyfle economaidd i'r proffesiwn cyfreithiol. Byddai'n cynnig her i'r proffesiwn i ddatblygu arbenigedd mewn meysydd newydd yn seiliedig ar ddeddfwriaeth Cymru.[87] Mae'r cyfle economaidd yn allweddol i'r ddadl ac, fel y dywedwyd, 'the contribution to the economy of Wales which a fully developed legal system would make would be substantial'.[88]

Mae cefnogaeth Llywodraeth Cymru tuag at y proffesiwn cyfreithiol yng Nghymru yn bwysig i'r drafodaeth. Roedd y cwnsler cyffredinol, a greodd panelau o gwnsleriaid y frenhines a chwnsleriaid iau i wneud gwaith eirioli a chynghori ar ran y llywodraeth, yn ymwybodol o bwysigrwydd cefnogi'r proffesiwn yn lleol. Croesawyd ei neges: 'mae Llywodraeth Cynulliad Cymru am i'r proffesiynau cyfreithiol yng Nghymru gael gwybod y byddai'n well ganddi, pan fo amgylchiadau'n caniatáu hynny, gyfarwyddo Cwnsleriaid lleol'.[89]

Mae'r posibilrwydd o ddatblygu proffesiwn cyfreithiol a chanddi hunaniaeth Gymreig yn cynnig cyfle hefyd i ddarparwyr addysg a hyfforddiant, wrth gwrs. Rydym wedi ystyried swyddogaeth yr ysgolion cyfraith eisoes yn y gyfrol hon. Yn gryno, mae yma gyfle i ysgolheictod cyfreithiol yng Nghymru i fod yn gyfranwr yn y dasg o ddatblygu awdurdodaeth Cymru, gan sicrhau bod yr arbenigrwydd yng Nghymru i gwrdd ag anghenion yr awdurdodaeth newydd.

Gall creu awdurdodaeth Gymreig sbarduno dadeni cyffredinol ym myd y gyfraith yng Nghymru. Efallai y byddai'r Bar yng Nghymru yn mynd ati i sefydlu presenoldeb proffesiynol yn y brifddinas yn gyson â'r hyn a geir trwy weddill y Deyrnas Unedig? Efallai y gwelwn y dydd pan fydd 'Ysbyty Dewi Sant' yn cael ei sefydlu fel canolfan y Bar yng Nghymru.

Y ddadl ddiwylliannol-ieithyddol

Rydym eisoes wedi ystyried y berthynas bwysig sydd rhwng yr iaith Gymraeg a'r hunaniaeth gyfreithiol Gymreig. Nid oes angen ymhelaethu gormod ar hyn eto. Gan fod yr hawl i ddefnyddio'r iaith Gymraeg mewn gweithrediadau cyfreithiol wedi ei chyfyngu i Gymru, mae'r dimensiwn ieithyddol hwn yn ychwanegu elfen arall at y ddadl dros awdurdodaeth Gymreig.[90] Meddai Syr Roderick Evans:

> Rwyf fi'n digwydd credu . . . ei bod yn briodol fod hawliau siaradwyr Cymraeg yn cael eu cyfyngu i Gymru. Ond mae gan y penderfyniad gwleidyddol i gyfyngu arnynt fel hyn ganlyniad pwysig. Os yw'r hawl i ddefnyddio'r iaith i fod yn ystyrlon, ac os yw'r Gymraeg a'r Saesneg i gael eu trin yn gyfartal, o fewn yr ardal ddaearyddol lle gweithredir yr hawl statudol, rhaid cael yr holl sefydliadau cyfreithiol ar gyfer gweithredu'r ddeddf ac ar gyfer caniatáu i siaradwr Cymraeg a allai fod am arfer ei hawl statudol i ddefnyddio'r iaith Gymraeg.[91]

Mae'r sylwadau hyn hefyd yn adlewyrchiad o'r ffaith bod nifer o arweinwyr y farnwriaeth yng Nghymru yn derbyn y syniad o awdurdodaeth Gymreig ar sail cenedligrwydd Cymru, ac yn enwedig ei nodwedd genedlaethol mwyaf allwedol, sef ei hiaith.

Yr hyn sy'n drawiadol yw cyfansoddiad y farnwriaeth yng Nghymru bellach, gyda nifer ohonynt yn Gymry Cymraeg gyda dealltwriaeth ddofn o anghenion cymdeithasol a chyfreithiol Cymru. Mae'r ffaith bod 12 o farnwyr cylchdaith, 10 barnwr rhanbarth, 15 o ddirprwy farnwyr rhanbarth a 13 o gofiaduron yn medru cynnal achosion yn Gymraeg yn dweud cyfrolau.[92]

Casgliadau

Wrth gloi'r bennod, ac yn wir y gyfrol, y neges syml yw ein bod yn tystio i gychwyn cyfnod newydd ac anturus yn hanes gweinyddu cyfiawnder yng Nghymru. Mae Cymru yn wlad sydd wedi mynnu agor pennod newydd yn ei hanes cyfreithiol. Er bod perygl gorbwysleisio arwyddocâd cyfreithiol refferendwm 3 Mawrth 2011, nid diwrnod cyffredin oedd y diwrnod hwnnw pan bleidleisiodd pobl Cymru dros sicrhau cynulliad cenedlaethol fel deddfwrfa a chanddi'r gallu i greu deddfwriaeth sylfaenol ar gyfer ei phobl. Mae ganddi fandad poblogaidd yn sail i'w phwerau – nid ar drugaredd Senedd Llundain y mae'n arddel y pwerau hyn, ond yn rhinwedd proses ddemocrataidd a chaniatâd y bobl. Pobl Cymru sydd wedi rhoddi'r awdurdod democrataidd, cyfreithiol a moesol i'r cynulliad ddeddfu. Fel yng Ngogledd Iwerddon, mae sofraniaeth Cymru bellach yn nwylo ei phobl.

A fydd yr awdurdodaeth Gymreig yn datblygu yn sgil hyn? Amser a ddengys, wrth gwrs. Mae yna ddadleuon cyfreithiol o blaid y fath ddatblygiad, yn sicr, ond mater gwleidyddol fydd hyn yn y pen draw. Wrth gwrs, nid ar chwarae bach y mae datod clymau cyfreithiol sydd wedi bodoli am ganrifoedd, ac fel dywedodd Rawlings yn ddigon priodol, 'a centuries-long process of legal, political and administrative assimilation with a powerful neighbour cannot be wished away'.[93]

Serch hynny, mae'r ddadl dros awdurdodaeth gyfreithiol yn seiliedig yn bennaf ar yr angen i normaleiddio'r cyfansoddiad yng Nghymru. Yn ogystal, mae'r fath ddatblygiad yn cynnig cyfle democrataidd, cyfreithiol, cymdeithasol ac economaidd. Er nad oedd creu awdurdodaeth ynghlwm â'r bleidlais lwyddiannus yn refferendwm Mawrth 2011, mae sefydlu awdurdodaeth yn ddatblygiad sy'n synhwyrol a chydnaws â datblygiad datganoli yng Nghymru. Roedd Carwyn Jones yntau yn derbyn fod datblygiad yr awdurdodaeth yn gwneud synnwyr petai pleidlais gadarnhaol o blaid deddfwrfa mewn refferendwm:

Yr wyf yn cydnabod nad oes unrhyw beth yn Neddf Llywodraeth Cymru 2006 ynddi ei hun nac ohoni ei hun yn creu awdurdodaeth ar wahân i Gymru o fewn y Deyrnas Unedig, ac nid wyf o'r farn bod achos ar hyn o bryd o blaid awdurdodaeth ar wahân. Serch hynny, os gwelir sefyllfa lle bydd y Cynulliad yn gallu arfer pwerau deddfu sylfaenol, mae'n anochel, yn fy marn i, y bydd yn rhaid cynnal trafodaeth ynghylch a ddylid cadw un awdurdodaeth sengl ar gyfer Cymru a Lloegr ai peidio. Ni wn am unrhyw le arall yn y byd lle mae gan ddeddfwrfa bwerau deddfu, ond lle nad oes ganddi awdurdodaeth diriogaethol gysylltiedig.[94]

Mae'r frawddeg olaf yn gwbl allweddol, oherwydd dyma daro'r hoelen ar ei phen – y diffyg cyfansoddiadol. Pam ddylai pobl Cymru oddef cyfansoddiad anghyflawn sy'n wahanol i bawb arall?

Bydd y llwybr tua'r awdurdodaeth Gymreig yn dibynnu ar y modd y bydd yr awdurdodaeth unedig bresennol yn cwrdd yn llwyddiannus â gofynion y cyfansoddiad newydd.[95] Fel y dywedodd Syr Roderick Evans, 'the ultimate decision may be heavily influenced by how responsive the present jurisdiction proves to be to the legitimate expectations of Wales'.[96] Byddai angen deddfwriaeth yn Llundain cyn creu awdurdodaeth ar hyd yr un llinellau â'r hyn a geir yng Ngogledd Iwerddon, mae hynny'n siŵr. Ond a fyddai angen refferendwm arall? Mae hynny'n ddibynnol ar y modd y dehonglir ystyr a neges y bleidlais o blaid y ddeddfwrfa Gymreig ym Mawrth 2011.

Barn Jack Straw oedd, y 'byddai prosiect mor fawr ac uchelgeisiol yn sicr yn gofyn am ddeddfwriaeth sylfaenol, ac mae'n anochel y byddid disgwyl iddo gael ei gymeradwyo gan refferendwm'.[97] Ar y llaw arall, os yw creu awdurdodaeth yn sgil-effaith naturiol i'r penderfyniad i greu deddfwrfa, ac yn ddatblygiad a fydd yn cynnal swyddogaeth y ddeddfwrfa o fewn y cyfansoddiad, gellir dadlau nad oes angen refferendwm arall, a gellir disgwyl i'r aelodau etholedig yn Llundain a Chaerdydd gymryd y camau priodol i sefydlu'r strwythurau cyfreithiol angenrheidiol.

Wedi'r cwbl, a fu refferendwm cyn sefydlu Llys Cyfiawnder Ewrop neu'r Llys Troseddol Rhyngwladol, datblygiadau a oedd yn creu awdurdodaethau cyfreithiol rhyngwladol bwysig? Nid wyf yn ymwybodol o unrhyw gynsail lle cynhaliwyd refferendwm yn unswydd er mwyn sefydlu awdurdodaeth gyfreithiol. Siawns mai mater i wleidyddion i ddadlau'r achos, i'w gynnwys yn eu maniffesto etholiadol, i adael i'r boblogaeth fesur a phwyso ac yna bwrw eu pleidlais mewn etholiad ydyw bellach.

Yn ddi-os, mae'r naws wedi newid yn llwyr ym myd y gyfraith, ac mae'r sôn am Gymru'r Gyfraith yn fater o falchder. Cafwyd ymateb cadarnhaol i ddatblygiad datganoli yng Nghymru gan y farnwriaeth ar y lefel uchaf, a gwelwyd proses o addasu strwythurau a threfniadau cyfreithiol fel eu bod yn gweithredu o fewn terfynau'r cyfansoddiad a'r awdurdodaeth bresennol.[98] Yn y cyfamser, ac fel cam buan i'r cyfeiriad iawn, efallai y dylid ystyried sylwadau yr Arglwydd Dafydd Elis-Thomas yn ei ddarlith yn yr Eisteddfod Genedlaethol rai blynyddoedd yn ôl. Awgrymodd y dylai barnwr llywyddol Cymru wasanaethu am dymor o chwe mlynedd yn hytrach na phedair, fel a wna ar hyn o bryd, ac y dylid cyfeirio ato fel 'Arglwydd Lywydd y Llysoedd yng Nghymru'.[99] Onid yw hwn yn syniad sy'n haeddu ystyriaeth ar fyrder?

Mae'r drafodaeth ynglŷn â sefydlu awdurdodaeth gyfreithiol yng Nghymru yn fwy na phwnc trafod i gyfreithwyr. Yn wir, mae'n ganolog i'r gorchwyl o osod sylfeini cadarn ar gyfer dyfodol democrataidd Cymru, dyfodol a fydd yn cynnig cyfle i genhedlaeth newydd o gyfreithwyr wneud eu cyfraniad i ddatblygiad democratiaeth a gweinyddu cyfiawnder yng Nghymru. Dadl positif sydd yn llawn posibiliadau yw'r ddadl dros adfer hunaniaeth gyfreithiol Gymreig. Fel y dywedodd Syr Roderick Evans,

> Profiad diddorol a chyffrous yw bod yn dyst i greu awdurdodaeth newydd, cael rhan yn y gwaith o ddatblygu sefydliadau a threfniadau cyfreithiol newydd, a gweld strwythurau gyrfaol newydd yn agor ym myd y gyfraith yng Nghymru. Gall pobl ifanc sy'n dechrau ar eu gyrfa yn y gyfraith yng Nghymru heddiw edrych ymlaen at gyfleoedd cyffrous a llawn her.[100]

Dyma neges obeithiol gan farnwr Uchel Lys mawr ei barch, neges sy'n fynegiant trawiadol o'r addewid a'r mentergarwch sydd yng Nghymru'r Gyfraith. Am ganrifoedd, roedd y gyfraith a'i sefydliadau yn offerynnau estron ym mywyd Cymru. Cynrychiolai'r gyfraith ddiwylliant a gwerthoedd Seisnig, a bu'r llysoedd yn fannau lle dirmygwyd Cymreictod a'r iaith Gymraeg. Ond daeth tro syfrdanol ar fyd, a heddiw mae gan y gyfundrefn gyfreithiol gyfle i wneud yr hyn a wnaethpwyd yn y ddegfed ganrif o dan nawdd Hywel ap Cadell o'r Deheubarth, sef bod yn rym pwerus dros gynnal bywyd a hunaniaeth genedlaethol yn ein hoes ni. A oes gennym yr hyder, y weledigaeth a'r parodrwydd i weithio i sicrhau dyfodol cyfreithiol cenedlaethol i'n hunain a'n plant?

Nodiadau

Pennod 1

[1] Mae hanes y cyfnod wedi ei groniclo yn fanwl. Fel man cychwyn, dylid darllen John Davies, *Hanes Cymru* (arg. diwygiedig; London: Penguin, 2007), penodau 8–11. Ceir ymdriniaeth fanwl hefyd yn Kenneth O. Morgan, *Rebirth of a Nation: A History of Modern Wales* (Oxford: Oxford University Press, 1981).

[2] Gweler J. Gwynn Williams, *The University Movement in Wales* (Cardiff: University of Wales Press, 1993); hefyd, J. Gwynn Williams, *The University of Wales 1893–1939* (Cardiff: University of Wales Press, 1997).

[3] Chwedl Syr Thomas Parry-Williams yn ei gerdd enwog, 'Hon'.

[4] Gweler D. Gareth Evans, *A History of Wales 1815–1906* (Cardiff: University of Wales Press, 1989), tt. 271–317.

[5] Gweler W. Jones, *Thomas Edward Ellis 1859–1899* (Caerdydd: Gwasg Prifysgol Cymru, 1986).

[6] Gweler Emyr Price, *David Lloyd George* (Cardiff: University of Wales Press, 2006).

[7] Gweler John Grigg, *Lloyd George: From Peace to War* (London: Penguin, 2002); hefyd John Grigg, *Lloyd George: War Leader* (London: Penguin, 2002).

[8] Gweler Geraint H. Jenkins, *A Concise History of Wales* (Cambridge: Cambridge University Press, 2007), pennod 7 a tt. 247–8 yn enwedig.

[9] Gweler Grigg, *Lloyd George: From Peace to War*, t. 178.

[10] Mae stori'r tyndra rhwng y ddwy garfan o fewn y Blaid Lafur, sef y garfan o blaid hunanreolaeth a'r garfan yn erbyn, yn cael ei hadrodd gan Gwilym Prys-Davies, *Cynhaeaf Hanner Canrif: Gwleidyddiaeth Gymreig 1945–2005* (Llandysul: Gwasg Gomer, 2008).

[11] Ceir ysgrif fer ar hanes y blaid gan Gwynfor Evans, 'Hanes twf Plaid Cymru 1925–1995', yn Geraint H. Jenkins (gol.), *Cof Cenedl X: Ysgrifau ar Hanes Cymru* (Llandysul: Gwasg Gomer, 1995), tt. 153–84.

[12] Gweler cofiant rhagorol Rhys Evans, *Gwynfor: Rhag Pob Brad* (Talybont: Y Lolfa, 2005), yn enwedig pennod 8.

[13] Mae syniadaeth Plaid Cymru yn ystod y cyfnod cyn datganoli wedi ei dadansoddi'n feistrolgar gan Richard Wyn Jones, *Rhoi Cymru'n Gyntaf: Syniadaeth Plaid Cymru, Cyfrol 1* (Caerdydd: Gwasg Prifysgol Cymru, 2007).

[14] Ei gofiannydd oedd W. J. Gruffydd, *Cofiant O. M. Edwards* (Aberystwyth: Ab Owen, 1938).

[15] Mae'r hanes o safbwynt eglwyswr yn D. T. W. Price, *A History of the Church in Wales in the Twentieth Century* (Cardiff: Church in Wales Publications, 1990).

[16] Gweler O. Hood Phillips a P. Jackson, *Constitutional and Administrative Law* (8fed arg.; London: Sweet & Maxwell, 2001), tt. 375–6.

[17] Davies, *Hanes Cymru*, tt. 570–2.

[18] Cyhoeddodd ei hunangofiant: James Griffiths, *Pages from Memory* (London: Dent, 1969).

[19] Yr Independent Labour Party oedd rhagflaenydd y Blaid Lafur; gweler David Howell, *British Workers and the Independent Labour Party, 1888–1906* (Manchester: Manchester University Press, 1983).

[20] Bu ymgyrch yn y 1950au i sefydlu senedd, ond stori aflwyddiannus fu honno: gweler J. Graham Jones, 'The parliament for Wales campaign', *Welsh History Review*, 16, 2 (1992), 207–36.

[21] Mae'r Arglwydd Morris wedi croniclo ei atgofion yn y gyfrol ddiddorol, *Fifty Years in Politics and the Law* (Cardiff: University of Wales Press, 2011).

[22] Ceir ysgrif ar yrfa Elystan Morgan gan J. Graham Jones, 'D. Elystan Morgan and Cardiganshire politics', *Welsh History Review*, 22, 4 (2005), 730–61. Meddai'r awdur, 'Elystan Morgan represented a distinct tradition in twentieth-century Welsh political life as one of a number of high-profile politicians who attempted to reconcile an abiding, long-term commitment to both nationalism and socialism and the Labour Party' (760).

[23] Fel cyd-ddigwyddiad rhyfedd, dyma'r flwyddyn y cafwyd yr arwisgo yng Nghaernarfon. Ceir dadansoddiad o arwyddocâd y digwyddiad arbennig hwnnw gan John S. Ellis, *Investiture: Royal Ceremony and National Identity in Wales 1911–1969* (Cardiff: University of Wales Press, 2008).

[24] Gweler *Royal Commission on the Constitution 1969–1973, Volume I, Report, Cmnd. 5460* (London: HMSO, 1973).

[25] Ceir dadansoddiad o'r digwyddiadau yn D. Foulkes, J. Barry Jones a R. A. Wilford, *The Welsh Veto: The Wales Act 1978 and the Referendum* (Cardiff: University of Wales Press, 1983).

[26] Ceir ystyriaeth o hyn gan Andrew Edwards, '"Te Parti Mwncïod"? Rhwyg, anghytgord a datblygiad polisi Llafur ar ddatganoli, 1966–1979', yn Geraint H. Jenkins (gol.), *Cof Cenedl XXIV: Ysgrifau ar Hanes Cymru* (Llandysul: Gwasg Gomer, 2009), tt. 161–89.

[27] Mae hanes perthynas gymhleth y Blaid Lafur â datganoli yn ystod yr ugeinfed ganrif yn cael ystyriaeth gan J. Graham Jones, 'Y Blaid Lafur, datganoli a Chymru, 1900–1979', yn Geraint H. Jenkins (gol.), *Cof Cenedl VII: Ysgrifau ar Hanes Cymru* (Llandysul: Gwasg Gomer, 1992), tt. 169–200.

[28] Davies, *Hanes Cymru*, tt. 620–6.

[29] Ibid., t. 619.

[30] Gweler Noreen Burrows, *Devolution* (London: Sweet & Maxwell, 2000), tt. 9–27.

[31] *Llais dros Gymru: Cynigion y Llywodraeth ar gyfer Cynulliad i Gymru, Cmnd. 3718* (London: HMSO, 1997).

[32] Davies, *Hanes Cymru*, tt. 633–40.

[33] Gweler Vernon Bogdanor, *Devolution in the United Kingdom* (Oxford: Oxford University Press, 1999), t. 254.

[34] Gweler Richard Rawlings, 'Quasi-legislative devolution: powers and principles', yn *The Law Making Powers of the National Assembly for Wales* (Cardiff: Elfennau'r Gyfraith, 2001), tt. 13–39.

[35] Ibid., t. 38.

[36] Deddf Llywodraeth Cymru 1998, a. 1.

[37] Cafwyd llu o ysgrifau yn beirniadu'r sefyllfa; yn eu mysg, Michael Jones, 'Troi camel yn geffyl: sylwadau ar welliannau angenrheidiol yng nghyfansoddiad Cymru', Darlith Flynyddol Cymdeithas y Cyfreithwyr, Eisteddfod Genedlaethol Cymru, Sir Benfro, Tyddewi (2002).

[38] Gweler dadansoddiad Dafydd Elis-Thomas yn ei ddarlith, 'Cyfansoddiad newydd Cymru', Eisteddfod Genedlaethol Cymru, Y Bala (2009).

[39] Gweler Keith Bush, 'Getting real about devolution', Darlith Goffa Syr Elwyn Jones, Prifysgol Bangor (2008), para. 6–12.

[40] Winston Roddick, 'The development of devolution and legal Wales', Darlith Flynyddol Canolfan Materion Cyfreithiol Cymreig, Prifysgol Aberystwyth (28 Tachwedd 2008), 6.

[41] Ceir crynodeb a sylwadau gan Jane Williams, 'Law making for Wales after the Richard Commission', *Wales Journal of Law and Policy*, 3 (2004), 251–60.

[42] Gweler *Adroddiad Comisiwn Richard: Y Comisiwn ar Bwerau a Threfniadau Etholiadol Cynulliad Cenedlaethol Cymru* (Caerdydd: Cynulliad Cenedlethol Cymru, 2004).

[43] Gweler sylwadau Dafydd Elis-Thomas, 'From body corporate to parliamentary service', *Wales Journal of Law and Policy*, 4 (2005), 12–16.

[44] *Trefn Lywodraethu Well i Gymru, Cmnd. 6582* (London: HMSO, 2005).

[45] Gallai mesurau seneddol roi pwerau fframwaith i'r cynulliad trwy ganiatáu i faterion gael eu cynnwys yn uniongyrchol yn Rhan 1, Atodlen 5, Deddf Llywodraeth Cymru 2006 gan alluogi'r cynulliad i basio mesurau mewn perthynas â'r materion hynny.

[46] Gweler Deddf Llywodraeth Cymru 2006, Atodlen 2.

[47] Ibid., aa. 25–7.

[48] Ibid., aa. 28–30.

[49] Ibid., a. 35.

[50] Ibid., a. 42.

[51] Ibid., a. 13; gweler hefyd Gorchymyn Cynulliad Cenedlaethol Cymru (Cynrychiolaeth y Bobl) 2007 [OS 2007 Rhif 236] sy'n darparu'r rheoliadau ar gyfer etholiadau'r cynulliad cenedlaethol.

[52] Deddf Llywodraeth Cymru 2006, adrannau 1 a 2.

[53] Ibid., a. 7.

[54] Mae Rhan 5, gydag Atodlen 8, yn delio â chyllid. Gwneir darpariaeth ar gyfer creu cronfa gyfunol i Gymru a fydd yn derbyn taliadau oddi wrth Ysgrifennydd Gwladol Cymru o gyllideb y pleidleisiodd Senedd Llundain arno. Awdurdodir taliadau o'r gronfa i dalu am raglen Llywodraeth Cynulliad Cymru gan y cynigion cyllidebol blynyddol ac atodol a fabwysiedir gan y cynulliad.

[55] Gweler Deddf Llywodraeth Cymru 2006, a. 48.

[56] Ceir esboniad o swyddogaeth y cwnsler cyffredinol gan Carwyn Jones, 'Y gyfraith yng Nghymru: y deng mlynedd nesaf', Darlith Flynyddol Cymdeithas y Cyfreithwyr, Eisteddfod Genedlaethol Cymru, Caerdydd a'r Cylch (2008), 4–5.

[57] Deddf Llywodraeth Cymru, a. 49.

[58] Gwneir darpariaeth yn Atodlen 9 ar gyfer achosion cyfreithiol mewn perthynas â 'Materion datganoli' (yn fras, ymgyfreitha ynghylch cwestiynau megis a yw'r ffiniau priodol rhwng pwerau datganoledig a phwerau heb eu datganoli wedi'u parchu, neu a yw gweinidogion Cymru wedi cydymffurfio â'u dyletswyddau statudol).

[59] Mae adrannau 154 a 156 yn rhoi canllawiau i'r llysoedd ar ddehongli deddfwriaeth y cynulliad. Mae adran 154 yn awdurdodi'r llysoedd i 'ddarllen yn gyfyng' deddfwriaeth y cynulliad, cyn belled ag y bo hynny'n bosibl, er mwyn sicrhau cyfreithlondeb y ddarpariaeth.

[60] Gweler *Costa* v. *ENEL* [1964] E.C.R. 585.

[61] Deddf Llywodraeth Cymru 2006, a. 80.

[62] Ibid., a. 72.

[63] Ibid., a. 73.

[64] Ibid., a. 74.

[65] Ibid., a. 75.

[66] Ibid., aa. 77–9.

[67] Ibid., aa. 80–2.

[68] Gweler Bush, 'Getting real about devolution', para. 20.

[69] Gweler Thomas Glyn Watkin, 'Cyfraith Cymru', yn T. Roberts (gol.), *Yr Angen am Furiau: Pum Darlith Fforwm Hanes Cymru* (Llanrwst: Gwasg Carreg Gwalch, 2008), tt. 64–80 (t. 65).

[70] Deddf Llywodraeth Cymru 2006, a. 94(1).

[71] Yn ôl adran 156 o'r Ddeddf (ac yn atseinio adran 122 o Ddeddf 1998), dylid trin testunau Cymraeg a Saesneg y ddeddfwriaeth ar sail gyfartal.

[72] Deddf Llywodraeth Cymru 2006, a. 94(4)(a).

[73] Gweler, yn enwedig, Atodlen 5, Rhannau 2 a 3.

[74] Deddf Llywodraeth Cymru 2006, a. 94(7). Gweler hefyd *Confensiwn Cymru Gyfan, Adroddiad* (Caerdydd: Hawlfraint y Goron, 2009), paragraff 2.3.6, sy'n cyfeirio at y prawf hwn.

[75] Deddf Llywodraeth Cymru 2006, a. 94(7).

[76] Ibid., a. 94(4)(b).

[77] Ibid., a. 94(5)(a).

[78] Ibid., a. 94(5)(b).

[79] Ibid., a. 101.

[80] Ibid., a. 98(6).

[81] Ibid., a. 93(5).

[82] Ibid., a. 95.

[83] Roddick, 'The development of devolution and legal Wales', 7–9.

[84] Amlinellwyd hyn yn y gorchmynion cymhwysedd deddfwriaethol canlynol: *Gorchymyn Cynulliad Cenedlaethol Cymru (Cymhwysedd Deddfwriaethol) (Addysg a Hyfforddiant)* (2008); *Gorchymyn Cynulliad Cenedlaethol Cymru (Cymhwysedd Deddfwriaethol) (Lles Cymdeithasol)* (2008); *Gorchymyn Cynulliad Cenedlaethol Cymru (Cymhwysedd Deddfwriaethol) (Rhif 5)* (2008) *(Tai Fforddiadwy)*.

[85] Gweler Jane Jones, 'Making Welsh law: process, presentation and accessibility', yn *The Law Making Powers of the National Assembly for Wales* (Cardiff: Elfennau'r Gyfraith, 2001), tt. 40–53.

[86] *Canllawiau Swyddogol ar Nodiadau Esboniadol*, paragraff 11.5, *http://interim.cabinet office.gov.uk/making-legislation-guide/explanatory_notes.aspx* (cyrchwyd 19 Ionawr 2012).

[87] Gweler hanes y frwydr o safbwynt cyfreithiol yn Gwilym Prys-Davies, 'Statws cyfreithiol yr iaith Gymraeg yn yr ugeinfed ganrif', yn Geraint H. Jenkins a

Mari A. Williams (goln), *Eu Hiaith a Gadwant? Y Gymraeg yn yr Ugeinfed Ganrif* (Caerdydd: Gwasg Prifysgol Cymru, 2000), tt. 207–38.

88 Deddf Llywodraeth Cymru 1998, a. 47(1).

89 Ibid., a. 122(1).

90 Gweler ibid., a. 35(1).

91 Gweler sylwadau Gwyn Griffiths, 'Her deddfu'n ddwyieithog', *Cambrian Law Review*, 38 (2007), 103–16.

92 Gweler Keith Bush, 'Deddfu yn y Gymraeg: ail-gydio mewn hen ymgom', *Cambrian Law Review*, 38 (2007), 83–102 (95).

93 Gweler hefyd Keith Bush, 'Deddfu yn y Gymraeg', *Cylchgrawn Cyfraith a Pholisi Cymru*, 4 (2006), 374–81.

94 Gweler yr adroddiad a ddarparwyd yn dilyn ymweliad dirprwyaeth o Gymru a fu'n edrych ar y broses hon ym Mrunswick Newydd yng Nghanada, yn *Gweithredu System Deddfu a Chyfiawnder sydd yn Ymarferol yn Trin y Gymraeg a'r Saesneg ar y Sail eu Bod yn Gyfartal: Adroddiad Pellach ar y Gwersi o Brofiadau Canada*, a geir o bori i'r cyfeiriad canlynol ar y we: *www.assemblywales.org/canadian-system.pdf* (cyrchwyd 19 Ionawr 2012).

95 Gweler Bush, 'Deddfu yn y Gymraeg', 380.

96 Gweler Robert Bergeron, 'Co-drafting: Canadian experience of the creation of bilingual legislation in a bijural system', *The Law Making Powers of the National Assembly for Wales* (Cardiff: Elfennau'r Gyfraith, 2001) tt. 54–8.

97 *Cynulliad Cenedlaethol Cymru, Pwyllgor Is-ddeddfwriaeth, Cofnodion Cyfarfod*, 28 Ionawr 2010, paragraffau 145–7, *http://www.assemblywales.org/calendar-document-content?id=164941* (cyrchwyd 19 Ionawr 2012).

98 Ibid.

99 'Datblygiad Atodlen 5 i Ddeddf Llywodraeth Cymru 2006, gan gynnwys eithriadau i faterion: tystiolaeth ysgrifenedig Swyddfa Cwnsleriaid Deddfwriaethol Cymru', *Cynulliad Cenedlaethol Cymru: Y Pwyllgor Materion Cyfansoddiadol*, CA(3)-04-10: papur 1, 4 Chwefror 2010, *http://www.cynulliadcymru.org/bus-home/bus-committees/bus-committees-perm-leg/bus-committees-legislation-dissolved/bus-committees-third-sleg-home/bus-committees-third-sleg-agendas-2.htm?act=dis&id=164512&ds=2/2010* (cyrchwyd 19 Ionawr 2012).

100 Paul Godin, 'The New Brunswick experience: the practice of the English common law in the French language', *Wales Law Journal*, 1 (2001), 41.

101 Gweler Bush, 'Deddfu yn y Gymraeg: ail-gydio mewn hen ymgom', 101.

102 Deddf Llywodraeth Cymru 2006, a. 103.

103 Gweler Deddf Llywodraeth Cymru 2006, adran 108, ac is-adrannau (3) a (4):
'(3) A provision of an Act of the Assembly is within the Assembly's legislative competence only if it falls within subsection (4) or (5).
(4) A provision of an Act of the Assembly falls within this subsection if—
(a) it relates to one or more of the **subjects** listed under any of the **headings** in Part 1 of Schedule 7 and does not fall within any of the exceptions specified in that Part of that Schedule (whether or not under that **heading** or any of those **headings**), and
(b) it neither applies otherwise than in relation to Wales nor confers, imposes, modifies or removes (or gives power to confer, impose,

modify or remove) functions exercisable otherwise than in relation to Wales.'

[104] Roddick, 'The development of devolution and legal Wales', 6.

[105] *Cynulliad Cenedlaethol Cymru: Y Pwyllgor Materion Cyfansoddiadol*, cofnodion cyfarfod dydd Iau, 25 Chwefror 2010, tystiolaeth David Lambert.

[106] 'Datblygiad Atodlen 5 i Ddeddf Llywodraeth Cymru 2006, gan gynnwys eithriadau i faterion: tystiolaeth ysgrifenedig Swyddfa Cwnsleriaid Deddfwriaethol Cymru', *Cynulliad Cenedlaethol Cymru: Y Pwyllgor Materion Cyfansoddiadol*, 4 Chwefror 2010.

[107] Ibid.

[108] Gweler *Confensiwn Cymru Gyfan, Adroddiad*, t. 98.

[109] Ibid., t. 100.

[110] *Refferendwm ar Bwerau Deddfu Cynulliad Cenedlaethol Cymru*, pamffled y Comisiwn Etholiadol, 2011.

[111] *http://www.cynulliadcymru.org/bus-home/bus-legislation/bus-legislation-guidance.htm* (cyrchwyd 19 Ionawr 2012).

[112] Nid oedd modd i fesur gael ei gyflwyno am Gydsyniad Brenhinol cyn pen diwedd y pedair wythnos ar ôl ei basio gan y cynulliad ond lle bo'r Twrnai Cyffredinol a'r cwnsler cyffredinol wedi rhoi gwybod i'r Clerc nad ydynt yn mynd i'w gyfeirio at y Goruchaf Lys a bod yr Ysgrifennydd Gwladol wedi rhoi gwybod i'r Clerc na chaiff gorchymyn ei wneud o dan adran 114.

[113] Jones, 'Y gyfraith yng Nghymru: y deng mlynedd nesaf', 14.

[114] Canllaw i Ddeddf Llywodraeth Cymru 2006 (Caerdydd: Llywodraeth Cynulliad Cymru, Mawrth 2007), tt. 25–7.

[115] Bogdanor, *Devolution in the United Kingdom*, t. 255.

[116] Ibid.

[117] Gweler Christpher Bryant, *The Nations of Britain* (Oxford: Oxford University Press, 2006), tt. 288–9.

[118] Gweler Roddick, 'The development of devolution and legal Wales', 6.

[119] Gweler Richard Rawlings, '"Say not the Struggle naught Availeth": the Richard Commission and after', Darlith Flynyddol Canolfan Materion Cyfreithiol Cymreig, Prifysgol Aberystwyth (2004), 42.

[120] Syr David Lloyd Jones, 'Peirianwaith cyfiawnder mewn Cymru sy'n newid', Darlith Cymdeithas y Cyfreithwyr, Eisteddfod Genedlaethol Cymru, Blaenau Gwent a Blaenau'r Cymoedd (2010), 5.

[121] Gweler yr Arglwydd Ganghellor a'r Ysgrifennydd Gwladol dros Gyfiawnder, Y Gwir Anrhydeddus Jack Straw AS, 'Gweinyddu cyfiawnder yng Nghymru', Darlith Flynyddol Cymdeithas y Cyfreithwyr, Caerdydd (3 Rhagfyr 2009), *webarchive.nationalarchives.gov.uk/+/http://www.justice.gov.uk/news/speech031209a.htm* (cyrchwyd 19 Ionawr 2012).

[122] Gweler Marie Navarro, 'Devolution in Wales: its effect on subordinate legislation', *Wales Journal of Law and Policy*, 4 (2005), 260–83.

[123] Barn Bogdanor oedd, 'Westminster is no longer a Parliament for the domestic and non-domestic affairs of the whole of the United Kingdom. It has been transformed into a parliament for England, a federal parliament for Scotland and Northern Ireland, and a parliament for primary legislation for Wales': gweler

Bogdanor, *The New British Constitution* (Oxford: Hart, 2009), t. 114. Wrth gwrs, yn sgil refferendwm Mawrth 2011, mae'r sefyllfa yng Nghymru o ran deddfwriaeth brimaidd wedi newid.

[124] Ceir trafodaeth ar rai o'r dadleuon gan Brigid Hadfield, 'Devolution and the changing constitution: evolution in Wales and the unanswered English question', yn J. Jowell a D. Oliver (goln), *The Changing Constitution* (6ed arg.; Oxford: Oxford University Press, 2007), tt. 271–92.

[125] Gweler Straw, 'Gweinyddu cyfiawnder yng Nghymru'.

[126] Gweler Anthony Bradley, 'The sovereignty of Parliament: form or substance?', yn J. Jowell a D. Oliver (goln), *The Changing Constitution* (6ed arg.; Oxford: Oxford University Press, 2007), tt. 25–58.

[127] Bogdanor, *The New British Constitution*, t. 113.

[128] Bogdanor, *Devolution in the United Kingdom*, tt. 294–8.

[129] Ibid., t. 287.

[130] Gweler Straw, 'Gweinyddu cyfiawnder yng Nghymru'.

Pennod 2

[1] Gweler Dafydd Jenkins, *Cyfraith Hywel: Rhagarweiniad i Gyfraith Gynhenid Cymru'r Oesau Canol* (Llandysul: Gwasg Gomer, 1970).

[2] Bu'r cysylltiad rhwng y Gymraeg a'r gyfraith yn allweddol wrth ddiffinio hunaniaeth genedlaethol Cymru. Roedd Syr Goronwy Edwards yn eu gweld fel yr elfennau sylfaenol yng nghyfansoddiad y genedl. Fel y dywedodd yr Athro Dafydd Jenkins, 'Sir Goronwy Edwards had said that two things in special had made the Welsh a nation: the language and the law, which in the Middle Ages was "a potent force, recognized by others as well as by ourselves as marking us off from other people and strengthening our national consciousness"': gweler Dafydd Jenkins, *The Law of Hywel Dda* (Llandysul: Gomer, 1986), introduction.

[3] Gweler Dewi Watkin Powell, 'Y llysoedd, yr awdurdodau a'r Gymraeg: y Ddeddf Uno a Deddf yr Iaith Gymraeg', yn T. M. Charles Edwards M. E. Owen a D. B. Walters (goln), *Lawyers and Laymen* (Cardiff: University of Wales Press, 1986), tt. 287–315.

[4] Gweler y rhagarweiniad i'r ddeddf: *An Act for Law and Justice to be Ministered in Wales in Like Form as it is in this Realm 1535–36*, 27 Henry VIII c.26.

[5] Ibid., adran 17.

[6] Gweler Thomas Glyn Watkin, *The Legal History of Wales* (Cardiff: University of Wales Press, 2007), pennod 9.

[7] Gweler Kenneth O. Morgan, *Rebirth of a Nation: A History of Modern Wales* (Oxford: Oxford University Press, 1981).

[8] Gareth Elwyn Jones, 'Yr iaith Gymraeg yn Llyfrau Gleision 1847', yn Geraint H. Jenkins (gol.), *Gwnewch Bopeth yn Gymraeg* (Caerdydd: Gwasg Prifysgol Cymru, 1999) tt. 399–426.

[9] *The Times*, 8 Medi 1866.

[10] Ceir dadansoddiad o gyfraniad Emrys ap Iwan gan Hywel Teifi Edwards, 'Emrys ap Iwan a Saisaddoliaeth: maes y gad yng Nghymru'r 70au' yn ei gyfrol, *Codi'r*

Hen Wlad yn ei Hôl 1850–1914 (Llandysul: Gomer, 1989), tt. 141–67. Gweler hefyd y portradau o'r ddau gan Gwynfor Evans yn *Seiri Cenedl* (Llandysul: Gomer, 1986). Y mae Michael D. Jones wedi ei bortreadu ar dd. 230–6 ac Emrys ap Iwan ar dd. 236–42.

[11] Ceir cofnod o'r hanes yn erthygl Mark Ellis Jones, 'Wales for the Welsh? The Welsh county court judgeships, 1868–1900', *Welsh History Review*, 19, 4 (1999), 643–78.

[12] Gweler Gwilym Prys-Davies, 'Statws cyfreithiol yr iaith Gymraeg yn yr ugeinfed ganrif', yn Geraint H. Jenkins a Mari A. Williams (goln), *Eu Hiaith a Gadwant? Y Gymraeg yn yr Ugeinfed Ganrif* (Caerdydd: Gwasg Prifysgol Cymru, 2000), tt. 207–38.

[13] Mae'r hanes wedi ei gofnodi gan Dafydd Jenkins, *Tân yn Llŷn* (Caerdydd: Plaid Cymru, 1975).

[14] J. Graham Jones, 'The national petition on the legal status of the Welsh language, 1938–1942', *Welsh History Review*, 18, 1 (1996), 92–123.

[15] *Deiseb yr Iaith Gymraeg* (Aberystwyth: Swyddfa'r Ddeiseb, 1939). Ceir copi ohoni ym mhapurau personol Syr David Hughes Parry yn Llyfrgell Genedlaethol Cymru, Aberystwyth.

[16] Y geiriad yn Saesneg yw hyn: 'the Welsh language may be used in any court in Wales by any party or witness who considers that he would be at any disadvantage by reason of his natural language of communication being Welsh'.

[17] Prys-Davies, 'Statws cyfreithiol yr iaith Gymraeg yn yr ugeinfed ganrif', tt. 223–4.

[18] Rwyf wedi ystyried bywyd a gwaith Syr David Hughes Parry yn y gyfrol, *David Hughes Parry: A Jurist in Society* (Cardiff: University of Wales Press, 2010). Ceir manylion ei waith dros y Gymraeg ym mhennod 9 y gyfrol.

[19] Gweler Harold Carter, 'Dirywiad yr iaith Gymraeg yn yr ugeinfed ganrif', yn Geraint H. Jenkins (gol.), *Cof Cenedl V: Ysgrifau ar Hanes Cymru* (Llandysul: Gwasg Gomer, 1990), tt. 147–76.

[20] Ceir y ddarlith, 'Tynged yr iaith', ynghyd â chasgliad o ysgrifau a darlithiau eraill Saunders Lewis, yn y gyfrol a ddetholwyd gan Marged Dafydd, *Ati, Wŷr Ifainc* (Caerdydd: Gwasg Prifysgol Cymru, 1986).

[21] Ceir astudiaeth fanwl o gyfraniad y mudiad hwn gan Dylan Phillips, *Trwy Ddulliau Chwyldro . . .? Hanes Cymdeithas yr Iaith Gymraeg, 1962–1992* (Llandysul: Gomer, 1998).

[22] Ymgorfforiad o'r gwerinwr diwylliedig oedd Bob Lloyd o Gefnddwysarn ym mhlwyf Llandderfel ger Y Bala, ac fe'i hadnabuwyd gan bawb wrth ei enw barddol, Llwyd o'r Bryn.

[23] Ceir gwahanol safbwyntiau gan Kenneth O. Morgan, *Rebirth of a Nation*, tt. 381–2; Owain Williams, *Cysgod Tryweryn* (Caernarfon: Gwasg Gwynedd, 1979); W. L. Jones, *Cofio Tryweryn* (Llandysul: Gomer, 1988).

[24] *Evans v. Thomas* [1962] 2 Q.B. 350.

[25] Gweler ibid., geiriau Mr Ustus Winn, 370.

[26] Ibid., 372.

[27] Cyngor Cymru a Mynwy, *Adroddiad ar yr Iaith Gymraeg Heddiw, Cmnd. 2198* (London: TSO, 1963).

[28] *Statws Cyfreithiol yr Iaith Gymraeg, Cmnd. 2785* (London: TSO, 1965).

[29] Gweler para. 169–72 yr adroddiad.

[30] Ibid.

[31] Gweler para. 166 yr adroddiad.

[32] *R. v. Merthyr Tydfil Justices, ex parte Jenkins* [1967] 2 Q.B. 21.

[33] Ibid., geiriau yr Arglwydd Brif Ustus Parker, 24.

[34] Gweler *R. v. Merthyr Tydfil Justices, ex parte Jenkins*, 26.

[35] Ibid., 25.

[36] David Hughes Parry, 'The status of the Welsh language in English law', yn R. H. Code Holland a G. Schwarzenberger (goln), *Law, Justice and Equity* (London: Sweet & Maxwell, 1967), tt. 26–34.

[37] Prys-Davies, 'Statws cyfreithiol yr iaith Gymraeg yn yr ugeinfed ganrif', tt. 230–3.

[38] Ioan Bowen Rees, 'The Welsh language in government', yn Meic Stephens (goln), *The Welsh Language Today* (Llandysul: Gomer, 1973), tt. 223–48; hefyd J. A. Andrews a L. G. Henshaw, *The Welsh Language in the Courts* (Aberystwyth: University College of Wales, 1984), tt. 92–3.

[39] Robyn Lewis, *Second-class Citizen* (Llandysul: Gomer, 1969); hefyd Robyn Lewis, 'The Welsh language and the law', yn Meic Stephens (gol.), *The Welsh Language Today* (Llandysul: Gomer, 1973), tt. 201–22.

[40] Gweler Phillips, *Trwy Ddulliau Chwyldro . . .?*; hefyd Colin H. Williams, 'Non-violence and the development of the Welsh Language Society 1962–c.1974', *Welsh History Review*, 8, 4 (1994), 426–55.

[41] Prys-Davies, 'Statws cyfreithiol yr iaith Gymraeg yn yr ugeinfed ganrif', t. 236.

[42] Gweler cofiant yr Arglwydd Roberts o Gonwy, *Right from the Start* (Cardiff: University of Wales Press, 2006).

[43] Deddf yr Iaith Gymraeg 1993, a. 22.

[44] Ibid., aa. 5 a 12.

[45] Ibid., a. 18.

[46] Ibid., a. 17.

[47] Ibid., a. 20.

[48] Prys-Davies, 'Statws cyfreithiol yr iaith Gymraeg yn yr ugeinfed ganrif', t. 238.

[49] Gweler Gwion Lewis, *Hawl i'r Gymraeg* (Talybont: Y Lolfa, 2008).

[50] Gweler, er enghraifft, Robert Dunbar ac R. Gwynedd Parry (goln), *The European Charter for Regional or Minority Languages: Legal Challenges and Opportunities* (Strasbourg: Council of Europe Publishing, 2008); R. Gwynedd Parry, 'History, human rights and multilingual citizenship: conceptualising the European Charter for Regional or Minority Languages', *Northern Ireland Legal Quarterly*, 61 (2010), 329–48; R. Gwynedd Parry, 'The languages of evidence', *Criminal Law Review* (2004), 1015–33.

[51] Ceir trosolwg o'r ddeddfeg berthnasol gan Fernand de Varennes, 'Linguistic identity and language rights', yn M. Weller (gol.), *Universal Minority Rights: A Commentary on the Jurisprudence of International Courts and Treaty Bodies* (Oxford: Oxford University Press, 2007), tt. 253–323 (tt. 255–8).

[52] *Cyfamod Rhyngwladol y Cenhedloedd Unedig ar Hawliau Sifil a Gwleidyddol* (International Covenant on Civil and Political Rights (ICCPR)) (1966), erthygl 27. Ceir dehongliad ohoni yn *Ominayak v. Canada*, UN 167/1984, document A/42/40.

[53] Mae'r Cenhedloedd Unedig yn cyfrif eu cyfraniad i ddeddfeg hawliau dynol rhyngwladol fel un o'u campweithiau: gweler Hurst Herman, 'Human rights',

yn C. C. Joyner (gol.), *The United Nations and International Law* (Cambridge: Cambridge University Press, 1998), tt. 130–54 (t. 153).

[54] Gweler Sebastian M. Poulter, 'The rights of ethnic, religious and linguistic minorities', *European Human Rights Law Review*, 3 (1997), 254–64.

[55] Ym marn de Varennes, 'Government attempts to regulate the language used in the private sphere . . . may run foul of the right to private and family life, freedom of expression, non-discrimination or the rights of persons belonging to a linguistic minority to use their language with other members of their group': gweler Fernand de Varennes, 'The linguistic rights of minorities in Europe', yn S. Trifunovska (gol.), *Minority Rights in Europe: European Minorities and Languages* (The Hague: T.M.C. Asser Press, 2001), tt. 3–30 (t. 9).

[56] Gweler Inigo Urrutia ac Inaki Lasagabaster, 'Language rights and community law', *European Integration Online Papers (EIoP)*, 12, 4 (2008): *http://eiop.or.at/eiop/index.php/eiop/article/view/2008_004a* (cyrchwyd 19 Ionawr 2012).

[57] Niamh Nic Shuibhne, *EC Law and Minority Language Policy: Culture, Citizenship and Fundamental Rights* (London: Kluwer Law International, 2002), t. 55.

[58] (Case C-274/96) E.C.J. [1999] 1 C.M.L.R. 348.

[59] Gweler y *Siarter Hawliau Sylfaenol/Charter of Fundamental Rights*: *http://www.europarl.europa.eu/charter/default_en.htm* (cyrchwyd 19 Ionawr 2012).

[60] Gweler *http://europa.eu/lisbon_treaty/index_en.htm* (cyrchwyd 19 Ionawr 2012).

[61] Ac eithrio yn y Deyrnas Unedig a Gwlad Pwyl, sydd heb fabwysiadu darpariaeth y Siartr Hawliau Sylfaenol.

[62] Siartr Hawliau Sylfaenol, erthygl 21.1: 'any discrimination based on any ground such as sex, race, colour, ethnic or social origin, genetic features, language, religion or belief, political or any other opinion, membership of a national minority, property, birth, disability, age or sexual orientation shall be prohibited'; erthygl 22: 'The Union shall respect cultural, religious and linguistic diversity.'

[63] Cytundeb Lisbon, erthygl 3.3, sy'n sicrhau bod yr Undeb Ewropeaidd yn parchu 'its rich cultural and linguistic diversity, and shall ensure that Europe's cultural heritage is safeguarded and enhanced.'

[64] Gweler Lewis, *Hawl i'r Gymraeg*, pennod 2.

[65] Gweler Marc Weller (gol.), *The Rights of Minorities: A Commentary on the European Framework Convention for the Protection of National Minorities* (Oxford: Oxford University Press, 2005); hefyd, Steven Wheatley, 'The Council of Europe's framework convention on national minorities', *Web Journal of Current Legal Issues*, 5 (1996): *http://webjcli.ncl.ac.uk/1996/issue5/wheatl5.html* (cyrchwyd 19 Ionawr 2012).

[66] Gweler Rianne M. Letschert, *The Impact of Minority Rights Mechanisms* (The Hague: T.M.C. Asser Press, 2005).

[67] Gweler Robert Dunbar, 'The Council of Europe's European Charter for Regional or Minority Languages', yn Kristin Henrard a Robert Dunbar (goln), *Synergies in Minority Protection* (Cambridge: Cambridge University Press, 2008), tt. 155–85.

[68] *Siartr Ewrop ar gyfer Ieithoedd Rhanbarthol neu Leiafrifol* [y Siartr]: *http://conventions.coe.int/Treaty/EN/Treaties/Html/148.htm* (cyrchwyd 19 Ionawr 2012).

[69] Ibid., rhagymadrodd.

[70] Gweler *Confensiwn Hawliau Dynol Ewrop*, erthygl 6, *http://www.echr.coe.int/ECHR/EN/Header/Basic+Texts/The+Convention+and+additional+protocols/The+European+Convention+on+Human+Rights/* (cyrchwyd 19 Ionawr 2012).

[71] Gweler achosion megis *A* v. *France* (1984) 6 E.H.R.R. CD 371.

[72] Gweler y penderfyniad yn *Fryske Nasjonale Partij and Others* v. *Netherlands* (1987) 9 E.H.R.R. CD 261.

[73] Y Siartr (ECRML), Rhan III, Erthygl 9.

[74] Ibid., erthygl 9, para. 1(a)(i).

[75] Ibid., para. 1(a)(ii).

[76] Ibid., para. 1(b); para. 1(c).

[77] Ibid., Rhan I, erthygl 1, para. (b).

[78] Ibid., Rhan I, erthygl 2, para. 2: mae'n rhaid i wladwriaethau weithredu o leiaf dri o baragraffau erthyglau 8 a 12 ac un o bob un o erthyglau 9, 10, 11 a 13.

[79] Gweler Robert Dunbar, 'Implications of the European Charter for Regional or Minority Languages for British linguistic minorities', *European Law Review, Human Rights Survey*, 25 (2000), 46–69 (69).

[80] Gweler Robert Dunbar, 'Definitely interpreting the European Charter for Regional or Minority Languages: the legal challenges', yn Robert Dunbar a R. Gwynedd Parry (goln), *The European Charter for Regional or Minority Languages: Legal Challenges and Opportunities* (Strasbourg: Council of Europe Publishing, 2008), tt. 37–61 (t. 40).

[81] Jean-Marie Woehrling, *The European Charter for Regional or Minority Languages: A Critical Commentary* (Strasbourg: Council of Europe Publishing, 2005), tt. 137–9.

[82] Gweler Dunbar, 'Implications of the European Charter for Regional or Minority Languages for British linguistic minorities', 69.

[83] Y Siartr (ECRML), Rhan III, erthygl 15.

[84] Ibid.

[85] Gweler Tove Skutnabb-Kangas, 'Linguistic diversity, human rights and the "free" market', yn Miklos Kontra, Robert Phillipson, Tove Skutnabb-Kangas a Tibor Varady (goln), *Language: A Right and a Resource* (Budapest: CEU Press, 1999), tt. 187–222 (tt. 204–6).

[86] Y Siartr (ECRML), erthygl 1.

[87] Cafodd y Gernyweg ei chydnabod fel iaith warchodedig o dan y Siartr ym mis Tachwedd 2002.

[88] Gweler Glanville Price 'Yr ieithoedd Celtaidd eraill', yn Geraint H. Jenkins a Mari A. Williams (goln), *Eu Hiaith a Gadwant? Y Gymraeg yn yr Ugeinfed Ganrif* (Caerdydd: Gwasg Prifysgol Cymru, 2000), tt. 581–606.

[89] Gweler Dunbar, 'Implications of the European Charter for Regional or Minority Languages for British linguistic minorities', 50; hefyd Tom Cheesman, 'Old and new lesser-used languages of Europe: common cause?', yn Camille C. O'Reilly (gol.), *Language, Ethnicity and the State, Volume 1* (Basingstoke: Palgrave, 2001), tt. 147–66.

[90] Y Siartr (ECRML), rhagair.

[91] *United Nations Declaration on the Rights of Indigenous Peoples*, UN General Assembly Resolution 61/295.

[92] Ibid., para. 22.

[93] Ibid., erthygl 3.

[94] Ibid., erthyglau 26–30.

[95] Ibid., erthygl 5.

[96] Ibid., erthygl 14.

[97] Ibid., erthygl 31.

[98] Ibid., erthyglau 8, 11 a 15.

[99] Ibid., para. 6.

[100] Ibid., para. 23.

[101] Gweler *http://www.un.org/News/Press/docs/2007/ga10612.doc.htm* (cyrchwyd 19 Ionawr 2012).

[102] Fel y dywedodd Francesco Francioni, 'Striving for truth and justice, which includes reparation, is part of a system based on the rule of law and on the equal dignity of all human beings': gweler 'Reparation for indigenous peoples: is international law ready to ensure redress for historical injustices?', yn Frederico Lenzerini (gol.), *Reparation for Indigenous Peoples* (Oxford: Oxford University Press, 2008), tt. 27–45 (t. 45).

[103] Gweler Michael Bentley, *Modern Historiography: An Introduction* (London: Routledge, 1999), tt. 156–8.

[104] '[D]ifferentiated groups may require additional rights to enable them to overcome specific obstacles which prevent them from being able to exercise their human rights as effectively as others': gweler Steven Greer, 'Being "realistic" about human rights', *Northern Ireland Legal Quarterly*, 60, 2 (2009), 147–61 (150).

[105] Woehrling, *The European Charter for Regional or Minority Languages*, tt. 19–23.

[106] Ibid., t. 31.

[107] Ibid., tt. 33 a 36–7.

[108] [2000] 1 W.L.R. 187.

[109] Deddf Tribiwnlysoedd Diwydiannol 1996, a. 21(1).

[110] Ibid., tt. 191–2.

[111] Adran 20(2) o Ddeddf Tribiwnlysoedd Diwydiannol 1996 sy'n rhoi awdurdod i'r Tribiwnlys Apêl Cyflogaeth eistedd yn unrhyw le ym Mhrydain Fawr.

[112] Dyfynnwyd erthyglau 3 a 10 o *Gonfensiwn Ewrop i Ddiogelu Hawliau Dynol a Rhyddid Sylfaenol, Cmnd. 8969* (1953).

[113] *Principle of proportionality.*

[114] Ibid., erthyglau 6 a 14.

[115] Ystyriwyd nifer o achosion ar ystyr ibid., erthygl 6, a'r hawl i achos teg. Ym marn y llys nid oeddynt yn berthnasol yn yr amgylchiadau yma, gan eu bod yn pwysleisio'r hawl i ddeall y gweithrediadau ac nid i ddefnyddio dewis iaith: gweler, *inter alia*, *Bideault v. France* (1986) 48 D.& R. 232; *K. v. France* (1983) 35 D.&R. 203.

[116] Mae'r berthynas wedi newid ychydig ers newid ffiniau'r gylchdaith yn 2006, pan ymunodd swydd Gaer â chylchdaith y gogledd yn Lloegr.

[117] *Williams v. Cowell* [2000] 1 W.L.R. 187, Judge A.U. 200–1.

[118] Ei Hanrhydedd y Barnwr Eleri Rees sy'n dal y swydd ar hyn o bryd.

[119] Cyhoeddodd Mr Jack Straw, pan oedd yn Arglwydd Ganghellor: 'Penderfynais yn ddiweddar y bydd y Pwyllgorau Ymgynghorol sy'n penodi ynadon ar gyfer Meinciau yng Nghymru'n gallu cymryd i ystyriaeth yr angen am sgiliau yn y Gymraeg a datgan mewn hysbysebion ar gyfer rhai swyddi gwag ar y Fainc y bydd angen y gallu i fedru'r Gymraeg. Dylai hyn sicrhau bod digon o ynadon Cymraeg eu hiaith ar gael i ddelio â'r nifer cynyddol o achosion lle defnyddir y

Gymraeg': yr Arglwydd Ganghellor a'r Ysgrifennydd Gwladol dros Gyfiawnder, y Gwir Anrhydeddus Jack Straw AS, 'Gweinyddu cyfiawnder yng Nghymru', Darlith Flynyddol Cymdeithas y Cyfreithwyr, Caerdydd (3 Rhagfyr 2009).

[120] Gweler Syr David Lloyd Jones, 'Peirianwaith cyfiawnder mewn Cymru sy'n newid', Darlith Flynyddol Cymdeithas y Cyfreithwyr, Eisteddfod Genedlaethol Cymru, Blaenau Gwent a Blaenau'r Cymoedd (2010), 21.

[121] Ibid., 22.

[122] Ibid., 23.

[123] Deddf Llywodraeth Cymru 2006, Rhan 1, Atodiad 5, maes 20, mater 20.1 a 20.2.

[124] Gweler *House of Commons Welsh Affairs Committee: Proposed National Assembly for Wales (Legislative Competence) (Welsh Language) Order 2009: Ninth Report of Session 2008–09, HC 348* (London: TSO, 2009).

[125] Gorchymyn Cynulliad Cenedlaethol Cymru (Cymhwysedd Deddfwriaethol) (yr Iaith Gymraeg) 2009, erthygl 3.

[126] Gweler *House of Commons Welsh Affairs Committee: Proposed National Assembly for Wales (Legislative Competence) (Welsh Language) Order 2009: Government Response to the Committee's Ninth Report of Session 2008–09, HC 1024* (London: TSO, 2009), para. 28.

[127] Cafwyd memorandwm esboniadol i egluro ystyr darpariaethau'r mesur arfaethedig: gweler *Mesur Arfaethedig y Gymraeg (Cymru) 2010: Memorandwm Esboniadol Mesur Arfaethedig y Gymraeg (Cymru) 2010*, 4 Mawrth 2010: *http://www. cynulliad cymru.org/ms-ld7944-em-e.pdf* (cyrchwyd 19 Ionawr 2012).

[128] Mesur y Gymraeg (Cymru) 2011, a. 1(1).

[129] Ibid., a. 1(3).

[130] Ibid., aa. 143–7.

[131] Ibid., a. 149.

[132] Ibid., a. 3.

[133] Ibid., aa. 26–32.

[134] Ibid., aa. 23–4.

[135] Ibid., aa. 71–94.

[136] Ibid., aa. 111–19.

[137] Ibid., aa. 120–33.

[138] Ibid., aa. 95–8.

[139] Gweler Lewis, *Hawl i'r Gymraeg*.

[140] Gweler yr Arglwydd Igor Judge, 'The Welsh language: some reflections on its history', Darlith Agoriadol Sefydliad Hywel Dda, Prifysgol Abertawe, 21 Mehefin 2011.

Pennod 3

[1] Mae cyfyngiadau yn Neddf Llywodraeth Cymru 2006 yn pennu'r hyn y gall mesurau'r cynulliad cenedlaethol ei wneud o ran creu troseddau neu roi'r pŵer i weinidogion Cymru greu troseddau. Mae Rhannau 2 a 3 o Atodlen 5 Deddf Llywodraeth Cymru 2006 yn atal unrhyw ddarpariaeth mewn mesur a fyddai'n creu trosedd i'w chosbi gan fwy na sancsiynau penodol (mae'r union sancsiwn

dan sylw yn dibynnu a yw darpariaeth o dan Ddeddf Cyfiawnder Troseddol 2003 wedi dod i rym neu beidio). Felly, er enghraifft, y ddedfryd fwyaf y gall mesur ei phennu am drosedd sy'n gosbadwy ar ôl cael euogfarniad yn llys y Goron yw dwy flynedd o garchar.

2   Gweler Jackie Jones, 'The next stage of devolution? A (d)evolving criminal justice system for Wales', *Crimes and Misdemeanours*, 2, 1 (2008) (cylchgrawn ar-lein). Mae'r galw am ddatganoli cyfiawnder troseddol a datblygu'r awdurdod-aeth Gymreig yn un a glywir yn gynyddol: gweler, er enghraifft, 'Call for responsibility for criminal justice to be devolved to Wales', *Western Mail*, 10 Medi 2010; hefyd Dafydd Elis-Thomas yn ei ddarlith, 'Cyfansoddiad newydd Cymru', Eisteddfod Genedlaethol Cymru, Y Bala (2009). Yn ôl adroddiad i'r wasg, a oedd yn cynnwys cyfieithiad o'i ddarlith, dywedodd: 'A development that would give a tremendous boost to the establishment of a separate judicial system in Wales would be if legislative competence for the field of criminal law was transferred to the Assembly. Territories such as Scotland, Northern Ireland and even the Isle of Man and the Channel Islands can sustain separate criminal justice systems. It is clear, therefore, that there is no practical reason why Wales could not do the same.'

3   *Defnyddio Rheithgorau Dwyieithog (Saesneg a Chymraeg) mewn Rhai Treialon Troseddol yng Nghymru* (London: Office for Criminal Justice Reform, 2005).

4   Gweler adroddiad y BBC, er enghraifft: *news.bbc.co.uk/1/hi/wales/4823058.stm* (cyrch-wyd 19 Ionawr 2012).

5   Bu'r drafodaeth ar reithgorau dwyieithog yn codi ei phen yn achlysurol ers blynyddoedd. Yn 1973, cyhoeddodd yr Arglwydd Ganghellor, yr Arglwydd Hailsham o St Marylebone, yn Nhŷ'r Arglwyddi fod yr Arglwydd Edmwnd Davies wedi ystyried y mater ac wedi argymell na ddylid cyflwyno rheithgorau dwyieithog: gweler Hansard HL 12 Mehefin 1973, col. 534R i 537L.

6   Gweler Syr Roderick Evans, 'Rheithgorau dwyieithog?', *Cambrian Law Review*, 38 (2007), 145–70.

7   Ceir trafodaeth bellach yn R. Gwynedd Parry, 'Random selection, linguistic rights and the jury trial in Wales', *Criminal Law Review* (2002), 805–16. Gweler hefyd R. Gwynedd Parry, 'An important obligation of citizenship: language, citizenship and jury service', *Legal Studies*, 27, 2 (2007), 188–215.

8   Gweler *A Review of the Criminal Courts of England and Wales by the Rt. Hon. Sir Robin Auld, Lord Justice of Appeal* (London: TSO, 2001), 8 Hydref 2001, pennod 5, para. 62–72 (Adroddiad Auld). Roedd Adroddiad Auld yn cyfeirio at dystiol-aeth yr Arglwydd Ustus Thomas a Mr Ustus Roderick Evans.

9   Oherwydd y cyfyngiadau ar yr ymchwil i benderfyniadau rheithgor, nid oes tystiolaeth ymchwil systematig o blaid y safbwynt hwn: gweler Deddf Dirmyg Llys 1981, a. 8.

10   Adroddiad Auld, pennod 5, para. 69.

11   Ibid., para. 70.

12   Ibid., para. 66.

13   *MacCarthaigh v. Éire* [1999] 1 I.R. 200.

14   Adroddiad Auld, pennod 5, para. 1.

15   Ibid., para. 72, 69.

[16] Gweler Thomas A. Green, 'A retrospective on the criminal trial jury 1200–1800', yn J. S. Cockburn a Thomas A. Green (goln), *Twelve Good Men and True: The Criminal Trial Jury in England, 1200–1800* (New Jersey: Princeton University Press, 1988), tt. 358–400 (tt. 364–5).

[17] Sir Patrick Devlin, *Trial by Jury* (London: Stevens & Sons Ltd, 1956), t. 17.

[18] Westminster 2, 13 Edward I (1285), c. 38.

[19] Gweler David J. Seipp, 'Jurors, evidences and the tempest of 1499', yn John W. Cairns a Grant McLeod (goln), *The Dearest Birth Right of the People of England* (Oxford: Hart, 2002), tt. 75–92 (t. 79).

[20] Gweler Green, 'A retrospective on the criminal trial jury 1200–1800', t. 377.

[21] Ibid, t. 384.

[22] Sir William Blackstone, *Commentaries IV* (Oxford: Clarendon Press, 1776), t. 347.

[23] Roedd y cymhwyster eiddo yng Nghymru yn is nag yn Lloegr; gweler Richard W. Ireland, 'Putting oneself on whose country? Carmarthenshire juries in the mid-nineteenth century', yn Thomas Glyn Watkin (gol.), *Legal Wales: Its Past, its Future* (Cardiff: Welsh Legal History Society, 2001), tt. 63–88 (t. 69).

[24] Gweler Michael Lobban, 'The strange life of the English civil jury, 1837–1914', yn John W. Cairns a Grant McLeod (goln), *The Dearest Birth Right of the People of England* (Oxford: Hart, 2002), tt. 173–209 (tt. 200–1).

[25] Gweler Douglas Hay, 'The class composition of the palladium of liberty: trial jurors in the eighteenth century', yn J. S. Cockburn a Thomas A. Green (goln), *Twelve Good Men and True: The Criminal Trial Jury in England, 1200–1800* (New Jersey: Princeton University Press, 1988), tt. 305–57 (t. 311).

[26] Gweler, er enghraifft, Deborah Ramirez, 'The mixed jury and the ancient custom of trial by *jury de medietate linguae*: a history and a proposal for change', *Boston University Law Review*, 74 (1994), 777–818.

[27] Gweler J. R. Pole, 'A quest of thoughts: representation and moral agency in the early Anglo-American jury', yn John W. Cairns a Grant McLeod (goln), *The Dearest Birth Right of the People of England* (Oxford: Hart, 2002), tt. 101–30 (tt. 109–11).

[28] Gweler Kenneth O. Morgan, 'The twentieth century', yn Kenneth O. Morgan (gol.), *The Oxford History of Britain* (Oxford: Oxford University Press, 1993), tt. 582–63 (t. 590).

[29] Gweler Kenneth O. Morgan, *Consensus and Disunity: The Lloyd George Coalition Government 1918–1922* (Oxford: Oxford University Press, 1979), tt. 152–4.

[30] Gweler Devlin, *Trial by Jury*, tt. 17–18.

[31] Ceir trafodaeth o hyn yn R. Gwynedd Parry, 'Jury service for all? Analysing lawyers as jurors', *Journal of Criminal Law*, 70, 2 (2006), 163–79.

[32] Nid oes yma fwriad o adrodd hanes y rheithgor fel sefydliad yn Iwerddon. Ceir ymdriniaeth ddiddorol a chryno o hyn gan Katie Quinn, 'Jury trial in the Republic of Ireland', *International Review of Penal Law*, 72 (2001), 197–214.

[33] *de Burca and Anderson* v. *Attorney General* [1976] I.R. 38.

[34] Mae sicrhau cyfraniad yr holl ddinasyddion yn thema ganolog yn y broses yno; gweler, er enghraifft, David Kairys, Joseph Kadane a John Lehoczky, 'Jury representativeness: a mandate for multiple source lists', *California Law Review*, 65 (1997), 776–827.

[35] Mae darpariaethau eraill yn ymwneud â grwpiau sydd wedi eu heithrio o'r broses mewn rhyw ffordd – nid oes unrhyw sôn am gymhwyster ieithyddol, fodd bynnag. Gweler Deddf Rheithgorau 1976, aa. 8–9.

[36] Gweler Deddf Mewnfudo a Dinasyddiaeth 1952 (fel y'i diwygiwyd), a. 312(a), sy'n datgan:

'No person except as otherwise provided in this title shall hereafter be naturalized as a citizen of the United States upon his own application who cannot demonstrate –

   (1) an understanding of the English language, including an ability to read, write, and speak words in ordinary usage in the English language: Provided, That the requirements of this paragraph relating to ability to read and write shall be met if the applicant can read or write simple words and phrases to the end that a reasonable test of his literacy shall be made and that no extraordinary or unreasonable conditions shall be imposed upon the applicant; and

   (2) a knowledge and understanding of the fundamentals of the history, and of the principles and form of government, of the United States.'

[37] Gellir dadlau bod Deddf yr Iaith Gymraeg 1993, ac yn arbennig adran 22 o'r ddeddf honno, wedi cadarnhau hyn flynyddoedd yn ôl. Bellach, mae'r Gymraeg yn iaith swyddogol yng Nghymru yn unol â darpariaeth Mesur y Gymraeg (Cymru) 2011.

[38] Deddf Gogledd America Brydeinig 1867, a. 133. Mae'r adran hon yn cadarnhau statws swyddogol a chyfansoddiadol y Saesneg a'r Ffrangeg.

[39] Yn benodol, mae a. 16 yn darparu, '(1) English and French are the official languages of Canada and have the equality of status and equal rights and privileges as to their use in all institutions of the Parliament and government of Canada. (2) English and French are the official languages of New Brunswick and have equality of status and equal rights and privileges as to their use in all institutions of the legislature and government of New Brunswick. (3) Nothing in this Charter limits the authority of Parliament or a legislature to advance the equality of status or use of English and French.'

[40] Mae a. 16 Deddf Ieithoedd Swyddogol 1988 yn datgan: '(1) Every federal court, other than the Supreme Court of Canada, has the duty to ensure that (a) if English is the language chosen by the parties for proceedings conducted before it in any particular case, every judge or other officer who hears those proceedings is able to understand English without the assistance of an interpreter; (b) if French is the language chosen by the parties for proceedings conducted before it in any particular case, every judge or other officer who hears those proceedings is able to understand French without the assistance of an interpreter; and (c) if both English and French are the languages chosen by the parties for proceedings conducted before it in any particular case, every judge or other officer who hears those proceedings is able to understand both languages without the assistance of an interpreter.'

[41] Gweler Côd Troseddol Canada, a. 530.

[42] Gweler Jones, 'The next stage of devolution?'.

[43] Gweler Deddf Cenedligrwydd Prydeinig 1981, a. 6(1), Atodlen 1, para. 1(c).

44 Dylid hefyd nodi bod yr iaith yn cael ei siarad gan nifer o'r boblogaeth yng Ngogledd Iwerddon, ac mae ymgyrch ar droed i roi iddi statws swyddogol yn y rhan hwnnw o'r Deyrnas Unedig. Yn dilyn Cytundeb Belfast 1998, cydnabu'r DU ei chyfrifoldeb tuag ati, a thuag at Sgoteg Ulster. Mae'r DU wedi cydnabod ei chyfrifoldeb tuag at y ddwy iaith o dan Siartr Ewrop ar gyfer Ieithoedd Rhanbarthol neu Leiafrifol. Un o'r mudiadau sy'n ymgyrchu dros hawliau siaradwyr y Wyddeleg yng Ngogledd Iwerddon yw POBAL: *http://www.pobal.org* (cyrchwyd 19 Ionawr 2012).

45 *Bunreacht na hEireann* (Cyfansoddiad Iwerddon) (1937), erthygl 8.

46 Gweler Terrence Brown, *Ireland: A Social and Cultural History 1922–1985* (London: Fontana, 1985), tt. 45–78 a t. 279.

47 Gweler Eamon de Valera, 'Language and the Irish nation', araith wedi ei darlledu ar Radio Eireann, 17 Mawrth 1943.

48 Gweler Thomas Hennessey, *A History of Northern Ireland 1920–1996* (Basingstoke: Macmillan, 1997), t. 74.

49 Gyda rhai eithriadau. Rhoddir crynodeb o sefyllfa gyfansoddiadol y Wyddeleg gan James Casey, *Constitutional Law in Ireland* (Dublin: Roundhall, 2000), tt. 73–7.

50 Gweler Liam Kennedy, *Colonialism, Religion and Nationalism in Ireland* (Belfast: Institute of Irish Studies, 1996), tt. 204–8.

51 Mae'r gwahaniaeth rhwng y rhethreg a'r realiti yn cael ei drafod gan Niamh Nic Shuibhne, 'First among equals? Irish language and the law', *Law Society Gazette (Ireland)*, 93, 2 (1999), 16–19 (18–19).

52 Gweler *O'Beolain* v. *Fahy and Others* [2001] 2 I.R. 279.

53 Rhoddir ystyriaeth i'r ddyletswydd o ddarparu fersiynau Gwyddelig o ddeddfwriaeth gan John Smith, 'Legislation in Irish – a lot done, more to do', *Bar Review*, 9, 3 (2004), 91–106.

54 Gweler, ymhellach, Pádraig Breandán Ó Laighin, *Towards the Recognition of Irish as an Official Working Language of the European Union*, *http://www.cnag.ie/nuacht/polb.htm* (cyrchwyd 19 Ionawr 2012). Ers 1 Ionawr 2007, mae'r Wyddeleg yn iaith swyddogol yr Undeb Ewropeaidd.

55 Daeth y ddeddf yn weithredol ar 14 Gorffennaf 2003.

56 Deddf Ieithoedd Swyddogol (Iwerddon) 2003, aa. 20–30.

57 [1999] 1 I.R. 200.

58 *de Burca and Anderson* v. *Attorney General* [1976] I.R. 38; [1999] 1 I.R. 200, yn ôl y Prif Ustus Hamilton, 206.

59 Gweler Gearoid Carey, 'Criminal trials and language rights', *Irish Criminal Law Journal*, 13, 1 (2003), 15–22; hefyd, 'Criminal trials and language rights', *Irish Criminal Law Journal*, 13, 3 (2003), 5–9.

60 Gweler *Law Reform Commission, Consultation Paper: Jury Service*, LRC CP 61-2010, Mawrth 2010 (Iwerddon).

61 Ibid., para. 4.99.

62 *Ó'Maicín* v. *Éire & Others* [2010] I.E.H.C. 179.

63 Ibid., para. 3.

64 Gweler *New Brunswick at the Dawn of a New Century – Discussion Paper on Demographic Issues Affecting New Brunswick*, *http://www.gnb.ca/legis/business/committees/previous/reports-e/demog/nbdemoge.pdf* (cyrchwyd 19 Ionawr 2012); gweler hefyd,

Paul Godin, 'The New Brunswick experience: the practice of the English common law in the French language', *Wales Law Journal*, 1 (2001), 41–52.

[65] Ac eithrio Quebec, lle mai Ffrangeg yw iaith y mwyafrif, ac felly mae siaradwyr Saesneg yn elwa o'r rheol sy'n sicrhau medrusrwydd ieithyddol y rheithgor. Yn Quebec, y Ffrangeg yw'r unig iaith swyddogol daleithiol, ac er bod rhai elfennau o'r system gyfreithiol yno yn dilyn Cod Sifil Quebec, mae'r gyfraith droseddol yn dod o dan awdurdodaeth Llywodraeth Ffederal Canada. Gweler ymhellach, Richard Jones, 'Politics and the reinforcement of the French language in Canada and Quebec', yn A. I. Silver (gol.), *An Introduction to Canadian History* (Toronto: Canadian Scholars Press, 1991), tt. 330–50.

[66] Ceir rhagor o sylwadau gan Neil Vidmar, 'The Canadian criminal jury: searching for a middle ground', *Law and Contemporary Problems*, 62, 2 (1999), 141–72.

[67] Gweler Will Kymlicka, *Multicultural Citizenship: A Liberal Theory of Minority Rights* (Oxford: Clarendon Press, 1995), t. 6.

[68] Ibid., tt. 108–16.

[69] Gweler Joshua Castellino, 'Affirmative action for the protection of linguistic rights: an analysis of international human rights; legal standards in the context of the protection of the Irish language', *Dublin University Law Journal*, 25, 1 (2003), 1–43.

[70] Kymlicka, *Multicultural Citizenship*, t. 126

[71] Gweler Siartr Ewrop ar gyfer Ieithoedd Rhanbarthol neu Leiafrifol, Rhan III, erthygl 9. Mae'r erthygl hon yn cyfyngu'r darpariaethau i'r rhanbarthau barnwrol hynny lle mae yna nifer digonol o'r boblogaeth yn defnyddio'r iaith leiafrifol.

[72] Deddf yr Iaith Gymraeg 1993, a. 22.

[73] Erthygl 9, para. 1a(i).

[74] Gellir hefyd dadlau bod awduron y ddarpariaeth wedi rhagweld yr angen am gyfieithwyr i'r rhai hynny nad ydynt yn rhugl yn yr iaith leiafrifol. Gweler ymhellach, Jean-Marie Woehrling, *The European Charter for Regional or Minority Languages: A Critical Commentary* (Strasbourg: Council of Europe Publishing, 2005), tt. 169–70.

[75] Nid oes gofyn i'r diffynnydd dalu costau'r cyfieithydd gan ei fod yn rhan o'i hawl sylfaenol i achos teg. Mae dyletswydd ar y llys i nid yn unig sicrhau gwasanaeth y cyfieithydd, ond hefyd i sicrhau bod safon y cyfieithu yn dderbyniol fel y bo'r hawl a sicrheir yn erthygl 6(3)(e) Confensiwn Hawliau Dynol Ewrop (ECHR) yn effeithiol: gweler *Luedicke, Belkacem and Koc v. Germany* (1980) 2 E.H.R.R. 149; hefyd, *Kamasinski v. Austria* (1991) 13 E.H.R.R. 36.

[76] *A v. France* (1984) 6 E.H.R.R. CD 371.

[77] Ibid., ar 373.

[78] Gweler *Parliamentary Debates – House of Commons Official Report of Proceedings in Standing Committee D*, dydd Mawrth, 29 Mehefin 1993 (prynhawn), Rhan II, t. 176.

[79] Yn achos yr iaith Gymraeg, byddai'n rhaid i Senedd Llundain ddiwygio a. 10 Deddf Rheithgorau 1974. Yn achos y Wyddeleg, byddai'n rhaid i'r Oireachtas ddiwygio Deddf Rheithgorau 1976.

[80] Gweler Syr David Lloyd Jones, 'Peirianwaith cyfiawnder mewn Cymru sy'n newid', Darlith Flynyddol Cymdeithas y Cyfreithwyr, Eisteddfod Genedlaethol Cymru, Blaenau Gwent a Blaenau'r Cymoedd (2010), 21.

[81] Adroddiad Auld, pennod 5, para. 69–71.

[82] Gweler Kymlicka, *Multicultural Citizenship*, t. 107.

[83] Gweler, er enghraifft, Penny Darbyshire, 'The lamp that shows that freedom lives – is it worth the candle?', *Criminal Law Review*, 1991, 740–52 (745).

[84] Gweler ECHR, erthygl 6(1).

[85] Gweler Kenneth S. Klein a Theodore D. Klastorin, 'Do diverse juries aid or impede justice?', *Wisconsin Law Review* (1999), 553–69; Cynthia A. Williams, 'Jury source representativeness and the use of voter registration lists', *New York University Law Review*, 65, 3 (1990), 590–634.

[86] Gweler Hiroshi Fukurai, et al., 'Cross-sectional jury representation or systematic jury representation? Simple random and cluster sampling strategies in jury selection', *Journal of Criminal Justice*, 19 (1991), 31–48; Nancy J. King a G. Thomas Munsterman, 'Stratified juror selection: cross-section by design', *Judicature*, 79 (1996), 273–8; Hiroshi Fukurai, 'The representative jury requirement: jury representativeness and cross sectional participation from the beginning to the end of the jury selection process', *International Journal of Comparative and Applied Criminal Justice*, 23, 1 (1999), 55–90 (59).

[87] Gweler Peter Seago, Clive Walker a David Wall, 'The development of the professional magistracy in England and Wales', *Criminal Law Review* (2000), 631–51 (646): 'the lay magistracy remain unduly white, aged, politically conservative, retired from work and middle-class, though a more representative mix is now achieved in terms of gender and ethnic background'. Ers hynny, mae'r *National Strategy for the Recruitment of Lay Magistrates* wedi ceisio hyrwyddo amrywiaeth cefndir ynadon ym Mhrydain; gweler *http://www.direct.gov.uk/ en/HomeAndCommunity/Gettinginvolvedinyourcommunity/Volunteering/DG_195453* (cyrchwyd 19 Ionawr 2012).

[88] [2004] 1 All E.R. 187.

[89] Gweler *http://www.ons.gov.uk/ons/rel/census/census-2001-report-on-the-welsh-language/report-on-the-welsh-language/report-on-the-welsh-language-.pdf* (cyrchwyd 19 Ionawr 2012).

[90] Gweler *Census of Population Volume 11 – Irish Language* (Dublin: Central Statistics Office Ireland, 2002), *http://www.cso.ie/en/newsandevents/pressreleases/2004press releases/2002censusofpopulationvolume11-irishlanguage/* (cyrchwyd 19 Ionawr 2012).

[91] Gweler Sean Markey, 'Rural Irish speakers fight influx of English', *National Geographic News*, 17 Mawrth 2003.

[92] Mae'r polisi *gaelscoilenna* wedi hyrwyddo'r iaith mewn ysgolion trwy'r wlad yn gyffredinol. Gweler *http://www.gaelscoilenna.ie/* (cyrchwyd 19 Ionawr 2012).

[93] Creodd Deddf Cyfiawnder Troseddol 2003 gorff penodol i ofalu am reithgorau, sef y JCSB.

[94] Gellir gofyn cwestiwn syml ynglŷn â medrusrwydd yn yr iaith ar y ffurflen a anfonir at y darpar-reithiwr. Dylid paratoi llyfryn yn egluro natur gwasanaeth rheithgor ac sy'n rhoi canllawiau ynglŷn â'r sgiliau ieithyddol angenrheidiol.

[95] Gweler Côd Troseddol Canada, a. 531.

[96] Mae rhai o'r systemau yn cael eu hamlinellu yn atodiad B y papur ymgynghori.

[97] Gweler *Parliamentary Debates – House of Commons Official Report of Proceedings* (Hansard), cyfrol 455, rhif 26, dydd Mawrth, 16 Ionawr 2007, tt. 657–8.

[98] Gweler *Defnyddio Rheithgorau Dwyieithog (Cymraeg a Saesneg) mewn rhai Treialon Troseddol yng Nghymru*, Y Weinyddiaeth Gyfiawnder CP(R) 08/10, 9 Mawrth 2010.

[99] Ibid., t. 17.

[100] Ibid.

[101] Ibid., t. 18.

[102] Ibid.

[103] Gweler *Diversity and Fairness in the Jury System*, Ministry of Justice Research Series 2/07, Mehefin 2007.

[104] Ibid., t. 112.

[105] Ibid., t. 113.

[106] *Defnyddio Rheithgorau Dwyieithog*, t. 19

[107] Ibid.

[108] Ibid.

[109] Ibid., t. 20.

[110] Ibid.

[111] Ibid.

[112] Saunders Lewis, 'Tynged yr iaith', darlith radio flynyddol BBC Cymru a ddarlledwyd ar 13 Chwefror 1962, yn Saunders Lewis, *Ati, Wŷr Ifainc*, detholwyd gan Marged Dafydd (Caerdydd: Gwasg Prifysgol Cymru, 1986).

Pennod 4

[1] Gweler L. A. Sheridan, 'University legal education in Cardiff', *Cambrian Law Review*, 4 (1973), 94–102 (101).

[2] Mae hanes y mudiad prifysgol yng Nghymru wedi ei groniclo'n fanwl; gweler, ymysg eraill, J. Gwynn Williams, *The University Movement in Wales* (Cardiff: University of Wales Press, 1993); J. Gwynn Williams, *The University of Wales 1893–1939* (Cardiff: University of Wales Press, 1997); Prys Morgan, *The University of Wales 1939–1993* (Cardiff: University of Wales Press, 1997).

[3] Kenneth O. Morgan, *Rebirth of a Nation: A History of Modern Wales* (Oxford: Oxford University Press, 1981), tt. 106–12.

[4] Gweler ibid., t. 110.

[5] E. L. Ellis, *The University College of Wales Aberystwyth 1872–1972* (Cardiff: University of Wales Press, 1972).

[6] J. Gwynn Williams, *The University College of North Wales: Foundations 1884–1927* (Cardiff: University of Wales Press, 1985). Gweler hefyd David Roberts, *Prifysgol Bangor 1884–2009* (Caerdydd: Gwasg Prifysgol Cymru, 2009).

[7] Gweler D. T. W. Price, *A History of St. David's College Lampeter* (Cardiff: University of Wales Press, 1977).

[8] D. Emrys Evans, *The University of Wales, A Historical Sketch* (Cardiff: University of Wales Press, 1953), t. 36.

9   Gweler John Davies, *Hanes Cymru* (arg. diwygiedig; London: Penguin, 2007), t. 453.

10 Gweler Michael Lynch, *Scotland: A New History* (London: Pimlico, 1992), tt. 102, 104–5.

11 Ibid, tt. 124–6.

12 Gweler Neil MacCormick, 'Law', yn Paul H. Scott (gol.), *Scotland: A Concise Cultural History* (Edinburgh: Mainstream Publishing, 1993), tt. 343–56.

13 Gweler Thomas Glyn Watkin, *The Legal History of Wales* (Cardiff: University of Wales Press, 2007), penodau 5 and 6.

14 Gweler R. R. Davies, *The Revolt of Owain Glyndŵr* (Oxford: Oxford University Press, 2005), t. 171.

15 Ceir cyfeiriad at yr hanes yn Davies, *Hanes Cymru*, t. 183.

16 Gweler J. H. Baker, 'The Inns of Court and legal doctrine', yn T. M. Charles-Edwards, M. E. Owen a D. B. Walters (goln), *Lawyers and Laymen* (Cardiff: University of Wales Press, 1986), tt. 274–86.

17 Gweler H. G. Hanbury, *The Vinerian Chair and Legal Education* (Oxford: Blackwell, 1958).

18 Gweler Ian Fletcher, 'An English tragedy: the academic lawyer as jurist', yn T. M. Charles-Edwards, M. E. Owen a D. B. Walters (goln), *Lawyers and Laymen* (Cardiff: University of Wales Press, 1986), tt. 316–35.

19 Mae gyrfa Frederic William Maitland wedi ei gofnodi yn fanwl, er enghraifft, G. R. Elton, *F. W. Maitland* (London: Weidenfeld and Nicolson, 1985); H. E. Bell, *Maitland: A Critical Examination and Assessment* (London: Adam & Charles Black, 1965); C. H. S. Fifoot, *Frederic William Maitland: A Life* (Cambridge, Mass.: Harvard University Press, 1971); J. R. Cameron, *Frederick [sic] William Maitland and the History of English Law* (Norman: University of Oklahoma Press, 1961); V. T. H. Delany, *The Frederic William Maitland Reader* (New York: Oceana Publications, 1957).

20 Gweler F. H. Lawson, *The Oxford Law School 1850–1965* (Oxford: Clarendon, 1968).

21 Gweler Morgan, *Rebirth of a Nation*, tt. 106–12.

22 Gweler J. A. Andrews, 'The Aberystwyth law school, 1901–1976', *Cambrian Law Review*, 7 (1976), 7–10.

23 See J. A. Andrews, 'A century of legal education', *Cambrian Law Review*, 34 (2003), 3–26.

24 Ceir peth o'r hanes yn Ellis, *The University College of Wales, Aberystwyth, 1872–1972*, tt. 133–7.

25 Gweler ysgrif arno yn Richard W. Ireland, 'John Austin, H. L. A. Hart . . . Oh, and W. Jethro Brown', *Cambrian Law Review*, 34 (2003), 27–56.

26 Ceir cofnod o'i fywyd yn R. T. Jenkins, E. D. Jones a Brynley F. Roberts (goln), *Y Bywgraffiadur Cymreig 1951–1970* (Llundain: Anrhydeddus Gymdeithas y Cymmrodorion, 1997). Roedd Levi yn fab i'r Parchedig Thomas Levi (1825–1916), gweinidog adnabyddus a golygydd *Trysorfa'r Plant*, ac awdur yr emyn anffasiynol honno, 'Rwyf innau'n filwr bychan' (mae gan yntau ei gofnod yn J. E. Lloyd, R. T. Jenkins a William Ll. Davies (goln), *Y Bywgraffiadur hyd 1940* (Llundain: Anrhydeddus Gymdeithas y Cymmrodorion, 1953).

27 Mae cyfeiriad annwyl at Levi yn hunangofiant yr Arglwydd Ganghellor o Gymro, yr Arglwydd Elwyn-Jones, *In My Time* (London: Weidenfeld & Nicolson, 1983), t. 23.

28 Gweler darlith forwynol Levi yn y gadair: T. A. Levi, *The Opportunities of a New Faculty of Law (The Opening Lecture of the Department of English Law, University College of Wales, Aberystwyth)* (Coventry: Curtis and Beamish Printers, 1901), tt. 5–6.

29 Andrews, 'A century of legal education', 11–12.

30 Gweler Andrews, 'The Aberystwyth law school, 1901–1976', 7–10.

31 Ceir gwerthfawrogiad o'i gyfraniad i ysgolheictod gan Christopher Harding, 'Looking through Llewelfryn Davies' eyes: a turn of the century retrospective of international law in the twentieth century', *Cambrian Law Review*, 34 (2003), 83–102.

32 Fel ei ragflaenwyr, rhoddodd yr Athro John Andrews dalp sylweddol o'i yrfa i wasanaethu'r adran, gan aros yno hyd 1992 pan y'i penodwyd yn brif weith-redwr Cyngor Cyllido Addysg Uwch Cymru. Mae'n parhau yn athro emeritws yn yr adran hyd heddiw.

33 Gweler, ymysg eraill, David Sugarman, 'Legal theory, the common law mind and the making of the textbook tradition', yn William Twining (gol.), *Legal Theory and Common Law* (Oxford: Basil Blackwell, 1986), tt. 26–61. Hefyd, William Twining, *Blackstone's Tower: The English Law School* (London: Sweet & Maxwell, 1994).

34 Anthony Bradney, *Conversations, Choices and Changes: The Liberal Law School in the Twenty-first Century* (Oxford: Hart, 2003), tt. 2–9, a tt. 109–12.

35 Gweler hefyd Fiona Cownie, *Legal Academics: Culture and Identities* (Oxford: Hart, 2004), t. 31.

36 Er mwyn canfod hanes datblygiad y gyfraith fel disgyblaeth ddeallusol, gweler Baker, 'The Inns of Court and legal doctrine', tt. 274–86; Hanbury, *The Vinerian Chair and Legal Education*; Lawson, *The Oxford Law School 1850–1965*; Neil Duxbury, 'A century of legal studies', yn P. Cane a M. Tushnet (goln) *The Oxford Handbook of Legal Studies* (Oxford: Oxford University Press, 2003), tt. 950–74; Fletcher, 'An English tragedy', tt. 316–35.

37 Gweler John W. Bridge, 'The academic lawyer: mere working mason or archi-tect?', *Law Quarterly Review*, 91 (1975), 488–501 (489).

38 Mae tarddiad a phwrpas y rheol hon yn cael ystyriaeth gan Neil Duxbury yn *Jurists and Judges: An Essay on Influence* (Oxford: Hart, 2001), tt. 66–73. Mynegodd Syr Robert Megarry yr egwyddor yn *Cordell v. Second Clanfield Properties* [1968] 3 All E.R. 746: 'the process of authorship is entirely different from that of judicial decision. The author has the benefit of a broad and comprehensive study of his chosen subject. But he is exposed to the perils to yielding to preconceptions, and he lacks the sharpening of focus which the detailed facts of a particular case bring to the judge. Above all, he has to form his idea without the aid of the purifying ordeal of skilled argument on the specific facts of a contested case. I would therefore give credit to the words of any reputable author as expressing tenable and arguable ideas, as fertilisers

of thought, and as conveniently expressing the fruits of research in print. But I would expose those views to the testing and refining process of argument.' Ond, fe gymerodd yr Arglwydd Denning agwedd mwy cadarnhaol gan ddweud, 'textbooks are not digests of cases but repositories of principles. They are written by men who have studied the law as a science, with more detachment than is possible to men engaged in busy practice': 63 (1947) L.Q.R. 516. Yn ddiweddar dywedodd yr Arglwydd Goff yn *Spiliada Maritime Corporation v. Cansulex Ltd* [1987] A.C. 460, fod ysgolheigion y gyfraith fel pererinion, 'pilgrims with us on the endless road to unattainable perfection'.

39   Gweler sylwadau Peter Birks, 'The academic and the practitioner', *Legal Studies*, 18, 4 (1998), 397–414.

40   Gweler Sugarman, 'Legal theory, the common law mind and the making of the textbook tradition', tt. 50–52; hefyd B. Abel-Smith ac R. Stevens, *Lawyers and the Courts: A Sociological Study of the English Legal System 1750–1965* (London: Heinemann, 1967), tt. 182 a 373.

41   Gweler Duxbury, *Jurists and Judges*, t. 71.

42   Gweler Abel-Smith a Stevens, *Lawyers and the Courts*, t. 183. Hefyd William Twining, '1836 and all that: laws in the University of London, 1836–1986', *Current Legal Problems*, 40 (1987), 261–99 (275–6).

43   Gweler ibid., 277.

44   Gweler L. C. B. Gower, 'English legal training', *Modern Law Review*, 13 (1950), 137–205.

45   Ceir dadansoddiad o ddylanwad ysgolheigion y cyfandir ar ysgolheictod cyfraith ym Mhrydain yn J. Beatson and R. Zimmermann (goln), *Jurists Uprooted: German-speaking Émigré Lawyers in Twentieth Century Britain* (Oxford: Oxford University Press, 2004).

46   Gweler Cyril Glasser, 'Radicals and refugees: the foundation of the *Modern Law Review* and English legal scholarship', *Modern Law Review*, 50 (1987), 688–708.

47   Gweler *The Report of the Committee on Higher Education, chaired by Lord Robbins, Cmnd. 2154* (London: TSO, 1963).

48   Gweler Mr Ustus Ormrod, *Report of the Committee on Legal Education: Presented to Parliament by the Lord Chancellor* (London: TSO, 1971).

49   Gwybodaeth gan yr Athro Gerwyn Griffiths a fu'n fyfyriwr cyfraith ym Mholitechnig Cymru ac a ddaeth yn athro yn y gyfraith ym Mhrifysgol Morgannwg.

50   Gweler Sheridan, 'University legal education in Cardiff', 94–102.

51   Ceir cipolwg ar natur cyfraniad prifysgolion at addysg broffesiynol, a hynny trwy lygaid athro cyfraith ym Mhrifysgol Caerdydd, gan David Miers, 'The role of universities in the training of lawyers in the United Kingdom', *Kobe University Law Review*, 33 (1999), 55–83.

52   Mae ystadegau'r corff sy'n prosesu ceisiadau prifysgolion yn dangos bod y gyfraith yn un o'r pynciau mwyaf poblogaidd o ran ceisiadau gan ddarpar-fyfyrwyr: gweler *http://www.ucas.com/about_us/media_enquiries/media_releases/2012/2012applicant figures* (cyrchwyd 19 Ionawr 2012).

53   Dafydd Jenkins, 'Legal history at Aberystwyth', *Cambrian Law Review*, 34 (2003), 27–56.

54 Gweler Iwan Davies, 'Her Cymru'r gyfraith', Darlith Cymdeithas y Cyfreithwyr, Eisteddfod Genedlaethol Cymru, Dinbych (2001).

55 Ibid., 12.

56 Deddf yr Iaith Gymraeg 1993, a. 5(2).

57 Ceir sylwebaeth ar esblygiad polisi iaith cenedlaethol Cymru yn Colin H. Williams, *Language Revitalization, Policy and Planning in Wales* (Cardiff: University of Wales Press, 2000).

58 Estyn yw swyddfa Arolygiaeth Ei Mawrhydi dros Addysg a Hyfforddiant yng Nghymru.

59 Cafwyd sylwadau ar hyn yn y *Western Mail*, 8 Chwefror 2007.

60 *CCAUC: Strategaeth Gorfforaethol CCAUC hyd at 2010 – 'Y "fargen i fyfyrwyr"'* (Caerdydd: CCAUC, 2005).

61 *CCAUCt: Strategaeth Gorfforaethol CCAUC hyd at 2010 – 'Bod o fudd i'r economi a chymdeithas'* (Caerdydd: CCAUC, 2005).

62 *CCAUC: Strategaeth Gorfforaethol CCAUC hyd at 2010 – 'Gwneud iddi weithio'* (Caerdydd: CCAUC, 2005).

63 Gweler *http://www.mantais.ac.uk* (cyrchwyd 19 Ionawr 2012).

64 *Western Mail*, 29 Mehefin 2007.

65 Gweler erthyglau Dafydd Glyn Jones, *Problem Prifysgol a Phapurau Eraill* (Llanrwst: Gwasg Carreg Gwalch, 2003).

66 Gweler *Cymru'n Un: Rhaglen Flaengar ar Gyfer Llywodraethu Cymru* (Caerdydd: Llywodraeth Cymru, 2007), *http://www.rifw.co.uk/downloads/One_W.pdf* (cyrchwyd 19 Ionawr 2012).

67 *Y Coleg Ffederal: Adroddiad i'r Gweinidog dros Blant, Addysg, Dysgu Gydol Oes a Sgiliau, Mehefin 2009* (Caerdydd: Llywodraeth Cynulliad Cymru, 2009), *http://wales. gov.uk/topics/educationandskills/publications/reports/colegffederal/?lang=cy* (cyrchwyd 19 Ionawr 2012).

68 Ibid., t. 7.

69 Gweler *Er Mwyn ein Dyfodol* (Caerdydd: Llywodraeth Cynulliad Cymru, 2009), t. 14.

70 'Partnership develops into a merger', *Western Mail*, 30 Gorffennaf 2004.

71 Yr Athro Syr David Williams, QC, DL, *The University of Wales: A Review of its Membership, Structures and Modus Operandi* (Cardiff: University of Wales, Ebrill 2002).

72 'Taking a world-class university forward', *Western Mail*, 17 Mehefin 2004.

73 Gweler Dafydd Wigley, *The Future Roles, Functions and Structure of the University of Wales and its Future Relationships with the Institutions: Conclusions Approved by the University Council* (Cardiff: University of Wales, 24 Mehefin 2005).

74 Gweler 'Radical change to Welsh colleges', *Daily Post*, 24 Mehefin 2005.

75 Gweler Winston Roddick, 'The role of the law schools of the University of Wales in the development of legal Wales', Darlith i Ganolfan Materion Cyfreithiol Cymreig, Prifysgol Cymru, Aberystwyth, 13 Tachwedd 2000.

76 Trafodwyd y syniad o Gymru'r Gyfraith a'i gefndir gan Syr John Thomas, 'Lord Morris of Borth y Gest lecture 2000 – Legal Wales: its modern origins and its role after devolution: national identity, the Welsh language and parochialism', yn Thomas Glyn Watkin (gol.), *Legal Wales: Its Past, its Future* (Cardiff: Welsh Legal History Society, 2001), tt. 113–65.

77   Gweler Patricia Leighton et al., *Mapping Legal Education in Wales Project 2002/03: The Key Findings* (Pontypridd: University of Glamorgan, 2003); hefyd, Patricia Leighton, 'Is the legal education system in Wales measuring up to contemporary challenges? Some research evidence from the MaLEW project 2003', *Wales Law Journal*, 2, 4 (2003), 386–8.

78   Trafodir goblygiadau hyn gan Iwan Davies a Lynn Mainwaring, *The Supply of Private Practice Legal Skills in Wales* (Cardiff: Law Society Research Report, 2005).

79   Gweler Alison Rees a Philip Thomas, 'Welsh law schools and tomorrow's lawyers', *Cambrian Law Review*, 31 (2000), 73–88.

80   Bu'r toriadau yng nghyllideb addysg uwch Cymru yn destun erthygl yn *The Times Higher Education*, 25–31 Mawrth 2010.

81   Gweler Adroddiad Browne, *Securing a Sustainable Future for Higher Education: an Independent Review of Higher Education Funding and Student Finance*, 12 Hydref 2010, *http://www.bis.gov.uk/assets/biscore/corporate/docs/s/10-1208-securing-sustainable-higher-education-browne-report.pdf* (cyrchwyd 19 Ionawr 2012).

82   Gweler 'Another brick in the wall: private higher education is growing, often to the dismay of academics. Coming soon: the Lego university', *The Guardian*, 2 Chwefror 2010.

83   Gweler yr erthygl, 'Overseas students "are not cash cows"', *The Times Higher Education*, 26 Mawrth 2010.

84   Y mae'r ystadegau swyddogol yn dangos bod Cymru yn mewnforio mwy o fyfyrwyr nag y mae'n eu hallforio: gweler *Statistics for Wales: Statistical Bulletin*, SB 13/2009, 26 Chwefror 2009, *http://wales.gov.uk/docs/statistics/2009/090226sb 132009en.pdf* (cyrchwyd 19 Ionawr 2012).

85   Gweler 'Growing student consumerism is inevitable, says NUS', *The Times Higher Education*, 15 Mehefin 2007.

86   *http://news.bbc.co.uk/1/hi/education/7924765.stm* (cyrchwyd 19 Ionawr 2012).

87   Mae hyd yn oed ieithoedd swyddogol a gwladwriaethol megis y Ffinneg yn wynebu pwysau globaleiddio: gweler Raili Seppanen, 'Funding and flexibility: keys to the future', *The Times Higher Education*, 1 Rhagfyr 2006.

88   Gweler Robyn Léwis, *Geiriadur Newydd y Gyfraith* (Llandysul: Gwasg Gomer, 2002).

89   Nid wyf yn cynnwys y llyfryddiaeth sylweddol ar hanes y gyfraith yng Nghymru, ac yn arbennig cyfreithiau Cymreig yr Oesoedd Canol. Sôn wyf am lawlyfrau ar y gyfraith sy'n berthnasol i'r gymdeithas gyfoes.

90   Gweler Iwan Davies, 'Adroddiad seminar: yr iaith Gymraeg a'r broses gyfreithiol yng Nghymru', *Cylchgrawn Cyfraith Cymru*, 1 (2001), 9–18 (12).

91   Gweler 'Worst British universities ranked by disgruntled students', *Daily Telegraph*, 17 Mai 2009.

92   Gweler *http://www.porth.ac.uk* (cyrchwyd 19 Ionawr 2012).

93   Gweler Glenys Williams, 'Legal education in Welsh – an empirical study', *Law Teacher*, 39, 3 (2005), 259–76.

94   Cafwyd ymarferion asesu ymchwil (research assessment exercise (RAE)) yn 1986, 1989, 1992, 1996, 2001 a 2008. Bydd y nesaf, ar ei newydd wedd, yn 2014.

95   Roedd modd i academwyr ar ddechrau eu gyrfa, neu rhai a oedd wedi cymryd saib o'u gyrfa, er enghraifft i fagu plant, i gael eu cynnwys gyda llai na phedwar o gyhoeddiadau.

[96] Gweler Panel J (panel y gyfraith) – 'Criteria and working methods', para. 18, *http://www.rae.ac.uk/* (cyrchwyd 19 Ionawr 2012).

[97] Gweler *The Times Higher Education*, 18 Rhagfyr 2008.

[98] Gweler *http://www.rae.ac.uk/submissions/* (cyrchwyd 19 Ionawr 2012).

[99] Ceir adroddiad ar berfformiad sefydliadau addysg uwch Cymru gan y CCAUC; gweler Cylchlythyr W09/07HE, *2008 Research Assessment Exercise: Outcomes for the Welsh Higher Education Sector*, 26 Mawrth 2009, *http://www.hefcw.ac.uk/publications/circulars_2009_7.aspx* (cyrchwyd 19 Ionawr 2012).

[100] Gweler Kevin Campbell, Alan Goodacre a Gavin Little, 'Ranking of United Kingdom law journals: an analysis of the research assessment exercise 2001, submissions and results', *Journal of Law and Society*, 33, 3 (2006), 335–63.

[101] Mae arwyddocâd llunio cynghreiriau o gylchgronau cyfraith yn destun ystyriaeth gan Dan J. B. Svantesson, 'International ranking of law journals – can it be done and at what cost?', *Legal Studies*, 29, 4 (2009), 678–91.

[102] Gweler Derec Llwyd Morgan, 'Rhethreg a realiti', *Barn*, Chwefror 2002, 17–19.

[103] Sefydlwyd y pwyllgor sefydlog yn 2001 gan gwnsler cyffredinol y cynulliad cenedlaethol i gynrychioli'r gymuned gyfreithiol yng Nghymru ac i hyrwyddo agenda Cymru'r Gyfraith.

[104] *Law in Wales and the Next RAE* (Cardiff: Standing Committee for Legal Wales, Hydref 2005).

[105] Gweler *CCAUC: Welsh Language Mainstreaming Strategy* (Cardiff: CCAUC, 2005), *http://www.hefcw.ac.uk/documents/council_and_committees/council_papers_and_minutes/2005/05%2058%20Welsh%20Language%20Mainstreaming%20Strategy%20Annex%20Ai.pdf* (cyrchwyd 19 Ionawr 2012), para. 2.3.7.

[106] Thomas Watkin, 'Dysg yn y gyfraith yn y Gymru gyfoes – y cyfleoedd a'r peryglon', Darlith Cymdeithas y Cyfreithwyr, Eisteddfod Genedlaethol Cymru, Eryri a'r Cyffiniau (2005), 14.

[107] Ceir dadansoddiad o ddylanwad yr asesiadau hyn ar fywyd yr academydd cyfraith gan Cownie, *Legal Academics*. Ceir rhagor o drafodaeth o swyddogaeth ysgolion cyfraith yn Bradney, *Conversations, Choices and Changes*.

[108] Gweler *http://www.rae.ac.uk/aboutus/history.asp* (cyrchwyd 19 Ionawr 2012).

[109] Ceir trafodaethau o'r gwendidau yn *The Times Higher Education*, 19 Mawrth 2009.

[110] Research excellence framework (REF) yn y Saesneg; *http://www.hefce.ac.uk/research/ref/* (cyrchwyd 19 Ionawr 2012).

[111] *http://www.hefcw.ac.uk/policy_areas/research/assessing_research.aspx* (cyrchwyd 19 Ionawr 2012).

[112] Mae gan *The Guardian*, *The Times*, *The Sunday Times* a *The Independent* eu tablau cynghrair ar gyfer prifysgolion. Mae modd canfod y tablau hyn ar y rhyngrwyd. Ar gyfer *The Times*, gweler *http://www.thetimes.co.uk/tto/public/gug/* (cyrchwyd 19 Ionawr 2012).

[113] Gweler *The Sunday Times*, 11 Hydref 2009.

[114] Gweler y *Western Mail*, 18 Rhagfyr 2008.

[115] Gweler Colin Baker, 'Language planning: a grounded approach', yn J-M. Dewaele, A. Housen a L. Wei (goln), *Bilingualism: Beyond Basic Principles* (Clevedon: Multilingual Matters, 2003), tt. 88–111.

[116] Gweler Jennifer Cann, 'Higher education's contribution to the maintenance and revitalization of minority official languages: the cases of Wales and New Brunswick', *The Welsh Journal of Education*, 13, 1 (2004), 95–117 (113).

[117] Gweler, er enghraifft, ysgrifau Saunders Lewis yn *Barn*, Rhagfyr 1964.

[118] Gweler Adroddiad Esboniadol y Siartr, para. 87, *http://www.coe.int/t/dg4/education/ minlang/textcharter/Charter/Report_wel.pdf* (cyrchwyd 19 Ionawr 2012).

[119] Gweler Jean-Marie Woehrling, *The European Charter for Regional or Minority Languages: A Critical Commentary* (Strasbourg: Council of Europe Publishing, 2005), tt. 260–1.

[120] Gweler sylwadau Emyr Lewis, 'Ieithoedd lleiafrifol yn yr Ewrop newydd – tipyn o boendod i'r rhai sy'n credu mewn trefn', Darlith Gyfreithiol Eisteddfod Genedlaethol Cymru, Casnewydd (2004).

[121] Gweler Woehrling, *The European Charter for Regional or Minority Languages*, tt. 154–5.

[122] Gweler *Siartr Ewrop ar gyfer Ieithoedd Rhanbarthol neu Leiafrifol, Ail Adolygiad o Weithredu'r Siartr yng Nghymru: Dogfen Ddrafft ar gyfer Ymgynghoriad Cyhoeddus* (Caerdydd: Bwrdd yr Iaith Gymraeg, 2005), tt. 19 a 77.

[123] Gweler *Second Periodical Report Presented to the Secretary General of the Council of Europe in Accordance with Article 15 of the Charter* (Strasbourg: Council of Europe, 1 July 2005), t. 76.

[124] Gweler *Application of the Charter in the United Kingdom, Second Monitoring Cycle: Report of the Committee of Experts on the Charter* (Strasbourg: Council of Europe, 24 March 2004), para. 118–21.

[125] Gweler *Application of the Charter in the United Kingdom, Second Monitoring Cycle: Report of the Committee of Experts on the Charter* (Strasbourg: Council of Europe, 14 March 2007), para. 205–10.

[126] Ibid., para. 210.

[127] Gweler Adroddiad Esboniadol y Siartr, para. 129.

[128] *Trydydd Adroddiad Cyfnodol y Deyrnas Unedig yn Unol ag Erthygl 15* (Strasbourg: Council of Europe, 26 Mai 2009), tt. 172–3.

[129] See *Application of the Charter in the United Kingdom, Third Monitoring Cycle: Report of the Committee of Experts on the Charter* (Strasbourg: Council of Europe, 21 April 2010), para. 139.

[130] Gweler Robert Dunbar, 'Definitively interpreting the European Charter for Regional or Minority Languages: the legal challenges', yn Robert Dunbar a R. Gwynedd Parry (goln), *The European Charter for Regional or Minority Languages: Legal Challenges and Opportunities* (Strasbourg: Council of Europe Publishing, 2008), tt. 37–62.

[131] Gweler *Er Mwyn ein Dyfodol*, t. 7.

[132] Watkin, 'Dysg yn y gyfraith yn y Gymru gyfoes', 4.

[133] Carwyn Jones, 'Y gyfraith yng Nghymru: y deng mlynedd nesaf', Darlith Flynyddol Cymdeithas y Cyfreithwyr, Eisteddfod Genedlaethol Cymru, Caerdydd a'r Cylch (2008), 14.

[134] *Er Mwyn ein Dyfodol*, t. 2.

[135] Gweler Søren Egerod, 'Freedom and equality in the universities', yn Paul Seabury (gol.), *Universities in the Western World* (New York: The Free Press, 1975), tt. 12–15 (t. 12).

[136] Gweler *The Times Higher Education*, 4–10 Chwefror 2010, 36.

[137] Fel yr honnodd un ysgolhaig o'r Alban wrth gyfeirio at ysgolheictod Celtaidd, 'There must be an unapologetic insistence on academic rigour and excellence, and vigorous resistance to any culture or special pleading. That is to say, there should be no room at all for excuses for things being second-best because they are done through Gaelic or Irish, or treating Gaelic- or Irish-medium academic projects as sacred cows of some kind that cannot be judged by general standards of quality. Delivering courses through Gaelic or Irish cannot be seen as an end in itself, a project effectively immune to criticism with regard to its conceptualisation, management, or academic quality': gweler Wilson Mcleod, 'Lessons from Gaelic-medium higher education in Scotland', yn Caoilfhionn Nic Phaidin a Donla ui Bhraonain (goln), *University Education in Irish: Challenges and Perspectives* (Dublin: Dublin City University, 2004), tt. 43–51 (t. 49).

[138] Ibid., t. 49.

[139] Watkin, 'Dysg yn y gyfraith yn y Gymru gyfoes', 15–16.

Pennod 5

[1] Ellis Wynne, *Gweledigaetheu y Bardd Cwsc* (2il arg.; Caerdydd: Gwasg Prifysgol Cymru, 1976), t. 121

[2] Gweler Gwyn Thomas, *Y Bardd Cwsg a'i Gefndir* (Caerdydd: Gwasg Prifysgol Cymru, 1971), tt. 72–4.

[3] Roedd y tir wedi ei fraenaru ymhell cyn y Deddfau Uno, ac mae lle i gredu mai ar dir teulu'r de Grey, arglwyddi Normanaidd Rhuthun, y sefydlwyd Gray's Inn, sef un o letyai'r bargyfreithwyr. Mae hyn yn hynod o ddiddorol o gofio'r cysylltiadau Cymreig gyda'r sefydliad yn ystod yr ugeinfed ganrif: gweler Francis Cowper: *A Prospect of Gray's Inn* (London: Graya, 1985), tt. 3, 181.

[4] Gweler Thomas Glyn Watkin, *The Legal History of Wales* (Cardiff: University of Wales Press, 2007), pennod 6.

[5] Llyfr a gyhoeddwyd am y tro cyntaf yn 1952. Roedd Owen Hood Phillips (1907–86) yn dal Cadair Barber mewn cyfreitheg ym Mhrifysgol Birmingham am flynyddoedd, ac yn bennaf awdurdod ar gyfraith cyfansoddiadol yn ei ddydd. Mae lle i gredu bod ganddo wreiddiau teuluol yn sir Benfro.

[6] Gweler O. Hood Phillips a P. Jackson, *Constitutional and Administrative Law* (8fed arg.; London: Sweet & Maxwell, 2001), t. 16.

[7] Ceir trosolwg o ddiwygiadau'r Tuduriaid a'u hoblygiadau cyfreithiol yn Watkin, *The Legal History of Wales*, penodau 7 ac 8.

[8] Fel y drydedd sir ar ddeg, gorfu cynnwys sir Fynwy gyda chylchdaith Rhydychen, a thrwy hynny greu'r ansicrwydd ynglŷn â'i Chymreictod a barhaodd hyd yn gymharol ddiweddar.

[9] Gweler Watkin, *The Legal History of Wales*, t. 146.

[10] Gweler John Davies, *Hanes Cymru* (arg. diwygiedig; London: Penguin, 2007), t. 332. Sefydlwyd Llys y Sesiwn Fawr yn sgil diwygiadau'r Tuduriaid fel rhan o'r broses o ddisodli'r drefn a gafwyd yn dilyn Edward I, gyda'r gwahaniaeth rhwng llysoedd y dywysogaeth a threfn gyfreithiol y Mers.

[11] Diddymwyd llysoedd y Sesiwn Fawr, a sefydlwyd o dan y Deddfau Uno, yn 1830 a'u cyfnewid gyda'r brawdlysoedd (*assizes*), gan ymgorffori Cymru o fewn y drefn Seisnig a fodolai ers canrifoedd cyn hynny.

[12] *Report of the Royal Commission on Assize and Quarter Sessions, Cmnd 4153 of 1969* (London: HMSO, 1969), t. 22.

[13] Gweler hanes sefydlu'r llysoedd chwarter yn rhai o ardaloedd a siroedd Cymru yn W. Ogwen Williams, *Calendar of the Caernarvonshire Quarter Sessions Records, Vol. I 1541–1558* (Caernarvon: Caernarvonshire Historical Society, 1956), a Keith Williams Jones, *A Calendar of the Merioneth Quarter Sessions Rolls, Vol. I: 1733–65* (Dolgellau: Merioneth County Council, 1965).

[14] Deddf Llywodraeth Leol 1888. Yn y cyfnod hwn byddai'r llys chwarter yn gyfrifol am oruchwylio trwsio'r ffyrdd a'r pontydd a gofalu am holl anghenion llywodraeth lleol.

[15] Diddymwyd y llys chwarter yn 1971, a'i ymgorffori gyda'r frawdlys o fewn llys unedig sef llys y Goron a grëwyd yn dilyn argymhellion yr Arglwydd Beeching yn ei adroddiad, *Report of the Royal Commission on Assize and Quarter Sessions, Cmnd 4153 of 1969* (Adroddiad Beeching). Ymysg y gwendidau a nodwyd yn yr adroddiad ynglŷn â gwaith y llysoedd chwarter oedd eu bod yn rhy lleol yn eu trefniadaeth, eu bod yn orddibynnol ar farnwyr lleyg a rhan amser a bod hyn yn arwain ag at oedi afresymol wrth ddelio â'r achosion ac anghysondeb mewn dedfrydu.

[16] Adroddiad Beeching, t. 24.

[17] Yn 1971, roedd y llysoedd chwarter bwrdeistrefol hyn i'w cael ar gylchdaith Cymru a Chaer, gyda chofiadur yn gadeirydd arnynt (yn ôl trefn eu pwysigrwydd): Caerdydd, Abertawe, Merthyr Tudful, Birkenhead a Chaer.

[18] Justice of the Peace Act 1361. Ni sefydlwyd y system yn llwyr yng Nghymru hyd nes cyfnod y Deddfau Uno: gweler Davies, *Hanes Cymru*, tt. 221, 262.

[19] Gweler Sir Thomas Skyrme, *History of the Justices of the Peace* (Chichester: Barry Rose, 1991); hefyd, Peter Seago, Clive Walker a David Wall, 'The development of the professional magistracy in England and Wales', *Criminal Law Review* (2000), 631–51.

[20] Roedd diddymu'r Sesiwn Fawr hefyd yn tanseilio Cymreictod y farnwriaeth yng Nghymru, gan gynnwys y defnydd o'r Gymraeg: gweler Mark Ellis Jones, '"An Invidious Attempt to Accelerate the Extinction of our Language": the abolition of the Court of Great Sessions and the Welsh language', *Welsh History Review*, 19, 2 (1998), 226–64.

[21] Mae'r modd yr ail-sefydlwyd hunaniaeth Gymreig o fewn cyfundrefn y llysoedd yn ystod yr ail ganrif ar bymtheg a'r ugeinfed ganrif yn cael ei ddadansoddi yn fanwl gan Syr John Thomas, 'Lord Morris of Borth y Gest lecture 2000 – Legal Wales: its modern origins and its role after devolution: national identity, the Welsh Language and parochialism', yn Thomas Glyn Watkin (gol.), *Legal Wales: Its Past, its Future* (Cardiff: Welsh Legal History Society, 2001), tt. 113–65.

[22] Ceir y wybodaeth yn rhai o gyfeiriaduron masnachol a phroffesiynol y cyfnod: gweler, er enghraifft, *Kelly's Directory of Monmouthshire and South Wales 1926*, *Waterlow's Legal Directory* neu *Solicitors' Diary and Directory* (a gyhoeddid yn flynyddol).

[23] Deddf Llysoedd 1971 a roddodd ffurf gyfreithiol i argymhellion Beeching.

[24] Adroddiad Beeching, t. 36

[25] Gweler golygyddol; 'Royal commission on assizes and quarter sessions', *Criminal Law Review* (1969), 567–75; M. D. Hunter, 'An outline of the new system', *New Law Journal*, 121 (1971), 1136–42; A. E. Bottoms, 'Comments on the Beeching Report', *Criminal Law Review* (1969), 627–30.

[26] Adroddiad Beeching, t. 64.

[27] Deddf Llysoedd 1971, aa. 1 a 4; Deddf Goruchaf Lys 1981, a. 1.

[28] *A Review of the Criminal Courts of England and Wales by the Rt. Hon. Sir Robin Auld, Lord Justice of Appeal* (London: TSO, 2001), 8 Hydref 2001, pennod 3, para. 28 (Adroddiad Auld).

[29] Ibid., pennod 3, para. 31.

[30] Gweler Syr William Mars-Jones, 'Beeching – before and after on the Wales and Chester circuit', *Cambrian Law Review*, 4 (1973), 81–93.

[31] Syr Roderick Evans, 'Cymru'r Gyfraith – camu mlaen', Darlith Cymdeithas y Cyfreithwyr, Eisteddfod Genedlaethol Cymru, Abertawe (2006), 3–4.

[32] '[T]o treat Wales as a unit for the purpose of administering the courts in Wales was a very significant event . . . treating Wales as an entity for these purposes has provided for the first time for many hundreds of years the opportunity not only to administer the courts in Wales on an all-Wales basis but also to plan for and develop a justice system in Wales suitable for our needs': Syr Roderick Evans, 'Devolution and the administration of justice', Darlith Goffa yr Arglwydd Callaghan 2010, Prifysgol Abertawe, 19 Chwefror 2010.

[33] Gweler Deddf Comisiynydd Plant Cymru 2001; Deddf Ombwdsmon Gwasanaethau Cyhoeddus (Cymru) 2005; Deddf Comisiynydd Pobl Hŷn (Cymru) 2006.

[34] Gweler *National Assembly for Wales* v. *Condron* (2006) E.W.C.A. Civ. 1573; hefyd, *R* (*Deepdock Limited & Others*) v. *Welsh Ministers* (2007) E.W.C.H. 3347 (Admin).

[35] Evans, 'Devolution and the administration of justice'.

[36] 'Is it acceptable that only a small proportion of Wales' appellate work is heard in Wales and that all the administration of those cases together with the jobs, career structures and economic benefits arising from it are centred in London?': Evans, 'Devolution and the administration of justice'.

[37] Evans, 'Cymru'r Gyfraith – camu mlaen', 11.

[38] Gweler Syr David Lloyd Jones, 'Peirianwaith cyfiawnder mewn Cymru sy'n newid', Darlith Flynyddol Cymdeithas y Cyfreithwyr, Eisteddfod Genedlaethol Cymru, Blaenau Gwent a Blaenau'r Cymoedd (2010), 18–19.

[39] 'There should be further decentralisation of the institutions of the law to Wales in recognition of Wales' constitutional position and its position in the present jurisdiction': Evans, 'Devolution and the administration of justice'.

[40] Gweler ibid.

[41] Carwyn Jones, 'Y gyfraith yng Nghymru: y deng mlynedd nesaf', Darlith Flynyddol Cymdeithas y Cyfreithwyr, Eisteddfod Genedlaethol Cymru, Caerdydd a'r Cylch (2008), 12.

[42] Gweler Hood Phillips a Jackson, *Constitutional and Administrative Law*, tt. 26–8.

[43] Gweler Lloyd Jones, 'Peirianwaith cyfiawnder mewn Cymru sy'n newid', 3.

44 Timothy H. Jones a Jane M. Williams, 'Wales as a jurisdiction', *Public Law* (2004), 78–101 (101). Defnyddir yr ymadrodd, 'emerging jurisdiction' ganddynt.

45 Gweler ibid.; hefyd Syr Roderick Evans ac Iwan Davies, 'The implications for the court and tribunal system of an increase in powers' (Cyflwyniad i Gomisiwn Richard, 2003), *http://www.richardcommission.gov.uk/content/events/lawsociety/revans-idavies-e.asp* (cyrchwyd 19 Ionawr 2012).

46 *Confensiwn Cymru Gyfan, Adroddiad* (Caerdydd: Hawlfraint y Goron, 2009).

47 Yr Arglwydd Ganghellor a'r Ysgrifennydd Gwladol dros Gyfiawnder, y Gwir Anrhydeddus Jack Straw AS, 'Gweinyddu cyfiawnder yng Nghymru', Darlith Flynyddol Cymdeithas y Cyfreithwyr, Caerdydd (3 Rhagfyr 2009).

48 Ibid.

49 Ibid.

50 Ibid.

51 Ibid.

52 Gweler anerchaid Syr Malcolm Pill, Cynhadledd Cymru'r Gyfraith, Caerdydd, 9 Hydref 2009.

53 Ceir hanes creu Gogledd Iwerddon yn Jonathan Bardon, *A History of Ulster* (Belfast: Blackstaff Press, 1992), tt. 466–509.

54 Gweler Michael Hughes, *Ireland Divided: The Roots of the Modern Irish Problem* (Cardiff: University of Wales Press, 1994).

55 Gweler D. George Boyce, 'Northern Ireland: the origins of the state', yn Peter Catterall a Sean McDougall (goln), *The Northern Ireland Question in British Politics* (London: MacMillan, 1996), tt. 11–28.

56 Ibid, t. 14.

57 Ceir dadansoddiad o gyfansoddiad 1920 gan A. G. Donaldson, 'The constitution of Northern Ireland: its origins and development', *University of Toronto Law Journal*, 11, 1 (1955), 1–42.

58 Gweler Boyce, 'Northern Ireland', t. 19.

59 Gweler yr Arglwydd MacDermott, 'The supreme court of Northern Ireland – two unusual jurisdictions', *Journal of the Society of Public Teachers of Law*, 2 (1952), 201–13 (202).

60 Gweler Deddf Cwnstablaeth (Iwerddon) 1922.

61 Gweler Deddf Cwnstablaeth (Gogledd Iwerddon) 1922.

62 Gweler Thomas Hennessey, *A History of Northern Ireland 1920–1996* (Basingstoke: Macmillan, 1997), t. 22.

63 Bardon, *A History of Ulster*, t. 326.

64 Ibid., tt. 386–400.

65 Gweler David Harkness, *Northern Ireland since 1920* (Dublin: Helicon, 1983), t. 18.

66 Ceir yr hanes gan J. Ritchie, 'The Inn of Court of Northern Ireland: its foundation, development and functioning', *Northern Ireland Legal Quarterly*, 15 (1964), 463–9; hefyd, J. A. L. MacLean, 'The honourable society of the Inn of Court of Northern Ireland', *Northern Ireland Legal Quarterly*, 23, 1 (1972), 90–4.

67 Ritchie, 'The Inn of Court of Northern Ireland', 466.

68 J. L. Montrose, 'Legal education in Northern Ireland', *Journal of Legal Education*, 5 (1952), 18–25 (22).

[69] Gweler J. H. S. Elliott, 'The Queen's University of Belfast: the new institute of professional legal studies', *International Bar Journal*, 9 (1978), 63–7.

[70] Gweler golygyddol, *Northern Ireland Legal Quarterly*, 1 (1936), 4.

[71] Ibid.

[72] Gweler *http://www.psni.police.uk/* (cyrchwyd 19 Ionawr 2012).

[73] Ceir manylion ar wefan y gwasanaeth: *http://www.dojni.gov.uk/index/ni-prison-service/nips-about-us.htm* (cyrchwyd 19 Ionawr 2012).

[74] Evans a Davies, 'The implications for the court and tribunal system of an increase in powers'.

[75] Gweler Jones, 'Y gyfraith yng Nghymru', 15.

[76] Gweler Timothy H. Jones, John H. Turnbull a Jane M. Williams, 'The law of Wales or the law of England and Wales', *Statute Law Review*, 26, 3 (2005), 135–45.

[77] Jones a Williams, 'Wales as a jurisdiction', 101.

[78] Anerchiad yr Arglwydd Judge, Cynhadledd Cymru'r Gyfraith, Caerdydd, 9 Hydref 2009.

[79] Winston Roddick, 'The development of devolution and legal Wales', Darlith Flynyddol Canolfan Materion Cyfreithiol Cymreig, Prifysgol Aberystwyth (28 Tachwedd 2008), 16.

[80] Mae Bogdanor yn dyfynnu Dicey fel hyn: 'In his *Introduction to the Study of the Law of the Constitution*, Dicey detected "three leading characteristics of completely developed federalism – the supremacy of the constitution – the distribution among bodies with limited and co-ordinate authority of the different powers of government – the authority of the courts to act as interpreters of the constitution"': Vernon Bogdanor, *Devolution in the United Kingdom* (Oxford: Oxford University Press, 1999), t. 294. Mae swyddogaeth y llysoedd fel dehonglwyr y cyfansoddiad yn un allweddol mewn democratiaeth.

[81] Fel y dywedodd Syr Roderick Evans, 'There can be no doubt that if the Assembly were to acquire the increased powers available under Part 4 of the act there would be an increase in Welsh legislation and an increase in the potential for the law in Wales in relation to devolved matters to differ from the law in England': gweler Evans, 'Devolution and the administration of justice'.

[82] Jones, 'Y gyfraith yng Nghymru', 12.

[83] '[W]e need a justice system which serves the whole of Wales – a system which provides a service which is reasonably accessible wherever you live in Wales and which is available to you in either Welsh or English. The system should be tailored to meet the needs of Wales and should be capable of providing work and good career structures in Wales for those who work in it': gweler Evans, 'Devolution and the administration of justice'.

[84] Syr Roderick Evans, 'Legal Wales – possibilities for the future', Darlith ym Mhrifysgol Bangor, 22 Chwefror 2008, 18–21.

[85] Evans, 'Devolution and the administration of justice'.

[86] Gweler Iwan Davies a Lynn Mainwaring, 'The provision of private-practice legal skills in Wales', *Wales Journal of Law and Policy*, 4, 3 (2006), 290–8.

[87] 'If Welsh lawyers sympathetic to the continuing process of devolution have learnt anything thus far, it is the need for them to make a greater contribution to

the constitutional development of Wales': gweler Jones a Williams, 'Wales as a jurisdiction', 78–101, 100.

[88] Evans, 'Legal Wales', 1.

[89] Jones, 'Y gyfraith yng Nghymru', 13.

[90] 'Our linguistic make up is fundamentally different from that of England. We have two official languages and court proceedings in Wales are conducted in Welsh and English on a daily basis – often with both languages being used in the same case. Traditionally, it is in the more rural areas of Wales that the Welsh language has been at its strongest and unfortunately it is often in these areas that the local courts have been closed either because they are regarded as too small or the cost of maintaining them regarded as too high': gweler Evans, 'Devolution and the administration of justice'.

[91] Evans, 'Cymru'r Gyfraith – camu mlaen', 7.

[92] Gweler Lloyd Jones, 'Peirianwaith cyfiawnder mewn Cymru sy'n newid', 21.

[93] Gweler Richard Rawlings, '"Say not the Struggle naught Availeth", the Richard Commission and after', 23. Darlith Flynyddol Canolfan Materion Cyfreithiol Cymreig, Prifysgol Cymru, Aberystwyth (2004).

[94] Jones, 'Y gyfraith yng Nghymru', 14–15.

[95] 'One factor which might prove influential in deciding whether Wales develops a separate structure from that in England will be the degree to which the present institutions of England and Wales are prepared to accommodate within an England and Wales jurisdictional structure the development in Wales of institutions, bodies and organizations which meet the developing needs of Legal Wales. A lack of flexibility in this respect on the part of England and Wales institutions and a failure or refusal to respond positively to the legitimate expectations of Wales are likely to result in hastening the creation of a freestanding legal system in Wales along the lines of those which exist in Northern Ireland and Scotland rather than prevent it.': gweler Roderick Evans, 'Legal Wales', 8.

[96] Evans, 'Devolution and the administration of justice'.

[97] Straw, 'Gweinyddu cyfiawnder yng Nghymru'.

[98] 'What the judiciary can do, and can legitimately do, in the context of Wales is to respond to the fact of devolution and the changes that have already taken place and are now embedded within the constitution.': anerchiad yr Arglwydd Judge, Cynhadledd Cymru'r Gyfraith, Caerdydd, 9 Hydref 2009.

[99] Dafydd Elis-Thomas, yn ei ddarlith, 'Cyfansoddiad newydd Cymru', Eisteddfod Genedlaethol Cymru, Y Bala (2009).

[100] Evans, 'Cymru'r Gyfraith – camu mlaen', 12.

Llyfryddiaeth

Ffynonellau swyddogol

Deddfwriaeth

Statutum Walliae 1284.
Justice of the Peace Act 1361.
Deddfau Uno Cymru a Lloegr:
    An Act for Law and Justice to be Ministered in Wales in Like Form as it is in this Realm 1535–36.
    The Act for Certain Ordinances in the King's Dominion and Principality of Wales 1542–43.
Deddf Gogledd America Brydeinig 1867.
Deddf Llywodraeth Leol 1888.
Deddf Llywodraeth Iwerddon 1920.
Deddf Cwnstablaeth (Iwerddon) 1922.
Deddf Cwnstablaeth (Gogledd Iwerddon) 1922.
Bunreacht na hEireann (Cyfansoddiad Iwerddon) 1937.
Deddf Llysoedd Cymru 1942.
Deddf Mewnfudo a Dinasyddiaeth (Unol Daleithiau America) 1952.
Deddf yr Iaith Gymraeg 1967.
Deddf Llysoedd 1971.
Deddf Rheithgorau 1974.
Deddf Rheithgorau (Iwerddon) 1976.
Deddf Cyfiawnder Gogledd Iwerddon 1978.
Deddf Cenedligrwydd Prydeinig 1981.
Deddf Dirmyg Llys 1981.
Deddf Goruchaf Lys 1981.
Deddf Ieithoedd Swyddogol (Canada) 1988.
Deddf Rheithgor (Canada) 1988.
Deddf yr Iaith Gymraeg 1993.
Deddf Tribiwnlysoedd Diwydiannol 1996.
Deddf Gogledd Iwerddon 1998.
Deddf Llywodraeth Cymru 1998.
Deddf Comisiynydd Plant Cymru 2001.
Deddf Cyfiawnder (Gogledd Iwerddon) 2002.
Deddf Cyfiawnder Troseddol 2003.
Deddf Ieithoedd Swyddogol (Iwerddon) 2003.
Deddf Diwygio'r Cyfansoddiad 2005.
Deddf Ombwdsmon Gwasanaethau Cyhoeddus (Cymru) 2005.
Deddf Comisiynydd Pobl Hŷn (Cymru) 2006.
Deddf Gogledd Iwerddon 2006.
Deddf Llywodraeth Cymru 2006.
Mesur y Gymraeg (Cymru) 2011.

Offerynau cyfreithiol rhyngwladol

Confensiwn Ewrop i Ddiogelu Hawliau Dynol a Rhyddid Sylfaenol, Cmnd. 8969 (1953).
Cyfamod Rhyngwladol y Cenhedloedd Unedig ar Hawliau Sifil a Gwleidyddol (ICCPR) (1966).
Siarter Ewrop ar gyfer Ieithoedd Rhanbarthol neu Leiafrifol (Strasbourg: Council of Europe 1992).
Confensiwn Fframwaith ar gyfer Gwarchod Lleiafrifoedd Cenedlaethol (Strasbourg: Council of Europe 1995).
Datganiad y Cenhedloedd Unedig ar Hawliau Pobloedd Brodorol (UN General Assembly Resolution 61/295, 2007).

Offerynnau cyfreithiol eraill

Gorchymyn Cynulliad Cenedlaethol Cymru (Cymhwysedd Deddfwriaethol) (Addysg a Hyfforddiant) (2008).
Gorchymyn Cynulliad Cenedlaethol Cymru (Cymhwysedd Deddfwriaethol) (Lles Cymdeithasol) (2008).
Gorchymyn Cynulliad Cenedlaethol Cymru (Cymhwysedd Deddfwriaethol) (Rhif 5) (2008) *(Tai Fforddiadwy)*.
Gorchymyn Cynulliad Cenedlaethol Cymru (Cymhwysedd Deddfwriaethol) (yr Iaith Gymraeg) (2009).

Achosion llys

Evans v. Thomas [1962] 2 Q.B. 350.
Costa v. ENEL [1964] E.C.R. 585.
R. v. Merthyr Tydfil Justices, ex parte Jenkins [1967] 2 Q.B. 21.
Cordell v. Second Clanfield Properties [1968] 3 All E.R. 746.
de Burca and Anderson v. Attorney General [1976] I.R. 38.
Luedicke, Belkacem and Koc v. Germany (1980) 2 E.H.R.R. 149.
K. v. France (1983) 35 D. & R. 203.
Ominayak v. Canada, UN 167/1984, Document A/42/40.
A v. France (1984) 6 E.H.R.R. CD 371.
Bideault v. France (1986) 48 D.& R. 232.
Fryske Nasjonale Partij and Others v. Netherlands (1987) 9 E.H.R.R. CD 261.
Spiliada Maritime Corporation v. Cansulex Ltd [1987] A.C. 460.
Kamasinski v. Austria (1991) 13 E.H.R.R. 36.
Re Criminal Proceedings against Horst Otto Bickel and Ulrich Franz (Case C-274/96) E.C.J. [1999] 1 C.M.L.R. 348.
MacCarthaigh v. Éire [1999] 1 I.R. 200.
Williams v. Cowell [2000] 1 W.L.R. 187.
O'Beolain v. Fahy and Others [2001] 2 I.R. 279.
Lawal v. Northern Spirit Limited [2004] 1 All E.R. 187.
National Assembly for Wales v. Condron (2006) E.W.C.A. Civ. 1573.
R (Deepdock Limited & Others) v. Welsh Ministers (2007) E.W.C.H. 3347 (Admin).
Ó'Maicín v. Éire & Others [2010] I.E.H.C. 179.

Adroddiadau swyddogol

Cyngor Cymru a Mynwy, *Adroddiad ar yr Iaith Gymraeg Heddiw, Cmnd. 2198* (London: TSO, 1963).

The Report of the Committee on Higher Education, chaired by Lord Robbins, Cmnd. 2154 (London: TSO, 1963).

Adroddiad ar Statws Cyfreithiol yr Iaith Gymraeg, Cmnd. 2785 (London: TSO, 1965).

Report of the Royal Commission on Assize and Quarter Sessions, Cmnd. 4153 of 1969 (London: HMSO, 1969).

Ormrod, J., *Report of the Committee on Legal Education: Presented to Parliament by the Lord Chancellor* (London: TSO, 1971).

Royal Commission on the Constitution 1969–1973, Volume I, Report, Cmnd. 5460 of 1969 (London: HMSO, 1973).

Llais dros Gymru: Cynigion y Llywodraeth ar gyfer Cynulliad i Gymru, Cmnd. 3718 (London: HMSO, 1997).

Deddfu a Chyfiawnder Dwyieithog (Caerdydd: Swyddfa'r Cwnsler Cyffredinol, 2001).

A Review of the Criminal Courts of England and Wales by the Rt. Hon. Sir Robin Auld, Lord Justice of Appeal (London: TSO, 2001), 8 Hydref 2001.

Census of Population Volume 11 – Irish Language (Dublin: Central Statistics Office Ireland, 2002).

Adroddiad Comisiwn Richard: Y Comisiwn ar Bwerau a Threfniadau Etholiadol Cynulliad Cenedlaethol Cymru (Caerdydd: Cynulliad Cenedlethol Cymru, 2004).

Application of the Charter in the United Kingdom, Second Monitoring Cycle: Report of the Committee of Experts on the Charter (Strasbourg: Council of Europe, 24 March 2004).

CCAUC: Strategaeth Gorfforaethol CCAUC hyd at 2010 – 'Bod o fudd i'r economi a chymdeithas' (Caerdydd: CCAUC, 2005).

CCAUC: Strategaeth Gorfforaethol CCAUC hyd at 2010 – 'Gwneud iddi weithio' (Caerdydd: CCAUC, 2005).

CCAUC: Strategaeth Gorfforaethol CCAUC hyd at 2010 – 'Y "fargen i fyfyrwyr"' (Caerdydd: CCAUC, 2005).

CCAUC: Welsh Language Mainstreaming Strategy, (Cardiff: CCAUC, 2005), http://www.hefcw.ac.uk/documents/council_and_committees/council_papers_and_minutes/2005/05%2058%20Welsh%20Language%20Mainstreaming%20Strategy%20Annex%20Ai.pdf (cyrchwyd 19 Ionawr 2012), para. 2.3.7.

Defnyddio Rheithgorau Dwyieithog (Saesneg a Chymraeg) mewn Rhai Treialon Troseddol yng Nghymru (Llundain: Swyddfa Diwygio Cyfiawnder Troseddol, 2005).

Law in Wales and the Next RAE (Cardiff: Pwyllgor Sefydlog Cymru'r Gyfraith, Hydref 2005). *Second Periodical Report Presented to the Secretary General of the Council of Europe in Accordance with Article 15 of the Charter* (Strasbourg: Council of Europe, 1 July 2005).

Siartr Ewrop ar gyfer Ieithoedd Rhanbarthol neu Leiafrifol, Ail Adolygiad o Weithredu'r Siartr yng Nghymru: Dogfen Ddrafft ar gyfer Ymgynghoriad Cyhoeddus (Caerdydd: Bwrdd yr Iaith Gymraeg, 2005).

Trefn Lywodraethu Well i Gymru, Cmnd. 6582 (London: HMSO, 2005).

Application of the Charter in the United Kingdom, Second Monitoring Cycle: Report of the Committee of Experts on the Charter (Strasbourg: Council of Europe, 14 March 2007).

Cymru'n Un: Rhaglen Flaengar ar Gyfer Llywodraethu Cymru (Caerdydd: Llywodraeth Cynulliad Cymru, 2007), *http://wales.gov.uk/about/strategy/strategies/onewales/one wales.pdf*.

Ministry of Justice, *Diversity and Fairness in the Jury System*, Ministry of Justice Research Series 2/07, Mehefin 2007.

Y Coleg Ffederal: Adroddiad i'r Gweinidog dros Blant, Addysg, Dysgu Gydol Oes a Sgiliau, Mehefin 2009 (Caerdydd: Llywodraeth Cynulliad Cymru, 2009).

Confensiwn Cymru Gyfan, Adroddiad (Caerdydd: Hawlfraint y Goron, 2009).

Er Mwyn ein Dyfodol (Caerdydd: Llywodraeth Cynulliad Cymru, 2009).

Statistics for Wales: Statistical Bulletin, SB 13/2009, 26 Chwefror 2009, *http://wales.gov. uk/docs/statistics/2009/090226sb132009en.pdf* (cyrchwyd 19 Ionawr 2012).

Trydydd Adroddiad Cyfnodol y Deyrnas Unedig yn Unol ag Erthygl 15 (Strasbourg: Council of Europe, 26 May 2009).

Application of the Charter in the United Kingdom, Third Monitoring Cycle: Report of the Committee of Experts on the Charter (Strasbourg: Council of Europe, 21 April 2010).

Defnyddio Rheithgorau Dwyieithog (Cymraeg a Saesneg) mewn rhai Treialon Troseddol yng Nghymru, Y Weinyddiaeth Gyfiawnder CP(R) 08/10, 9 Mawrth 2010.

Law Reform Commission, Consultation Paper: Jury Service, LRC CP 61-2010, Mawrth 2010 (Ireland).

Adroddiad Browne, *Securing a Sustainable Future for Higher Education: An Independent Review of Higher Education Funding and Student Finance* (London: TSO, 2010).

Ffynonellau eilaidd

Abel-Smith, B. ac R. Stevens, *Lawyers and the Courts: A Sociological Study of the English Legal System 1750–1965* (London: Heinemann, 1967).

Andrews, J. A., 'The Aberystwyth law school, 1901–1976', *Cambrian Law Review*, 7 (1976), 7–10.

——, 'A century of legal education', *Cambrian Law Review*, 34 (2003), 3–26.

—— a L. G. Henshaw, *The Welsh Language in the Courts* (Aberystwyth: University College of Wales, 1984).

Baker, Colin, 'Language planning: a grounded approach', yn J-M. Dewaele, A. Housen a L. Wei (goln), *Bilingualism: Beyond Basic Principles* (Clevedon: Multilingual Matters, 2003), tt. 88–111.

Baker, J. H., 'The Inns of Court and legal doctrine', yn T. M. Charles-Edwards, M. E. Owen a D. B. Walters (goln), *Lawyers and Laymen* (Cardiff: University of Wales Press, 1986), tt. 274–86.

Bardon, Jonathan, *A History of Ulster* (Belfast: Blackstaff Press, 1992).

Beatson, J. ac R. Zimmermann (goln), *Jurists Uprooted: German-speaking Émigré Lawyers in Twentieth Century Britain* (Oxford: Oxford University Press, 2004).

Bell, H. E., *Maitland: A Critical Examination and Assessment* (London: Adam & Charles Black, 1965).

Bentley, Michael, *Modern Historiography: An Introduction* (London: Routledge, 1999).

Bergeron, Robert, 'Co-drafting: Canadian experience of the creation of bilingual legislation in a bijural system', yn *The Law Making Powers of the National Assembly for Wales* (Cardiff: Elfennau'r Gyfraith, 2001) tt. 54–8.

Birks, Peter, 'The academic and the practitioner', *Legal Studies*, 18, 4 (1998), 397–414.

Blackstone, Sir William, *Commentaries IV* (Oxford: Clarendon Press, 1776).

Bogdanor, Vernon, *Devolution in the United Kingdom* (Oxford: Oxford University Press, 1999).

——, *The New British Constitution* (Oxford: Hart, 2009).

Bottoms, A. E., 'Comments on the Beeching Report', *Criminal Law Review* (1969), 627–30.

Boyce, D. George, 'Northern Ireland: the origins of the state', yn Peter Catterall a Sean McDougall (goln), *The Northern Ireland Question in British Politics* (London: MacMillan, 1996), tt. 11–28.

Bradley, Anthony, 'The sovereignty of parliament: form or substance?', yn J. Jowell a D. Oliver (goln), *The Changing Constitution* (6ed arg.; Oxford: Oxford University Press, 2007), tt. 25–58.

Bradney, Anthony, *Conversations, Choices and Changes: The Liberal Law School in the Twenty-first Century* (Oxford: Hart, 2003).

Bridge, John W., 'The academic lawyer: mere working mason or architect?', *Law Quarterly Review*, 91 (1975), 488–501.

Brown, Terrence, *Ireland: A Social and Cultural History 1922–1985* (London: Fontana, 1985).

Bryant, Christopher, *The Nations of Britain* (Oxford: Oxford University Press, 2006).

Burrows, Noreen, *Devolution* (London: Sweet & Maxwell, 2000).

Bush, Keith, 'Deddfu yn y Gymraeg', *Cylchgrawn Cyfraith a Pholisi Cymru*, 4 (2006), 374–81.

——, 'Deddfu yn y Gymraeg: ail-gydio mewn hen ymgom', *Cambrian Law Review*, 38 (2007), 83–102.

——, 'Getting real about devolution', Darlith Goffa Syr Elwyn Jones, Prifysgol Bangor (2008).

Cairns, John, a Grant McLeod (goln) *The Dearest Birth Right of the People of England* (Oxford: Hart, 2002).

Cameron, J. R., *Frederick [sic] William Maitland and the History of English Law* (Norman: University of Oklahoma Press, 1961).

Campbell, Kevin, Alan Goodacre a Gavin Little, 'Ranking of United Kingdom law journals: an analysis of the research assessment exercise 2001, submissions and results', *Journal of Law and Society*, 33, 3 (2006), 335–63.

Cann, Jennifer, 'Higher education's contribution to the maintenance and revitalization of minority official languages: the cases of Wales and New Brunswick', *The Welsh Journal of Education*, 13, 1 (2004), 95–117.

Carter, Harold, 'Dirywiad yr iaith Gymraeg yn yr ugeinfed ganrif', yn Geraint H. Jenkins (gol.), *Cof Cenedl V: Ysgrifau ar Hanes Cymru* (Llandysul: Gwasg Gomer, 1990), tt. 147–76.

Carey, Gearoid, 'Criminal trials and language rights', *Irish Criminal Law Journal*, 13, 1 (2003), 15–22.

——, 'Criminal trials and language rights', *Irish Criminal Law Journal*, 13, 3 (2003), 5–9.

Casey, James, *Constitutional Law in Ireland* (Dublin: Roundhall, 2000).

Castellino, Joshua, 'Affirmative action for the protection of linguistic rights: an analysis of international human rights; legal standards in the context of the protection of the Irish language', *Dublin University Law Journal*, 25, 1 (2003), 1–43.

Cheesman, Tom, 'Old and new lesser-used languages of Europe: common cause?', yn Camille C. O'Reilly (gol.), *Language, Ethnicity and the State, Volume 1* (Basingstoke: Palgrave, 2001), tt. 147–66.

Cockburn, J. S. a Thomas A. Green (goln) *Twelve Good Men and True: The Criminal Trial Jury in England, 1200–1800* (New Jersey: Princeton University Press, 1988).

Cownie, Fiona, *Legal Academics: Culture and Identities* (Oxford: Hart, 2004).

Cowper, Francis, *A Prospect of Gray's Inn* (London: Graya, 1985).

Darbyshire, Penny, 'The lamp that shows that freedom lives – is it worth the candle?', *Criminal Law Review*, 1991, 740–52.

Davies, Iwan, 'Adroddiad seminar: yr iaith Gymraeg a'r broses gyfreithiol yng Nghymru', *Cylchgrawn Cyfraith Cymru*, 1 (2001), 9–18.

——, 'Her Cymru'r gyfraith', Darlith Flynyddol Cymdeithas y Cyfreithwyr, Eisteddfod Genedlaethol Cymru, Dinbych (2001).

—— a Lynn Mainwaring, *The Supply of Private Practice Legal Skills in Wales* (Cardiff: Law Society Research Report, 2005).

—— a ——, 'The provision of private-practice legal skills in Wales', *Wales Journal of Law and Policy*, 4, 3 (2006), 290–8.

Davies, John, *Hanes Cymru* (arg. diwygiedig; London: Penguin, 2007).

Davies, R. R., *The Revolt of Owain Glyndŵr* (Oxford: Oxford University Press, 2005).

Deiseb yr Iaith Gymraeg (Aberystwyth: Swyddfa'r Ddeiseb, 1939).

Delany, V. T. H., *The Frederic William Maitland Reader* (New York: Oceana Publications, 1957).

Devlin, Sir Patrick, *Trial by Jury* (London: Stevens & Sons Ltd, 1956).

Donaldson, A. G., 'The constitution of Northern Ireland: its origins and development', *University of Toronto Law Journal*, 11, 1 (1955), 1–42.

Dunbar, Robert, 'Implications of the European Charter for Regional or Minority Languages for British linguistic minorities', *European Law Review, Human Rights Survey*, 25 (2000), 46–69.

——, 'The Council of Europe's European Charter for Regional or Minority Languages', yn Kristin Henrard a Robert Dunbar (goln), *Synergies in Minority Protection* (Cambridge: Cambridge University Press, 2008), tt. 155–85.

——, 'Definitely interpreting the European Charter for Regional or Minority Languages: the legal challenges', yn Robert Dunbar a R. Gwynedd Parry (goln), *The European Charter for Regional or Minority Languages: Legal Challenges and Opportunities* (Strasbourg: Council of Europe Publishing, 2008), tt. 37–61.

—— a R. Gwynedd Parry (goln), *The European Charter for Regional or Minority Languages: Legal Challenges and Opportunities* (Strasbourg: Council of Europe Publishing, 2008).

Duxbury, Neil, *Jurists and Judges: An Essay on Influence* (Oxford: Hart, 2001).

——, 'A century of legal studies', yn P. Cane a M. Tushnet (goln), *The Oxford Handbook of Legal Studies* (Oxford: Oxford University Press, 2003), tt. 950–74.

Edwards, Andrew, '"Te Parti Mwncïod"? Rhwyg, anghytgord a datblygiad polisi Llafur ar ddatganoli, 1966–1979', yn Geraint H. Jenkins (gol.), *Cof Cenedl XXIV: Ysgrifau ar Hanes Cymru* (Llandysul: Gwasg Gomer, 2009), tt. 161–89.

Edwards, Hywel Teifi, *Codi'r Hen Wlad yn ei Hôl 1850–1914* (Llandysul: Gomer, 1989).

Egerod, Søren, 'Freedom and equality in the universities', yn Paul Seabury (gol.), *Universities in the Western World* (New York: The Free Press, 1975), tt. 12–15.

Elis-Thomas, Dafydd, 'From body corporate to parliamentary service', *Wales Journal of Law and Policy*, 4 (2005), 12–16.

——, 'Cyfansoddiad newydd Cymru', Darlith yn Eisteddfod Genedlaethol Cymru, Y Bala (2009).

Elliott, J. H. S., 'The Queen's University of Belfast: the new institute of professional legal studies', *International Bar Journal*, 9 (1978), 63–7.

Ellis, E. L., *The University College of Wales Aberystwyth 1872–1972* (Cardiff: University of Wales Press, 1972).

Ellis, John S., *Investiture: Royal Ceremony and National Identity in Wales 1911–1969* (Cardiff: University of Wales Press, 2008).

Elton, G. R., *F. W. Maitland* (London: Weidenfeld and Nicolson, 1985).

Elwyn-Jones, Yr Arglwydd, *In My Time* (London: Weidenfeld & Nicolson, 1983).

Evans, D. Emrys, *The University of Wales, A Historical Sketch* (Cardiff: University of Wales Press, 1953).

Evans, D. Gareth, *A History of Wales 1815–1906* (Cardiff: University of Wales Press, 1989).

Evans, Gwynfor, *Seiri Cenedl* (Llandysul: Gomer, 1986).

——, 'Hanes twf Plaid Cymru 1925–1995', yn Geraint H. Jenkins (gol.), *Cof Cenedl X: Ysgrifau ar Hanes Cymru* (Llandysul: Gwasg Gomer, 1995), tt. 153–84.

Evans, Syr Roderick, 'Cymru'r Gyfraith – camu mlaen', Darlith Flynyddol Cymdeithas y Cyfreithwyr, Eisteddfod Genedlaethol Cymru, Abertawe (2006).

——, 'Rheithgorau dwyieithog?', *Cambrian Law Review*, 38 (2007), 145–70.

——, 'Legal Wales – possibilities for the future', Darlith ym Mhrifysgol Bangor, 22 Chwefror 2008.

——, 'Devolution and the administration of justice', Darlith Goffa yr Arglwydd Callaghan 2010, Prifysgol Abertawe, 19 Chwefror 2010.

—— ac Iwan Davies, 'The implications for the court and tribunal system of an increase in powers' (Cyflwyniad i Gomisiwn Richard, 2003), *http://www.richardcommission. gov.uk/content/events/law society/revans-idavies-e.asp* (cyrchwyd 19 Ionawr 2012).

Evans, Rhys, *Gwynfor: Rhag Pob Brad* (Talybont: Y Lolfa, 2005).

Fifoot, C. H. S., *Frederic William Maitland: A Life* (Cambridge, Mass.: Harvard University Press, 1971).

Fletcher, Ian, 'An English tragedy: the academic lawyer as jurist', yn T. M. Charles-Edwards, M. E. Owen a D. B. Walters (goln), *Lawyers and Laymen* (Cardiff: University of Wales Press, 1986), tt. 316–35.

Foulkes, D., J. Barry Jones a R. A. Wilford, *The Welsh Veto: The Wales Act 1978 and the Referendum* (Cardiff: University of Wales Press, 1983).

Francioni, Francesco, 'Reparation for indigenous peoples: is international law ready to ensure redress for historical injustices?', yn Frederico Lenzerini (gol.), *Reparation for Indigenous Peoples* (Oxford: Oxford University Press, 2008), tt. 27–45.

Fukurai, Hiroshi, 'The representative jury requirement: jury representativeness and cross sectional participation from the beginning to the end of the jury selection process', *International Journal of Comparative and Applied Criminal Justice*, 23, 1 (1999), 55–90.

——, et al., 'Cross-sectional jury representation or systematic jury representation? Simple random and cluster sampling strategies in jury selection', *Journal of Criminal Justice*, 19 (1991), 31–48.

Glasser, Cyril, 'Radicals and refugees: the foundation of the *Modern Law Review* and English legal scholarship', *Modern Law Review*, 50 (1987), 688–708.

Godin, Paul, 'The New Brunswick experience: the practice of the English common law in the French language', *Wales Law Journal*, 1 (2001), 41–52.

Golygyddol, *Northern Ireland Legal Quarterly*, 1 (1936), 4.

Golygyddol, 'Royal commission on assizes and quarter sessions', *Criminal Law Review* (1969), 567–75.

Gower, L.C.B., 'English legal training', *Modern Law Review*, 13 (1950), 137–205.

Green, Thomas A., 'A retrospective on the criminal trial jury 1200–1800', yn J. S. Cockburn a Thomas A. Green (goln), *Twelve Good Men and True: The Criminal Trial Jury in England, 1200–1800* (New Jersey: Princeton Unversity Press, 1988), tt. 358–400.

Greer, Steven, 'Being "realistic" about human rights', *Northern Ireland Legal Quarterly*, 60, 2 (2009), 147–61.

Griffiths, Gwyn, 'Her deddfu'n ddwyieithog', *Cambrian Law Review*, 38 (2007), 103–16.

Griffiths, James, *Pages from Memory* (London: Dent, 1969).

Grigg, John, *Lloyd George: From Peace to War* (London: Penguin, 2002).

——, *Lloyd George: War Leader* (London: Penguin, 2002).

Gruffydd, W. J., *Cofiant O. M. Edwards* (Aberystwyth: Ab Owen, 1938).

Hadfield, Brigid, 'Devolution and the changing constitution: evolution in Wales and the unanswered English question', yn J. Jowell a D. Oliver (goln), *The Changing Constitution* (6ed arg.; Oxford: Oxford University Press, 2007), tt. 271–92.

Hanbury, H. G., *The Vinerian Chair and Legal Education* (Oxford: Blackwell, 1958).

Harding, Christopher, 'Looking through Llewelfryn Davies' eyes: a turn of the century retrospective of international law in the twentieth century', *Cambrian Law Review*, 34 (2003), 83–102.

Harkness, David, *Northern Ireland since 1920* (Dublin: Helicon, 1983).

Hay, Douglas, 'The class composition of the palladium of liberty: trial jurors in the eighteenth century', yn J. S. Cockburn a Thomas A. Green (goln), *Twelve Good Men and True: The Criminal Trial Jury in England, 1200–1800* (New Jersey: Princeton University Press, 1988), tt. 305–57.

Hennessey, Thomas, *A History of Northern Ireland 1920–1996* (Basingstoke: Macmillan, 1997).

Herman, Hurst, 'Human rights', yn C. C. Joyner (gol.), *The United Nations and International Law* (Cambridge: Cambridge University Press, 1998), tt. 130–54.

Hood Phillips, O. a P. Jackson, *Constitutional and Administrative Law* (8fed arg.; London: Sweet & Maxwell, 2001).

Howell, David, *British Workers and the Independent Labour Party, 1888–1906* (Manchester: Manchester University Press, 1983).

Hughes, Michael, *Ireland Divided: The Roots of the Modern Irish Problem* (Cardiff: University of Wales Press, 1994).

Hughes Parry, David, 'The status of the Welsh language in English law', yn R. H. Code Holland a G. Schwarzenberger (goln), *Law, Justice and Equity* (London: Sweet & Maxwell, 1967), tt. 26–34.

Hunter, M. D., 'An outline of the new system', *New Law Journal*, 121 (1971), 1136–42.

Ireland, Richard W., 'Putting oneself on whose country? Carmarthenshire juries in the mid-nineteenth century', yn Thomas Glyn Watkin (gol.), *Legal Wales: Its Past, its Future* (Cardiff: Welsh Legal History Society, 2001), tt. 63–88.

——, 'John Austin, H. L. A. Hart . . . Oh, and W. Jethro Brown', *Cambrian Law Review*, 34 (2003), 27–56.

Jenkins, Dafydd, *Cyfraith Hywel: Rhagarweiniad i Gyfraith Gynhenid Cymru'r Oesau Canol* (Llandysul: Gwasg Gomer, 1970).

——, *Tân yn Llŷn* (Caerdydd: Plaid Cymru, 1975).

——, *The Law of Hywel Dda* (Llandysul: Gomer, 1986).

——, 'Legal history at Aberystwyth', *Cambrian Law Review*, 34 (2003), 27–56.

Jenkins, Geraint H., *A Concise History of Wales* (Cambridge: Cambridge University Press, 2007).

Jenkins, R. T., E. D. Jones a Brynley F. Roberts (goln), *Y Bywgraffiadur Cymreig 1951–1970* (Llundain: Anrhydeddus Gymdeithas y Cymmrodorion, 1997).

Jones, Carwyn, 'Y gyfraith yng Nghymru: y deng mlynedd nesaf', Darlith Flynyddol Cymdeithas y Cyfreithwyr, Eisteddfod Genedlaethol Cymru, Caerdydd a'r Cylch (2008).

Jones, Dafydd Glyn, *Problem Prifysgol a Phapurau Eraill* (Llanrwst: Gwasg Carreg Gwalch, 2003).

Jones, Gareth Elwyn, 'Yr iaith Gymraeg yn Llyfrau Gleision 1847', yn Geraint H. Jenkins (gol.), *Gwnewch Bopeth yn Gymraeg* (Caerdydd: Gwasg Prifysgol Cymru, 1999), tt. 399–426.

Jones, J. Graham, 'Y Blaid Lafur, datganoli a Chymru, 1900–1979', yn Geraint H. Jenkins (gol.), *Cof Cenedl VII: Ysgrifau ar Hanes Cymru* (Llandysul: Gwasg Gomer, 1992), tt. 169–200.

——, 'The parliament for Wales campaign', *Welsh History Review*, 16, 2 (1992), 207–36.

——, 'The national petition on the legal status of the Welsh language, 1938–1942', *Welsh History Review*, 18, 1 (1996), 92–123.

——, 'D. Elystan Morgan and Cardiganshire politics', *Welsh History Review*, 22, 4 (2005), 730–61.

Jones, Jackie, 'The next stage of devolution? A (d)evolving criminal justice system for Wales', *Crimes and Misdemeanours*, 2, 1 (2008) (cylchgrawn ar-lein).

Jones, Jane, 'Making Welsh law: process, presentation and accessibility', yn *The Law Making Powers of the National Assembly for Wales* (Caerdydd: Elfennau'r Gyfraith, 2001) tt. 40–53.

Jones, Mark Ellis, '"An Invidious Attempt to Accelerate the Extinction of our Language": the abolition of the Court of Great Sessions and the Welsh language', *Welsh History Review*, 19, 2 (1998), 226–64.

——, 'Wales for the Welsh? The Welsh county court judgeships, 1868–1900', *Welsh History Review*, 19, 4 (1999), 643–78.

Jones, Michael, 'Troi camel yn geffyl: sylwadau ar welliannau angenrheidiol yng nghyfansoddiad Cymru', Darlith Flynyddol Cymdeithas y Cyfreithwyr, Eisteddfod Genedlaethol Cymru, Sir Benfro, Tyddewi (2002).

Jones, Richard, 'Politics and the reinforcement of the French language in Canada and Quebec', yn A. I. Silver (gol.), *An Introduction to Canadian History* (Toronto: Canadian Scholars Press, 1991), tt. 330–50.

Jones, Richard Wyn, *Rhoi Cymru'n Gyntaf: Syniadaeth Plaid Cymru, Cyfrol 1* (Caerdydd: Gwasg Prifysgol Cymru, 2007).

Jones, Timothy H. a Jane M. Williams, 'Wales as a jurisdiction', *Public Law* (2004), 78–101.

Jones, Timothy H. a John H. Turnbull a Jane M. Williams, 'The law of Wales or the law of England and Wales', *Statute Law Review*, 26, 3 (2005), 135–45.

Jones, W., *Thomas Edward Ellis 1859–1899* (Caerdydd: Gwasg Prifysgol Cymru, 1986).

Jones, W. L., *Cofio Tryweryn* (Llandysul: Gomer, 1988).

Jowell, J., a D. Oliver (goln), *The Changing Constitution* (6ed arg.; Oxford: Oxford University Press, 2007).

Judge, Yr Arglwydd Igor, 'The Welsh language: some reflections on its history', Darlith Agoriadol Sefydliad Hywel Dda, Prifysgol Abertawe, 21 Mehefin 2011.

Kairys, David, Joseph Kadane a John Lehoczky, 'Jury representativeness: a mandate for multiple source lists', *California Law Review*, 65 (1997), 776–827.

Kennedy, Liam, *Colonialism, Religion and Nationalism in Ireland* (Belfast: Institute of Irish Studies, 1996).

King, Nancy J. a G. Thomas Munsterman, 'Stratified juror selection: cross-section by design', *Judicature*, 79 (1996), 273–8.

Klein, Kenneth S. a Theodore D. Klastorin, 'Do diverse juries aid or impede justice', *Wisconsin Law Review* (1999), 553–69.

Kymlicka, Will, *Multicultural Citizenship: A Liberal Theory of Minority Rights* (Oxford: Clarendon Press, 1995).

Lawson, F. H., *The Oxford Law School 1850–1965* (Oxford: Clarendon Press, 1968).

Leighton, Patricia, 'Is the legal education system in Wales measuring up to contemporary challenges? Some research evidence from the MaLEW project 2003', *Wales Law Journal*, 2, 4 (2003), 386–8.

—— et al., *Mapping Legal Education in Wales Project 2002/03: The Key Findings* (Pontypridd: University of Glamorgan, 2003).

Letschert, Rianne M., *The Impact of Minority Rights Mechanisms* (The Hague: T.M.C. Asser Press, 2005).

Levi, T. A., *The Opportunities of a New Faculty of Law (The Opening Lecture of the Department of English Law, University College of Wales, Aberystwyth)* (Coventry: Curtis and Beamish Printers, 1901).

Lewis, Emyr, 'Ieithoedd lleiafrifol yn yr Ewrop newydd – tipyn o boendod i'r rhai sy'n credu mewn trefn', Darlith Flynyddol Gyfreithiol Eisteddfod Genedlaethol Cymru, Casnewydd (2004).

Lewis, Gwion, *Hawl i'r Gymraeg* (Talybont: Y Lolfa, 2008).

Lewis, Robyn, *Second-class Citizen* (Llandysul: Gomer, 1969).

——, 'The Welsh language and the law', yn Meic Stephens (gol.), *The Welsh Language Today* (Llandysul: Gomer, 1973), tt. 201–22.

——, *Geiriadur Newydd y Gyfraith* (Llandysul: Gomer, 2002).

Lewis, Saunders, *Ati, Wŷr Ifainc*, detholwyd gan Marged Dafydd (Caerdydd: Gwasg Prifysgol Cymru, 1986).

Lloyd, J. E., R. T. Jenkins a William Ll. Davies (goln), *Y Bywgraffiadur hyd 1940* (Llundain: Anrhydeddus Gymdeithas y Cymmrodorion, 1953).

Lloyd Jones, Syr David, 'Peirianwaith cyfiawnder mewn Cymru sy'n newid', Darlith Flynyddol Cymdeithas y Cyfreithwyr, Eisteddfod Genedlaethol Cymru, Blaenau Gwent a Blaenau'r Cymoedd (2010).

Lobban, Michael, 'The strange life of the English civil jury, 1837–1914', yn John W. Cairns a Grant McLeod (goln), *The Dearest Birth Right of the People of England* (Oxford: Hart, 2002), tt. 173–209.

Lynch, Michael, *Scotland: A New History* (London: Pimlico, 1992).

MacCormick, Neil, 'Law', yn Paul H. Scott (gol.), *Scotland: A Concise Cultural History* (Edinburgh: Mainstream Publishing, 1993), tt. 343–56.

MacDermott, Yr Arglwydd, 'The supreme court of Northern Ireland – two unusual jurisdictions', *Journal of the Society of Public Teachers of Law*, 2 (1952), 201–13.

MacLean, J. A. L., 'The honourable society of the Inn of Court of Northern Ireland', *Northern Ireland Legal Quarterly*, 23, 1 (1972), 90–4.

Mcleod, Wilson, 'Lessons from Gaelic-medium higher education in Scotland', yn Caoilfhionn Nic Phaidin a Donla ui Bhraonain (goln), *University Education in Irish: Challenges and Perspectives* (Dublin: Dublin City University, 2004), tt. 43–51.

Markey, Sean, 'Rural Irish speakers fight influx of English', *National Geographic News*, 17 Mawrth 2003.

Mars-Jones, Syr William, 'Beeching – before and after on the Wales and Chester circuit', *Cambrian Law Review*, 4 (1973), 81–93.

Miers, David, 'The role of universities in the training of lawyers in the United Kingdom', *Kobe University Law Review*, 33 (1999), 55–83.

Montrose, J. L., 'Legal education in Northern Ireland', *Journal of Legal Education*, 5 (1952), 18–25.

Morgan, Derec Llwyd, 'Rhethreg a realiti', *Barn*, Chwefror 2002, 17–19.

Morgan, Kenneth O., *Consensus and Disunity: The Lloyd George Coalition Government 1918–1922* (Oxford: Oxford University Press, 1979).

——, *Rebirth of a Nation: A History of Modern Wales* (Oxford: Oxford University Press, 1981).

——, 'The twentieth century', yn Kenneth O. Morgan (gol.), *The Oxford History of Britain* (Oxford: Oxford University Press, 1993), tt. 582–63.

Morgan, Prys, *The University of Wales 1939–1993* (Cardiff: University of Wales Press, 1997).

Morris, Yr Arglwydd John, *Fifty Years in Politics and the Law* (Cardiff: University of Wales Press, 2011).

Navarro, Marie, 'Devolution in Wales: its effect on subordinate legislation', *Wales Journal of Law and Policy*, 4 (2005), 260–83.

Nic Shuibhne, Niamh, 'First among equals? Irish language and the law', *Law Society Gazette (Ireland)*, 93, 2 (1999), 16–19.

——, *EC Law and Minority Language Policy: Culture, Citizenship and Fundamental Rights* (London: Kluwer Law International, 2002).

Ó' Laighin, Pádraig Breandán, *Towards the Recognition of Irish as an Official Working Language of the European Union*, http://www.cnag.ie/nuacht/polb.htm (cyrchwyd 19 Ionawr 2012).

Parry, R. Gwynedd, 'Random selection, linguistic rights and the jury trial in Wales', *Criminal Law Review* (2002), 805–16.

——, 'The languages of evidence', *Criminal Law Review* (2004), 1015–33.

——, 'Jury service for all? Analysing lawyers as jurors', *Journal of Criminal Law*, 70, 2 (2006), 163–79.

——, 'An important obligation of citizenship: language, citizenship and jury service', *Legal Studies*, 27, 2 (2007), 188–215.

——, *David Hughes Parry: A Jurist in Society* (Cardiff: University of Wales Press, 2010).

213

——, 'History, human rights and multilingual citizenship: conceptualising the European Charter for Regional or Minority Languages', *Northern Ireland Legal Quarterly*, 61 (2010), 329–48.

Phillips, Dylan, *Trwy Ddulliau Chwyldro . . .? Hanes Cymdeithas yr Iaith Gymraeg, 1962–1992* (Llandysul: Gomer, 1998).

Pole, J. R., 'A quest of thoughts: representation and moral agency in the early Anglo-American jury', yn John Cairns a Grant McLeod (goln), *The Dearest Birth Right of the People of England* (Oxford: Hart, 2002), tt. 101–30.

Poulter, Sebastian M., 'The rights of ethnic, religious and linguistic minorities', *European Human Rights Law Review*, 3 (1997), 254–64.

Powell, Dewi Watkin, 'Y llysoedd, yr awdurdodau a'r Gymraeg: y Ddeddf Uno a Deddf yr Iaith Gymraeg', yn T. M. Charles Edwards, M. E. Owen a D. B. Walters (goln), *Lawyers and Laymen* (Cardiff: University of Wales Press, 1986), tt. 287–315.

Price, D. T. W., *A History of St. David's College Lampeter* (Cardiff: University of Wales Press, 1977).

——, *A History of the Church in Wales in the Twentieth Century* (Cardiff: Church in Wales Publications, 1990).

Price, Emyr, *David Lloyd George* (Cardiff: University of Wales Press, 2006).

Price, Glanville, 'Yr ieithoedd Celtaidd eraill', yn Geraint H. Jenkins a Mari A. Williams (goln), *Eu Hiaith a Gadwant? Y Gymraeg yn yr Ugeinfed Ganrif* (Caerdydd: Gwasg Prifysgol Cymru, 2000), tt. 581–606.

Prys-Davies, Gwilym, 'Statws cyfreithiol yr iaith Gymraeg yn yr ugeinfed ganrif', yn Geraint H. Jenkins a Mari A. Williams (goln), *Eu Hiaith a Gadwant? Y Gymraeg yn yr Ugeinfed Ganrif* (Caerdydd: Gwasg Prifysgol Cymru, 2000), tt. 207–38.

——, *Cynhaeaf Hanner Canrif: Gwleidyddiaeth Gymreig 1945–2005* (Llandysul: Gwasg Gomer, 2008).

Quinn, Katie, 'Jury trial in the Republic of Ireland', *International Review of Penal Law*, 72 (2001), 197–214.

Ramirez, Deborah, 'The mixed jury and the ancient custom of trial by *jury de medietate linguae*: a history and a proposal for change', *Boston University Law Review*, 74 (1994), 777–818.

Rawlings, Richard, 'Quasi-legislative devolution: powers and principles', yn *The Law Making Powers of the National Assembly for Wales* (Cardiff: Elfennau'r Gyfraith, 2001).

——, *Delineating Wales: Constitutional, Legal and Administrative Aspects of National Devolution* (Cardiff: Gwasg Prifysgol Cymru, 2003).

——, '"Say not the Struggle naught Availeth"': the Richard Commission and after', Darlith Flynyddol Canolfan Materion Cyfreithiol Cymreig, Prifysgol Cymru, Aberystwyth (2004).

Rees, Alison a Phillip Thomas, 'Welsh law schools and tomorrow's lawyers', *Cambrian Law Review*, 31 (2000), 73–88.

Rees, Ioan Bowen, 'The Welsh language in government', yn Meic Stephens (goln), *The Welsh Language Today* (Llandysul: Gomer, 1973), tt. 223–48.

Ritchie, J., 'The Inn of Court of Northern Ireland: its foundation, development and functioning', *Northern Ireland Legal Quarterly*, 15 (1964), 463–9.

Roberts, David, *Prifysgol Bangor 1884–2009* (Caerdydd: Gwasg Prifysgol Cymru, 2009).

Roberts o Gonwy, Arglwydd, *Right from the Start* (Cardiff: University of Wales Press, 2006).

Roddick, Winston, 'The role of the law schools of the University of Wales in the development of legal Wales', Darlith i Ganolfan Materion Cyfreithiol Cymreig, Prifysgol Cymru, Aberystwyth, 13 Tachwedd 2000.

——, 'The development of devolution and legal Wales', Darlith Flynyddol Canolfan Materion Cyfreithiol Cymreig, Prifysgol Aberystwyth (28 Tachwedd 2008).

Seago, Peter, Clive Walker a David Wall, 'The development of the professional magistracy in England and Wales', *Criminal Law Review* (2000), 631–51.

Sheridan, L. A., 'University legal education in Cardiff', *Cambrian Law Review*, 4 (1973), 94–102.

Seipp, David J., 'Jurors, evidences and the tempest of 1499', yn John W. Cairns a Grant McLeod (goln), *The Dearest Birth Right of the People of England* (Oxford: Hart, 2002), tt. 75–92.

Skutnabb-Kangas, Tove, 'Linguistic diversity, human rights and the "free" market', yn Miklos Kontra, Robert Phillipson, Tove Skutnabb-Kangas a Tibor Varady (goln), *Language: A Right and a Resource* (Budapest: CEU Press, 1999), tt. 187–222.

Skyrme, Sir Thomas, *History of the Justices of the Peace* (Chichester: Barry Rose, 1991).

Smith, John, 'Legislation in Irish – a lot done, more to do', *Bar Review*, 9, 3 (2004), 91–106.

Straw, Yr Arglwydd Ganghellor a'r Ysgrifennydd Gwladol dros Gyfiawnder, Jack, 'Gweinyddu cyfiawnder yng Nghymru', Darlith Flynyddol Cymdeithas y Cyfreithwyr, Caerdydd (3 Rhagfyr 2009).

Sugarman, David, 'Legal theory, the common law mind and the making of the textbook tradition', yn William Twining (gol.), *Legal Theory and Common Law* (Oxford: Basil Blackwell, 1986), tt. 26–61.

Svantesson, Dan J. B., 'International ranking of law journals – can it be done and at what cost?', *Legal Studies*, 29, 4 (2009), 678–91.

Thomas, Gwyn, *Y Bardd Cwsg a'i Gefndir* (Caerdydd: Gwasg Prifysgol Cymru, 1971).

Thomas, Syr John, 'Lord Morris of Borth y Gest lecture 2000 – Legal Wales: its modern origins and its role after devolution: national identity, the Welsh Language and parochialism', yn Thomas Glyn Watkin (gol.), *Legal Wales: Its Past, its Future* (Cardiff: Welsh Legal History Society, 2001), tt. 113–65.

Twining, William, '1836 and all that: laws in the University of London, 1836–1986', *Current Legal Problems*, 40 (1987), 261–99.

——, *Blackstone's Tower: The English Law School* (London: Sweet & Maxwell, 1994).

Urrutia, Inigo ac Inaki Lasagabaster, 'Language rights and community law', *European Integration Online Papers (EIoP)*, 12, 4 (2008), http://eiop.or.at/eiop/texte/2008-004a.htm.

Valera, Eamon de, 'Language and the Irish nation', araith wedi ei darlledu ar Radio Eireann, 17 Mawrth 1943.

Varennes, Fernand de, 'The linguistic rights of minorities in Europe', yn S. Trifunovska (gol.), *Minority Rights in Europe: European Minorities and Languages* (The Hague: T.M.C. Asser Press, 2001), tt. 3–30.

——, 'Linguistic identity and language rights', yn M. Weller (gol.), *Universal Minority Rights: A Commentary on the Jurisprudence of International Courts and Treaty Bodies* (Oxford: Oxford University Press, 2007), tt. 253–323.

Vidmar, Neil, 'The Canadian criminal jury: searching for a middle ground', *Law and Contemporary Problems*, 62, 2 (1999), 141–72.

Watkin, Thomas Glyn, 'Dysg yn y gyfraith yn y Gymru gyfoes – y cyfleoedd a'r peryglon', Darlith Flynyddol Cymdeithas y Cyfreithwyr, Eisteddfod Genedlaethol Cymru, Eryri a'r Cyffiniau (2005).

——, *The Legal History of Wales* (Cardiff: University of Wales Press, 2007).

——, 'Cyfraith Cymru', yn T. Roberts (gol.), *Yr Angen am Furiau: Pum Darlith Fforwm Hanes Cymru* (Llanrwst: Gwasg Carreg Gwalch, 2008), tt. 64–80.

Weller, Marc (gol.), *The Rights of Minorities: A Commentary on the European Framework Convention for the Protection of National Minorities* (Oxford: Oxford University Press, 2005).

Wheatley, Steven, 'The Council of Europe's framework convention on national minorities', *Web Journal of Current Legal Issues*, 5 (1996), *http://webjcli.ncl.ac.uk/1996/issue5/wheatl5.html* (cyrchwyd 19 Ionawr 2012).

Wigley, Dafydd, *The Future Roles, Functions and Structure of the University of Wales and its Future Relationships with the Institutions: Conclusions Approved by the University Council* (Cardiff: University of Wales, 24 Mehefin 2005).

Williams, Colin H., 'Non-violence and the development of the Welsh Language Society 1962–c.1974', *Welsh History Review*, 8, 4 (1994), 426–55.

——, *Language Revitalization, Policy and Planning in Wales* (Cardiff: University of Wales Press, 2000).

Williams, Cynthia A., 'Jury source representativeness and the use of voter registration lists', *New York University Law Review*, 65, 3 (1990), 590–634.

Williams, Syr David, *The University of Wales: A Review of its Membership, Structures and Modus Operandi* (Cardiff: University of Wales, Ebrill 2002).

Williams, Glenys, 'Legal education in Welsh – an empirical study', *Law Teacher*, 39, 3 (2005), 259–76.

Williams, J. Gwynn, *The University College of North Wales: Foundations 1884–1927* (Cardiff: University of Wales Press, 1985).

——, *The University Movement in Wales* (Cardiff: University of Wales Press, 1993).

——, *The University of Wales 1893–1939* (Cardiff: University of Wales Press, 1997).

Williams, Jane, 'Law making for Wales after the Richard Commission', *Wales Journal of Law and Policy*, 3 (2004), 251–60.

Williams, Owain, *Cysgod Tryweryn* (Caernarfon: Gwasg Gwynedd, 1979).

Williams, W. Ogwen, *Calendar of the Caernarvonshire Quarter Sessions Records, Vol. I, 1541–1558* (Caernarvon: Caernarvonshire Historical Society, 1956).

Williams Jones, Keith, *A Calendar of the Merioneth Quarter Sessions Rolls, Vol. I: 1733–65* (Dolgellau: Merioneth County Council, 1965).

Woehrling, Jean-Marie, *The European Charter for Regional or Minority Languages: A Critical Commentary* (Strasbourg: Council of Europe Publishing, 2005).

Wynne, Ellis, *Gweledigaetheu y Bardd Cwsc* (2il arg.; Caerdydd: Gwasg Prifysgol Cymru, 1976).

Mynegai

A v. *France*, achos 85
Aaron, yr Athro Richard 43
Abertawe 106, 142, 143, 144
Aberystwyth 102
Abolition of Feudal Tenure etc.
   (Scotland) Act (2000) 31
Abse, Leo 6
Adran Gyfiawnder y Deyrnas Unedig
   159
Adran Gymreig y Bwrdd Addysg 3
Adroddiad ar Statws Cyfreithiol yr Iaith
   Gymraeg (Adroddiad Hughes Parry;
   1965) 44, 45, 46
Adroddiad ar yr Iaith Gymraeg Heddiw
   (Adroddiad Aaron; 1963) 43–4
Adroddiad Armitage (1972) 156
Adroddiad Beeching (1969) 143–4
Adroddiad Browne (2010) 115
Adroddiad Confensiwn Cymru Gyfan
   (2009) 26, 29, 33, 150; *gweler hefyd*
   Confensiwn Cymru Gyfan
Adroddiad Esboniadol Siartr Ewrop ar
   gyfer Ieithoedd Rhanbarthol neu
   Leiafrifol (2003) 131
Adroddiad Estyn (2002) 110
Adroddiad Kilbrandon (1973) 5
Adroddiad Ormrod (1971) 104
Adroddiad Richard (2004) 11–12, 13, 14,
   30, 108; comisiwn 11, 160
Adroddiad Robbins (1963) 104
Adroddiad Williams (2009) 111
addysg 5, 17, 38, 50, 51, 52, 55, 63, 65,
   98–9, 115–16, 129–7
   addysg gyfreithiol 31, 32, 98, 99, 100–3,
     104–7, 109, 110, 112–15, 116–18,
     125–8, 130–1, 135–7, 155–7, 164–5
   addysg trwy gyfrwng y Gymraeg
     109–14, 115, 116–19, 121, 122, 124–8,
     130–1, 132–3, 135, 136, 137
   gweler hefyd ymchwil a chyhoeddi
Addysg Uwch Cyfrwng Cymraeg 111

Addysg Uwch Cymru (AUC) 110
angenrheidrwydd ieithyddol 41, 52–3
Alban, yr 3, 4, 5, 6, 7, 8, 9, 10, 27, 30, 31,
   32, 33, 34, 35, 99, 107, 136, 149, 150,
   151, 152, 161, 162, 163
Almaen, yr 100
Almaeneg, yr iaith 54
amaethyddiaeth 17
Amgueddfa Genedlaethol 98
amgylchedd 17
amlieithrwydd 50, 54, 56, 84, 95
'Amrywiaeth a Thegwch yn y System
   Rheithgor' 91–3
Andrews, John 103
Andrews, yr Arglwydd Ustus 155
Arad Consulting 111
Arglwydd Brif Ustus Gogledd Iwerddon
   155, 158, 159
Arglwydd Raglaw Iwerddon 154
Arnold, Matthew 39
Asiantaeth Datblygu Cymru 6, 113
Asiantaeth Hawliau Sylfaenol 51
Athrofa Addysg Uwch Gorllewin
   Morgannwg 106
Athrofa Technoleg a Gwyddoniaeth 105
Auld, Syr Robin 71, 72, 74–5, 144
Austin, John 100
Awstralia 154, 161

Bannockburn, brwydr (1314) 99
Barnett, fformiwla 30
barnwriaeth 62, 78, 107, 112, 136, 143, 146,
   148, 149, 151, 161, 162, 163, 165, 167
Beeching, Richard, yr Arglwydd 143
Belfast 152, 155, 156, 158, 159, 160
Bentham, Jeremy 100
Birmingham 144
Blackburn, yr Athro Simon 137
Blackstone, Syr William 72, 100
Blair, Tony 6, 7, 8
Bogdanor, Vernon 32, 34–5

Brad y Llyfrau Gleision (1847) 38
Brown, Jethro 101–2
Brown, Mr Ustus 155
Brunswick Newydd 24, 77, 82
Brycheiniog, sir 140
Bryste 151
Bwrdd Heddlu Gogledd Iwerddon 159
Bwrdd Iechyd Cymru 3
Bwrdd yr Iaith Gymraeg 48–9, 59, 60, 65, 66, 67, 132, 133
bwyd 17
Byddin Weriniaethol Iwerddon 154

Caer 60
   swydd 142, 144, 145
Caerdydd 4, 6, 9, 13, 19, 20, 22, 23, 34, 60–1, 62, 63, 68, 95, 104–5, 107, 111, 142, 144, 146, 147, 150, 152, 155, 162, 167
Caeredin 8, 152
Caerfyrddin 89, 112
   isetholiad (1966) 3
Caernarfon 57, 89
Callaghan, James 6
Cambrian Law Review 97
Cambridge Law Journal 123–4
Canada 22–3, 24, 71, 76–7, 79, 81, 82, 84, 90, 94, 95, 125, 154, 161
Canllawiau Bwrdd yr Iaith Gymraeg ar Gynlluniau yn yr Iaith Gymraeg 59–60
Canolfan Addysg Uwch Cyfrwng Cymraeg 110–11
Canolfan Materion Cyfreithiol Cymreig 108, 112
carchardai 149, 159, 163
Carson, Syr Edward 153
Casnewydd 90
Catholigion 152–3
cenedlaetholdeb 1, 2, 3, 5–6, 7, 37, 38, 98–9
cenedligrwydd 3, 73, 77, 78, 165
cenhedloedd Celtaidd 5, 34
Cenhedloedd Unedig 49, 51
Cernyweg, yr iaith 54
Cheshire, Geoffrey 102
cludiant 4
Côd Troseddol Canada 77, 90

Coleg Cyfraith Ffrengig (Prifysgol Monckton) 24
Coleg Cymraeg Cenedlaethol 112, 118, 135–6, 137
Coleg Dewi Sant, Llanbedr Pont Steffan 98
Coleg Ffederal Cymraeg 111
Coleg Prifysgol Abertawe 106; gweler hefyd Prifysgol Abertawe
Coleg Prifysgol Bangor 98–9, 101; gweler hefyd Prifysgol Bangor
Coleg Prifysgol Caerdydd 97, 98–9, 101, 105; gweler hefyd Prifysgol Caerdydd
Coleg Prifysgol Cymru, Aberystwyth 97, 98–9, 100, 101–3, 104, 105, 107; gweler hefyd Prifysgol Aberystwyth
Coleg Prifysgol Llundain 100
Coleg Technegol Morgannwg 105; gweler hefyd Prifysgol Morgannwg
COMEX (Pwyllgor yr Arbenigwyr) 131–2, 133–4
Comisiwn Brenhinol ar y Cyfansoddiad (Comisiwn Kilbrandon) 5
Comisiwn Cynulliad Cenedlaethol Cymru 14
Comisiwn Diwygio'r Gyfraith yn Iwerddon 81
Comisiwn Ewropeaidd 50
Comisiwn Holtham 30
comisiynydd y Gymraeg 65–7, 79
comisiynedd y Wyddeleg 79
Confensiwn Cymru Gyfan 26, 28; gweler hefyd Adroddiad Confensiwn Cymru Gyfan
Confensiwn Fframwaith ar gyfer Gwarchod Lleiafrifoedd Cenedlaethol 51, 52
Confensiwn Hawliau Dynol Ewrop 49–50, 52, 84–5
Confensiwn i Ddiogelu Hawliau Dynol a Rhyddid Sylfaenol Cyngor Ewrop 52
Constitutional and Administrative Law 140
Council for National Academic Awards (CNAA) 105
Craig, Syr James 153
Crowther, yr Arglwydd 5
Cwnstablaeth Frenhinol Iwerddon 154
Cwnstablaeth Frenhinol Ulster 154, 159

cydraddoldeb ieithyddol 22, 41, 43–4, 47, 52–3, 61, 64, 65, 71, 76, 82, 87, 90, 92, 95, 109, 110, 112–13

Cyfamod Rhyngwladol y Cenhedloedd Unedig ar Hawliau Sifil a Gwleidyddol 49, 52

Cyfamod Ulster 153

cyfieithu deddfwriaethol 22–5

cyfraith Cymru 107, 124, 161–2; *gweler hefyd* Cymru'r Gyfraith

cyfraith Lloegr 74, 97, 99, 102, 107, 139, 141, 161

cyfreithiau Hywel Dda 37, 139

cyfrifiad (1961) 42; (2001) 91–2

Cyfrin Gyngor 9, 13, 18, 19

cyfryngau 52, 55

Cyngor Addysg Gyfreithiol (Gogledd Iwerddon) 136

Cyngor Cyllido Addysg Uwch Cymru (CCAUC) 110, 136

Cyngor Cymru a Mynwy 43

Cyngor Ewrop 51, 52, 53–4

Cyngor Iwerddon 153, 154

Cyngor y Gweinidogion 53–4, 133

cynghorau sir 101, 141

Cylchgrawn Cyfraith a Pholisi Cymru 108

Cylchgrawn Cyfraith Cymru 108–9

Cymalau Harri'r Wythfed 10

Cymdeithas Cyfraith Fasnach Cymru 146

Cymdeithas Cyfraith Gogledd Iwerddon 156

Cymdeithas Cyfraith Gyhoeddus a Hawliau Dynol Cymru 146

Cymdeithas Cyfraith yr Alban 136

Cymdeithas y Barnwyr yng Nghymru 146

Cymdeithas y Cyfreithwyr 102, 103, 113–14, 136, 150

Cymdeithas y Gyfraith *gweler* Cymdeithas y Cyfreithwyr

Cymdeithas yr Iaith Gymraeg 42, 45, 47

Cymraeg, yr iaith 3, 6, 7, 14, 16, 17, 20, 22, 23, 24, 25, 37–68, 95–6, 109–12, 115, 116, 121, 122, 124–8, 130, 145, 163, 165, 168

a chyfiawnder troseddol 69–96

dilysrwydd cyfartal 44, 46, 47, 48

ac Ewrop 49–56, 83–4, 129–34, 165

nifer siaradwyr 42, 71, 72, 84, 89, 91–2

sail cydraddoldeb 47

statws cyfreithiol 22, 25, 37, 39–42, 43, 44, 45–6, 47–8, 49, 52, 56–62, 63, 64–9, 69, 70, 83–4, 93, 95, 165

statws swyddogol 43, 44, 48, 62, 64–5, 68, 77, 90 a *passim*

gweler hefyd angenrheidrwydd ieithyddol; cydraddoldeb ieithyddol; hawliau ieithyddol; ieithoedd lleiafrifol

Cymru a Lloegr, awdurdodaeth gyfreithiol 15, 18, 31, 32, 68, 70, 71, 75–6, 77, 88, 92, 94, 139–45, 149, 150, 157, 160, 166

Cymru'n Un, maniffesto 26, 28, 111; cytundeb 62, 163

Cymru'r Gyfraith 112, 113, 114–15, 135, 136, 137, 145–8, 167, 168; *gweler hefyd* cyfraith Cymru

cynlluniau iaith 48, 49, 59–60, 65, 66, 67

cynllunio gwlad a thref 4, 17

cynllunio ieithyddol 44, 48

cynrychiolaeth gyfrannol (PR) 9

Cynulliad Cenedlaethol Cymru 1, 2, 8, 13, 14, 15–16, 17, 19, 20–1, 22, 26, 28, 30, 32, 33, 34–5, 60, 64, 95, 106, 108, 109, 113, 135, 145, 146, 147, 162, 163

aelodau 9, 11, 13, 14, 19, 20, 25, 29, 30

cwnsler cyffredinol 11, 12, 112; *gweler hefyd* Llywodraeth Cymru: cwnsler cyffredinol

cyfansoddiad 1, 5, 7, 9–11, 12, 13–14, 15–16, 19, 20, 21, 23, 26, 27, 32–3, 34, 62, 68, 69, 109, 148–9, 160, 161, 166–7

cyllid 10, 12, 14, 16, 30

gweinyddiaeth 10, 11, 12, 21

perthynas deddfwrfa a llywodraeth 10, 11, 12 , 14, 15–16

polisi iaith 14, 22, 76, 109

prif gwnsler deddfwriaethol 21, 26

pwerau deddfu 1, 8, 9–10, 11, 13, 16–21, 25–32, 35, 108, 148, 149, 166; a'r Gymraeg 62–4

pwyllgorau 10, 14, 19, 20

swyddogaethau 8–9, 10, 11, 14, 32, 108

trefn etholiadol 9, 12–13, 14

Cynulliad Cyffredinol y Cenhedloedd Unedig 54

Cynulliad Gogledd Iwerddon 158, 159
Cytundeb Gwener y Groglith 7, 158, 159
Cytundeb Lisbon 50–1

chwaraeon a hamdden 17

Dalyell, Tam 34
Daniel, Goronwy 4
datblygu economaidd 17
Datganiad y Cenhedloedd Unedig ar
    Hawliau Pobl Gynhenid 54–6
datganoli 1–12, 13, 15, 18, 19, 20, 26, 27,
    30, 32–5, 56, 60–1, 77, 106
    datganoli a'r gyfraith 1, 107, 108–15,
        124, 127, 135, 144, 145–8, 161–3, 164,
        167
datgysylltu'r Eglwys Wladol 3
Davies, Clement 39, 102
Davies, D. J. Llewelfryn 103, 104
Davies, yr Athro Iwan 160
Davies, Ron 7–8
de Burca and Anderson v. *Attorney General*,
    achos 75, 80
Deddf Atal Gwahaniaethu ar Sail Rhyw
    (1919) 74
Deddf Cenedligrwydd Prydeinig (1981)
    77
Deddf Cyfansoddiad (Canada) (1982)
    76–7
Deddf Cyfiawnder (Gogledd Iwerddon)
    (1978) 158
Deddf Cyfiawnder (Gogledd Iwerddon)
    (2002) 158
Deddf Cyfiawnder Troseddol (2003) 74,
    75
Deddf Cynrychiolaeth y Bobl (1918) 73–4
Deddf Cysylltiadau Hiliol (1976) 57
Deddf Dinasyddiad (1870) 73
Deddf Diwygio'r Cyfansoddiad
    (y Deyrnas Unedig) (2005) 158
Deddf Gogledd America Brydeinig
    (1867) 76
Deddf Gogledd Iwerddon (1998) 158
Deddf Gogledd Iwerddon (2006) 158
Deddf Gweinyddu Cyfiawnder (1938) 40
Deddf Gweinyddu Cyfiawnder (1970)
    144
Deddf Ieithoedd Swyddogol (Canada)
    (1988) 77

Deddf Ieithoedd Swyddogol (Iwerddon)
    (2003) 79
Deddf Llysoedd Cyfiawnder (1924) 78
Deddf Llysoedd Cymru (1942) 39–40,
    41–2, 44, 45, 46
Deddf Llywodraeth Cymru (1998) 1,
    8–12, 13, 14, 21, 22, 27, 33, 60, 109
Deddf Llywodraeth Cymru (2006) 1,
    12–21, 22, 25–6, 27, 30–1, 33, 62, 65,
    109, 135, 145, 149, 150, 166
Deddf Llywodraeth Iwerddon (1920)
    153–5, 158
Deddf Rheithgor (Saskatchewan) (1988)
    90
Deddf Rheithgorau (1974) 74–5, 76, 77, 85
Deddf Rheithgorau (Iwerddon) (1927) 75
Deddf Rheithgorau (Iwerddon) (1976) 75,
    76, 80
Deddf Uno (1707) 4, 99, 151, 152
Deddf Ymarferwyr Cyfreithiol
    (Cymwysterau) (1929) 78
Deddf yr Alban (1978) 32
Deddf yr Alban (1998) 27, 31, 32
Deddf yr Iaith Gymraeg (1967) 42, 45–6,
    47, 48
Deddf yr Iaith Gymraeg (1993) 22, 47–9,
    56, 57–8, 59, 63, 65, 66, 79, 83, 109
Deddfau Uno (1535, 1542) 37–8, 40, 41,
    68, 139, 140, 141
Defnyddio Rheithgorau Dwyieithog
    (Cymraeg a Saesneg) mewn rhai
    Treialon Troseddol yng Nghymru 90–4
Deiseb Iaith (1938–42) 40–2
Denmarc 54
Devlin, yr Arglwydd 72, 74
Deyrnas Unedig, y 1, 4, 2, 6, 33, 52, 54, 55,
    77, 83, 100, 104, 115, 119, 121, 127,
    130, 131, 132–4, 135, 139, 150, 152,
    153, 154–5, 160, 161, 162, 163, 166
    llywodraeth 2, 4, 6, 7, 10, 12, 46, 47,
        90–4, 95, 147, 154
    Senedd 9–10, 11, 12, 13, 18, 19, 20, 21,
        25, 26, 28, 30, 31, 32, 34, 39, 40, 46,
        63, 64, 95, 146, 148, 154, 166
Dicey, A. V. 100
dinasyddiaeth 49, 50, 56, 69, 71–2, 74,
    75–7, 82, 84, 87, 90, 94, 95–6, 140
Dinbych, sir 140
diwylliant 2, 17, 38, 49, 98, 130

Dulyn 79, 90, 153, 154, 155, 156
dŵr 17
dwyieithrwydd 24, 44, 47, 48–9, 60, 61,
   77, 81, 82, 87, 93, 95, 112–13, 114–15,
   116, 126, 130, 135–6, 163

economi 6, 17, 63, 110, 112, 113, 115, 116,
   129, 135, 164
Edmund-Davies, yr Arglwydd 72, 143
Edward I, brenin Lloegr 140, 141
Edwards, Owen M. 3
Eisteddfod Genedlaethol Caerdydd
   (1938) 40
Elis-Thomas, yr Arglwydd Dafydd 167
Ellis, Tom 2
Emrys ap Iwan 39
etholiadau cyffredinol: (1964) 4;
   (Chwefror 1974) 5; (Hydref 1974) 5;
   (1997) 6, 8; (1987) 47; (1992) 47
etholiadau'r cynulliad (2007) 26; (2011) 30
Evans, Gwynfor 3
Evans, Syr Roderick 145, 147, 160, 165,
   167, 168
Evans v. *Thomas*, achos 43

Ffindir, y 54
Fforwm Cadeiryddion Mainc Ynadon
   Cymru 146
Ffrangeg, yr iaith 22–3, 24, 76, 77, 82, 90
Ffrainc 85

Gaeleg yr Alban 54, 77
Galway 81
Godin, Paul 24
Gogledd Iwerddon 6, 7, 10, 27, 33, 34,
   127, 136, 149, 150, 151, 152, 153,
   154–60, 161, 162, 163, 166, 167;
   gweler hefyd Gweriniaeth Iwerddon
gorchmynion cymhwysedd
   deddfwriaethol 19–20, 21, 25–6, 27,
   28, 62
gorchmynion trosglwyddo
   swyddogaethau 9, 15
Gorchymyn Arfaethedig Cynulliad
   Cenedlaethol Cymru
   (Cymhwysedd Deddfwriaethol) (yr
   Iaith Gymraeg) 62–4
Goresgyniad Edwardaidd (1282) 139, 141
Gorllewin Lothian, cwestiwn 34

Goron, y 10, 12, 15, 16, 18, 20, 29–30, 64,
   99, 154, 155, 158
Goruchaf Lys Barnweinyddiad Gogledd
   Iwerddon 155
Goruchaf Lys Cyfiawnder 143
Goruchaf Lys Cyfiawnder Gogledd
   Iwerddon 158
Goruchaf Lys Iwerddon 71, 75, 79, 80, 81,
   93
Goruchaf Lys y Deyrnas Unedig 150, 158
Griffiths, James 4, 6
Grŵp Sector Addysg Uwch Cyfrwng
   Cymraeg 110
Gwarchodlu Cymreig 3
Gwasanaeth Carchardai Gogledd
   Iwerddon 159
Gwasanaeth Cyfreithiol y Llywodraeth
   23–4
Gwasanaeth Heddlu Gogledd Iwerddon
   159
Gwasanaeth Llys Gogledd Iwerddon 158
Gwasanaeth Llysoedd Ei Mawrhydi 145,
   163
Gwasanaeth Rheoli Troseddwyr 163
Gwasanaeth Seneddol y Cynulliad 11
Gwasanaeth Tribiwnlysoedd y Deyrnas
   Unedig 147
gwasanaethau tân 17
Gwasg Prifysgol Cymru 117
Gweinidogion Cymru 14–15
gweinyddiaeth gyhoeddus 17
Gweinyddiaeth Materion Cymreig 4
Gweriniaeth Iwerddon 7, 69, 71–2, 75, 76,
   77–82, 84, 85, 87, 88, 89, 90, 93, 94–5,
   152–3, 154; *gweler hefyd* Gogledd
   Iwerddon
Gwladwriaeth Rydd Iwerddon 153, 154,
   155, 157
Gwyddeleg, yr iaith 54, 69, 71, 72, 77–82,
   84, 86, 87, 89, 90, 93, 95–6

Hain, Peter 12
Hardie, Keir 5
Harding, Rowe 143
Harri VIII, brenin Lloegr 140
hawliau ieithyddol 41, 49, 50–2, 54–6, 61,
   62, 66, 67–8, 69, 70–1, 82–7, 129–30,
   131, 134, 165
Hay, Douglas 73

heddlu 61, 75, 149, 154, 159, 163
Hen Gorff, yr 2, 102
henebion 17
Henry, Syr Denis, Arglwydd Brif Ustus Gogledd Iwerddon 155, 156
Hughes, Cledwyn 5, 6
Hughes, J. D. Ivor 104
Hughes Parry, Syr David 42, 43, 44, 45–6, 102–3
hunaniaeth 1, 2, 3, 6, 7, 37, 38, 55, 56, 69, 83, 97, 98, 99, 112, 130, 142, 143, 145, 151, 160, 164–5, 168
hunanlywodraeth 1, 4, 5, 8; *gweler hefyd* hunanreolaeth; ymreolaeth
hunanreolaeth 3, 4; *gweler hefyd* hunanlywodraeth; ymreolaeth
Hywel ap Cadell 168; *gweler hefyd* cyfreithiau Hywel Dda

Iaith Pawb: Cynllun Gweithredu Cenedlaethol ar gyfer Cymru Ddwyieithog 109–10
Iddewon 73
iechyd 17
ieithoedd lleiafrifol 49–56
Independent Labour Party (ILP) 5
India 115
Inn of Court of Northern Ireland 156
Iwerddon 2, 153–6; *gweler hefyd* Gogledd Iwerddon; Gweriniaeth Iwerddon; Gwladwriaeth Rydd Iwerddon
Iwerddon Ddeheuol 153, 154

Jenkins, yr Athro Dafydd 107
Jones, Carwyn 30, 67, 135, 148, 160, 162–3, 166
Jones, Ieuan Wyn 26
Jones, Meri 67
Jones, Michael D. 39
Jones, Syr Thomas Artemus 39
Jones Parry, Syr Emyr 26, 29, 33
Judge, yr Arglwydd Brif Ustus 60, 68, 161
Jury Central Summoning Bureau (JCSB) 89

Kilbrandon, yr Arglwydd 5
King's Inns (Dulyn) 155–6
Kinnock, Neil 6, 47
Kymlicka, Will 82, 87

Lawal v. Northern Spirit Limited, achos 88–9
Legal Studies 124
Lerpwl 42
Levi, Thomas Arthur 101, 102, 103
Lewis, Gwion 49, 51, 68
Lewis, Malcolm 102
Lewis, Saunders 39–40, 42, 95
Livesey, Richard 7
Lloyd, Bob 42
Lloyd George, David 2, 3, 74
Lloyd Jones, Syr David 33, 61–2, 149

Llais dros Gymru (1997) 7
Llanelli 4
lles gymdeithasol 17
Lloegr 2, 18, 30, 31, 32, 34, 39, 58, 73, 99, 100, 109, 113, 116, 140–1, 150, 151, 157, 160, 162–3, 164; *gweler hefyd* cyfraith Lloegr
Llundain 4, 6, 7, 9, 10, 11, 13, 18, 19, 20, 34, 45, 46, 56, 58, 59, 60, 61, 63, 73, 102, 108, 142, 144, 146, 147, 153, 154, 156, 158, 162, 167
Llydaweg, yr iaith 85
Llyfrgell Genedlaethol 2, 98
Llys Apêl 56, 57, 58–9, 144, 146–7, 158
Llys Apêl (Gogledd Iwerddon) 155, 158
Llys Cyfiawnder Ewrop 50, 51, 167
Llys Gweinyddol 60, 109, 146
Llys Troseddol Rhyngwladol 167
llysoedd 25, 30, 31–2, 37, 38, 39–44, 45–8, 50, 56–61, 63, 69, 72, 75, 76, 84, 87, 92, 101, 103, 105, 106, 108, 117, 139, 141, 144, 145, 147, 149, 163, 168
    brawdlys, y 40, 141, 142, 143
    cylchdaith Cymru a Chaer 142, 144
    cylchdaith Rhydychen 142
    cylchdaith y de 142
    cylchdaith y gogledd a Chaer 142, 145
    Llys Masnachol 60, 144
    llys sirol 60, 66
    llys y Goron 60, 90, 143–4
    llysoedd chwarter 141–2, 143
    llysoedd ynadon 47, 57–8, 61, 142, 143, 144
    gweler hefyd Llys Apêl; Llys Gweinyddol; Llysoedd y Sesiwn

Fawr; Tribiwnlys y Gymraeg; Uchel Lys
Llysoedd Cyfiawnder Brenhinol (Gogledd Iwerddon) 158, 159
Llysoedd y Sesiwn Fawr 140, 141, 142
Llywelyn ap Gruffudd, tywysog Cymru 140
Llywodraeth Cymru 14–16, 19, 21, 26, 28, 29, 65, 67, 108, 113, 116, 126, 132, 135, 147, 162, 164
  cabinet 12, 15, 16
  cwnsler cyffredinol 15, 18, 19, 164; *gweler hefyd* Cynulliad Genedlaethol Cymru: cwnsler cyffredinol
  cwnsleriaid deddfwriaethol 27
  gweinidogion 14–16, 19, 20, 27–8, 29, 67
  swyddogaethau 15–16
Llywodraeth Cynulliad Cymru 11, 12, 13, 14, 15, 60, 108, 109–10, 111, 133, 148, 162, 163, 164
llywodraeth leol 4, 16, 17, 141

MacCarthaigh v. *Éire*, achos 71, 79–80, 81, 93, 95
Maesyfed, sir 140
Maine, Syr Henry 100
Maitland, Frederick William 100
Major, John 6, 47
Manceinion 144
Meirionnydd 2, 139
Mers, y 139, 140
Mesur Iaith (1992–3) 47, 85
Mesur Llywodraeth Cymru (1997) 8
Mesur Llywodraeth Cymru (2005) 13
Mesur y Gymraeg (Cymru) (2011) 64–7, 79, 109
Mesurau Cynulliad Cenedlaethol Cymru 16–19, 21
meysydd polisi datganoledig 8, 13, 17, 19, 25, 28, 29, 30, 31, 32
Michael, Alun 10
Modern Law Review 123
Moore, yr Arglwydd Ustus 155
Morgan, Elystan 5
Morgan, Rhodri 26
Morgannwg, sir 152
Morison, Mr Ustus 58, 59
Morris, John 5, 6

Mummery, John, yr Arglwydd Ustus 59
Murphy, yr Ustus 81
Mynwy, etholaeth 29; sir 140, 142, 152

Northern Ireland Legal Quarterly 157
Nourse, yr Arglwydd Ustus 60

Oireachtas, yr 75, 95
Ó'Maicín v. *Éire & Others*, achos 81
Ontario 90
Ormrod, Roger, Mr Ustus 104
Owain Glyndŵr 99

Panel y Gyfraith 114, 116, 126
Parc Cathays 21
Patagonia 77
Phillips, yr Athro Owen Hood 140
Pill, Syr Malcolm 152
Plaid Cymru 3, 5, 7, 26, 28, 62, 111
Plaid Geidwadol 3, 4, 5, 6, 28, 47
Plaid Genedlaethol yr Alban 5
Plaid Lafur 3, 4–8, 9, 26, 28, 32, 34, 46, 47, 62, 111
Plaid Lafur Newydd 6
Plaid Ryddfrydol 3, 102
Plaid y Democratiaid Rhyddfrydol 7
Pontypridd 105
Porth, y 118
Prif Weinidog Cymru 10, 12, 14–15, 16, 19, 20, 31
Prifysgol Aberdeen 99
Prifysgol Abertawe 68, 106, 108, 109, 111, 121, 122, 123, 164; *gweler hefyd* Coleg Prifysgol Abertawe
Prifysgol Aberystwyth 108, 109, 112, 118–19, 121, 122, 123; *gweler hefyd* Coleg Prifysgol Cymru, Aberystwyth
Prifysgol Adelaide 102
Prifysgol Bangor 106, 118, 120; *gweler hefyd* Coleg Prifysgol Bangor
Prifysgol Birmingham 103
Prifysgol Bryste 102
Prifysgol Caerdydd 105–6, 108, 109, 111, 121, 122, 123, 127; *gweler hefyd* Coleg Prifysgol Caerdydd
Prifysgol Caeredin 99
Prifysgol Caergrawnt 111, 137
Prifysgol Cymru 2, 98, 101, 106, 111–12

Prifysgol Cymru, Caerdydd *gweler*
    Prifysgol Caerdydd
Prifysgol Glasgow 99
Prifysgol Leeds 104
Prifysgol Llundain 98, 102, 103, 106
Prifysgol Morgannwg 105, 109, 122, 123;
    gweler hefyd Coleg Technegol
    Morgannwg
Prifysgol Rhydychen 100, 102
Prifysgol St Andrews 99
Prifysgol Stirling 122, 123
Prifysgol y Frenhines, Belfast 136, 156,
    157
Protestaniaid 152–3, 154
Prydain *gweler* Deyrnas Unedig, y
Prydeindod 99
Prys-Davies, yr Arglwydd Gwilym 39,
    42, 49
Pwyllgor Apeliadau Tŷ'r Arglwyddi 158
Pwyllgor Astudiaethau Barnwrol (yr
    Alban) 136
Pwyllgor Deddfu Rhif 5 (y cynulliad
    cenedlaethol) 62
Pwyllgor Hughes Parry 42
Pwyllgor Llysoedd Ynadon Cymru 145
Pwyllgor Materion Cymreig 20, 31, 62, 63
Pwyllgor Sefydlog Cenedlaethol ar gyfer
    Addysg Gyfreithiol (yr Alban) 136
Pwyllgor Sefydlog Cymru'r Gyfraith 126
Pwyllgor Sefydlog yr Arglwydd
    Ganghellor ar yr Iaith Gymraeg 61
Pwyllgor yr Arbenigwyr *gweler* COMEX

R. v. *Merthyr Tydfil Justices, ex parte
    Jenkins*, achos 45–6
Rawlings, Richard 33, 166
*Re Criminal Proceedings against Horst Otto
    Bickel and Ulrich Franz*, achos 50
refferendwm ar ddatganoli (1979) 5–6, 7,
    29, 47
refferendwm ar ddatganoli (1997) 7–8, 28,
    29
refferendwm ar bwerau deddfu
    ychwanegol (2011) 13, 25–6, 27,
    28–30, 33, 34, 139, 149, 166, 167
Richard, yr Arglwydd, o Rydaman 11
Roberts, T. F. 101
Roberts, Syr Wyn 47
Roddick, Winston 11, 112, 161

rheithgorau dwyieithog 69–96
    braint dinasyddiaeth 69, 71–2, 74, 75–6,
        87, 94, 95, 96
    cymhwysedd grwpiau ieithyddol i
        ffurfio rheithgor 69, 70, 71, 79–82,
        84, 87, 93
    hawliau siaradwyr unigol 41, 69, 70–2,
        83–7
Rhwydwaith Cyfiawnder Cymru 61
Rhydaman 43
Rhyfel Byd Cyntaf 2–3, 153

S4C 6, 47
Saesneg, yr iaith 14, 22–3, 24, 37–8, 39, 41,
    43, 44, 45, 46, 48, 49, 50, 54, 57, 58,
    59, 61, 62, 65, 68, 70, 71, 75–6, 77, 78,
    79, 82, 84, 85, 87, 90, 91, 93, 99, 109,
    112, 114, 116, 117, 125, 126, 145
safonau iaith 65–6, 68
San Steffan *gweler* Deyrnas Unedig:
    Senedd
Saskatchewan 90
Sbaeneg, yr iaith 77
Sefydliad Astudiaethau Cyfreithiol
    Proffesiynol (Gogledd Iwerddon)
    136, 156
Seland Newydd 76, 154
Sheridan, yr Athro Lee 97, 98, 107
Siartr Ewrop ar gyfer Ieithoedd
    Rhanbarthol neu Leiafrifol 52–4,
    55–6, 68, 83–4, 95, 129–34
Siartr Hawliau a Rhyddfreiniau Canada
    76–7
Siartr Hawliau Sylfaenol Ewrop 50–1
Scoteg, yr iaith 54
Scoteg Ulster 54
Silk, Paul 30
Smith, John 7
sosialaeth 1–2, 5
Statud Rhuddlan (1284) 37, 99, 140
Straw, Jack 150, 151, 167
Swedeg, yr iaith 54
Swyddfa ar gyfer Gweithredu
    Dyfarniadau (Gogledd Iwerddon)
    158
Swyddfa Diwygio Cyfiawnder Troseddol
    70, 76
Swyddfa Cwnsleriaid Deddfwriaethol
    Cymru 21–2

Swyddfa Cwnsleriaid Seneddol
  Whitehall 21, 22
Swyddfa Gymreig 4, 5, 9, 26–7, 47, 105
Swyddfa'r Cwnsler Cyffredinol 136

tai 4, 17
'Tân yn Llŷn', achos 39–40
Thatcher, Margaret 6, 47
Thomas, yr Athro Cheryl 92
Thomas, Syr Daniel Lleufer 39, 143
Thomas, George 6
Times, The 38–9
Tocqueville, Alexis de 72
trafnidiaeth 17
Trafodion Anrhydeddus Gymdeithas y
  Cymmrodorion 117
Trefaldwyn, sir 140
Trefn Lywodraethu Well i Gymru 12–13, 14
Tribiwnlys Adolygu Iechyd Meddwl
  Cymru 147
Tribiwnlys Anghenion Addysg Arbennig
  Cymru 147
Tribiwnlys Apêl Cyflogaeth 56, 57, 59, 60
Tribiwnlys y Gymraeg 67
True Wales 28
Trysorfa'r Plant 102
Tryweryn, boddi cwm 42
Tsieina 115
Tuduriaid, y 37, 139, 142
twristiaeth 17
Twrnai Cyffredinol 18

Uchel Lys 45, 67, 141, 144, 147
Uchel Lys (Iwerddon) 80, 81
Uchel Lys Cyfiawnder (Gogledd
  Iwerddon) 155, 158, 159
Ulster 152, 153
Undeb Cymru Fydd 2, 40
Undeb Ewropeaidd 24, 49, 50–1, 79, 87,
  135

Unol Daleithiau'r America 75, 76, 81, 88,
  125
Unoliaethwyr (Gogledd Iwerddon) 153,
  155

Valentine, Lewis 39–40
Vaughan Williams, Ralph 101
Vaughan Williams, Roland, yr Arglwydd
  Ustus 101

Watkin, Thomas Glyn 16, 21, 26, 135, 137
Western Mail 28–9
Widgery, John, yr Arglwydd Ustus 45–6,
  61, 68
Wigley, Dafydd 7, 112
Williams, D. J. 39–40
Williams, Syr David 112
Williams, Glenys 118
Williams, Hywel 90
Williams, John (Brynsiencyn) 2
Williams, yr Athro Robin 111
Williams v. Cowell 56–60
Wilson, Harold 4
Wilson, Mr Ustus 155
Wynne, Ellis 139

ymchwil a chyhoeddi 103–4, 105–6, 108,
  112, 117, 118, 119–29; gweler hefyd
  addysg
Ymerodraeth Brydeinig 4
Ymgeisio yn Uwch 110
ymreolaeth 2; gweler hefyd
  hunanlywodraeth; hunanreolaeth
Ynys Manaw 159–60, 163
Ynysoedd y Sianel 163
Ysbytai'r Frawdlys 99, 156
Ysgrifennydd Gwladol Cymru 4, 8–9, 10,
  14, 18, 20, 25, 27, 31, 48
Ysgrifennydd Gwladol Gogledd
  Iwerddon 158, 159